民国检察的理论与实践

南京国民政府检察制度研究

Theory and Practice of Procuratorial Work in the Republic of China

Research on the Procuratorial System of the Nanking National Government

谢冬慧 著

图书在版编目(CIP)数据

民国检察的理论与实践:南京国民政府检察制度研究/谢冬慧著.—北京:北京大学出版社,2022.7
国家社科基金后期资助项目
ISBN 978-7-301-33229-0

Ⅰ.①民… Ⅱ.①谢… Ⅲ.①检察机关—司法制度—研究—中国—民国 Ⅳ.①D929.6 ②D926.3

中国版本图书馆 CIP 数据核字(2022)第 142225 号

书　　　名	民国检察的理论与实践:南京国民政府检察制度研究 MINGUO JIANCHA DE LILUN YU SHIJIAN: NANJING GUOMIN ZHENGFU JIANCHA ZHIDU YANJIU
著作责任者	谢冬慧　著
责 任 编 辑	邹记东　张　宁
标 准 书 号	ISBN 978-7-301-33229-0
出 版 发 行	北京大学出版社
地　　　址	北京市海淀区成府路 205 号　100871
网　　　址	http://www.pup.cn
电 子 信 箱	law@pup.pku.edu.cn
新 浪 微 博	@北京大学出版社　@北大出版社法律图书
电　　　话	邮购部 010-62752015　发行部 010-62750672 编辑部 010-62752027
印 　刷 　者	北京溢漾印刷有限公司
经 销 者	新华书店
	730 毫米×1020 毫米　16 开本　19.75 印张　354 千字 2022 年 7 月第 1 版　2022 年 7 月第 1 次印刷
定　　　价	69.00 元

未经许可,不得以任何方式复制或抄袭本书之部分或全部内容。
版权所有,侵权必究
举报电话: 010-62752024　电子信箱: fd@pup.pku.edu.cn
图书如有印装质量问题,请与出版部联系,电话: 010-62756370

国家社科基金后期资助项目
出版说明

后期资助项目是国家社科基金设立的一类重要项目,旨在鼓励广大社科研究者潜心治学,支持基础研究多出优秀成果。它是经过严格评审,从接近完成的科研成果中遴选立项的。为扩大后期资助项目的影响,更好地推动学术发展,促进成果转化,全国哲学社会科学工作办公室按照"统一设计、统一标识、统一版式、形成系列"的总体要求,组织出版国家社科基金后期资助项目成果。

全国哲学社会科学工作办公室

目 录

导 论 ·· 1
  一、问题的提出 ··· 1
  二、研究的现状 ··· 2
  三、选题价值与研究意义 ·· 8
  四、研究思路及主要内容 ·· 9
  五、研究方法与创新之处 ······································· 10

第一章　南京国民政府检察制度的历史源流 ················ 12
  一、检察制度的内涵及源流之辨 ····························· 12
  二、对大陆法系检察制度的移植借鉴 ······················ 35
  三、对英美法系检察理念的有效吸纳 ······················ 50
  四、国民政府检察制度的废存之论战 ······················ 54

第二章　南京国民政府检察制度的理论依据 ················ 71
  一、法治思想的牵引 ··· 71
  二、分权理念的影响 ··· 79
  三、国家治理的需要 ··· 89

第三章　南京国民政府检察机构的制度变迁 ················ 96
  一、检察机构的体制变革 ······································ 96
  二、检察机构的组织人事 ···································· 114
  三、检察机构的职能变化 ···································· 141

第四章　南京国民政府检察制度的规范阐释 ············· 158
  一、刑事检察程序 ·· 158
  二、法律监督规则 ·· 171
  三、民事公益诉讼规定 ······································· 182

第五章　南京国民政府检察制度的实证分析 ……………………… 190
　　一、检察机构设置与检察官配备实践 ……………………… 190
　　二、国民政府检察官工作实践之考量 ……………………… 204
　　三、国民政府检察制度实践所存问题 ……………………… 222

第六章　南京国民政府检察制度的历史评价 ……………………… 231
　　一、南京国民政府检察制度的特色 ………………………… 231
　　二、南京国民政府检察制度的价值 ………………………… 239
　　三、南京国民政府检察制度的不足 ………………………… 247

第七章　南京国民政府检察制度的当下思考 ……………………… 260
　　一、慎重把握检察体制改革 ………………………………… 260
　　二、认真对待检察权的行使 ………………………………… 271
　　三、高度重视检察官的经验 ………………………………… 282

结　语 ……………………………………………………………… 297

参考文献 …………………………………………………………… 299

后　记 ……………………………………………………………… 308

导 论

一、问题的提出

检察,顾名思义,即检举考察。对于"检察"一词,应从微观与宏观两个层面去解读。微观层面的检察,特指审查被检举的犯罪事实,明确处理办法。而在宏观层面上,检察具有法律监督的意思,也即判明一项行政或司法活动是否违反国家法律。现代国家设立专门机关,用其来审查法律事实,履行法律监督之职责,检察就是这种语境的产物。由此,现代意义上的检察制度是人类社会历史发展的产物,也是社会法治化的标志。

从世界范围来看,检察制度起源于法国。据载:"法国刱创之检察制度,欧洲大陆,如德、意等国,相继仿效,其构成检察制度之内容,虽不完全相同,惟以检察制度代表国家行使追诉职权之主旨则一。"①也即检察制度最初创建于法国,后被欧洲及其他国家所仿效,虽然各国国情不一,但是,代表本国行使追诉之权是检察制度的共同宗旨。当代中国的检察制度作为中国法律制度的重要组成部分,是随着中华人民共和国的诞生而产生的。然而,中国早在清朝末年,就已引进西方的检察制度②,在民国时期就建立起了现代意义的检察制度,特别在民国后期,检察制度更加完备。由此,学界普遍认可:"我国近代检察制度肇始于清末改制,在民国时期萌芽、发展,构成了中国法律近代化的重要组成部分。"③也即民国时期是中国检察制度重要的生长阶段,值得后人关注和研究。

民国时期,中国的检察制度何以生长?究其根源,社会的需求催生了制度的落地。民国时期,检察具有公诉与搜查两大职能,即"所谓检察制度,站在国家事务的观点上说,系属于检事权限中之公诉事务与搜查事务之制度;

---

① 管欧:《法院组织法论》,三民书局股份有限公司1988年版,第189页。
② 现代意义上的"检察"一词,应是清朝末年司法改革时从西方法制中引进的。详见任庆明:《存废之争:南京国民政府时期检察制度论争之研究》,南开大学2007年硕士学位论文,第1页。
③ 曹建明:《清末民国检察文献总目——法政期刊卷·序言》,载刘彦主编:《清末民国检察文献总目——法政期刊卷》,中国检察出版社2016年版,序言。

同时站在国权的观点上说,则系关于检事所行使之公诉权与搜查权之制度。"①进之,曾经在中国生成的民国现代检察制度与当代检察制度是否有联系?它对当今社会建设法治中国,深化司法体制改革又有什么影响?尤其是新时代随着国家监察制度的建立,中国的检察制度正面临新的改革挑战,如何应对?或许可以从民国检察制度演进变革的探究中获得一些启发和必要的镜鉴。特别是在民国后期,注重法制建设的南京国民政府检察制度缘何经历"被废"而后"起死回生"的命运,那时的检察制度到底发挥了何种职能,更值得探讨。

二、研究的现状

民国时期是中国近现代史上一个特殊的阶段,包括南京临时政府、北洋政府、国民政府等几个主要时段。20世纪80年代以来,学界对民国时期的关注度曾经一度升温,出现了所谓"民国热",但是,主要集中于南京临时政府与北洋政府两个时段。对南京国民政府的研究,则较晚、较弱,当然,这是指当代的研究状况,国民政府当时的研究并不在此列。关于南京国民政府时期的检察制度,国内外学界也一样,虽然不是很"热衷",但毕竟有一些学者在关注,形成了一些相关成果。为便于进一步研究,现做一点梳理工作。

(一) 国 内 研 究

国内对南京国民政府检察制度的研究可以分为两个阶段:国民政府时期与改革开放以来。

第一,国民政府时期的研究。通过文献检索,笔者惊奇地发现:国民政府时期,尽管社会动荡,政局不稳,但是学术研究并未停滞不前。这实在令人钦佩。其中,学界对检察制度的研究,成果不少,除了著作之外,代表性的成果如表1②:

表1 南京国民政府时期检察制度研究成果概览

序号	文章题名	作者	刊名	年卷期
1	《检察制度之存废问题》	王逸群	大学生言论	1934年第4期
2	《山西检察制度的展望》	不详	西北春秋	1934年第6—7期

---

① 林寄华:《日本检察制度的回顾》,载《中国法学杂志月刊》1938年第1卷第12期。
② 表1资料来源于大成老旧刊全文数据库,http://www.dachengdata.com,2018年10月5日访问。

(续表)

序号	文章题名	作者	刊名	年卷期
3	《请转请中央采择扩大自诉范围废止检察制度案》	不详	广东省参议会月刊	1935年第2期
4	《司法警察与检察制度》	陆鼎新	警高月刊	1935年第3卷第5、6期
5	《德国关于检察制度之法条》	张企泰	现代司法	1936年第1卷第11期
6	《法国检察制度》	洪钧培	现代司法	1936年第1卷第11期
7	《比利时检察制度》	洪钧培	现代司法	1936年第1卷第11期
8	《日本检察制度之检讨》	施明	现代司法	1936年第1卷第11期
9	《苏联检察制度概要》	曹树铭	中苏文化杂志	1936年第1卷第7期
10	《检察制度存废问题》	赵敏	广播周报	1936年第108期
11	《中国检察制度的改革》	吴祥麟	现代司法	1936年第2卷第3期
12	《对于检察制度之检讨》	刘世芳	法学杂志	1937年第9卷第5期
13	《我亦来谈谈检察制度》	赵韵逸	法学杂志	1937年第9卷第6期
14	《检察制度与五权宪法》	张知本	法学杂志	1937年第9卷第5期
15	《检察制度之存废与扩充自诉问题之商榷》	郭卫	法学杂志	1937年第9卷第5期
16	《苏俄现行检察制度之特点及其指导原理》	刘陆民	法学杂志	1937年第9卷第5期
17	《由检察制度在各国之发展史论及我国检察制度之存废问题》	杨兆龙	法学杂志	1937年第9卷第5期
18	《我国检察制度之评价》	孙晓楼	法学杂志	1937年第9卷第5期
19	《意大利之检察制度》	薛光前	法学杂志	1937年第9卷第5期
20	《日本检察制度的回顾》	林寄华	中国法学杂志月刊	1938年第1卷第12期
21	《检察制度的检察》		中华评论	1938年第1卷第1—12期
22	《检察制度存废问题之商榷及其改进之刍议》	杨镇苏	训练月刊	1940年第1卷第6期
23	《改进检察制度的管见》	彭吉翔	安徽政治	1941年第4卷第11期
24	《如何发展检察制度之效能问题》	蒋应构	新中华	1945年复刊第3卷第1期
25	《论改进现行检察制度》	不详	天行杂志	1945年第1期
26	《现行检察制度改进之必要》	不详	天行杂志	1945年第1期
27	《废检察制度议》	杨廷福	震旦法律经济杂志	1947年第3卷第9期
28	《论检察制度利弊》	李朋	法律知识	1947年第1卷第12期
29	《检察制度存废论战》	李朋	法律知识	1948年第2卷第1—2期
30	《中国检察制度史的研究》	李朋	新法学	1949年第2卷第1期

由表1可知,在南京国民政府时期,国内关于检察制度的相关研究集中在以下四个方面:

一是对外国检察制度的介绍与评论。如《现代司法》1936年第1卷第11期连续刊载《德国关于检察制度之法条》《法国检察制度》《比利时检察制度》《日本检察制度之检讨》四篇文章介绍德国、法国、比利时、日本四国的检察制度;另外还有《苏联检察制度概要》《苏俄现行检察制度之特点及其指导原理》《意大利之检察制度》等,表明了国民政府时期对国外检察制度的广泛关注。

二是对中国检察制度史的研究。如表1中的《中国检察制度史的研究》《由检察制度在各国之发展史论及我国检察制度之存废问题》,以及万德懿的《中国司法制度一瞥》(浙江法学研究会1931年版)、陈广德的《河北省高等法院首席检察官工作报告及提案》(1947年报告)等文献均涉及中国检察制度历史的研究。

三是探讨国民政府检察制度的利弊与存废问题。由于国民政府时期曾有废除检察制度的大讨论,这方面的研究成果比较多,如表1中《对于检察制度之检讨》《废检察制度议》《检察制度存废论战》《检察制度之存废与扩充自诉问题之商榷》《论检察制度利弊》等,不一而足。

四是当时中国检察制度的改革探讨。如表1中的《改进检察制度的管见》《论改进现行检察制度》《如何发展检察制度之效能问题》《现行检察制度改进之必要》《中国检察制度的改革》《检察制度与五权宪法》等,众多学者建言献策,对当时中国检察制度的改革进行了深入探讨。

显然,国民政府学者非常重视对检察制度的研究,从借鉴国外检察制度的成功之处,到透视本国检察制度的缺陷和不足。虽然国民政府学者对检察制度的研究处于初级阶段,但是已经积累了一定成果,为后人的研究奠定了基础。由于其数量有限,内容集中在刑事侦查方面,对检察制度深层次问题关注也不够,此外当时的研究受时代的局限性,因此,今天的研究仍有很大的必要性。

第二,改革开放以来的研究。1978年改革开放之后,尤其是最近20年以来,随着研究"民国热"的掀起,我国学术界对南京国民政府检察制度的研究愈来愈深入,取得了令人振奋的成果。除整理出版了一大批宝贵的研究资料以外,不少学者在掌握一手资料的基础上做了扎实的研究工作,无论在研究方法还是内容构成上都有很多创新,主要成果如表2[①]:

[①] 表2资料来源于中国知网全文数据库,https://www.cnki.net,2019年5月25日访问。

表 2 近 20 年关于南京国民政府时期检察制度研究成果概览

序号	文章题名	作者	刊名或学位论文	发表时间
1	中国近代检察机关侦查权的演变研究	赵敏	安徽大学硕士学位论文	2018 年
2	近代湖南检察制度历史变迁及其运作实践研究	吴青山	湘潭大学博士学位论文	2017 年
3	近代中国刑事审前程序研究	朱卿	吉林大学博士学位论文	2017 年
4	南京国民政府检察制度研究(1927—1937)	黄俊华	河南大学博士学位论文	2016 年
5	南京国民政府检审分立与矛盾探析	陈晓林 杨树林	关东学刊	2016 年
6	南京国民政府时期审检关系研究	胡德苏	南京师范大学硕士学位论文	2016 年
7	论南京国民政府时期的检察侦查制度	鲁宽	法制博览	2015 年
8	民国司法官职业化研究	吴冀原	西南政法大学博士学位论文	2015 年
9	民国早期广东检察机构研究(1917—1926)	邓志坚	暨南大学硕士学位论文	2015 年
10	南京国民政府时期检察制度研究	管津君	天津商业大学硕士学位论文	2013 年
11	论南京国民政府时期检察制度存废之争	杨树林	求索	2013 年
12	抗战大后方刑事审判改革与实践——以战时首都重庆为中心的研究	张伟	西南政法大学博士学位论文	2013 年
13	中国近代检察权的创设与演变	杜旅军	西南政法大学博士学位论文	2012 年
14	中国检察文化的历史演进与当代建构	李江发	湘潭大学博士学位论文	2012 年
15	论新民主主义检察权的形成	李凤鸣 张爒	中南大学学报(社科版)	2012 年
16	民国律师执业活动研究	肖秀娟	华东政法大学博士学位论文	2011 年
17	南京国民政府刑事诉讼立法研究	刘成镇	中国青年政治学院硕士学位论文	2011 年
18	南京国民政府时期检察制度的演变——以检察机构与检察权为中心	蒋永锵	华东政法大学硕士学位论文	2011 年
19	近代中国司法官考试研究	胡峻	西南政法大学博士学位论文	2011 年

(续表)

序号	文章题名	作者	刊名或学位论文	发表时间
20	南京国民政府刑事自诉制度述论	蒋秋明	南京社会科学	2010 年
21	民国时期审判制度研究	郭正怀	湘潭大学博士学位论文	2010 年
22	民国时期新疆司法制度研究	刘清洋	新疆大学硕士学位论文	2010 年
23	上海公共租界特区法院研究	姚远	华东政法大学博士学位论文	2010 年
24	近代中国检察理论的演进——兼析民国检察制度存废的论争	张培田	中国刑事法杂志	2010 年
25	南京国民政府的刑事诉讼制度研究	房露	山东大学硕士学位论文	2010 年
26	我国检察制度的百年嬗变	秦焕荣	河北大学硕士学位论文	2009 年
27	近代中国检察权配置与实践研究	刘清生	湘潭大学博士学位论文	2009 年
28	试论抗战时期国统区司法改革	梁敏捷	重庆大学硕士学位论文	2008 年
29	从督察院到监察厅	刘涛	中国人民大学博士学位论文	2008 年
30	民国时期(1927—1937)司法审判制度研究——以河南地方刑事审判制度为例的考察	杨猛	河南大学硕士学位论文	2007 年

综合起来,改革开放以来国内关于南京国民政府检察制度的相关研究集中在四方面:

一是专门探讨国民政府检察制度的存废问题。相关成果通过对国民政府检察制度存废问题进行分析与评价,探究当时检察制度之价值。有的学者认为检察制度弊端很多,应该废除;也有的认为检察制度有存在的价值。代表性成果有:《近代中国检察理论的演进——兼析民国检察制度存废的论争》(张培田,载《中国刑事法杂志》2010 年第 4 期);《论南京国民政府时期检察制度存废之争》(杨树林,载《求索》2013 年第 3 期);任庆明的硕士学位论文:《存废之争:南京国民政府时期检察制度论争之研究》(南开大学 2007 年)等。

二是梳理近代检察制度的史料,为后人研究奠定了基础。代表性成果是1980 年最高人民检察院研究室编写的《检察制度参考资料》(第 2 编),大量涉及近代中国检察制度,但是它主要是资料整理和汇编,并没有深入研究。

三是兼谈国民政府检察制度的历史,即在有关检察制度或检察权或司法制度的著作中,在谈到检察制度的发展历程时,用少量篇幅论及北洋政府和国民政府检察制度,如张培田的《中国检察制度考论》(中国检察出版社 1997年版)和《近现代中国审判检察制度的演变》(与张华合著,中国政法大学出版社 2004 年版)、曾宪义主编的《检察制度史略》(中国检察出版社 1992 年版)、张晋藩主编的《中国司法制度史》(人民法院出版社 2004 年版)、刘清生的《中国近代检察权制度研究》(湘潭大学出版社 2010 年版)等著作。此外,在有关研究我国台湾地区检察制度的成果中,也大都三言两语提及国民政府检察制度,交代一下台湾现行检察制度的根源在国民政府时期;此外,蒋永锵的硕士学位论文《南京国民政府检察制度的演变》(华东政法大学 2011 年)从清末检察制度确立谈到民初及国民政府的发展情况。

四是有关国民政府检察制度功能的研究,代表是张仁善的《司法腐败与社会失控(1928—1949)》(社会科学文献出版社 2005 年版)等。该成果从检察制度的视角剖析国民政府时期司法制度的成就与失败根源,为人们认识民国后期司法制度提供了新的视角。

(二) 国 外 研 究

在国外,尤其是日本、美国,近 30 年来有相当数量的中华民国史研究成果问世,但多集中于立法和政治方面,几乎没有涉及国民政府检察制度,至多触及国民政府的政权与司法体制问题。但是,这些成果同样为检察制度的研究提供了背景知识和材料线索。如费正清教授主编的《剑桥中华民国史》(中国社会科学出版社 1994 年版)、徐晓群先生的论文《民国时期司法独立的命运》("The Fate of Judicial Independence in Republican China, 1912—1937", *China Quarterly*, Issue 149, Mar., 1997)。

(三) 研 究 趋 势

分析国内外已有的相关研究成果后,笔者产生了两点想法:其一,过去学界对民国检察制度研究涉猎本来就比较少的成果,大都集中在北洋政府时期,而与国民政府检察制度相关的学术著作和论文并不多见,且主要是对近代检察制度的基本规定、部分具体制度或检察权的描述,少有评价,未见更利于分析和认识法律史问题的多视角研究,尚未出版从历史源流、理论根基到基本原则、实践运行等多视角全面系统地考察和分析南京国民政府检察制度的成果。其二,南京国民政府时期,作为西学成果之一的检察制度发展到了近代中国比较高的水平,其成长经历对当下的检察制度改革是否有所启示呢?更值得关注的是,国民政府时期检察权与审判权的关系[①]如何,特别是

---

① 当下"检察权与审判权关系问题,正是实现司法公正与深化司法改革必须面对的一个重要问题"。详见石茂生:《检察权与审判权关系再检视——基于检察权审判权运行的实证研究》,载《法学杂志》2015 年第 2 期。

国民政府时期检察制度设计的理论依据是什么,国民政府时期检察制度运行的实际效果又如何。上述两个方面的深入思考,为本课题的研究提供了较大的学术空间。

三、选题价值与研究意义

"一切历史都是当代史。"国民政府检察制度史的研究价值与意义同在,正如学者所认为的那样:"现代各国法院对于刑事诉讼案件,必须由他人提起诉讼,法官始得进行审判程序,此种诉讼之提起,除由被害人得向法院提起自诉外,为保障国家安全,维护社会公益起见,国家设立国家机关,专司侦查犯罪,提起公诉,代表国家行使诉讼权,是即刑事诉讼法上所谓弹劾主义,而形成为检察制度。"[1]检察制度本身的重大意义决定了研究它的价值,南京国民政府时期的检察制度是近代中国"学贯中西、博采众长"的产物,研究它的意义有二:

第一,理论上,对国民政府检察制度全面系统的研究,一方面可以提高人们对特定历史时期效仿西方制度成果的检察制度的客观认识,加深对这段法制历史的理解;另一方面也可以丰富我国的检察制度理论,为我国检察法制建设提供参考。自清末变法开始,特别是辛亥革命之后,新的政治理论和法律学说在中国大地广泛传播,产生了巨大影响。于是,通过改革政治法律,实现国家振兴、民族强盛、社会进步的呼声此起彼伏,由此诞生了民国初期的检察制度,经过国民政府时期的专业化及规范化建设,检察制度发展到了一个新的水平。当下检察制度的理论源自列宁时代的苏联模式,与效仿大陆法系模式、吸收英美理念的国民政府有所区别,互有长短,必须通过研究路径实现交流和学习,进一步提升我国检察制度理论研究水平。

第二,实践上,对国民政府检察制度的研究,旨在寻找值得今天检察制度改革所应借鉴的东西。我国现行检察制度存在一些问题,法律规定不健全,监督措施不到位,受行政影响等,都影响了检察功能的有效发挥,需要进行改革。党的十八届三中全会提出"独立公正行使审判检察权",构建新型的审判与检察协作体系。特别是随着国家监察委员会的成立与《中华人民共和国监察法》(以下简称《监察法》)的颁布,检察制度改革已经提上了议事日程。本书拟通过对国民政府检察制度理论特别是制度实践的研究,寻找当时检察制度成长背后的社会动因及内在规律因素,挖掘国民政府是如何独立行使检察

---

[1] 管欧:《法院组织法论》,三民书局股份有限公司1988年版,第185页。

权的,探讨检察官与法官之间的职责分工和相互关系,以及寻找检察权制度顺利运行所涉及的内部管理关系和外部保障制度,等等,进而总结经验教训,为当下我国检察制度的完善提供参考和借鉴。

四、研究思路及主要内容

首先,借助大量的原始史料,结合已有研究成果,以南京国民政府检察制度为例,探讨民国时期检察制度的理论和实践,以期对当代检察制度的认识和改革有所启示。其次,作为近代历史部分的民国时期,其检察制度产生和发展的时代背景与当代检察制度存在诸多差异。以南京国民政府检察制度为切入点,不仅可以回望近代检察制度的演变路径,还原其生成的历史条件,还可以对近代国家的权力演变、权力运行等重大理论问题予以关照。最后,力求在对民国检察制度历史研究的基础上,总结出一些有价值的、可以为现实服务的观点,以期对当下检察制度的改革及发展有所启示。

第一章主要从四个方面梳理南京国民政府检察制度的历史源流:(1) 检察制度的内涵及源流之辨;(2) 大陆法系检察制度的深度移植;(3) 英美法系检察理念的有效吸纳;(4) 国民政府检察制度的废存论战。制度并非无源之水、无本之木,本着"解释传统面向现实"及"法制建设植根于传统"的理念,梳理中国古代监察御史制度、近代检察制度的发展脉络(从清末初建到北洋发展)非常必要,澄清了"古代无检察制度"的误区。国民政府检察制度的完备,与对大陆法系制度的进一步移植及对英美法系理念的吸纳密不可分,尤其与当时检察制度的废存论战有密切的关系,学术界与官方都参与其中,论争的收效很大,直接推动了当时检察制度的改革和完备。

第二章从三个层面回溯南京国民政府检察制度的理论依据:(1) 法治思想的牵引;(2) 分权理念的影响;(3) 国家治理的需要。制度必须建立在一定的理论基础之上,才能稳固地发挥作用。检察制度旨在纠举贪腐、监督法律和维护公正,它是法治精神的外化和体现,它的诞生与法治思想的引导、分权理念的影响有密切关系,现代国家内部治理更需要具有上述功能的检察制度的维护。

第三章从检察机构的设置体制、组织人事、性质职能以及检察机构与审判机构之间关系等方面对南京国民政府检察机构的制度变迁进行阐述和分析。国民政府成立之初,继续沿用了北洋政府时期的审检配套体制。在审判制度上实行四级三审制,检察机关也设置为四级,与审判管辖相一致。然而,对于检察机关的设置,法学界、律师界以至检察系统内部都提出了异议,特别是在检察制度存废的争议中,国民政府检察机关的制度发生改变,在设置体制、组织人事、性质及职能等方面均有所变化。

第四章阐释了南京国民政府关于检察制度的规范。国民政府在刑事公诉、法律监督、贪腐检举方面均有相应的立法措施,共同构成了当时检察制度的主体规范内容,只有梳理和分析这些规范,才能更好地揭示国民政府检察制度的特色及规律。本章从微观层面探讨国民政府的检察规范,主要从刑事公诉程序、法律监督规则及贪腐检举要求等方面逐一分析。

第五章是关于南京国民政府检察制度的实证分析。这里主要从实践层面分析国民政府的检察制度,评价其科学性与合理性。制度规范通常只是理论设计,它的评价要基于它的运行实践及其效果。不妨从两个方面进行实证分析:其一,借助当时的司法行政统计资料进行分析;其二,通过典型案例结合当时的制度进行剖析。即一方面查找国民政府司法行政部门的统计数据,用以解释和说明检察制度的效用;另一方面是用当时发生的典型历史案例,进一步分析检察制度的作用,加深对国民政府检察制度的认识和理解。

第六章从特色分析、价值评判、历史局限三个方面对南京国民政府检察制度进行评价。南京国民政府时期的检察制度早已被载入史册,并且给后人留下了很多的思考。但是,过去一些非学术因素影响了人们对它的态度。在此,我们应该从历史唯物主义出发,客观辩证地认识国民政府时期的检察制度。在中国近代法律制度史的篇章里,不能不提及南京国民政府时期的检察制度。我们应该给它一个公正的评价,从检察制度本身的特色、价值及局限等方面,使人们对南京国民政府检察制度有一个全面系统的认识。

第七章是南京国民政府检察制度的当下思考。从三个方面思考:(1)慎重把握检察体制改革;(2)认真对待检察权的行使;(3)高度重视检察官的经验。南京国民政府时期的检察制度于1949年随着国民党政权在大陆的覆灭而失去其效力,但是在我国台湾地区,南京国民政府时期检察制度得以延续,沿用至今,表明其仍有研究的价值,我们有必要关注,以期从当时检察制度运行的失败中吸取教训,为当下中国的检察制度改革获得某些启迪。

五、研究方法与创新之处

(一)研究方法

1. 文本分析的方法

这是研究本论题的主要方法,对涉及民国尤其国民政府检察制度的一系列相关文本进行分析、综合,国民政府检察制度的设计运行及社会效用均被相关的文献资料所记载,分析这些文本可以研究和考量当时检察制度的特色与价值。

2. 实证考察的方法

本方法旨在通过对历史事实的考证及检察案例的分析得出比较科学的结论,以克服纯理论思辨的不足,特别是对当时有关检察制度运行效果的统计资料予以考证和说明,反观国民政府检察制度设计的科学性及合理性。

3. 比较研究的方法

有比较才有鉴别,比较可以为研究提供一个新的参照系,获得过去所没有的新知识。本书拟从纵向比较国民政府检察制度的完善之处,横向比较其比其他国家的超越之处,突出该检察制度的特征,分析其发展演变的规律及其可供参考之处。

(二) 创 新 之 处

在前人已有成果的基础上,笔者力求做到以下两点:

首先,从历史源流、理论根基、基本原则、实践运行等多视角考察和分析国民政府时期的检察制度,呈现一部全面系统研究的专著。鉴于民国时期检察制度产生和发展的时代背景与当代检察制度存在诸多差异,笔者以南京国民政府检察制度为切入点,回望近代检察制度的演变径路,还原其生成的历史条件,关注近代国家的权力演变、权力运行等重大理论问题。在此基础上,力求得出一些新的研究结论,以期对当下检察制度的改革和发展有所启示。

其次,为与已有纯理论研究有所不同,增加了实证分析方法,详细考证国民政府检察制度实际运行效果。借助当时的法律条文及司法统计数据,分析国民政府检察机构及其检察官制度的建构历程,探讨检察制度对国家治理的形式意义与实质效果,揭示检察制度的历史价值,以及对当下检察改革实践的反思。

第一章　南京国民政府检察制度的历史源流

制度的生成是一个复杂漫长的历史过程,检察制度作为一项重要的国家司法机制,与一个国家的历史发展相伴相随。从事物的历史联系观点出发,任何一种制度的存在都有其源头,南京国民政府时期的检察制度也不例外。因此,我们在正式探讨南京国民政府检察制度之前,先来追溯一下检察制度的历史源头。

一、检察制度的内涵及源流之辨

早在两千多年前,古希腊著名哲学家苏格拉底就强调知识的作用,并提出概念在认识中的作用,确立了一系列概念范畴。[①] 如今,作为"知识"重要组成部分的"概念"的意义依然十分重要,它是探讨事物本质的源泉。就检察制度而言,其内涵必须从关键词"检察"入手,探讨其与"监察"的关联。

(一) 检察与监察的关联性

一个词语的出现往往具有时空性,受到时代和空间的局限,"检察"一词也是如此。现今的一些著述认为:近现代检察制度与中国古代的监察御史制度有着千丝万缕的联系。[②] 由此,检察与监察,二者密切关联。在民国学界和政界,检察与监察有诸多相似之处:

> 检察制度,是弹劾一般人违法犯罪的一种制度,所有弹劾的范围,

[①] 参照〔古希腊〕柏拉图:《美诺篇》,载《柏拉图全集·13》(增订版),王晓朝译,人民出版社2015年版,第49—61页。

[②] 如有学者认为,近代中国检察制度是中国御史制度与西方检察制度结合演化的结果,御史制度在权力制衡、监督司法权、监督官吏等方面为近代中国检察制度的建立提供了文化和传统渊源,甚至有学者认为,我国古代御史监察制度在职能上类似于现今的检察制度(参照孙谦主编:《中国检察制度论纲》,人民出版社2004年版,第3页);有学者认为,我国古代监察制度,不是现代意义上的检察制度,但包含现代检察制度的某些因素(参照程荣斌主编:《检察制度的理论与实践》,中国人民大学出版社1990年版,第56页);还有学者认为,御史制度与检察制度有一定的联系,既有相同或相似的地方,也有不同之处(参照学者张穹、谭世贵编著:《检察制度比较研究》,中国检察出版社1990年版,第47页)。

虽和监察制度有别,而弹劾的性质,却和监察制度极其相似。盖以监察制度,在检举官吏的不法行为,而检察制度,乃在检举一般人的不法行为。一则所以求官吏之守法尽职,一则所以求一般人之守法安分,两者均是具有维持法纪,肃清败类的性质的。在我国整个的政治方面,既以监察权的独立,为五权宪法的原则之一,且就办事的效率言,而此项职权的独立,复为政治上所应有的一个分工,因之在司法方面,为求符合这种监察权独立的精神起见,为求办事的效率增高起见,都应该重视检察制度,使检察官在司法上,和审判官立于同等的地位。①

从民国学者的论述中,我们知道了检察与监察皆是处理不法行为的方式,只不过处理的对象不同:检察针对一般人的违法行为,而监察针对官吏的不法行为。从南京国民政府时期国家权力的归属和划分理论来看,检察权是司法权的一部分,与审判权具有同等的地位,而监察权则是国家独立的五种权力之一。显然,"检察"与"监察"二者既有关联,又有区别。

当今的史学家们从广义角度理解检察制度,也即从法律监督制度的角度审视检察制度,把御史制度看成中国古代的检察制度。② 例如,于新华、王桂五等合著的《当代中国的检察制度》(中国社会科学出版社1988年版)和王桂五主编的《中华人民共和国检察制度研究》(法律出版社1991年版)两部研究成果均把中国监察御史制度看作古代的检察制度。书中称:在清末引进西方的检察制度之前,中国虽未建立现代的检察制度,却早就有了对官吏的司法弹劾制度,即中国封建社会的御史制度,这可以看作中国古代的检察制度。③ 从内容上,御史制度与检察制度的相似之处很多,究其本质,两者都是为应对官僚集团的腐化蜕变,加强权力制约而作出的制度性选择,具有相同的制度合理性和类似的历史必然性。④ 无疑,这部分学者认为:中国历史上的监察御史制度即是中国古代的检察制度,或者理解为中国的检察制度与监察制度有历史渊源关系。的确,中国检察制度的发展与其他国家不同,它与我国封建社会监察制度有着历史渊源关系。⑤ 所以,"学界一般认为古代监察制度

---

① 张知本:《检察制度与五权宪法》,载《三民主义半月刊》1947年第10卷第3期。
② 叶青、黄一超主编:《中国检察制度研究》,上海社会科学院出版社2003年版,第6页。
③ 参见孙谦主编:《检察理论研究综述(1979—1989)》,中国检察出版社2000年版,第36—37页。
④ 参见金波等:《我国检察制度历史溯源:古代御史制度与当代检察制度比较研究》,第二届国家高级检察官论坛会议论文,无锡,2006年11月3日,第390页。
⑤ 参见赵登举等主编:《检察学》,湖南人民出版社1988年版,第25页。

部分职权的设置,其实就体现了古代国家机关的检察职能。"①在这里,其实学界存在一些争议,因为有一部分人不承认中国古代有检察制度,认为"中国自古无检察制度"②。因此也就否认了民国政府时期检察制度源于古代检察制度的观点,以下呈现部分学者对古代检察制度的判断:

> 我国在清德宗设检察厅以前,无所谓检察制度。史乘所载,虽谓侍御史职司纠举百僚,推鞠狱讼,监察御史掌分察百僚,巡按郡县纠司刑狱。但一方检罪犯,一方又审理罪犯,是检察与裁判之职责集于一身。与今日之检察官,不得兼审判官者,绝不相侔,故可谓为我国往古无检察制度。③
>
> 我国往昔各朝代之法令制度,司法与行政一体,民事与刑事不分,实体与程序混同,自无专属性之刑事诉讼法典,掌理审判职权之有司,径自析狱听讼,论罪科刑与十六世纪各国所采之纠问主义相同,而无所谓检察制度。④
>
> 中国自古本无检察制度。一九〇二年清廷与英国《续订通商航海条约》中有一款曰:"中国深欲整顿本国律例,以期与各西国律例改同一律,英国允愿尽力协助以成此举。一俟查悉中国律例情形及其审断办法及一切相关事宜皆臻妥善,英国即允弃其治外法权。"此为中国企图取消不平等条约之最初表示,亦为准备建立新的司法制度之首次宣布,并可同时视为中国引入检察制度之最早线索。⑤

以上三位学者均认为中国古代不存在检察制度。刘钟岳明确指出,中国在清朝后期设置检察厅之前,没有检察制度。理由是古代的监察御史旨在监督百官,其中的检察与裁判两种职权集于一个机关,这里的"检察"与今天的检察绝非同等概念。因此,推断出中国古代没有检察制度。管欧也认为中国古代没有检察制度,他从古代法令制度出发,认为司法行政一体,民事刑事不分,实体程序合一,缺乏专门的刑事诉讼法典,掌握审判职权的机关直接审理案件,并且定罪量刑没有检察机关的介入,以此可以判断:中国古代没有检察

---

① 李江发:《中国检察文化的历史演进与当代建构》,湘潭大学2012年博士学位论文,第67页。
② 〔日〕冈田朝太郎等口授:《检察制度》,郑言笔述,蒋士宜编纂,陈颐点校,中国政法大学出版社2003年版,前言第1页。
③ 刘钟岳编著:《法院组织法》,正中书局1947年版,第45页。
④ 管欧:《法院组织法论》,三民书局股份有限公司1988年版,第190—191页。
⑤ 〔日〕冈田朝太郎等口授:《检察制度》,郑言笔述,蒋士宜编纂,陈颐点校,中国政法大学出版社2003年版,前言第1页。

制度。冈田朝太郎等提出中国自古本无检察制度,他们从1902年清政府与英国签订的《续订通商航海条约》里寻找依据,认为此时的中国首次宣布准备建立新的司法制度,这一举动被视为中国引入检察制度的最早记录。显然,他们的观点也很肯定,就是中国古代不存在检察制度。

除此之外,还有不少学者否定了中国古代检察制度的存在。有学者指出:"一般认为中国历史上早就存在负责纠举非违、纠弹百官的监察制度,但是这毕竟不同于近代以调查、起诉犯罪和监督刑事审判的执行为主要职责的检察制度。"①还有学者认为在中国古代检察制度的核心内容——公诉制度是根本没有的,他指出:"在中国古代,从程序角度来说,起诉实际上就是向审判机关控告或检举犯罪,而不是由专门的起诉机关经审查后向审判机关提起公诉。"②也即这种程序与检察制度所表达的由检察机关代表被害人向审判机关起诉的宗旨根本不相契合。中华人民共和国成立初期的一份研究资料记载:"旧中国的检察,开始于清末光绪年间。在此之前,司法与行政不分,当然没有检察,有之,也就只有所谓朝廷中的御史仿佛有点近似。"③很明显,该资料不承认中国古代有检察制度存在,只表明古代的御史制度与近代检察制度的关联性而已。

之所以认为中国古代没有检察制度,主要原因在于"检察"与"监察"二者的概念与职能是有区别的,尽管它们有一些关联性,但它们属于政府的两种职能范畴,二者不能混淆,分属两种制度领域。

首先,概念上,有学者做过专门比较,认为:"检察,就是仔细察看、审查被检举的事实,在人民检察院中的检察,是指审查被检举的事实,是人民检察院的专门活动……监察,就是从旁察看或从旁考察,在行政监察机关中的'监察',是指监督各级国家机关和国家工作人员的工作并检举违法失职的机关和工作人员,是行政监察机关的专门活动。"④监察通常是指监督查看,有监督检举之意。我们这里主要指的是行政监察,是指在行政系统中设置的专司监察职能的机关,对行政机关及其工作人员以及国家行政机关任命的其他人员的行政活动及行政行为所进行的监督检查活动。"检察"与"监察"因有一个"察"字而有共同的一层意思,那就是监督。具体而言,"检察"专指司法机关的法律监督,"监察"专指行政机关对国家机关及官吏的监督。很明显,从职能这个角度看,"检察"与"监察"二者是有区别的。

---

① 方立新:《传统与超越——中国司法变革源流》,法律出版社2006年版,第70页。
② 李春雷:《中国近代刑事诉讼制度变革研究(1895—1928)》,北京大学出版社2004年版,第124页。
③ 中央人民政府司法部司法干部轮训班编印:《检察制度》,内部资料1950年版,第5页。
④ 周祥其:《检察·检查·监察》,载《中学政治教学参考》2006年第11期。

民国后期,检察与监察的职能区分更加明显。1928年10月开始实行五权宪法体制,国民政府设有专门的监察机构——监察院,它与司法院并列。而司法院又下设法院,法院内又配置检察官,最高法院则并列设置检察署。也就是说,民国时期,检察制度与监察制度二者并存,各自行使不同的职能。有如国民政府行政法院张知本院长所言:"检察制度,是弹劾一般人违法犯罪的一种制度。所有弹劾的范围,虽和监察制度有别,而弹劾的性质却和监察制度极其相似。盖以监察制度,在检举官吏的不法行为,而检察制度,乃在检举一般人的不法行为。"①后来,在抗战的非常时期,特种刑事法庭里配置有专门的检察官,同时加强了军事检察;地方上,地方县长甚至县党部书记暂行检察官职权。但是,基本的区分还是职能上面的,检察官配置于法院的重要职能是实行法律监督。

今天,"在我国,法律监督是指人民检察院通过运用法律赋予的职务犯罪的侦查权、公诉权和诉讼监督权,追诉犯罪和纠正法律适用中的违法行为,以保障国家法律在全国范围内的统一正确实施的专门性活动。"②并且,"在现代司法制度语境中的检察概念,特指一种司法职能,即由特定官员和机关代表国家向法院提起诉讼及执行相关业务的职能。""在各国的司法制度中,公诉人或公诉官员,等同于或接近于检察官的概念。"③通常认为,检察是司法意义上的概念,是专门的司法机构——检察院对公安、法院、监狱等国家机关的行为进行的"合法性审查",实为法律监督,检察院因此被称为法律监督机关。此外,检察机关还对国家工作人员职务犯罪进行侦查,代表国家对公民严重犯罪行为提起公诉,因此检察特指审查被检举的犯罪事实。而监察是社会组织内部自我调控的一种行为机制,在中国古代,担任专门监察任务的职位就是御史。监察御史制度是一种具有纠举、监督职能作用的国家制度,自上而下地发挥行政监督职能的作用。

其次,检察官与监察御史的联系。民国时期有学者总结:"我国以前之御史,有人以为即现在之检察官(详杨鸿烈《中国法律发达史》);又有人以为即现在的监察委员(详高一涵《中国监察制度考》);孰是孰非不可遽白,要御史为检举犯罪之官则一(按现在检察官与监察委员执掌不同,性质亦异)。"④中国的监察制度自古有之。研究表明:"我国西周时即开始设有从事秘书性质职位的御史官职,战国时职掌文献史籍的御史就已有明显的监察职能,到秦

---

① 张知本:《检察制度与五权宪法》,载《法学杂志》1937年第9卷第5期。
② 向泽选等:《法律监督与刑事诉讼救济论》,北京大学出版社2005年版,第4页。
③ 龙宗智:《检察制度教程》,中国检察出版社2006年版,第1、2页。
④ 耿文田编:《中国之司法》,民智书局1933年版,第12页。

汉两代,监察制度逐渐走向正规,中央和地方的监察制度相应建立起来。"①秦代的中央集权促成了监察御史制度的建立,设有专门机构御史府,其官长为御史大夫,职责就是监察百官,维护皇帝的权威。后来,汉承秦制,只是名称稍有变化,御史府变成了御史台,御史大夫则改叫大司空。

此后,御史制度得到了历代封建统治者的高度重视,其功能也在拓展。隋炀帝即位后,对御史台组织又进行了一些改革,此时的御史台虽然不是专职监察机构,但是御史可以成为皇帝的使臣,巡察地方,受理地方政府司法案件的监察,纠正冤假错案。② 御史制度具有今天检察制度的部分职能,因此有学者认为古代中国有检察制度,如民国学者李朋认为,汉朝是中国检察制度的萌芽时期,"自汉以来,由类似今之检察官提起公诉者,亦不乏其例,惟完整之记载颇少,兹录南朝梁氏(约六世纪时)御史中丞任昉对刘整提起公诉之起诉书全文于后,以证明中国古代,实有检察制度之萌芽。"③此例不失为证。

另有学者认为,"从唐代统治者'以法理治天下,尤重宪官',到元代的统治者认为'裨益国政,无大于此'。明太祖朱元璋也说:'国家立三大府,……御史掌纠察,朝廷纪纲尽系于此,而台察之任尤清要'。"④明朝御史台改称都察院,其职能也稍有调整。除了行使监察权之外,都察院还拥有处理重大案件的司法审判权。到了清朝,监察机构在沿袭明朝的基础上又有所发展,都察院对各级官吏握有监督大权。有学者指出清朝的"都察院专掌风宪,以整纲饬纪为职,凡政事得失,官方邪正,有关于国计民生之大利害者,皆得言之。……监察御史掌纠察内外百司之官邪,在内:刷卷,巡视京营,监文武乡会试,稽察部院诸司;在外:巡监巡漕巡仓等,及提督学政,各以其事专纠察"⑤。可以说,明清都察院发挥了一定的行政监督职能。不仅如此,清朝都察院还有司法检察权和部分审判权。我们知道,清朝每当审理重案或疑案,必须"三司会审",而都察院就是三司之一。因此,清朝已经开启了司法监察的体制,兼有检察与监察的双重功能。但到宣统(1909—1912)年间,新内阁成立,都察院被撤销,而被检察机构取代。根据史料推断,早在光绪三十二年(1906),清政府就在地方试设审判检察机构,1907年在京师设立检察机构。至此,中国正式独立的检察制度诞生了。

到了民国时期,监察制度继续沿用,经过改革的监察制度与检察制度并存。有学者指出:"中华民国时期的监察体制,以孙中山监察思想为指导,同

---

① 邱永明:《中国监察制度史》,华东师范大学出版社1992年版,第11页。
② 参见关文发、于波主编:《中国监察制度研究》,中国社会科学出版社1998年版,第24—25页。
③ 李朋:《中国检察制度史的研究》,载《新法学》1949年第2卷第1期。
④ 叶青、黄一超主编:《中国检察制度研究》,上海社会科学院出版社2003年版,第7页。
⑤ 高一涵:《中国御史制度的沿革》,商务印书馆1930年版,第62页。

时,借鉴了中国古代的监察制度,确立了监察机构对各级统治者行使监察的权力,并逐步制度化。"① 也即国民政府时期,监察成为国家五大职能之一,与立法、行政、司法、考试并存,彼此独立,较好地发挥了监督职能。此时的检察制度已经具备现代意义,它与监察制度完全分属两个权力体系。

最后,检察制度作为司法意义上的监督职能机制,它是清末西学的产物,公诉、侦查和监督是检察制度最基本的职能。"与审判制度和监狱制度不同,检察制度并非国家的伴生品,而是近代资产阶级革命胜利以后的产物。"② 正是基于这一点,一些学者不承认中国古代有检察制度。史实上,检察与监察二者有很多关联性,除了上文已述的作为违法行为的处理方式之外,还有一些相关联之处,以致学者认为:"第以古时制度不同,监察权亦未独立,故监察与检察,亦常混为一体。"③ 正是关联性较多,才易使别人混淆,这表明中国古代的监察制度里内含有检察的功能,二者存在较大的关联性。从这个意义上分析,中国古代实际上是存在检察制度的,只不过内蕴于监察制度之中而已。当下有学者专门做过研究,指出:

> 对御史制度和检察制度十个方面的分析比较,我们可以看出两者有着惊人的相似。……为维护中央集权,保证国家机器高效廉洁运转,古代形成了以弹劾查处官吏为主要内容的御史制度,在现代则形成了以职务犯罪监督为主要内容,以侦查、公诉等诉讼活动为载体的检察制度。御史机构具有完备的组织体系、广泛的监督职权,与检察机关的法律监督在表现形态和运行机制上有着紧密的关联性和近似性。④

从这里不难发现:近现代的"检察"与古代的"监察"二者之间的关联不仅在于监督性方面,而且职能上呈现趋同性的现象。当然,"检察职能具有一种与生俱来的监督性。"⑤ 近现代检察制度作为国家检察机关的运行规则,它明确了检察机关的性质与任务、检察机关的组织体系、检察机关的工作原则等。国家设计检察制度的目的在于:监督司法行为的合法性、监督司法结果的执行力等。监察制度也具有监督的属性,但是它的主要职责是代表国家机关监

---

① 邱涛:《中华民国反贪史——其制度变迁与运行的衍异》,兰州大学出版社 2004 年版,第 209 页。
② 李春雷:《中国近代刑事诉讼制度变革研究(1895—1928)》,北京大学出版社 2004 年版,第 96 页。
③ 李朋:《中国检察制度史的研究》,载《新法学》1949 年第 2 卷第 1 期。
④ 金波等:《我国检察制度历史溯源:古代御史制度与当代检察制度比较研究》,第二届国家高级检察官论坛会议论文,无锡,2006 年 11 月 3 日,第 390 页。
⑤ 龙宗智:《检察制度教程》,中国检察出版社 2006 年版,第 4 页。

督官吏的行为。也就是说,监察制度的主旨是监督国家机关及行政人员认真履职、避免违法违纪,并对违法违纪行为予以惩处。很明显,我国古代御史监察制度与近现代检察制度的职能是基本一致的,在纠举不法官吏、监督法律法令及司法审判等领域有所作为。因为古代的司法体系不同于近现代的设置,因此惩处国家官员的部分司法职能就由监察机构代行了,以至于让人认为古代的"监察"与"检察"是一样的概念。

无论如何,近现代检察制度与古代监察制度存在一定的历史联系,正如学者所指出的那样:"从制度意义上讲,中国古代存在着的御史官制,从某种程度上可看成是检察制度的初始形态。"①到了清末民国的法制变革,近现代的检察制度正式诞生。至于监察制度,在某种意义上,今天的监察制度部分回归到古代的监察制度上来了,将之前的检察制度惩治官吏的职能剥离出来,交由新制定的《监察法》来完成,成立专门的机构——监察委员会去处理。也即2018年之前的检察制度,是指国家检察机关依法对国家机关工作人员的犯罪行为进行侦查,主要是渎职犯罪案件的侦查;代表国家对公诉案件提起公诉;对三大诉讼施行法律监督,法院已经发生法律效力、确有错误的判决和裁定,依法提请抗诉;对执行机关执行罪罚的活动是否合法实行监督。

进言之,尽管历史发生变化,"检察"与"监察"的内涵有所变迁,但是二者的概念与职能始终存在关联,以致检察制度与监察制度均成为人类社会不可或缺的政治规范设计而被载入史册,自然也成为学界关注的重要问题。然而,到民国时期,监察制度开始发生近代转型,成为与检察制度相并立的制度,也即民国时期具有现代意义的检察制度诞生了。

(二)监察制度的近代变革

为进一步厘清检察制度与监察制度,有必要对监察制度的近代历史做一个梳理。那么,按照上述学者对检察制度概念的界定和看法,南京国民政府时期的检察制度,无疑最早是渊源于中国古代的监察御史制度。尽管随着历史的变迁及朝代的更替,监察机构不断更名换号,然而,其实质并未有什么大的变化。正如民国学者所言,"故御史出使一制,也是明代御史制度上很重要的一点。自秦代监郡,唐代巡按,元代行御史台,经过明代巡抚,而变成清代的督抚兼都御使制。这也是研究御史制度的人所应当注意的。"②关于中国古代御史的职权,民国学者丁普元指出:

---

① 王新环:《公诉权原论》,中国人民公安大学出版社2006年版,第29页。
② 高一涵:《中国御史制度的沿革》,商务印书馆1930年版,第46页。

(明为十三道,清增至十五道。分京畿、河南、江南、浙江、山西、山东、陕西、湖广、江西、福建、四川、广东、广西、云南、贵州等)分任之。从其区分,弹劾其官吏之违法,并奏陈政务,故综御史之职权,约分数项:(一)检阅行政事务;(二)调查会计;(三)弹劾官吏;(四)伸直冤抑;(五)封驳章奏;(六)给发敕书;(七)考核官吏;(八)干预终审裁判;(九)纠正朝仪。总而言之,都察院之职权,为监察行政之得失,辨官吏之邪正,伸人民之冤抑,兼得干预终审裁判。在自昔专制时代,得是以纠正立法行政司法之非,其制固未尝不善。惟司法独立,终审裁判应属于最高司法机关。而第二项之调查会计,应属于国会及审计院。①

由上可知,古代御史制度的适用范围及职权较为广泛,主要在监察行政事务,督查政府官员,纠举不法官吏,监督法律法令的实施,以及监督司法等方面发挥了重要职能,对维护统治社会秩序,保障国家机器的正常运行起到了管理作用。实质上,监察御史制度是治理官员的制度或称治官之制,且这种制度与政治体制密不可分,对此,民国有学者做了总结:

> 大概只要是专制政治,万权总是自上而下的,绝不许有自下而上的监督权发生。凡是民治的国家,总由人民去监督政府和官吏,故治事之官多,治官之官少。凡是君治的国家,总只许君主一人有监督内外百官的大权,故治事之官少,治官之官多。中国的政论家,大概都承州县知事是亲民之官,换句话说,就是治事之官。可是从州县知事朝上数,知府和直隶州知州是监督官,道台是监督官,藩臬是监督官,督抚是监督官;而督抚之上,除君主外,还有许多互相牵制、互相纠察的官吏。简单一句话,自直隶州知州和知府而上,一直数到君主,大都是治官之官,而都察院尤其是专以治官做执掌的。故民治的国家,虽然明明白白的知道代议制的坏处,可是总没有完善的方法用来代替代议制,反过来说,如中国从前那样的专制国家,也无论怎样发现出来科道制的弊害,但总没有别的完善的方法,可以用来代替科道制。我们现在可以武断的说一句话:就是代议制是目前民治国家的唯一制度,科道制是从前专制国家的唯一制度。②

这是民国学者高一涵对民治与君治两种体制下的监察现状所做的比较,认为它们各有优缺点,也即监察制度与政治体制及时代背景始终不可分离,

---

① 丁元普:《中国法制史》(修正四版),上海法学编译社1932年版,第15—16页。
② 高一涵:《中国御史制度的沿革》,商务印书馆1934年版,第72页。

代议制是当时民治国家的唯一制度,科道制是从前专制国家的唯一制度。这表明监察制度随着时代发展发生变化,在现代检察制度中亦有不同程度的体现,以致有学者认为:

> 虽然我国古代的监察御史制度还不是现代意义上的检察制度,但是毋庸置疑,这种监察御史制度孕育了现代检察制度的许多基本因素。①

也就是说,人们对古代御史制度认识不够,有人认为古代御史制度就是近现代的检察制度,也有人认为它就是近现代的监察制度。不论这些人的认识是否正确,但是近现代的检察与监察是作为两种相对独立的制度而存在的。直到清末变法前,政府仍有监察御史一职,其中一位著名的御史官员名叫徐定超,自1905年之后,他先后做过江西、山东、陕西、湖北、湖南等地的监察御史,直至京畿的掌印御史。"六七年监察御史政治生涯,他梳陈时政利弊得失,涉及政治体制……惩治贪官污吏等等,内容十分广泛"②。但是,光绪三十二年(1906),清政府进行官制及机构改革,由此开始了晚清监察制度的变革。

在这场变革中,清政府中央设资政院,地方各省设咨议局,预备立宪,朝着民主方向发展。根据清政府法规,资政院对行政机关有监督之权,而咨议局对各地方行政有一定的监督权。"与此同时,清政府对都察院机构进行了调整:撤销吏、户、礼、兵、刑、工六科,合署办公;撤销宗室御史处,稽查内务府御史处;撤销五城都察院,新设审判厅,以取代五城都察院原有之维护地方治安功能;调整监察区——道的设置等。"③而随着机构的调整,监督职能进一步加强,检察"开始迈出了近代化的步伐"。④ 也即随着监察制度的近代变革,检察制度逐渐走到历史舞台的中央。

辛亥革命之后的南京临时政府效仿西方政体,更加关注监督机制,设置议会监督政府机构及其行政人员的行为,并通过立法确认。根据《中华民国临时约法》(以下简称《临时约法》)第19条,参议院的监察权有:(1)议决临时政府预算、决算,监督国家财政;(2)对行政工作若有疑问的,可向国务员提出质问,并要求其进行答复,监督国家行政;(3)咨请政府查办官吏纳贿违

---

① 张华:《我国检察监督制度正当性探析》,载《中国律师》2009年第8期。
② 陈继达主编:《监察御史徐定超》,学林出版社1997年版,第8页。
③ 关文发、于波主编:《中国监察制度研究》,中国社会科学出版社1998年版,第43—45页。
④ 同上书,第46页。

法事件,监督国家公职人员;(4)弹劾总统及国务员。① 可见,临时政府对政府行政及其官员的监督力度之强大。

不久,北洋政府建立,为了维护自己的统治,也建立了相应的监察制度,设立了专门的机构——平政院②,下设肃政厅,行使监察权,依法纠弹行政官吏之违宪违纪事件,调查与审理官吏违法行为,执行中央监察职能。依据《中华民国约法》第43条,"国务卿、各部总长有违法行为时,受肃政厅之纠弹及平政院之审理。"③平政院的内部监督,由平政院下设的惩戒委员会来负责。此外,平政院作为行政机关,还主管行政诉讼案件,是全国唯一的行政审判机构。平政院主要负责督察和审理行政官吏的违法和不正当行为,行使审判及执行的权力。对于违法官员的行政诉讼和纠弹事件,平政院一方面负责审判不法官吏,另一方面监督裁决的执行,行使与当下监察部门和检察部门部分类似的职权。

国民政府按照孙中山先生"五权宪法"思想,建立了专门的监察院,以行使监督之权。诚如学者所言:"监察权在孙中山'五权宪法'构想中独为一权,南京国民政府时期,'五权'思想被付诸实际,监察院成为'五院'之一,执掌监察。"④1928年8月,五权宪法取得重大进展,胡汉民等人倡导的关于训政时期"实行五权之治"的主张获得国民党二届五中全会通过。会后的10月8日,国民党中央修订公布了《中华民国国民政府组织法》(以下简称《国民政府组织法》),该组织法的序言指出:中国国民党本革命之三民主义、五权宪法建设中华民国,既用兵力扫除障碍,由军政时期入于训政时期,尤宜建立五权之规模,训练人民行使政权之能力,以期促进宪政,奉政权于国民。⑤ 而后成立立法院、司法院、行政、考试院、监察院等五院,正式实行五院制。此时的监察院拥有对官吏进行弹劾的权力,1928年10月的《监察院组织法》第3条明确规定:"监察院院长得提请国民政府,特派监察使,分赴各监察区,行使弹劾职权。监察使得由监察委员兼任。监察区由监察院定之。"⑥1932年9月的《监察院组织法》规定,监察院弹劾案件及人民告发事项,应事前

---

① 参照卞修全:《近代中国宪法文本的历史解读》,知识产权出版社2006年版,第181—182页。
② 平政院本是北洋时期的行政审判机构。1914年3月31日,袁世凯颁布《平政院编制令》,标志着平政院正式宣告成立,以院长1人、评事15人组成,直隶大总统,察理行政官吏之违法不正行为,但以法令属特别机关管辖者,不在此限。平政院审理纠弹事件,不妨及司法官署之行使职权。
③ 卞修全:《近代中国宪法文本的历史解读》,知识产权出版社2006年版,第189页。
④ 张仁善:《司法腐败与社会失控(1928—1949)》,社会科学文献出版社2005年版,第387页。
⑤ 中国第二历史档案馆编:《中华民国史档案资料汇编 第五辑 第一编政治》(二),江苏古籍出版社1994年版,第22页。
⑥ 国民政府监察院:《监察院组织法》,载《监察院公报》1931年第1期,第7页。

查察。① 也即是说,国民政府时期的监察用于专职弹劾,以监督官员的权力滥用行为。

简而言之,从孙中山的临时政府开始,统治者们力求效仿西方的民治体制设置新的官吏监察制度,要求由人民去监督政府和官吏,并且强调继续沿用中国古代的监察制度。孙中山指出:"此制度(弹劾监察)实世界所未有,故中国实为世界进化最早之第一国。……故甚望保存此良法,而勿忘记中国自己之良法也。"②由此,民国政府成立之后,监察制度一直得以保存和延续,只不过形式有一些变化。北洋政府建立平政院,其功能之一就是监察弹劾违法官员。1931年,国民政府正式成立了监察院,这样一来,弹劾官员的职能与追诉犯罪的职能分属监察与检察两个不同的国家机关。与此同时,检察机构与审判机构共同组成的司法院系统承担着贯彻执行民国司法制度的角色,与监察院系统并存于国民政府,发挥着各自的职能。

(三) 检察制度的西方源头

近现代意义的检察制度源于西方国家,需要说明的是,相对于其他制度,西方的检察制度诞生较晚。日本学者指出:"检事之制度,考之历史,不起于古代,故当罗马法及罗马法之后,无此制度。至近时起于法国,而其职务之粗定,尚属最新之事。"③对此研究已有定论,即:"一般认为,检察官制度发源于14世纪的法国,但现代意义的检察官制,诞生于法国大革命,因此被称为'革命之子';溯其法制来源,是根据1808年的'拿破仑治罪法典'而正式建立。"④因此,检察制度发源于法国。

事物的产生总要经历一个过程,法国的检察制度从14世纪开始萌芽,19世纪初正式诞生。早在14世纪,法国路易九世实行了司法改革,提升了国王法院的地位,"把大领主的司法权置于国王法院的管辖之下。国王法院可以受理对任何领主法院的上诉;重大案件和政治案件,只能归国王法院审理。"⑤并且要求凡涉及王室公共收益的纠纷,不是由国王而是由国王的"代理人"提起诉讼,同时要求今后类似案件禁止采取私人起诉的方式,并赋予该"代理人"监督地方官吏的权力。该"代理人"就是"检察官"的雏形或前身。

---

① 参见谢振民编著:《中华民国立法史》(上册),张知本校订,中国政法大学出版社2000年版,第357—358页。
② 《孙中山全集》(第4集),中华书局1985年版,第332页。
③ 〔日〕松室致:《日本刑事诉讼法论》,陈时夏译述,商务印书馆1910年版,第87页。
④ 龙宗智:《检察制度教程》,中国检察出版社2006年版,第19页。
⑤ 张培田:《检察制度本源刍探》,载《中国刑事法杂志》2000年第5期。

1355年12月28日,法国国王颁发敕令,将刑事公诉的职责赋予专门的"控诉人机关",这种机关在14世纪初就被称为"检察院",检察院履行职责的人员就是"检察官"。从此,法国各地法院处理刑事案件时就启用"检察官",让他们代表国王(国家)去起诉和控告犯罪人,这样更具权威性,利于维权。因此,"法国14世纪的国王代理人制度,是检察制度的雏形,这是研究检察制度的学者比较一致的认识。"① 直到1789年法国大革命,彻底改造刑事诉讼制度后,检察制度在法律条文上有了明确的规定,具有现代意义的检察制度应运而生。

1808年,拿破仑主持制定的《法国刑事诉讼法典》明确规定了检察院享有主动提起公诉、追诉犯罪的权力,这是"国家追诉制度"确立的标志。不仅刑事诉讼需要检察官介入,而且民事诉讼也重视检察官的作用。"在《法国民事诉讼法典》中专列了一章,对检察机关如何参加民事诉讼作出了详尽的规定;而在《法国民法典》中,有将近60个条文规定了检察官在民事活动中的作用。"② 1810年,法国又颁行了关于司法组织的法律,对检察官的机构及职权作出了详细的规定。可以说,19世纪的法国已形成了比较完整的检察制度体系。

19世纪中后期,受法国法的影响,德意志诸邦开始采行检察官制度,1877年公布、1879年实施的《法院组织法》《刑事诉讼法》及《民事诉讼法》三部法律中均规定了检察制度的内容,从此以后,检察制度通行于全德国。据民国学者杨兆龙考证:

> 检察制度自从十九世纪的初叶由法国正式传到德国后,经过几十年的发展,居然为德国大部分的邦所采行。到了1870年左右,全国各邦中只有四个没有实行这个制度。……正在这时,德国因为内部政治团结,格外感到统一司法制度之必要。于是在普鲁士的领导之下,从1869年起先后起草全国适用的法院组织法、刑事诉讼法及民事诉讼法。这些法律都于1877年正式公布,于1879年施行全国。从此以后,检察制度便通行于德国全国,而以前那些不同之点也大都归于消灭。③

由此可见,检察制度逐渐渗入德国的司法实践,经过几十年的发展,最终

---

① 龙宗智:《检察制度教程》,中国检察出版社2006年版,第21页。
② 陈玮:《百名中国司法官在法国》(下),载《公诉人》2012年第1期。
③ 杨兆龙:《由检察制度在各国之发展史论及我国检察制度之存废问题》,载《法学杂志》1937年第9卷第5期。

以其强大的魅力被全德国接纳,表明了检察制度自身的价值。此外,法国的检察制度还被前法国殖民地的一些国家以及意大利、芬兰、俄罗斯等国相继效仿和采用,从而形成了大陆法系的检察制度。但是,实践证明,德国人严谨求实的性格,使得该国在效仿法国法的过程中,更加细致和认真,以致德国通过效仿法国、结合本国实际所创新的检察制度更具有实用性和可操作性,因而受到很多国家的青睐和模仿。日本正是通过学习德意志法律,建立了本国的检察官制度。

明治维新后,日本仿行德国检察制度建立了四级检察机关:最高检察厅、高等检察厅、地方检察厅及区检察厅,这四级检察机关与其法院机构最高裁判所、高等裁判所、地方裁判所及简易裁判所一一对应且互相平衡而对立。鉴于上述历史事实,有学者做过总结:

> 世界各国之检察制度,导源于法国,十三世纪时,法国即有检察制度之萌芽,惟其检察人员仅限于有关王室收入之犯罪,始有弹劾之权,历经长久时期之演进,至十九世纪初期,其检察制度,始克确立,此由于拿破仑一世编纂法典,采用弹劾主义及国家诉权主义,即可证明。十九世纪中叶,法国将原先代理被害人而为刑事诉追之国家官吏,遂即扩充其职权,并改设总检察长,共和三年之法律,及一八一〇年,一八八三年之法律与附属各法规先后制颁,检察制度乃臻完备,大抵言之:检察机关多配属各级法院,地方法院置有检察长一人,候补检察官若干人;高等法院置有检察长一人,检察官及候补检察官各若干人;最高法院则配置总检察长一人,及检察官若干人,分别行使检察职务。①

我国学者从世界范围考察检察制度的来源问题,认为法国是检察制度的创始国,具体而言是拿破仑编纂法典确立了检察制度,随后针对刑事案件,设检察长或检察官吏代理被害人起诉加害人,并逐渐扩充检察官的权限。到1883年,检察制度已经完备,形成了完整的检察机关,配备了检察长与检察官,行使检察职权。

当然,在英美法系国家也有类似检察制度的长期酝酿过程,巧合的是,"一直到一八七九年才由政府向国会提出一个犯罪诉追法(Prosecution of Offences Act)的草案来。这个草案总算没有经过什么困难而通过于国会,并

---

① 管欧:《法院组织法论》,三民书局股份有限公司1988年版,第189页。

于一八八〇年一月一日见诸实施。"①但是,今天的学者认为:"世界各国,除美国及英联邦各国仿效英国的检察制度外,多数国家首先是欧洲大陆各国都仿效法国建立了检察制度。日本于明治维新以后,仿效欧洲大陆的司法制度,设立裁判所和检事局。旧中国的检察制度,则是从日本输入进来的。"②史实上,中国清朝是通过日本学习欧陆法制,主要效仿德意志立法例,而引入检察官制的。

即便这样,民国时期的一些学者仍然认为中国的检察制度是中国固有的产物。如学者李朋在《中国检察制度史的研究》一文中指出:"清末施行之检察制度,诚然系仿乎外国,若即谓中国历来均未有此制度,则又未尽然。夷考吾国史乘,未始无此类似之制度,惟吾国往时司法与行政不分,民事与刑事不分,检察与审判亦不分,故名称上无检察制度及检察官,而实质上则不能谓无检察之执掌。"③也就是说,尽管近现代意义的检察制度源于西方国家,但是在中国本土确有类似检察功能的监察制度,这也回击了少数认为"中国古代无检察制度"的观点。

(四) 检察制度的民国演变

民国时期,随着清末变法"西学东渐"的潮流,民国政府在原有监察制度的基础上,广泛吸纳借鉴西方的检察制度,从而形成了具有民国特色的检察制度。不过,其过程是漫长而复杂的。在这个意义上,有学者认为,中国"正式的检察制度乃肇始于清末修律与民国初年的司法改制运动"④。检察制度的民国演变也由此展开。

1. 清末中国检察制度的生成

我国检察制度开启于清朝末期,正如学者所描述的那样:"清末,随着西方法律制度的引进,大陆法系的检察制度亦随之输入,检察机构亦成为中国司法制度上史无前例的一个新型机构。"⑤的确,清末光绪皇帝在位期间通过司法改革,推动了检察制度的诞生。根据史料记载:"清光绪三十二年(1906)

---

① 杨兆龙:《由检察制度在各国之发展史论及我国检察制度之存废问题》,载《法学杂志》1937年第9卷第5期。
② 王桂五:《王桂五论检察》,中国检察出版社2008年版,第114页。
③ 李朋:《中国检察制度史的研究》,载《新法学》1949年第2卷第1期。
④ 夏锦文主编:《冲突与转型:近现代中国的法律变革》,中国人民大学出版社2012年版,第561页。
⑤ 李春雷:《中国近代刑事诉讼制度变革研究(1895—1928)》,北京大学出版社2004年版,第96页。

九月二十日,谕刑部改为法部,专任司法;大理寺改为大理院,专掌审判。"①这实际上是由沈家本主持起草的《大理院审判编制法》的内容,通过光绪皇帝颁布诏书正式公布,《大理院审判编制法》首次提出行政与司法的分离,也即将刑部改为法部,相当于今天的司法部,专门掌管司法行政;而将大理寺改为大理院,相当于今天的最高法院,专门主管审判。《大理院审判编制法》被称为中国近代史上第一部法院组织法,它的出台意义重大,不仅促进了行政司法合一的政治体制转型,并且效仿日本、德国的做法,第一次提到检察制度。《大理院审判编制法》的第7、12、13条等分别就检察机关的职权②、检察官的权限③及检察机构的设置④等作出了明确的规定,这是我国历史上最早明确的检察制度之规定。因而被评价为"在司法审判制度方面第一次突破封建专制主义的体制","在各审判厅内,设置了各级检察厅",为清末司法制度方面"最重要的变化"。⑤ 并且,《大理院审判编制法》确立了刑事案件由检察机关提起公诉的基本司法原则。根据史料:

> 大理院在京直辖审判厅局有三:1. 京师高等审判厅。2. 京师城内外地方审判厅。3. 京师分区城谳局。自大理院以下各审判厅局,均附设检察局,各须设有检察官,于刑事有提起公诉之责,可请求用正当之法律,监视判决后正当施行,均须承差若干人,掌送达诉讼人票提及控禀,并办理审判衙署已审决之案件。⑥

这是清末《大理院审判编制法》关于检察制度的较早规定,该史料表明:中国自清末变法开始,效仿欧美立法,采用了检察制度。1907年8月,清政

---

① 谢振民编著:《中华民国立法史》(下册),张知本校订,中国政法大学出版社2000年版,第984页。
② 《大理院审判编制法》第7条规定:大理院及直辖各级审判厅局关于证据事件须调查者,可随时径由本院会商民政部所辖巡警厅,使巡警单独或协同本院以下直辖检察官调查一切案件,平时亦可由本院会同该厅委派警察官为司法警察,以备侦探之用。参照上海商务印书馆编译所编纂:《大清新法令(1901—1911)》(点校本第1卷),商务印书馆2010年版,第381页。
③ 《大理院审判编制法》第12条规定:凡大理院以下审判厅、局,均须设有检察官。其检察官附属该衙署之内。检察官于刑事有提起诉之责。检察官可请求用正当之法律。检察官监视判决后正当施行。同上书,第381页。
④ 关于检察机构设置,《大理院审判编制法》第13条规定:各检察局亦须置有一定员数;第31条规定:高等审判厅内,附设检察局,置检察长一员;第39条规定:各地方审判厅各检察局附设于该厅之内,检察局须置检察长一人;第45条规定:各城谳局内附设检察局。城谳局内之检察局,其管辖地段内警察须听其指挥。同上书,第384—385页。
⑤ 张晋藩主编:《中国司法制度史》,人民法院出版社2004年版,第483—484页。
⑥ 最高人民检察院研究室编:《检察制度参考资料》(第2编),内部资料1980年版,第12页。

府修订法律大臣沈家本草拟了《法院编制法草案》，经过修订法律馆慎重研讨后，于宣统元年(1909)奉谕颁行。同年10月，法部通过的《各级审判厅试办章程》也明确了各级法院均设检察官的规定，归口管理部门是法部，也即检察官归属于法部大臣的统一管理，并受法部长官的统一领导。1910年12月，沈家本又草拟了《刑事诉讼律草案》，详细规定了检察官介入诉讼的实施情况，这就为民国时期采行检察制度奠定了基础。

清末之所以要引进西方的检察制度，首先取决于检察制度的作用，在民国时代的学者那里，"此种制度的根本作用，在于由国家公诉权之合理运用，以达到国家刑罚权之充分发挥，而使国家民族以及社会生活，臻于安全，故各国皆仿行之，我国自清末变法，亦仿大陆刑事立法，采用检察制度。"①也即检察制度的根本宗旨在于行使国家公诉权。或者说，行使国家公诉权的需求，促使了检察制度的诞生和成长。

不过，清末引进西方的检察制度，还有一个重要原因，就是受日本法学专家的影响。1906年到1911年间，清末政府邀请了日本比较有名的法学专家到中国讲学。其中，冈田朝太郎、志田钾太郎和松冈义正等来华后，一面向中国人传授外国的法律制度，一面针对中国的国情，提出了中国司法改革的建议。其中，冈田朝太郎对检察制度提出了中肯的想法，在他看来：

> 中国改良司法，实以设立检察制度为一大关键。盖中国旧日司法机关虽不能独立而惯用压制手段，纵有上诉之阶段大半发回原衙门复审，无人立于原告官及当事人之地位。小民经官府挫折之下何所陈诉冤抑，故审判上之弊端几于不可究诘。现在州县仍不能免即有一二为言官所弹劾，要不免挂一漏万且言官仅得诸风闻亦不能确知其中情形，又于法律保障司法官之宗旨不能相合。故今日司法官制使检察官为起诉机关，同时又以平等之资格监督审判，于法律保障人民权利之意关系甚大，学者当于起源处着眼无为一家之说所囿也。②

冈田朝太郎是日本著名的检察制度研究专家，他认为清末之后中国的司法改革，应该将设立检察制度作为一件大事来抓。因为过去旧的司法机关缺乏检察功能，上诉案件基本得不到落实，无人代表原告方，审判实践中的弊端几乎得不到纠正。今天的司法官制度设定检察官为起诉机关，同时以平等资

---

① 李朋：《中国检察制度史的研究》，载《新法学》1949年第2卷第1期。
② 〔日〕冈田朝太郎口述：《检察制度详考》，张智远笔述，徐谦校定，检察制度研究会1912年版，第251—252页。

格监督审判,这对于保障人民权利意义十分重大,也即中国建立检察制度非常有必要。可见,冈田朝太郎应是清末民国检察制度建立的重要推动者。

也正是受日本法学家的影响,1909年清廷政府制定的《各级审判厅试办章程》将检察机关的职权规定得非常清楚,"具体有以下几项内容:(1)提起刑事公诉;(2)收受诉状请求预审及公判;(3)指挥司法警察官逮捕犯罪者;(4)调查事实,搜集证据;(5)民事保护公益,陈述意见;(6)监督审判,并纠正其违误;(7)监视判决之执行;(8)查核审判统计表。"①这些职权决定了检察官的重要性,也彰显了检察制度的地位。可以说,《各级审判厅试办章程》奠定了近代中国检察制度的基础。

紧接着,清政府以日本1890年《裁判所构成法》为蓝本制定的《法院编制法》第十一、十二章专门就检察厅、检察官之职权及任用作了规定②。但是,"从制度上看,《法院编制法》规定的多数制度在此前颁布的《大理院审判编制法》《各级审判厅试办章程》中均已有体现。"③这就再一次验证了清末的《大理院审判编制法》是我国检察制度正式确立的标志。也因为如此,有学者指出:"近代中国的检察制度,是清朝末年从日本引进的。在此之前,中国封建社会中自始至终存在着御史制度,由于没有实行审、检分工和公诉制度,因而与近代意义上的检察制度相去甚远。"④

然而,清末修律关于检察机构设置,其本意是原则上设置在法院内部。"按照清朝修律总体上来自大陆法系的指导思想,清末检察制度的机构,被原则上确定设定于司法机关——法院内。但具体怎样设置,清朝并非一开始就确定下来。"⑤因直接受日本检察制度的影响,清政府对检察机构的设置体制作了安排,"清朝于1906年效仿日本拟定检察机关为'检事局'。检事局配置于各级法院:初级检事局设于初级法院,各城谳局内附设检察局;地方检事局设于地方法院;高级检事局设于高等法院;最高检事局设于最高法院。"⑥这

---

① 转引自王桂五:《王桂五论检察》,中国检察出版社2008年版,第114页。
② 各审判衙门分别配置检察厅,其管辖区域与各该审判衙门同。初级检察厅置检察官1员或2员以上;地方及高等检察厅各置检察长1员,检察官2员以上;总检察厅置厅丞1员,检察官2员以上。检察官职权为:(1)实行搜查处分,提起公诉,实行公诉,并监察判断之执行;(2)为诉讼当事人或公益代表人,实行特定事宜。详见谢振民编著:《中华民国立法史》,张知本校订,中国政法大学出版社2000年版,第988页。
③ 吴泽勇:《清末修订〈法院编制法〉考略——兼论转型期的法典编纂》,载《法商研究》2006年第4期。
④ 张穹、谭世贵编著:《检察制度比较研究》,中国检察出版社1990年版,第13页。
⑤ 张培田、张华:《近现代中国审判检察制度的演变》,中国政法大学出版社2004年版,第241页。
⑥ 同上。

同样是效仿法德等大陆法系国家检察制度的结果,"一般来说,大陆法系国家不独立设置检察机关,而是将它附属在法院系统内,根据法院的审级不同设置不同层次的检察机构或归属司法部领导。法国属于前者,德国属于后者。按照清朝修律总体上采大陆法系的指导思想,原则上,检察机构被确定设于法院之内。"①这种制度传统沿用至民国时期。

2. 民初检察制度的发展

南京临时政府尽管历时短暂,却也关注过检察制度问题。根据临时政府司法部的一份文件记载,"要求各省督饬办理调查各府州县现有之审判、检察各厅及监狱状况,并要求凡未成年审判检察各厅及监狱者,应规仿新制,尽快设置,以期达逐渐改良完善,一扫从前黑暗时代之恶习。"②该文件中提到要抓检察制度改革、检察机关设置问题。很快,司法部就组建地方审判、检察机关之事连续作出几个批复,如批复江宁地方审判厅和江宁地方检察厅既于光复之初由前江苏都督委任组织成立。③ 文件与批复表明临时政府在检察机构及制度方面所做的实质性工作。实际上,至民国成立,各省的检察厅设立了起来,但是各地方初级检察厅并没有普遍设立。④ 这是因为时间太短,而且经费太少。

北洋政府某种程度上是比较重视检察制度的,在临时政府原有检察机构及制度的基础上,进一步落实检察制度的实施,这里有一则史料反映了民国初期的检察制度现状,它就是1912年10月8日总检察厅的通令——《刑事案件须照检察制度各节办通令》:

> 查检察官为国家之代表,居于原告之地位,有检举犯罪、实行论告、提起上诉之责。乃检阅各厅呈送本厅上告案卷,检察官除待人告诉告发始行提起公诉外,于自行搜检,不服上诉,当庭辩论,各事多未实行,殊失检察制度之精神。为此,通令各该检察官,嗣后对于刑事案件均须查照上举各节,一体遵办,勿怠职责。此令。⑤

根据北洋政府总检察厅的这则通令,检察官已经代表国家追诉犯罪,具

---

① 李春雷:《中国近代刑事诉讼制度变革研究(1895—1928)》,北京大学出版社2004年版,第99页。
② 《司法部咨各都督调查裁判检察厅及监狱文》,载《临时政府公报》1912年第23期。
③ 参照张晋藩主编:《中国司法制度史》,人民法院出版社2004年版,第492页。
④ 同上书,第495页。
⑤ 司法部参事厅编:《增订司法例规》,司法部参事厅1918年版,第313页。

有了现代检察制度的功能,政府有必要通令全国,一律遵从。这就表明:民国初期,检察制度即已真正地在中国开始运行了。不过,检察制度的实施并不顺利,甚至出现了短暂的倒退情况。有如学者所言:"在袁世凯专权时期,他所一手控制的政治会议通过决议案,将已设立之地方审判厅撤废了三分之二,将刚刚建立起来的本来就不多的初级审判厅完全撤废掉。"[①]由于检察厅被置于审判厅内部,随着审判厅的撤废,检察机构自然不复存在了。这严重破坏了北洋政府检察制度的成长。

1913年至1915年,袁世凯主政期间多次修改《各级审判厅试办章程》及《法院编制法》,其中涉及检察制度的内容就有两处:一是删除关于检察官职权之规定;二是规定凡地方审判厅第一审刑事案件预审时,推事应咨询检察官意见,检察官应于3日内提出意见书。预审决定后,当事人如有不服,应依抗告程序行之。[②] 1914年4月北洋政府司法部颁布了《审检厅处理简易案件暂行细则》(共9条),其中第1条规定:"凡收受案件时,应归简易庭办理者,由总务主任标明案件要旨,送检察长认定后,配置简易庭之检察官即时起诉。"[③]这里,一面要删除检察官职权,另一面却要求检察官介入案件,法律规定前后有些矛盾,恰恰反映了袁世凯政治统治混乱所带来的司法矛盾。1915年检察的情况又有变化,根据史料记载:

> 民国四年六月二十日,司法部呈准政府将法院编制法分别修正刊行,至五年二月二日又加以修正。其修正之点有四:1. 删除关于初级审判,初级检察厅之规定;2. 删去"各省提法使监督本省各级审判厅及检察厅";……总检察厅厅丞改为检察长,各审判衙门将检察厅分置之典簿、主簿、录事,均改为书记官长、书记官。[④]

这里的《法院编制法》修正情况说明:北洋政府对于检察机构的设置和废止处于矛盾之中,设立不久又裁撤,裁撤之后不便,而又重新设置。最终还是撤销初级检察厅与各省提法使检察厅,将总检察厅负责人改为检察长,将检察厅下属的典籍、主簿、录事名称改为书记官长、书记官。1922年7月,北洋

---

① 张晋藩主编:《中国司法制度史》,人民法院出版社2004年版,第495页。
② 参见谢振民编著:《中华民国立法史》(下册),张知本校订,中国政法大学出版社2000年版,第984页。
③ 蔡鸿源主编:《民国法规集成》(第31册),黄山书社1999年版,第74页。
④ 最高人民检察院研究室编:《检察制度参考资料》(第2编),内部资料1980年版,第13页。

政府正式施行《刑事诉讼条例》,对检察制度作了明确规定①,包括检察官的回避义务、预审任务、公诉、侦查等非常丰富的内容,这些内容为国民政府《刑事诉讼法》对检察制度的规定奠定了基础。

3. 国民政府检察制度的演变

国民政府时期,政治经济和社会形势的变化带来了检察制度的更新和演变。1927年初,广州、武汉国民政府实行"审检合一制"。其中,"武汉国民政府废除了各级检察厅,改为在各级法院内配置检察官执行职务。"②南京国民政府时期,这种检察制度继续沿用,并作了必要的改革,形成了国民政府时期特有的检察制度:

> 民国十六年国民政府奠都南京,十一月一日裁撤检察厅,改采检察配置法院制度,将审判厅、检察厅并为法院,大理院改为最高法院,除最高法院检察署为独立之检察机关,其首长称检察长以外,所有高等、地方的检察机关,均分别附于高等、地方法院之内,惟并无检察机关之名称,仅配置检察官于各级法院,以独立行使职权。③
>
> 民国十六年十月二十五日,国民政府公布有"最高法院组织暂行条例"。最高法院置首席检察官一员、检察官五员,处理关于检察之一切事务。十八年八月十四日修正公布……将第六条所规定之检察官三人至五人改为七人至九人。最高法院配置检察署,并置检察长一人,最高法院及检察署各设书记官长及书记官。④

上述史料表明:国民政府于1927年定都南京以后,即着手进行检察制度改革,裁撤了原有的检察厅机构,除了大理院改名最高法院,继续设置检察署作为检察机关之外,其他级别的法院内置检察官,而无检察机关名称,标志着检察厅被正式撤销。但是,本次改革将原有的"检察长"和"监督检察官"改为各级法院"首席检察官",独立行使职权的属性不变。同年10月,国民政府公布《最高法院组织暂行条例》,其中第6条规定"最高法院置首席检察官一人、

---

① 该条例第一编第三章名为"法院及检察厅职员之回避",涉及第41条"关于推事回避之规定于检察官及检察厅书记官准用之"、第43条"检察官预审"等内容。
② 张晋藩主编:《中国司法制度史》,人民法院出版社2004年版,第518页。
③ 管欧:《法院组织法论》,三民书局股份有限公司1988年版,第192页。
④ 最高人民检察院研究室编:《检察制度参考资料》(第2编),内部资料1980年版,第14页。

检察官五员,依法令之所定,处理关于检察之一切事务"①。到了 1928 年 11 月,情况又发生了变化,根据国民政府《最高法院组织法》,正式设立最高法院检察署,配置一名检察长,检察官若干名,检察长指挥监督并分配检察署的检察事务。1929 年 7 月国民政府进一步实行检察制度改革,此时修正《最高法院组织暂行条例》,公布《最高法院组织法》,原草案规定检察署"确定检察官员额为 3 人至 5 人"②。而国民政府立法院在讨论通过时,将所规定的检察署检察官人数由 3—5 人改为 7—9 人。最高法院配置检察署,并置检察长一人,最高法院及检察署各设书记官长及书记官。在此基础上,1932 年公布、1935 年施行的国民政府《法院组织法》第 26 条明确规定:"最高法院设检察署,置检察官若干人,以一人为检察长;其他法院及分院各置检察官若干人,以一人为首席检察官;其检察官员额仅有一人时,不置首席检察官。"③

自 1928 年司法改制后,中央最高法院与检察署并立,地方各省废除检察机关,而将检察官配置于各法院内部,但是原有之检察制度仍然存在,检察官仍同以前一样,对于法院独立行使其职权。县级地方法院有一种特殊检察制度,那就是县长兼理检察官。南京国民政府时期,地方县级的司法机构叫"司法处",由县长兼司法处长,下设承审员,代行审判权。不过,真正的审判权和检察权的行使者是县长。这种行政兼理司法的县官工作模式也要归于传统④。1935 年 6 月,国民政府司法行政部出台了《县司法处组织暂行条例》,规定县司法处检察职务由县长兼理。⑤ 1936 年 4 月,国民政府公布《县司法处组织暂行条例》,其中第 1 条规定:"凡未设法院各县之司法事务,暂于县政府设司法处处理之。"⑥据此,国民政府决定设立县司法处,配置审判官于县司法处,独立行使基层审判职权。"而以县长兼理检察事务,以纠县长兼理司法中之误审错判及凭借司法权侵犯人民利益与人身自由之弊。"⑦紧接着,6

---

① 《最高法院组织暂行条例》,南京国民政府 1927 年 10 月 25 日公布。据中国国家图书馆民国法律资源库,http://read.nlc.cn/OutOpenBook/OpenObjectBook?aid=462&bid=5102.0,2019 年 8 月 14 日访问。
② 谢振民编著:《中华民国立法史》(下册),张知本校订,中国政法大学出版社 2000 年版,第 1038 页。
③ 蔡鸿源主编:《民国法规集成》,黄山书社 1999 年版,第 493 页。
④ 史料记载:"民国三年四月,政治议会之决议案实施,地方审检厅撤废者三分之二,初级审检厅则完全撤废。至各特别区域以财力、人力均感缺乏,各级审检厅俱未建立。凡未设审判衙门地方,所有民刑诉讼案件,均由县知事兼理,或设审判处以管辖之。"参见最高人民检察院研究室编:《检察制度参考资料》(第 2 编),内部资料 1980 年版,第 14 页。
⑤ 《县司法处组织暂行条例》,南京国民政府 1936 年 4 月 9 日公布。据中国国家图书馆民国法律资源库,http://read.nlc.cn/OutOpenBook/OpenObjectBook?aid=462&bid=3542.0,2019 年 8 月 14 日访问。
⑥ 同上。
⑦ 孔庆泰等:《国民党政府政治制度史》,安徽教育出版社 1998 年版,第 219—220 页。

月份,国民政府又出台了《县司法处办理诉讼补充条例》,详细规定了县长代行检察职权的方式和程序。县长兼理司法检察违背了国民政府的分权体制。1947年国民政府实行所谓的"宪政",当年召开的全国司法行政会上,有人提议废除县长兼检察官制度,但终因形势复杂、经费及人才短缺、地方法院无法建立等诸多因素,该制度一直持续到1949年。

据考证,检察制度在民国运行了三十年,国家及个人的法益所借以维护者固然较多,然而由于未能积极行使其职权,引发了检察制度的存废之争,也促使国民政府改革现有检察制度,以实现其完善与发展。虽然,当时国民政府司法界对检察制度的存废问题曾经进行了激烈讨论,但无论如何讨论,检察制度作为一种法律监督机制,是不可或缺的,只能进行改革,而不可废除。最终,南京国民政府经过努力,扩大了检察官的权力,检察制度更加完善,为保护当时的司法公正起到了一定作用。不过,民国时期有学者认为国民政府检察制度的变化,受清末民初检察制度的影响,并对检察机构的变迁予以概括:

> 光绪三十三(1907)年奏准法院编制法,规定各级审判厅设置各级检察厅,地方审判分厅、高等审判分厅及大理分院分别配置地方检察分厅、高等检察分厅及总检察分厅。行之二十余年,而未尝改易。十六(1927)年十一月一日国府命令裁撤检察厅,于各级法院内设置首席检察长一人,检察官若干人,办理检察事务。嗣十七(1928)年十一月最高法院组织法公布,明定最高法院配置检察署,置检察长一人,检察官若干人。最近立法院通过之新法院组织法草案,规定设立检察机关,与从前之检察厅制不同,与现在之首席检察官制亦异。①

由此可知,1907年依法设置的各级检察厅以及检察分厅,运行20年没有变化。但到了1927年,国民政府裁撤检察厅,改在法院内设置首席检察官及检察官制度,一年后又明确规定最高法院配置检察署,配检察长和检察官。之后,检察制度又有改变,规定新设立的检察机关,与以前的检察厅制不同,与后来的首席检察官制也不同。

虽然民国时期的检察制度几经变更,但审检合署、独立行使职权的模式基本未变。尽管这样,它与今天中国的检察制度也是有区别的,正如华东政法大学学者陈颐所言:"新中国成立后,仿苏联模式,采用审检分立制度,设立

---

① 耿文田编:《中国之司法》,民智书局1933年版,第12页。

了独立于法院系统的专门检察机构。中国检察制度由此经历了一大变革。"①民国时期,检察制度是效仿大陆法系德国的产物,自然与仿苏的制度存在相异的地方。还有,一项制度的生成与发展,与它所处的时代是有密切关联的。但是,差异不是太大,现行德国《法院组织法》与《刑事诉讼法》规定了德国检察院的组织机构和职能设置,即每个法院相应设立一个级别相同的检察院,也就是法院和检察院一一对应设置,与我国检察院机构设置是一样的,毕竟苏联的检察制度也是效仿德国的结果。

二、对大陆法系检察制度的移植借鉴

我国现代意义上的检察制度,起源于清末以来大规模的法律移植运动。前文已述,检察制度诞生于大陆法系的开创国——法国,后来又被德国进一步改造与发展,形成了更加科学合理的制度,对外产生深度影响。我们知道,移植和借鉴是民国时期法律制度发展演变的源泉和规律,南京国民政府正是通过日本专家及文本②,间接借鉴了法国与德国等大陆法系的检察制度。

自清末变法至南京国民政府结束,法律移植一直在进行着,检察制度也一样。但是,对于"以大陆法系还是以英美法系的司法制度为蓝本进行检察制度的建构,清末司法改革之初包括修律大臣在内的决策层并没有拿定主意。通过五大臣对西方司法制度的考察,清廷对检察制度模式的选择有了初步认识"③。自清末修律开始,为了慎重对待立法工作,清政府于1905年专门派遣载泽等五位大臣赴欧美日本等地考察发达国家的政治法律制度,并积极调动驻外人员帮助我们收集国外有关立法的资料以及经验做法。五大臣出洋回来向清政府递交了一份详细的调研报告,清末统治者经过广泛深入细致的分析比较和权衡利弊,最终确定了以日本国的法律为媒介,引进欧洲大陆法系法律成果作为本国立法参考的基本修律思路。因此,从著名的"五大臣出洋"考察开始,中国检察制度便逐渐打上了大陆法系的烙印。"清末民初颁行的《法院编制法》,采纳了德国、日本的检察制度,在各级审判机关中相应设置检察机关。"④北洋政府总体上援用清末司法制度,在各级审判机构内设

---

① 〔日〕冈田朝太郎等口授:《检察制度》,郑言笔述,蒋士宜编纂,陈颐点校,中国政法大学出版社2003年版,前言第4页。
② 日本官方毫不掩饰地指出:"法国所确立的检察制度,在德国也被采纳,而且随着明治以来对法国法和德国法的继承,我国也一直采用。"引自〔日〕日本法务省刑事局编:《日本检察讲义》,杨磊等译,赵耀校,中国检察出版社1990年版,第1页。
③ 李建超、张福坤:《论清末大陆法系检察制度之引进》,载《黑龙江省政法管理干部学院学报》2013年第1期。
④ 张晋藩主编:《中国司法制度史》,人民法院出版社2004年版,第532页。

置检察机关。南京国民政府在继承北洋政府原有部分检察制度的基础上,进一步广泛移植与借鉴大陆法系国家的检察制度,构建了较为科学合理的检察制度。

(一) 借鉴大陆法系检察制度的因由

通常情况下,法律变迁的背后隐含着深刻的社会条件和历史原因,检察制度也不例外。在沿袭清末民初以来部分检察制度的基础上,南京国民政府决定继续效仿大陆法系国家的检察制度,来构造本国的检察制度及其相关制度体系。其中,主要以德国和日本的检察制度为蓝本,通过移植这两个国家的检察制度,建立了符合当时社会需要的检察制度。

1. 深受西方法律文化的影响

美国学者指出:"近代中国法律文化的发展进程,几乎每一步都带着西方法制冲击的影响。"[①]法律移植几乎是各国普遍存在的现象,也是近代世界法制发展的潮流,民国政府深受西方法律文化的影响,也融入了世界法律移植的潮流之中。"从清末修律开始,中国走上了移植和借鉴大陆法系国家法律之路。后来,南京临时政府及北洋政府的法制建设在这条道路上继续前行。南京国民政府建立后,将移植和借鉴大陆法系法律制度的事业继续推向前进。"[②]并且"南京国民政府时期(1927年4月—1949年10月),中国移植外国法的步骤有了实质性的进步"[③]。检察制度也随之被移植,成为国民政府司法制度的重要组成部分。但是,这种移植国外制度实际上与被移植地区思想文化的影响是分不开的,具体的理由有三点:

其一,受西方立法理念的影响。自"19世纪后半叶开始,席卷西方的社会本位立法原则和法律社会化倾向,对孙中山的思想产生了巨大的影响"[④]。以致孙中山在他的三民主义理论学说中,立足"从社会本位出发,提倡国家和社会的整体自由,限制个人的自由权利,强调限制或牺牲个人自由以争取国家的自由独立,个人的自由权利应纳入有组织的社会政治秩序之中,等等"[⑤]。值得一提的是,南京国民政府自始宣称以孙中山的三民主义为指导

---

① 〔美〕D. 布迪、C. 莫里斯:《中华帝国的法律》,朱勇译,江苏人民出版社1993年版,第12页。
② 谢冬慧:《移植与借鉴:南京国民政府民事审判制度溯源》,载《江苏社会科学》2010年第4期。
③ 参见何勤华:《鸦片战争后外国法对中国的影响》,载《河南省政法管理干部学院学报》2002年第4期。
④ 谢冬慧:《移植与借鉴:南京国民政府民事审判制度溯源》,载《江苏社会科学》2010年第4期。
⑤ 同上。

思想,因此国民政府在检察制度的设计活动自然非常强调国家和社会本位。当时的立法院院长胡汉民曾指出:"我们立的法是以全社会的公共利益为本位,处处以谋公共的幸福为前提的,这便是王道。"① 这种社会本位的立法思想与当时的大陆法系法律思想相一致,而与英美法相悖。② 而 20 世纪初期开始的世界主流思想意识,恰恰是社会本位占了主导地位,大陆法系顺应了这一世界潮流,比较关注国家和社会利益。南京国民政府时期的法律思想和审判理念与这种理念正好相契合,即以国家和社会的利益为最高原则,国家、社会是高于个人之上的统一体。③ 1920 年 8 月,王宠惠在《改良司法意见》的文稿中,针对轻微刑事案件,提出自己的想法,认为可以借鉴德国等大陆法系的做法,即:

> 至轻微案件之仅处拘役罚金者,德国法系诸国,大概不经审讯,经检察官请求后,迳以命令处罚,被告人如无异议,则迳予执行,毋庸正式审判。司直者既省鞫狱之劳,被罚者亦免对簿之苦,最近立法例,相继采用。此诚两利之道,亦宜酌加仿行者也。④

在王宠惠看来:对于仅处以罚金的轻微案件,德国法系国家大都不经审讯,经检察官请求后,直接以命令的形式予以处罚。如果被告人没有疑义,则直接予以执行,不需要正式审判。这样做,既节省司法资源,又使被罚者免受审问之苦,很多国家相继采用这种做法。无疑,受西方立法理念的影响,南京国民政府决定在立法活动中继续走清末变法所确立的引进大陆法系的路线。检察制度也不例外,正如学者所言:"从清末到北洋军阀时期,检察体制还是遵循大陆法系检察权的权力配置脉络,其检察一体化、审检机构独立的权力精神并没有得到改变。"⑤

其二,法律形式上的相似性。大陆法系的"检察制度以成文法为主要法律形式,规定具体,体系完备,无论是《法国刑事诉讼法典》,还是德国、日本的《刑事诉讼法》都足以说明这一点。中国自战国李悝的《法经》至南京国民政府成立前的《刑事诉讼条例》都以成文法典为主要形式。中国成文法典传统

---

① 胡汉民:《民法债编的精神》,载《胡汉民先生文集——革命理论与革命工作》,民智书局 1932 年版,第 854 页。
② 英美法包含着强烈的个人主义和自由主义理念,并且这种理念渗透到各个具体的制度与原则之中。
③ 参见武树臣:《移植与枯萎——个人本位法律观在中国的命运》,载《学习与探索》1989 年第 2 期。
④ 王宠惠:《王宠惠法学文集》,张仁善编,法律出版社 2008 年版,第 282 页。
⑤ 杜旅军:《中国近代检察权的创设与演变》,西南政法大学 2012 年博士学位论文,第 82 页。

与大陆法系的法典化形式相似,与英美法系以判例为主体的形式"①则有明显区别。因此,"对于中国来说,从技术难度上,移植以法典为基本法律渊源的大陆法系比以判例法和零散的制定法为渊源的英美法要少得多。这种法律渊源上的相似性,是清末以来仿日德而舍英美的原因之一"②。所以,南京国民政府以大陆法系检察制度为移植效仿的对象。

其三,法律推理模式的相近性。"大陆法系的法律推理模式是将成文法典的法律条文适用到具体案件的审理中,整个审判过程被框于学究式的形式逻辑的三段论式之中。即成文法规是大前提,案件事实是小前提,案件的判决则是推论出的必然结果。显然,这种推理模式属于演绎思维方式。中国古时流行的注经思维方式在法学领域演化为律学思维,在司法领域形成法定主义思维,它们均具演绎法色彩。"③到清末修律时,此思维模式不变,恰与大陆法系"不谋而合",高度相近。但是,这"与英美法系从判例中归纳普适性原则的推理思维迥然不同,英美法系的法律推理模式是从众多的个案中推导出法律原则,即运用的是归纳法"④。中国与大陆法系国家推理模式和思维方式的相近性,再一次坚定了南京国民政府移植与借鉴大陆法系检察制度的信念。

有学者指出:"检察机关是法国和德国司法组织的重要组成部分,在国家法律生活中扮演重要角色。两国检察院均附设在法院系统内,按照法院的级别分为若干等级。"⑤可以说,一定程度上,南京国民政府的检察制度深受法国、德国等西方大陆法系国家法律的影响。国民政府在修订1935年刑法典时,就宣扬该刑法要采用世界刑事立法的"新精神""新法例",主张刑事立法应由所谓"个人本位"过渡到"社会本位",应采用"社会防卫主义"的新刑事学说。因此,国民政府刑事诉讼立法受外来法律文化的影响是不容怀疑的。检察制度是刑事立法里面最重要的一部分内容,其受外来法律影响,特别是法德等大陆法系国家法律的影响也是必然的。

2. 适应当时社会发展的需求

民国学者杨兆龙指出:改进和完善检察制度是世界法制发展的大趋势,

---

① 谢冬慧:《移植与借鉴:南京国民政府民事审判制度溯源》,载《江苏社会科学》2010年第4期。
② 同上。
③ 同上。
④ 同上。
⑤ 周理松:《法国、德国检察制度的主要特点及其借鉴》,载《人民检察》2003年第4期。

从我国检察制度的建立、实行情况来看,检察制度为社会法制所需要。① 可见,民国移植检察制度不仅受西方法律文化潮流的影响,更是为适应本国当时社会发展的需求。1927年8月建立的南京国民政府名义上统一了全国,但却面临复杂的国际国内形势。其中,政治统一、社会稳定、犯罪现象少是新建的南京国民政府所期盼看到的,为满足社会稳定的需求,必须针对一些现实问题,厉行司法改革,加强司法监督力量。出于社会发展的考虑,南京国民政府坚持将大陆法系检察制度作为借鉴的对象,设法找寻适应当时社会发展需求的检察制度。

首先,政治统一的需要。众所周知,"政治统一最明显的标志是法制统一,也即政治统一需要法制统一。作为政治规范的法在政治制度中居于重要地位,它是国家与政府政治行为的依据,只有完备的法制,才是保障民主政治实现的前提。"②南京国民政府领导集体对此已达成共识,因而非常重视法律的统一工作。北洋时期南北对峙,检察制度的主要法律——刑事诉讼法律也有两部,即北方各省适用1922年北洋政府公布的诉讼法,而处在南京的最高法院以及西南各省的法院,则继续适用1921年广州军政府公布的诉讼法。后来,国民政府建立之初,法制处于分散状态,给政治的稳定带来了障碍。为了达到法制的统一,南京国民政府于1928年公布了《中华民国刑事诉讼法》(以下简称《刑事诉讼法》),规定实行以公诉为主、自诉为辅的诉讼原则,检察官代表国家,在刑事诉讼中充当原告。③ 可以说,"法律制度的完备是政治统一的外在表现形式,而移植和借鉴是法律制度完备的有效路径"④。因为"法律制度的移植本身就是一个从无到有的过程,或许正是出于国内法在某一项被认为是更先进的法律制度上存在欠缺的考虑,移植别国的法律制度才具有了必要性和合理性"⑤。不难推断,对于检察制度的进步,其中一个非常重要的途径就是检察制度的移植。

其次,社会稳定的需要。国民政府政权建立初期,社会稳定压倒一切。当时,在政治统一的背景下,经济恢复并得以发展,社会生活日趋丰富,但是经济关系却变得复杂起来,社会纠纷随即多了起来。如果不尽快解决矛盾,

---

① 参照杨兆龙:《由检察制度在各国之发展论及我国检察制度之存废问题》,载《法学杂志》1937年第9卷第5期。
② 谢冬慧:《民事审判制度现代化研究——以南京国民政府为背景的考察》,法律出版社2011年版,第45页。
③ 参照刘方:《检察制度史纲要》,法律出版社2007年版,第185页。
④ 谢冬慧:《民事审判制度现代化研究——以南京国民政府为背景的考察》,法律出版社2011年版,第45页。
⑤ 衡静、成安:《诉讼法律制度移植冲突论》,载《西南民族大学学报(人文社会科学版)》2007年第3期。

势必给经济发展带来障碍,而原有的纠纷解决制度也不能适应这种新的社会矛盾的需要。也即经济发展极大地改变着固有的社会关系的性质、处理原则及方法,需要补充新的法律规范来调整社会关系、稳定社会。正如胡汉民指出的那样,人民最大的要求就是社会安定,而要使社会安定,就必须使人民的生命财产受法律保障。① 因此,立法院责任重大,要加紧努力完成立法大事业。② 但是,仅有立法不行,将纠纷公正地解决才是最重要的,于是有一个机构非常重要,它代表国家为百姓撑腰,监督问题公正地解决。这便是检察官及其背后的制度力量。可以说,南京国民政府时期,人们对稳定的社会经济生活的期盼,推动着检察制度的发展。这种新需求和新期盼是南京国民政府检察制度走向成熟的重要动力,当然对原有检察制度的变革也会产生一定的促动。最终,这些动能促使国民政府移植和借鉴国外先进的检察制度。

最后,基于外交的发展。"南京国民政府之所以借鉴德国等大陆法系国家的检察制度,还与其当时的外交关系密不可分。"③研究表明:在对外交往方面,南京国民政府与德国和日本两个国家关系比较近。先看与德国的关系。"'一战'后,中德关系很快复苏,1921年签署的《中德协约》是两国恢复外交关系的标志。"④"1928—1938年期间,德国与南京国民政府基于相互需要,建立了与其他列强无法比拟的外交关系。两国经济、军事往来频繁,德国对中国的影响力达到了空前的高峰。1928—1932年是德中关系的初步发展时期,即'走向合作'时期;1933—1937年是德中关系比较密切的时期,或称'蜜月'时期。"⑤因此,可以认为:"在南京国民政府前期,中德关系是友好的,两国在密切的交往中,法律文化的交流自然形成。在这种外交背景下,国民政府选择德国法作为移植和效仿的主要对象是无可厚非的。"⑥再看看国民政府的中日关系。"蒋介石本人对日本印象好,他去日本进修过军事,他的主要随从也都是留日的,所以在南京政府建立不久,蒋介石被迫下野后,首选日本作为新的发展处所。"⑦而日本当局为了自己的利益,在南京政府建立之

---

① 胡汉民:《立法工作的三种意义及其他》,载《胡汉民先生演讲集》(第5集),民智书局1929年版,第66—74页。
② 同上。
③ 谢冬慧:《移植与借鉴:南京国民政府民事审判制度溯源》,载《江苏社会科学》2010年第4期。
④ 同上。
⑤ 钱娥芬:《1928—1938年的德中关系》,载《武汉大学学报(哲学社会科学版)》1999年第4期。
⑥ 谢冬慧:《移植与借鉴:南京国民政府民事审判制度溯源》,载《江苏社会科学》2010年第4期。
⑦ 同上。

初,也采取拉拢蒋介石的政策①。这种外交关系是决定国民政府直接从日本那里移植和借鉴德国检察等法律制度的重要因素。日本的检察制度是从德国那里"拿来"②的,由于文字的关系,中国从日本那里移植了德国《刑事诉讼法》,从而借鉴了德国的检察制度。

除了德国和日本之外,南京国民政府与同为大陆法系的法国关系也不错。"在国民政府时期,法国的对华政策还是以友好为主的。国民政府成立后,和法国于1930年5月16日签订《中法规定越南及中国边省关系专约》。日本侵华之时,蒋介石还派当时的外交部部长顾维钧,还有孙科前往法国请求援助。"③这些都说明国民政府对法国是比较信任的,著名教育家蔡元培曾于1927—1929年致力于将法国大学区制管理模式移植到中国,他曾说过:"鄙人常觉中国与法国,在欧洲各国中,有特别关系,希望中法两国之间的文化教育交流源远流长。"④"法国作为大陆法系的开创者,其立法体系、法律内容等很多方面被德国和日本所借鉴。"⑤值得关注的是,法国是世界上检察制度的肇始国,其悠久的检察理念与检察制度,尤其拿破仑《法国刑事诉讼法典》所承载的检察理论,值得国民政府参考和借鉴。

3. 推进法制文明的需要

"从现代化的角度看,法律移植是法制现代化的必然需要。"⑥也即推进法制文明的需要。"对于其法律制度仍处于落后状态的国家来说,要加速法制现代化进程,必然要移植发达国家的法律。"⑦诚如学者所言:"在调整某种社会关系时,从其他国家的法律中寻求成功的经验或以其失败的教训为鉴,甚至直接引进某些行之有效的法律和制度,无疑会大有效益。"⑧所以,对检察制度的移植,也是推进法制文明的需要。南京国民政府以德日法等发达资本主义国家的检察制度为范本,开展制度移植与借鉴,无疑推动了法制文明向前迈进,也促进了法制现代化的进程。

---

① 参见琚贻明:《南京国民政府建立初期对外政策评析》,载《民国档案》1997年第1期。
② 洪冬英:《日本民事司法治论纲·勘校导言》,载〔日〕高木丰三:《日本民事诉讼法论纲》,陈与年译,洪冬英勘校,中国政法大学出版社2006年版,勘校导言第5页。
③ 谢冬慧:《民事审判制度现代化研究——以南京国民政府为背景的考察》,法律出版社2011年版,第48页。
④ 参见高平叔编:《蔡元培教育论著选》,人民教育出版社1991年版,第487页。
⑤ 谢冬慧:《移植与借鉴:南京国民政府民事审判制度溯源》,载《江苏社会科学》2010年第4期。
⑥ 同上。
⑦ 同上。
⑧ 王晨光:《不同国家法律间的相互借鉴与吸收——比较法研究中的一项重要课题》,载《中国法学》1992年第4期。

其一，法国作为大陆法系的开创国，在人类法制文明的发展史上举足轻重。法国大革命之后，资产阶级认真贯彻和践行启蒙思想家的法治学说，在短短二十几年的时间里，迅速完成了宪法、刑事诉讼法、刑法等法典的创制工作，在资本主义世界成功地构建起前所未有的、系统完善的法典化法律体系。13—16 世纪，法国即已建立国家高等法院，确立全国范围内的中央司法管辖权和统一的诉讼制度。① 而 14 世纪，法国在司法实践中建立了"国王代理人"制度——检察官制度的前身。后来，拿破仑主持制定了"法国六法"，其中 1808 年的《法国刑事诉讼法典》首创检察制度②，影响了全世界，而德国、日本法律的发展深受法国法的影响，中国正是通过效仿德日法律而间接接受了法国的检察制度。

其二，继法国法之后，德国法发展前景更好。因此，德国近代的法制建设不仅震撼了 19 世纪末的西方法学界，再创了大陆法系的辉煌，也为德国的法律与法学赢得了世界性的地位和影响，奥地利、瑞士、日本等国纷纷效法，形成大陆法系中独树一帜的德国支系。"德国法讲究体系完整，用语精确，并坚持立法的法典化方向，制定了门类齐全，规范详尽的一系列法典。"③内含检察制度的德国《刑事诉讼法》就是其中之一，它对很多国家的刑事诉讼和检察制度产生了巨大影响。"事实证明，除了日本法之外，与其他国家相比，德国法对中国近代法律变革的影响也非常之大。"④国民政府时期，包括《刑事诉讼法》在内的一系列法律皆以德国法为蓝本，检察制度也在其中。

其三，日本借鉴大陆法系成功的经历启发了民国政府。"南京国民政府时期，日本已是世界上移植外国法最为成功的典范，这种'借鉴'历史本身的参考价值是非常高的。"⑤日本的法律移植举世闻名，从移植中国唐律，到借鉴大陆法系的法国法和德国法，"日本法在历史的不断变迁中，从东方走向西方，从中华法系走向大陆法系，而后又在英美法系寻觅落足，将大千世界，历史长河中优秀的法律文化成果尽收眼底，拈来己用。"⑥从而形成了本国的

---

① 参见叶秋华：《外国法制史论》，中国法制出版社 2000 年版，第 369 页。
② 1808 年《法国刑事诉讼法典》兼采纠问式与控告式的诉讼程序，规定检察机关行使起诉权；预审法官行使预审权，包括收集犯罪证据、认定犯罪事实和犯罪性质；审判法官独立行使审判权。详见汪建成、黄伟明：《欧盟成员国刑事诉讼概论》，中国人民大学出版社 2000 年版，第 113 页。
③ 谢冬慧：《移植与借鉴：南京国民政府民事审判制度溯源》，载《江苏社会科学》2010 年第 4 期。
④ 李春雷：《中国近代刑事诉讼制度变革研究(1895—1928)》，北京大学出版社 2004 年版，第 29 页。
⑤ 谢冬慧：《移植与借鉴：南京国民政府民事审判制度溯源》，载《江苏社会科学》2010 年第 4 期。
⑥ 叶秋华：《外国法制史论》，中国法制出版社 2000 年版，第 444 页。

"六法"。对此,德国学者 K. W. 诺尔认为,"旧中国利用日本的经验,主要仿效日本接受外国法,这有两个理由,除了文字的理由以外,一个重要的理由是由于日本已经证明,在远东借助西方法律能够创建一个现代化的国家。"① 是故清末中国转而学习日本的立法,在检察制度方面明显带有模仿日本的痕迹。例如,1906 年清政府最初拟定的检察机关名为"检事局",而日本当时的检察机关名称就是"检事局",两国检察机构名称高度一致。此外,清末拟定的"检事局"是配置在各级审判厅内的,而日本的"检事局"恰恰是设置于裁判所(日本法院)内的,两国的检审设置体制再次高度重合。可见,南京国民政府直接从日本那里移植和借鉴德国检察制度是可以理解的。一方面,日本国法律制度发展的历史充分证明了移植和借鉴外国法制的可能性和成功率;另一方面,清末变法已经开启了中国本土移植和借鉴德国法的成功先例。那么,借助于语言的优势,国民政府直接从日本那里移植和借鉴德国检察制度,自然是较为明智的选择。

(二) 借鉴大陆法系检察制度的内容

学习借鉴外国法成为南京国民政府创制法律的重要途径之一,其实质是借鉴外国法的内容。就检察制度而言,中德两国都没有专门的立法,而是规定于《法院组织法》与《刑事诉讼法》之中。资料显示:"德国检察机关的设置是由《法院组织法》规定的,实行审检合署制。检察机关都设在相应级别的法院内。"② 南京国民政府初期,司法改革所建立的检察体制,也效仿德国采取了审检合署的模式。也即 1927 年 11 月 1 日检察厅被裁撤,改在各法院内配置检察官,这就是典型的"审检合署"体制。1928 年设立最高法院检察署,其他各级法院只配置检察官,使得检察体制形成以"审检合署"为主,"审检"并立为辅的模式。在《法院组织法》与《刑事诉讼法》及实施法中,检察制度从体系到内容大都移植和参照了德国 1877 年通过、1879 年实施的《法院组织法》与《刑事诉讼法》,以及日本 1890 年颁布的《法院组织法》与《刑事诉讼法》。

首先,《法院组织法》是规定法院组织及其职权的基本法,审检合一的模式,使检察制度的规定与《法院组织法》合一,也即检察机关的组织及其职权的相关规定详见于《法院组织法》,这方面国民政府与德国的做法一致。资料显示:

---

① 〔德〕K. W. 诺尔:《法律移植与 1930 年前中国对德国法的接受》,李立强、李启欣译,林致平校,载《比较法研究》1988 年第 2 期。
② 汪建成、黄伟明:《欧盟成员国刑事诉讼概论》,中国人民大学出版社 2000 年版,第 181 页。

民国二十一年十月二十八日公布,至二十四年七月一日施行之法院组织法,有"检察署及检察官之配置"之专章,其他法院及分院,各置检察官若干人,以一人为首席检察官,其检察官员额仅有一人时,不置首席检察官。所谓检察官员额仅有一人时,应指实缺检察官而言,候补检察官,不计算在内。检察配置法院,仅最高法院检察署有其机关名称,并有独立之预算,至高地两院所配置之检察官则否,既无独立之预算,亦无法定之检察机关名称……①

1932 年颁布、1935 年施行的国民政府《法院组织法》的如上规定,明确了审检合一的模式,但仅在最高法院设检察署机关,其他各级法院和分院按照实际情况配备检察官及首席检察官,或者只配检察官一人,这种设置与 1877 年的德国《法院组织法》如出一辙。"按德国《法院组织法》的规定,在各级法院内设检察事务署,检察事务署独立于法院执行公务。在帝国法院设检察长 1 名,检察官 1 名或几名;在联邦高等法院、各地方法院分别设检察官 1 名或几名。"②由此可见,国民政府在检察制度建设方面具有仿德倾向,同时表明当时的德国与中国外交关系正常化。只有基于友好的外交关系,才会出现效仿法制的结果。

其次,三国刑事诉讼法中对检察制度的规定也极其相似。德国检察制度的主体法律为 1877 年通过、1879 年实施的《法院组织法》与《刑事诉讼法》。日本检察制度的主体法律为 1890 公布的《法院组织法》与《刑事诉讼法》,是仿效德国上述法律的产物。南京国民政府建立后,立法机关在制定《法院组织法》与《刑事诉讼法》时,参照德国、日本的上述法典版本,移植了德国的《法院组织法》与《刑事诉讼法》以及日本的《裁判所法》等法律蓝本的大部分内容,如表 3:

表 3 德、日、中三国《法院组织法》目录对照

德国 1877 年《法院组织法》	日本 1890 年《裁判所法》	中国 1935 年《法院组织法》
第一编 总则	第一章 总则	第一章 总则
第一章 法院的事务管辖	第二章 最高裁判所	第二章 地方法院
第二章 法院的地域管辖	第三章 下级裁判所	第三章 高等法院
第三章 法庭人员的回避和拒绝	第四章 裁判所职员及司法修习生	第四章 最高法院

---

① 管欧:《法院组织法论》,三民书局股份有限公司 1988 年版,第 192 页。
② 叶青、刘素芳:《中外检察制度的考察与比较》,载《上海市政法管理干部学院学报》2001 年第 3 期。

(续表)

德国 1877 年《法院组织法》	日本 1890 年《裁判所法》	中国 1935 年《法院组织法》
……	第五章　裁判事务	第五章　检察署及检察官之配置
第二编　第一审程序	第六章　司法行政	第六章　推事检察官之任用及待遇
第一章　公诉	第七章　裁判所经费	第七章　书记官及通译
第二章　公诉之准备		第八章　检验员执达员庭丁及司法警察
……	……	……

表 3 呈现了德、日、中三国《法院组织法》的目录，通过比对，我们可以直观地发现：南京国民政府在移植和借鉴德国、日本检察制度方面的"痕迹"和"印记"。有如学者所言，南京国民政府考虑到检察制度符合世界潮流，且国家追诉主义优于纠问主义，将清末模仿法国和日本模式建立的检察制度在《法院组织法》中加以系统规定。① 但是，具体内容有所修改。此外，对检察官的身份、报酬、退养金的规定更加详尽，比清末规定得更具体。

从审判模式看，国民政府 1935 年《刑事诉讼法》一定程度上"改变了以前德日等国以法官为中心、注重对于法官在受案和审理过程中职权的详细规定，以确保法官在诉讼中的主导地位，轻视甚至忽视诉讼当事人在诉讼中的意思表示和对于自身权益的自由处分的明显的职权主义趋向，更多地采纳了当事人主义原则，在很大程度上实现了与当时西方盛行的折中主义的立法趋向的对接，构筑起纠问式诉讼与抗辩式诉讼相结合的诉讼模式"②。表明南京国民政府在移植与借鉴德日等国当时最新刑事审判模式方面有所体现，检察制度的制定也与此相适应。

这里的审判模式，南京国民政府直接借鉴了日本刑事审判立法的规定，间接借鉴了德国的做法。我们知道，日本 1890 年《刑事诉讼法》的制定，深受 1877 年《刑事诉讼法》的影响；而后日本在修改 1890 年《刑事诉讼法》的时候，仍然没有离开德国 1924 年《刑事诉讼法》的影响。直到 1948 年，日本吸纳了美国模式和理念，制定了新的《刑事诉讼法》。而日本学习德国的经验，加强职权主义，采用当事人相互询问方式，注重发挥检察官的作用等做法，都被国民政府刑事诉讼立法所借鉴。这种"职权主义"强调检察官的作用，与清末及北洋时期所奉行的"当事人主义"模式，有很大的差异。因为清末和民国前期

---

① 李政:《中国近代民事诉讼法探源》，载《法律科学》2000 年第 6 期。
② 参见方立新:《传统与超越——中国司法变革源流》，法律出版社 2006 年版，第 134 页。

的《刑事诉讼法》虽然也是吸收借鉴大陆法系国家立法的产物,但是在审判模式方面,清末民初政府仿效了"对抗制"诉讼模式,强调当事人双方的平等意识,因此弱化了检察官的作用。审判模式从"当事人主义"到"职权主义",表明南京国民政府对移植和借鉴大陆法系的进一步深化。

从审判程序来看,国民政府时期基本上将北洋政府时期吸收的德国等西方国家先进的法律制度都继承了下来。① 同时,也有很多发展。而庭审程序,从宣布案由到宣读起诉书、询问被告、法庭调查、法庭辩论、评议表决、宣判,几乎与德日等国庭审程序丝毫不差。② 此外,"在法院审判时,无须统计法官们赞成或反对的票数。在多数大陆法系国家的审判实践中,无论法官对案件的赞成意见还是反对意见,都不作记载,也不予公布,甚至不记反对票数。"③按照这种体例和程序开展法庭审理,并作出判决和裁定,整个庭审过程强调检察官的监督作用,正是南京国民政府时期各地法院的做法,而这种体制正是国民政府学习借鉴德日等国最新立法成果的产物。

概言之,在民国西学思潮的引领之下,南京国民政府时期的制度设计紧跟德日等大陆法系国家的步伐。在这一背景之下,国民政府检察制度的发展和完善也建立在移植和借鉴德日等国刑事审判制度的基础上。与清末以来的几次法律变革相比,南京国民政府的法律变革,顺应最新的世界潮流,现代化程度最高,检察制度的变革作为其中的一部分,也表现出了这一特征。

(三) 借鉴大陆法系检察制度的特色

南京国民政府时期,中国西学思潮最为兴盛,这就为国民政府深化对大陆法系检察制度的移植和借鉴提供了背景和先机。于是,南京国民政府继续以大陆法系为蓝本,建构本国包括检察制度在内的法律体系,力争在立法的技术水平方面超越民国前期。对此,有学者认为,"与清末相比,国民政府时期制定的法律在形式上更加系统、完备,而且它们更多地采纳了当时世界上比较先进的法律学说和法律制度,立法技术更加成熟。"④以至检察制度建设达到了民国时期的至高水平。因此,它的特色是明显的。

其一,制度移植与经验借鉴有机结合。通常,民国的制度构建"远师法

---

① 参见何勤华:《鸦片战争后外国法对中国的影响》,载《河南省政法管理干部学院学报》2002年第4期。
② 参见范忠信、叶峰:《中国法律近代化与大陆法系的影响》,载《河南政法管理干部学院学报》2003年第1期。
③ 〔美〕约翰·亨利·梅利曼:《大陆法系》(第2版),顾培东、禄正平译,李浩校,法律出版社2004年版,第37页。
④ 王云霞:《东方法律改革比较研究》,中国人民大学出版社2002年版,第334页。

德,近仿东瀛",检察制度的配置也不例外。前文已论及,日本的法律移植堪称典范,不仅值得中国学习,也应成为全世界的榜样。尽管日本古代学习中国唐朝,但是南京国民政府在法律建设方面,将日本作为主要学习对象,因为日本有移植和借鉴德国《刑事诉讼法》和检察制度的丰富经历。虽然"日本并没有自己独立的民族法制史,它走的是一条'他山之石,可以攻玉'的明智的开放之路"①,加上"日本明治维新之后的法律体系是仿效大陆法系建立的,因此从晚清起也以日本为中介,选择大陆法系"②。日本是中国的邻国,其移植大陆法系的成功,对中国的示范作用无疑非常明显——既缩小了成本,也增加了可信度。所以,南京国民政府就以日本法为媒介,开展刑事审判制度及检察制度的移植和借鉴工作。

"这种移植制度与借鉴经验相结合的做法,是南京国民政府的精明之举。"③对此,学者给予了肯定:"从总体上看,南京国民政府建立以后,其法律风格继承了自清末法制改革所确立的引进大陆法系的原则,吸取了从清末法制改革到南京临时政府和历届北洋政府时期法制改革与法制建设的成就和经验,并注重将西方化的法律制度与中国现实的社会条件相衔接。"④将检察机关内设于法院之中,以及按法院级别相应配置检察机关的制度,就是效仿日本检察制度的结果。

其二,在移植的基础上进行创新。"立法之主要精神,重在创造不在模仿。"⑤南京国民政府对大陆法系检察制度的移植和借鉴,蕴含了一定的创新因素,并不是简单复制粘贴,而是在立法实践中不断创新,丰富自己的理论成果。正如著名学者黄宗智所言,"国民党法律不是其德国范本的副本,它是以晚清草案为蓝本、经连续两次修订的产物。这些修订在某些重要方面使法律更切合中国的既存习俗与现实,在其他方面它们则引入了更进一步的根本性改变。"⑥例如,审检分立制的检察制度是清末移植法国诉讼法的产物。基于法国是世界上检察制度的创始国,而1808年拿破仑主持制定的《法国刑事诉讼法典》是资本主义国家最早的刑事审判法典,所以北洋政府和广州及武汉国民政府一直沿用。但是,到南京国民政府时期,这种移植的路径发生了变化。1927年8月16日的国民政府训令第148号规定,自1927年10月1日

---

① 叶秋华:《外国法制史论》,中国法制出版社2000年版,第444页。
② 张晋藩:《中国法律的传统与近代转型》(第2版),法律出版社2005年版,第431页。
③ 谢冬慧:《移植与借鉴:南京国民政府民事审判制度溯源》,载《江苏社会科学》2010年第4期。
④ 韩秀桃:《司法独立与近代中国》,清华大学出版社2003年版,第379—380页。
⑤ 杨幼炯:《近代中国立法史》,商务印书馆1936年版,自序第1页。
⑥ 〔美〕黄宗智:《法典、习俗与司法实践:清代与民国的比较》,上海书店出版社2003年版,第3页。

起,裁撤各级检察厅,将原有检察官对应配置于各级法院内。①

国民政府成立之初即发布这则训令,无疑表明:到南京国民政府时期,检察体制已经发生变化,由"审检分立制"走向"审检合一制"。也就是裁撤各级检察厅,将检察官放到各级法院里面,但是检察官仍行使检察职权。不过,国民政府对这种体制又陆续做了调整,主要针对最高法院。前文已述,1927年10月,南京国民政府颁布《最高法院组织暂行条例》规定,"最高法院不设检察厅,置首席检察官一员、检察官五员,依法令之所定处理关于检察之一切事务。"②而1929年8月《最高法院组织法》规定,成立检察署,并将原先的最高法院"首席检察官"改称"检察长",但下级法院的检察体制不变,依然实行配置检察官及首席检察官制度,以适应有效行使检察职能的需要。这是由于当时政治体制的变化导致了检察制度的创新。此外,还有经济方面的促动因素。"南京国民政府社会经济的发展,也推动着社会主体急切希望诉讼法制能反映商品经济领域的自由与平等原则,提出诉讼法制的民主性和诉讼权利要求。"③这种经济诉求,最终形成了推动检察法制变革的力量。

其三,深化了大陆法系的影响。我们知道,清末变法之前,中华法系以中国历史文化独有的优势,成为中国国家治理的法律体系。但是,自清末民初的立法改制开始,以西方历史文化传统为背景的法律体系逐渐进入中国人的政治生活。在此历史背景下,大陆法系德国的检察制度也逐渐被民国政府所接纳,并且不断被移植和借鉴。1920年8月25日,时任北洋政府大理院院长的王宠惠在他的《改良司法意见》文稿当中透露出对德国检察制度的欣赏和效仿意图:"……至轻微案件之仅处拘役罚金者,德国法系诸国,大概不经审讯,经检察官请求后,径以命令处罚,被告人如无异议,则径予执行,毋庸正式审判。"④表明当时以德国检察制度为参照改造北洋司法制度,为国民政府深化大陆法系的影响奠定了基础。

总体上,"经过大约30年的努力,南京国民政府取法大陆法系,形成六法全书,使中国从中华法系迈向大陆法系,将自己固有的法律制度按西方大陆法系模式进行了根本的,至少是形式上的彻底改造,从而把自身的法律制度

---

① 司法院参事处编纂:《国民政府司法例规》(上册),司法院秘书处公报室1930年版,第163页。
② 《最高法院组织暂行条例》,南京国民政府1927年10月25日公布。据中国国家图书馆民国法律资源库,http://read.nlc.cn/OutOpenBook/OpenObjectBook?aid=462&bid=5102.0,2019年8月14日访问。
③ 谢冬慧:《移植与借鉴:南京国民政府民事审判制度溯源》,载《江苏社会科学》2010年第4期。
④ 王宠惠:《王宠惠法学文集》,张仁善编,法律出版社2008年版,第282页。

基本纳入大陆法系。"①事实上,这是一个对异文化法律实现继受的过程,它很类似18世纪、19世纪德意志民族对罗马法的继受,只不过这两次继受的社会历史背景、实际程度、具体形式以及社会效果有所不同。② 我们可以清晰地看到中国法制发展演进的方向,那就是自清末开始就循着效仿大陆法系法制的路径。南京国民政府继续深化对大陆法系的移植和借鉴,主要以德国、日本为模仿对象,建立了较为完备的司法制度体系,检察制度也在其中。

其四,法律移植是社会变革的制度回应。通常,法律移植是法律变革与增长的重要途径,也是人类社会文化交流的必然现象。诚如学者所言:"从整体上看,法律移植在客观上促进了人类法律文化的交流和沟通,进而在一定程度上推动了法律发展的国际化趋势。"③"法律移植推动了中国法制近代化的进程。中国法制近代化的每个历史时期的立法都没有离开过法律移植。"④南京国民政府在汲取清末以来历届政府引进大陆法系国家检察制度经验的基础上,进行了相应的制度改革,得以确立近现代的检察制度及其体系。尽管在这个制度体系生成的过程中,内容不断发生变化,但采用外国先进立法经验、移植大陆法系制度的基调基本一致。可以说,正是在移植和借鉴外国制度的基础上,中国才得以顺利建立近现代的包括检察制度在内的司法制度。

换言之,民国后期的检察制度,是社会政治经济持续变革的产物。"整个国民政府时期,社会矛盾变化带来了社会关系的变化,而新的社会关系必须由新的法律去调整和适应,必然迫使旧的制度发生变化。"⑤检察制度经历了一个不断演变的过程,即初期面临内部社会转型,需要政治统一,来不及制定新制,主要靠沿用之前北洋政府的检察制度。后来,随着社会政局的不断稳定,南京国民政府逐步开始了司法制度的改革,继续移植和借鉴大陆法系,使得这一时期的检察制度在组织结构、职能权限、管理制度等方面有所变化。某种程度上,南京国民政府检察制度生成发展,其根本原因是国民政府顺应社会政治经济的变化,及时进行法制改革。在引进大陆法系国家检察制度的基础上,南京国民政府结合中国国情进行了改革,从而推进了检察制度现代化的进程。

---

① 谢冬慧:《移植与借鉴:南京国民政府民事审判制度溯源》,载《江苏社会科学》2010年第4期。
② 参照米也天:《澳门法制与大陆法系》,中国政法大学出版社1996年版,第147页。
③ 公丕祥:《国际化与本土化:法制现代化的时代挑战》,载《法学研究》1997年第1期。
④ 周少元:《二十世纪中国法制变革与法律移植》,载《中外法学》1999年第2期。
⑤ 谢冬慧:《民事审判制度现代化研究——以南京国民政府为背景的考察》,法律出版社2011年版,第63页。

三、对英美法系检察理念的有效吸纳

检察制度不是大陆法系的专利,英美法系也有检察制度及其相应的检察理念。国民政府检察制度在理论学说等方面,并不局限于对大陆法系的借鉴,也有对英美法系的有效吸纳。从历史来看,英国的检察制度启蒙并不比法国晚。"一般认为,现代检察制度起源于中世纪的英国和法国。"①更准确地说,法国的检察制度萌芽于 14 世纪的国王"代理人"制度。而英国的检察制度则"从 13 世纪开始,英国国王派律师代他(她)起诉。1461 年国王律师更名为总检察长,负责对破坏王室利益的案件进行侦查、起诉和听审。总检察长的设立标志着英国检察制度的建立。"②可以说,"英国的检察制度源远流长,是世界上较早建立检察制度的国家之一,也是英美法系检察制度的发源地。"③因此,有学者指出:"不仅大陆法系国家检察权的产生是基于公诉制度的确立,就是英美法系国家的检察权也同样肇始于私诉制度向公诉制度的转变。"④两大法系均以公诉制度为刑事诉讼的基础,因而都选择了检察制度作为审判监督的基本机制,只不过在检察理念、检察机构的设置体制、具体制度等方面有所不同而已。民国后期,西学进一步深化,希望"取众长补己短"⑤。因此,国民政府在创建自己的检察制度过程中,不仅以大陆法系制度为蓝本,而且有效吸纳了英美法系的检察理念。

直至今天,英美法系也设有检察机关,且有别于大陆法系的检察制度。其中,最大的区别是:英美等国实行"审检分立"制度,检察机关是独立的,没有设置在法院内。如学者所言:"在英美法系国家,检察机关都具有相对的独立性,较早地采取了审判与检察分署的方式。"⑥而且,在英美法系国家,检察官相当于政府律师,主要是向政府提供法律咨询意见,同时负责部分刑事案件的起诉工作。⑦ 但是,早期英国的检察人员也是附设于法院的,"英国各级法院置有公共检察长一人及副检察长若干人,在内政部公共检察长指挥下,

---

① 张智辉:《检察制度的起源与发展》,载《检察日报》2004 年 2 月 10 日。
② 樊崇义等:《域外检察制度研究》,中国人民公安大学出版社 2008 年版,第 7 页。
③ 同上书,第 4 页。
④ 石少侠:《检察权要论》,中国检察出版社 2006 年版,第 13 页。
⑤ 1924 年元旦出台的《中国国民党宣言》里就表达了此意识:"本党总理孙先生文,内审中国之情势,外察世界之潮流,兼收众长,盖以新创;乃以三民主义为立国之本原,五权宪法为制度之纲领,俾民治臻于极轨,国基安于磐石,且以跻于有进而无退,一治而不复乱之域焉。"详见李剑农:《中国近百年政治史》,商务印书馆 2011 年版,第 585 页。
⑥ 陈业宏、唐鸣:《中外司法制度比较》,商务印书馆 2000 年版,第 103 页。
⑦ 宋英辉、陈永生:《英美法系与大陆法系国家检察机关之比较》,载《中央检察官管理学院学报》1998 年第 3 期。

负责侦查犯罪,关于普通刑事案件,除个人提起自诉外,多由警察机关负责控诉,故英国各地警察人员,实兼有检察官职务。"①这种检察体制与大陆法系的法国、德国几乎是一致的,促使了民国检察体制的选择。因为早在清末变法前夕的出洋考察中,考察团曾专程考察过英国的司法制度,对检察机构也应有所了解,这种经历为清末变法检察体制的创设奠定了基础,也自然影响到了民国时期检察体制的设计。

英国的检察机构建于19世纪初,具体是在1827年,英国增设了另一种用途的检察官,该检察官不去追究侵犯王室利益的案件,而是追究其他普通主体利益受损的犯罪。也就是说,英国的检察制度是设置在保护大众利益的基础上的。后来随着英国的殖民扩张,这种旨在保护大众利益的检察制度也传播到了英国的殖民地和附属国等地区,逐渐形成了英美法系的检察制度。但是,英国正式检察机构的建立比较晚,直到1985年英国《犯罪起诉法》出台,才使英国的检察体制发生重大改革。根据该法,英国在国家层面设立了皇家检察署,在地方则设立了各级皇家检察机关,从而形成了全国独立行使公诉权的检察系统。与此同时,还将刑事侦查权与刑事检察权分开,由警察机关和检察机关分别行使。而在"1986年以前,英国并没有从中央到地方的独立行使公诉职权的、统一领导的检察系统。虽然设有总检察长监督下的检察处,但它只负责对重大、疑难案件提起公诉,而绝大多数案件是由警察当局提起公诉的"②。经过1985年的检察体制改革,英国的检察机关与审判机关处于独立状态。但是,英国早期检察体制对清末以及民国的影响却是肯定的。早年,五大臣出洋考察就曾专门去英国考察了司法状况。1929年3月3日,担任国民政府司法院院长的王宠惠,在司法改革的方案里倡导检察官的工作机制仿效英美法系的巡回审判制度,二审民刑案件的处理参照英国的做法:

> 巡回审判制度,不但为英美各国所采用,即吾国从前巡按巡道制度,凡其巡历所至,均可勾稽词讼,亦含有巡回审判之意。此种制度,按诸今日情形,实有采用之必要。盖各省幅员辽阔,交通尚感困难,各县人民诉讼,每以距省窎远,需费甚距,不愿上诉。即或上诉,又因传提人证,动辄经年累月,不能审结。今宜就各省交通不便之处,筹设巡回审判,以资救济。凡不服各法院判决而上于高等法院,每年分上下两期派遣推事三人、检察官一人前往受理。……近来民刑诉讼人,往往于原判不利

---

① 管欧:《法院组织法论》,三民书局股份有限公司1988年版,第190页。
② 陈业宏、唐鸣:《中外司法制度比较》,商务印书馆2000年版,第103页。

时,不问理由有无,迳行提起上诉,……如系第二审案件,并应禁止其再行上诉,其民事案件上诉者,或仿英国制度,凡上诉之理由有疑问者,得令其缴纳相当之保证金。①

巡回审判制度源自英国,我国后来也有这种制度。虽然这里没有直接提到检察方面效仿或者接受英国的影响,但是民刑诉讼与检察制度是密不可分的,因为检察官需要直接参与或者监督民刑诉讼案件的处理过程,确保审判的公正性。即使在巡回审判之中,检察制度也不能缺位。凡是不服法院判决而上诉于高等法院的,需要派检察官前往受理。

其实,对民国检察制度影响较多的是美国,尤其在国民政府时期。美国的检察体制既保留了英国的当事人主义,又吸收了法国的公诉制,创建了美国本土的检察体制,较英国的检察体制有所创新,且与司法一样实行双轨制。美国的联邦及州两级行政体制及两套司法系统中,检察机关或大陪审团均享有检察权。美国的检察体制创新,是美国民族创新精神的体现。② 从1870年开始,美国联邦政府专门设立了司法部,司法部部长兼任联邦总检察长,负责在联邦案件中行使检察权。根据双轨制原则,美国的各个州也设置了总检察长,负责在州内案件中行使检察职权。美国在"在20世纪30年代,最初提出了关于检察官职务专业化的要求。当时只有一半的州要求检察官是领有执照的律师。随着对检察官的法律知识、专业培训以及职务专业化等要求的增加,美国的检察官职位逐步实现制度化、规范化,并且非常稳固地与整个国家的刑事司法系统紧密地联系在一起。"③鉴于国民政府与美国的外交关系,美国的先进司法理念和制度对于国民政府是有很大吸引力的。因为在蒋介石执政国民政府期间,美国基本上持支持的态度和立场,这就使得蒋介石视美国为自己的靠山和值得效仿的对象。因此,在建构检察制度的过程中,参照美国的理念和制度是顺理成章的事情。不过,美国与大陆法系法国德国的检察制度差别较大:

> 美国检察机关与其司法机关一样,亦为双轨制。每一司法区设置联邦检察官一人,助理检察官及副检察官各若干人,由总统提名,经参议院同意任命之,并得由总统随时免职,联邦检察官在联邦检察长指挥监督下,侦查并追诉犯罪。至于各邦检察机关,则规定颇不一致,惟大多分

---

① 王宠惠:《今后司法改良之方针(一)》,载《法律评论》1929年3月第6卷第21期。
② 谢冬慧:《从民族性格看美国的法制创新》,载《法律科学》2008年第1期。
③ 方立新:《西方五国司法通论》,人民法院出版社2000年版,第152—153页。

为三级,设有邦、郡、市检察官,均由各有关公民选举产生,有固定任期。邦检察官受检察长指挥,执行法律及追诉违反本邦法律之刑事案件。美国之检察人员,完全属于行政人员,而非司法官或司法行政官。①

显然,在性质上,美国的检察机构属于行政领域,与大陆法系的司法性质截然不同。民国时期的学者认为:"惟审判与检察之性质,毕竟不同,欧美各宪政国家将此二者严格划分其系统,如美国之司法部,乃联邦法律之执行机关,司法部首长称为检察长,受总统之指挥监督,执行司法行政职务。"②美国的检察体制诞生于特定的历史条件,与它的政治体制是相适应的。囿于这一点,大陆法系国家很难移植它的制度,只能参考。因此,以效仿大陆法系为主的国民政府,对美国检察制度的借鉴和参照也是相当有限的。

这方面,国民政府是从日本那里获得启发的。"日本检察制度是在日本政治、经济和文化发展传统的基础上,通过吸纳大陆法系检察制度和英美法系检察制度结合而成的。"③第二次世界大战之前,日本仿效大陆法系德国模式,实行审检合署;第二次世界大战之后,受美国法律制度的影响,日本又进行了一次司法改革,在保留原检察制度的基础上,广泛吸收了英美法系的内容,废除了1890年《裁判所构成法》关于检察制度的规定,参照美国模式制定了1947年《检察厅法》,改变审检合署模式,实行审检分离,将"检审局"从各级法院内独立出来,改称"检察厅"。新的检察厅与法院是两家独立的单位,形成平等对应的关系,统一归属法务省管理,现代日本检察制度从此确立。日本学者的研究资料所载:

> 早年"由法国发达之检察制度,除英国法系之外,大概采用法国主义之检察制度。今中国新定法律,究竟应用法国法系之检察制度与英国法系之个人弹劾之检察制度……"而"法国主义,检察官以为稍有有罪证据即可提起公诉而求预审,由预审推事再行搜查证据。中国新主义则必经检察官详细搜查确有证据,然后提起公诉。"④

---

① 管欧:《法院组织法论》,三民书局股份有限公司1988年版,第190页。
② 同上书,第35页。
③ 刘方:《检察制度史纲要》,法律出版社2007年版,第54页。
④ 参见〔日〕冈田朝太郎等口授:《检察制度》,郑言笔述,蒋士宜编纂,陈颐点校,中国政法大学出版社2003年版,第13、65页。

这里,冈田朝太郎认为世界范围内的检察制度,英国与法国的相对发达一些,但大都采用法国主义的检察制度。那么,中国制定新检察制度,是效仿法国还是英国的检察制度呢?这的确是个比较困难的选择,需要仔细斟酌和商讨。在法国检察制度中,检察官只要认为有一点有罪证据,就可以提起公诉而申请预审,再由预审法官去搜查证据。而中国则必须由检察官详细搜查确凿证据以后,才可以提起公诉,二者不同,自然不能效仿法国。

毫无疑问,早年日本在选择检察制度的效仿蓝本时,实实在在地经过了一番细致的考察,最终认为法国检察制度不适合于日本,进而选择了德国作为效仿对象,并吸纳了英国和美国的一些检察理念。此时,"检察官不再是司法官,而是行政官员;最高检察厅隶属于法务省,法务大臣对检察官具有一般性的指挥监督职责。"[①]从日本的成功经验中,国民政府下决心以移植和效仿大陆法系检察制度为重心,适当吸纳英美法系检察制度及其理念构建自己的检察制度。

四、国民政府检察制度的废存之论战

国民政府时期,随着政治体制的变迁,经济形势的发展,受西学影响的深化,人们的价值观念也发生变化,尤其是知识界能够理性地看待国家制度和社会问题,力争从学术的视角探讨和分析检察制度的利弊得失,继而形成了不同的,甚至针锋相对的观点和看法。有人严厉地批评并要求废除检察制度,也有人谨慎地主张保存和完善检察制度。这场对检察制度存废的论战从北洋时期即已开始,到国民政府时期论战更为激烈,持续时间较长,可谓是近代中国继清末变法的"礼法之争"以来影响最大的一场理论之争,对推动国民政府的检察制度改革,无疑是一次巨大的促动。

(一) 论战的背景

20世纪30年代,国民政府司法界和学界对检察制度的存废问题进行了激烈争论。其实,有关检察制度的存废论战始于民国初期的北洋政府,到国民政府时期论争更加激烈,特别是学界,讨论极其热烈。当时散见于各大学术期刊上的文章就充分说明了这一点。

---

① 刘方:《检察制度史纲要》,法律出版社2007年版,第55页。

表 4 民国时期检察制度存废之研究成果概览①

作者	论文题目	杂志名称	发表时间
法律编查馆	论检察制度之不可废	法学会杂志	1914 年第 2 卷第 3—4 期
薛遗生	论我国检察制度之可废	法律周刊	1924 年第 32—33 期
朱鸿达	检察制度论	法律季刊	1925 年第 2 卷第 3 期
萧志鳌	检察制度存废论	月刊	1929 年第 6 期
黎藩	检察制度存废论	月刊	1929 年第 5 期
若愚	检察制度之革新策	法律评论	1930 年第 7 卷第 37—38 期
林琛	我之检察制度观	法律评论	1930 年第 7 卷第 32 期
黎藩	检察制度存废之商榷	新生活	1931 年第 7 期
玉斯	论检察制度之存废	法治周报	1933 年第 1 卷第 45 期
王逸群	检察制度之存废问题	大学生言论	1934 年第 4 期
黄馥	检察制度之存废问题	时论(南京)	1935 年第 10 期
吴祥麟	中国检察制度的改革	现代司法	1936 年第 2 卷第 3 期
理箴	对于改进检察制度的管见	法令周刊	1936 年第 311 期
赵敏	检察制度存废问题	广播周报	1936 年第 108 期
杨兆龙	我国检察制度之存废问题	法学杂志	1937 年第 5—6 期
杨鹏	对于我国检察制度之评议	中华法学杂志	1937 年第 1 卷第 5—6 号
杨廷福	废检察制度议	震旦法律经济杂志	1947 年第 3 卷第 9 期

从表 4 所列文章不难发现,民国时期的检察制度曾引起了学术界的广泛关注,争论比较激烈,期限也较长,自北洋政府开始,几乎伴随国民政府始终。对此,近些年来有学者做了专门研究,指出:

> 中国近代检察制度系师法日德,始于清末司法改制。清末以至南京国民政府,检察制度的实践效果不佳,在北京政府时期即出现要求废检察制度的声音,至南京国民政府时期,废检察制度之声甚嚣尘上。与之相反,一些学者主张保留并完善中国检察制度。双方展开激烈的争论,……这场检察制度存废之争对南京国民政府检察制度的变革产生了直接的影响。②

那么,为什么国民政府时期的检察制度会产生如此大的争议呢?其缘由想必是在学界甚至官界存在对立的观点。譬如:一部分人认为检察制度存在

---

① 本表根据已阅读到的民国资料统计,不完全、不系统。
② 参见杨树林:《论南京国民政府时期检察制度存废之争》,载《求索》2013 年第 3 期。

的弊端给人们的生活带来了诸多麻烦,但是另一部分人则觉得该制度本身也存有一些值得肯定的地方。因而,不同态度的双方就展开了讨论和斗争。具体说来,有以下几个方面的背景和理由:

第一,社会形势的变迁所致。这在一定程度上可归于中西文化的不协调。自清末变法以来,伴随着西方思潮的涌进和政治斗争的演化,中国近现代法律思想和制度也发生了一定程度的变化。"纵观二十几年来法律思想和制度演变的历史,其中最大的问题是:没有在法律思想上形成一个独立的适应中国近现代社会需要的立法原则。由于西方个人本位的法律原则与中国传统家族本位的法律原则在立法指导思想上相互冲突斗争、妥协融合,最后形成了二者平分秋色的共主局面。"[①]一部分习惯了中国监察制度管理的人们,面对内蕴西方思想的检察制度,总觉得有点不对劲。但是,也有部分接受西方思想影响较深的人,他们看到了检察制度在司法活动中所起的作用是国内现有制度所无法比拟的,因而极力肯定检察制度的价值。这是当时检察制度存废之争产生的根本原因。

第二,检察体制频繁变迁所带来的巨大不便。在走进中国不到二十年的时间里,检察制度几次变更体制,最主要的表现是由"审检分立"到"审检合署"。清末的检察机构设于法院内,且分层设置,各审判衙门分别配置检察机构,也即在体制和职责上属"审检分立"模式,检察官有莅临法庭监督之权。但是,北洋之初的1914年,袁世凯又下令裁撤全部的初级审判厅及检察厅,同时裁撤三分之二的地方审判厅及检察厅。在地方审判分厅和县司法公署内,不设相应的检察分厅,而改设检察官。[②] 此种体制一直沿袭到1928年,才被新的司法审判及检察体制,也即"审检并立"模式所取代。1927年8月16日,国民政府第148号训令宣布:"应自本年十月一日起,将各级检察厅一律裁撤。所有原日之检察官,暂行配置于各该级法院之内,暂时仍旧行使检察职权。其原设之检察长及监督检察官,一并改为各级法院之首席检察官。"[③]同年的10月25日,国民政府出台《最高法院组织暂行条例》,规定"率先推行裁撤检察厅后的体制,于最高法院,配置首席检察官1员,检察官5员,由此结束了清末以来实行的审检分立制"[④],"审检合署"制确立。然而,到了1929年8月,检察体制进一步调整,也就是在最高法院内恢复检察机

---

① 李光灿、张国华总主编:《中国法律思想通史》(四),山西人民出版社2001年版,第535页。
② 参照唐仕春:《一九一四年审判厅大裁并之源流》,载《历史研究》2012年第3期。
③ 司法院参事处编纂:《国民政府司法例规》(上册),司法院秘书处公报室1930年版,第163页。
④ 张培田、张华:《近现代中国审判检察制度的演变》,中国政法大学出版社2004年版,第272页。

关,设置检察署,领导人——检察长称呼也一并恢复。类似的变化在此后的岁月中仍没有停止,使得上至政府官员、下到普通百姓,无法适应,纷纷质疑检察制度存在的价值及其合理性。

第三,检察的职权无限制扩张所引起的反对声不断。清末及北洋政府时期所有的检察制度设置的职权主要是行使检举、侦查和执行等职能。但是,到了国民政府时期,检察职权已经介入军事、诉讼等领域,且原先的侦查权得以强化。1928年2月,新修改的《国民革命军陆军审判条例》第5条规定:"军人犯刑法上之罪或违警罚法及其他法律之罪者,有军事检察权诸官均有起诉之权。但罪应亲告者不在此限。"[①]由此确立了军事检察制度。后来,1930年的《陆海空军审判法》沿用了这一制度,该审判法的第4条明确规定:"军人犯刑法上之罪或违警罚法或其他法律之罪者,有军事检察权各官长均有起诉之权。但罪应亲告者不在此限。"[②]与之前规定没有变化。此时的检察官可以调动军警,当时的《最高法院组织法》《刑事诉讼法》及《调度司法警察章程》等法律法规,均赋予了检察官调度军警之权,并且检察官虽无管辖权,但如有急迫情形,应于其管辖区域内为必要之处分。[③] 可见,在法律法规赋予的强大实权的支撑之下,检察官的某些行为已经游离了正常的轨道,侵犯了本不该触及的领域,因而招致"废除"之声。

基于以上三点理由,检察制度引发了当时学界及司法界的广泛质疑和存废论争。这里,既有外在的社会文化形势变化的原因,也有源自政府内部政治检察体制变迁的后果,更有来自检察职权无限扩张所带来的负面效应。

(二) 论战的内容

关于民国时期的检察制度存废之争,备受关注,学者们纷纷撰文参与讨论。论战的内容无非包括两种派别的观点:"废除派"和"保留派"。对此,有两位学者进行了总结和归纳。

首先,著名的法学家、后来做过国民政府最高法院检察署检察长的杨兆龙先生专门对当时学界有关废除检察制度的观点进行了仔细归纳,并一

[①] 《国民革命军陆军审判条例》,南京国民政府1928年2月17日公布。据中国国家图书馆民国法律资源库,http://read.nlc.cn/OutOpenBook/OpenObjectBook? aid=462&bid=5256.0,2019年8月14日访问。

[②] 《陆海空军审判法》,南京国民政府1930年3月24日公布。据中国国家图书馆民国法律资源库,http://read.nlc.cn/OutOpenBook/OpenObjectBook? aid=462&bid=5051.0,2019年8月14日访问。

[③] 《调度司法警察章程》,南京国民政府1936年8月5日公布。据中国国家图书馆民国法律资源库,http://read.nlc.cn/OutOpenBook/OpenObjectBook? aid=462&bid=4137.0,2019年8月14日访问。

一予以反驳,表明了自己的立场。根据他的梳理,民国学者主张废除检察制度的观点有十二种,即:(1)检察制度乃大陆法系产物,为英美法系国家所无;(2)检察制度使刑事案件处理更加复杂,增加被告负累;(3)检察制度有时徒费时间而无实益;(4)检察官不能尽检举犯罪之责;(5)检察官的专横减少了人民对法院的信仰;(6)检察官受行政长官及其上级长官之指挥监督,不如推事独立公平;(7)我国原本无检察制度,现今检察制度不合我国情形;(8)检察官武断,无法保障公益;(9)检察与审判对峙,意见分歧;(10)检察官不负责任;(11)检察制度与世界潮流相背;(12)增加司法经费,有害无益。①

如此等等,"废除派"着眼于检察制度的产地,更多地是列举检察制度的缺点和不足之处。如果进一步归纳,不外乎两种:第一,不需检察制度。世界范围内,检察制度属于大陆法系的专有,英美国家没有;我国也向来没有;检察制度与世界立法潮流相悖,很多国家没有检察制度,案件照样办理得好好的,因而民国也不需要这种检察制度。第二,检察制度不好。现有检察制度易使检察官流于专横,同时检察官也受制于他人,办事易欠公平;以此保障公益危险极大;检察官履行职务一味敷衍,失去了设立本意。基于这些理由,"废除派"认为检察制度应当废除。

而在杨兆龙先生看来,民国时期主张保存检察制度的观点有五种:即

(1)检察官能防止推事之专横武断;(2)检察制度能补救社会犯罪无人追问的不足;(3)检察制度能减少私人诬告滥诉之机会;(4)检察官对于情节轻微,或不值得诉讼的案件,得便宜行事,不予起诉,这样可减健讼之风;(5)检察制度可使推事与检察官分工。②

杨兆龙先生本人就是保存检察制度的支持者,属于"保留派"的代表,他认为检察制度能够防止法官专断,能够追究犯罪,减少诬告,杜绝滥诉等,并且他"认为其中第二点有相当的根据;第三点理由'颇为充分';第五点是检察制度应保存的有力证据"③。在对学界的观点做了详细的分析之后,杨兆龙先生指出:

---

① 详见杨兆龙:《由检察制度在各国之发展史论及我国检察制度之存废问题》,载《法学杂志》1937年第9卷第5期。
② 同上。
③ 转引自华友根:《20世纪中国十大法学名家》,上海社会科学院出版社2006年版,第462页。

根据各国历史的考察和我国情形的比较,我们深信检察制度在我国有保存之必要。我们虽不能认为现行的检察制度有不少缺点,但是这些都是人选配置不宜和制度运用失当所造成的,并非制度本身必然的结果。我们今后所应该努力的,乃是积极的改革这个制度,使臻于完善之域,决不是消极的采那"因噎废食"的办法,将它根本推翻。①

杨兆龙先生对检察制度持包容的态度,尽管现行的检察制度存在不少缺点,那是实践过程中用人机制和制度运用失当造成的,并不是检察制度本身所带来的必然结果,完全可以通过改革完善它,不能"因噎废食"而废除了事。个人认为,杨兆龙先生对当时检察制度的看法是客观公允的,也是令人信服的。

其次,民国另一学者李朋也对当时论争的内容进行了系统直接的总结,他认为:

主张推翻现制者,谓检察制度根本已无存在之理由,急宜废止,而别创较为良善之他种制度以代之,主废派所持之理由,大约不外以下十项。1. 非我国历史上所固有,无采用必要。2. 检察官少自动检举,其起诉案件,多由于告诉告发。3. 诉讼集中检察官,有妄加弹劾或不予提起公诉之流弊。4. 检察官不负诬告责任,难免滥施职权。5. 原告高坐于上,被告俯首于下,原告为具有法律知识之官吏,被告为相形见绌之平民,殊违反平等原则。6. 审判时有尽翻前供之机会,最重初供之侦查,反为无益之手续,又何须检察官多此一问乎?7. 英美诸国,均不采用检察制度,日本学者亦有主张废止者。8. 检察制度废除后,司法经费可以稍纾,而以之移作扩充法院之用。9. 检察官侦查与起诉之职务,性质上实为审判之一阶段,检察官起诉或不起诉之处分,与审判官所为之有罪无罪之判决,二者性质亦复相似,检察官提起公诉之后,法院又为判决,实等于二重之判决,程序过于繁重。10. 以为我国历来对诉讼事件,悉由被害人及其家属等直接请求法院审判,已为一国民族心理上之要求,原不必强效外国成规,致与民族心理相违背。②

在李朋看来,"废除派"共有十点理由,其中第一、七、十点理由是说检察

---

① 杨兆龙:《由检察制度在各国之发展史论及我国检察制度之存废问题》,载《法学杂志》1937年第9卷第5期。
② 李朋:《检察制度存废论战》,载《法律知识》1948年第2卷第1—2期。

制度没有存在必要;而第二点理由表明检察官作用微乎其微;第三、四、五、六、九点理由反映检察官在司法活动中的负面效应;第八点理由是说检察制度增加了国库开支。可以说,这十点理由,基本上将当时司法界及学界对检察制度的否定态度,做了高度概括。同时,他又归纳总结了主张保存检察制度的理由和观点,认为:

> 主存派所持理由甚多,今归纳言之:1. 适合现代潮流,为世界最新之制度。欧洲文明各国,几均采用检察制度。……2. 刑事诉追制度,原由个人诉追主义进而为国家诉追主义。昔时民刑不分,而刑事亦每每视为个人之私事,故诉追之事,亦一并委之于私人。……3. 检察制度对于国家社会作用甚大,尤以在中国尚未完全达到法治国家之地步,如无检察制度,纯用个人诉追主义,实行自诉预审种种制度,以补其缺,其结果个人所受损害,由个人诉追,而国家社会所受损害,如内乱外患等罪,又由何人诉追乎?……4. 查刑事侦查案件,经检察官处分不起诉者,为数甚多……审判方面即可减少劳力。……5. 审判贵在公允,如检举犯罪与审判犯罪,统由推事兼办,则自检自审,定有成见,难得公平结果。……6. 我国遵奉国父遗教,实行五权宪法,监察权独立运用其弹劾权,以求官吏之守法尽职。同时又有检察制度,代表国家,实行检举犯罪,以求一般人之守法安分,既合五权宪法中监察权独立之精神,复合一般职务上分工之法则。故司法方面,为求符合监察权独立精神起见,为求办事效率增高起见,检察制度均不应废止。①

由上可知,李朋认为:主张保存检察制度的理由共六点,从现代世界文明的视角、国家社会的需要、法院受益以及审判公正的价值等角度出发,呼吁检察制度存在的必要性和重要性。由此,检察制度不能废止,必须保留和发展。"保留派"的观点有其合理之处,这也是"废除派"的主张没占上风的主要原因。

最后,检察实务系统也有主张废除检察制度的"声音"。早在北洋时期就有了对检察制度不满的表示出现,例如湖北高等检察厅检察长王树荣在当时的全国司法会议上指出:

> (一)我国检察制度沿自前清,当专制时代以朕即国家之观念附会

---

① 李朋:《检察制度存废论战》,载《法律知识》1948年第2卷第1—2期。

国权诉追主义而成此一种蹂躏人权之机关。民国以来十年九乱，未暇及于法典，因仍敝制以迄于今，实则民主国家当采民权诉追主义，不当采国权诉追主义，缘此种国权诉追制度与共和政体绝不相容，即使检察官依法尽职，亦第伸张国家之威力，剥夺人民之诉权，按之主权在民之旨终不相合，此应废止者一；（二）法治国家之宪法对于人民之权利自由，苟非在法律规定范围内，无论何人不许其侵害，此在各国皆有明文规定，即以吾国临时约法而论……①

王树荣检察长从中国国情出发，认为检察制度与当时中国的实际情况不相契合，应该废除。因为这种制度起源于封建专制的前清，与民国的共和政体不匹配，与法治国家的现状也不相符。而国民政府早期的检察系统也不乏"废除派"的观点，认为废除检察制度系应刑事政策之要求：

> 刑事政策者，减少犯罪之政策也。德儒费尔巴哈尝曰：刑罚用以抑止人民之恶念。诚以灭绝社会上犯罪行为，本属不可能之事，苟能减少其恶念，则已达到刑事政策上大部分之目的，是故刑事政策系属一种预防犯罪之策划，故预防犯罪策划之主旨，即对于犯罪之原因，不可不有重大之考虑。盖犯罪原因最重要者，为生活之穷乏，信用之堕落，名誉之丧失。如国民生活充裕，信用卓著名誉保全，则犯罪原因自可减少，犯罪行为自亦随之而减少。故刑事政策不外以教育救贫等项，借资救济，乃检察制度之存在，其职务专以搜寻犯罪，其所谓侦查，无非以逮捕管收为能事，威棱赫赫，手续苛繁。每经过一度之侦查，辄有一二良民堕落信用，丧失名誉，甚且中人之资，一朝荡尽。其结果非但不能减少犯罪。且有增加犯罪之倾向，夫检察官厅之设立，系行使国家之刑罚权，冀图扑灭犯罪。然其制度之不良，非仅不足制裁业经发生之犯罪行为，且每制造将来之犯罪原因，其与刑事政策之主旨大相悖谬，是诚有废除之必要也。②

显然，国民政府早期检察系统有人将检察制度与当时的刑事政策对立起来，认为检察制度与刑事政策的主旨相悖，因而主张废除检察制度。到了国民政府后期，一个曾从事检察实务工作的学者指出检察制度的弊端在于以下三点：

---

① 陈则民等：《废检察制度之运动》，出版者不详1922年版，第12页。据中国国家图书馆民国图书资源库，http://read.nlc.cn/OutOpenBook/OpenObjectBook? aid＝416&bid＝3809.0，2019年8月14日访问。

② 朱鸿达：《检察制度论》，转引自何勤华、李秀清主编：《民国法学论文精萃（第五卷）诉讼法律篇》，法律出版社2004年版，第508—509页。

（一）少自动检举。检察官系为国家执行预防政策，对于犯罪嫌疑者，有侦查检举之责，不独因告诉告发或自首而起，凡知有犯罪嫌疑者，即应侦查犯人及证据，故检察官之检举，不独为被动，尤应为自动……（二）不负责任。检察官遇有告诉案件，其可自诉者，常谕知自诉，委其责于自诉人；不能自诉者，则滥起诉，多上诉，以委其责于审判者。凡繁难重大案件，又多取巧，先起诉一部分，其繁难重大之部分，则推诿迟延……（三）滥用职权。法律赋予检察官之权颇大，有预审权，有公诉处分权，有上诉权，有侦查权，有撤回诉讼之权等，苟能灵活运用……外间有"不检不察，乱检乱察"之讲语。①

国民政府后期的检察人自己也对检察制度不满，认为检察官少自动检举、不负责任、滥用职权，检察制度因存在这些弊端而应被废除。对于南京国民政府检察制度的存废论争问题，当今有学者专门研究后认为："争论的焦点主要集中在检察制度是否适用于中国、是否侵犯人权、是否靡费司法经费、是否违背世界潮流等方面。"②这些争论无疑暴露出：作为一项国家的司法制度，民国检察制度在其成长的过程中，的确存在这样或那样的缺陷和不足，需要认真修改和完善，不能草率对待。

（三）论战的评判

学界和司法界展开论战是正常之事，是对国家事业关心的体现。根据马克思主义基本原理：经济基础决定上层建筑，上层建筑对经济基础又具有反作用。③"经济基础和上层建筑的这种互动作用决定了社会发展的整体性，社会发展的整体性必然会使一个国家的各种社会制度和政治制度在发展过程中表现出明显的亲和趋向，彼此之间存在适应社会发展的某些共同属性和表现特征。检察制度也是这样，如果它离开了其他司法制度和法律制度的支撑，成为一种孤立的、与其他司法制度不相干或者相悖的制度，那么它是否有存在的必要就非常值得怀疑了。"④事实上，检察制度在法国诞生之初就发生过争议。研究记载："在建立适合资产阶级需要的政治法律制度的过程中，对于检察制度是否应当废除，引起了广泛的争论。经过激烈的辩论，1790年8月14日国民议会通过法令，明确规定'保留检察制度，检察官是行政机关派

---

① 李朋：《论检察制度利弊》，载《法律知识》1947年第1卷第12期。
② 杨树林：《论南京国民政府时期检察制度存废之争》，载《求索》2013年第3期。
③ 参照《〈政治经济学批判〉序言》，载《马克思恩格斯文集》（第2卷），人民出版社2009年版，第591页。
④ 刘方：《检察制度史纲要》，法律出版社2007年版，第34页。

在各级法院的代理人'。"① 民国时期,中国在监察古制的基础上引进了西方的检察制度,也招致激烈的论争。无论是主张保存者还是主张废除者,都有其一定的理由,对此,当时的学者也有所评判:

> 检察制度在我国,究竟应当存在或废止?已成十余年来论争莫决的问题,公说公有理,婆说婆有理,谁是谁非?颇难下一断语。然平心论之,主张废止检察制度者,大抵对于人的问题,抱了怀疑的态度,而对于制度本身的批判,则颇有不能"搔到痒处"之感。②
>
> 主废主存均言之成理,但由上以观,检察制度之本身,实无可非议。倡废止论者,多系对人事问题,抱怀疑态度。而主张废检,因噎废食,其议自无足取。况现今潮流,国家民族之利益高于一切,个人自由应受此原则之限制,而检察制度实为适应此种潮流,用以防卫国家民族利益之最善制度,曷可轻言废止?③

当时学者的总结指出,无论是主张废止检察制度者,还是主张保存检察制度者,都有其理由,且言之成理。但是,从国家民族利益出发,检察制度实有存在之必要,不过检察制度应顺应社会发展的潮流而作必要修正。同时,论争表明检察制度本身的重要性已经引起重视,同时也寄托着民众对国家的关注。综观民国论争的观点,可以发现以下几点值得思考的结论:

第一,主张保存检察制度多是由检察制度的意义和优点决定的。关于检察制度的意义,民国学界已有深刻认识:

> 制裁之法,乃为检察官对于犯罪者所欲达之最后目的。就程序言,检举在先,制裁在后;就目的言,检举为工具,制裁为目的。且依绝对理论,无论任何犯罪行为,应加以制裁;但能达此鹄的与否,全视检举之效率若何?检举得力,法纲可臻慎密,苟不胜其任,法纲将漏吞舟之鱼,法纪荡然,人民蔑法,遂酿成麻木不仁之社会。检举事务,对于国家前途既重且巨……④

很显然,在民国学者那里,检察官在制裁犯罪的过程中发挥了极其重要

---

① 蒋伟亮、张先昌主编:《国家权力结构中的检察监督——多维视野下的法学分析》,中国检察出版社 2007 年版,第 46 页。
② 赵韵逸:《我亦来谈谈检察制度》,载《法学杂志》1937 年第 9 卷第 6 期。
③ 李朋:《检察制度存废论战》,载《法律知识》1948 年第 2 卷第 1—2 期。
④ 刘世芳:《对于检察制度之检讨》,载《法学杂志》1937 年第 9 卷第 5 期。

的作用,无论是程序还是实体,对犯罪者的制裁,必须有检察官的介入,从检举犯罪者、起诉犯罪者,直至惩罚犯罪者。总之,检察事业,事关重大而艰巨的国家前途,这是主张保存检察制度者的坚定有力的理由。即使是主张废除检察制度的民国著名学者孙晓楼先生也指出了检察制度的优点:如安定社会秩序,减少人民之诉累,便利法官审案,维护裁判公平等。原文如下:

> 夫检察制度之优点:1. 在刑事既采取干涉政策,有检察官可以实行检举犯罪,使犯罪人不致纵逸,借以谋社会秩序之安宁;2. 在检察官之代行起诉,借以减少人民之诉累;3. 在检察官之先行侦查,可以便利法官之审判;4. 在检察官之指挥执行,用以保全法院裁判之公平。……夫检察制度之最大优点在于能检举犯罪,盖犯罪而无检察官之检举,则被害人不免恐怕报复而不敢告诉,贪图小利而私自和解,或冷淡消极而不愿告诉,是非所以惩凶安良之道,吾人所望于检察制度之效能,即在于此。①

对于废除检察制度的观点,曾任国民政府行政法院院长的张知本提出批评,指出某些人因为对检察官不满而主张废除检察制度的想法,既违背了权力制衡的原则,也不符合职业分工的法则,并且理由不够正当充分。

> 现在国人之不满于检察官现状的,动辄主张废除检察制度;这种情形,不仅有背吾国政治上权力分立的精神,而和一般职业上的分工法则,亦不相合,是为吾人所不取。况且他们所持为废除检察制度的理由,亦多属一种浅近的见解,并不见得什么允当。……总之,主张废除检察制度者,不问他们所持的理由怎样,都未能指出检察制度本身有若干的弊害,如欲以此理由,即认为检察制度应该废除,当然是不合理的。②

由此可见,张知本是比较强硬地否定"废除派"的主张的。与此同时,张知本将检察制度的优点概括为三点:可以保持审判公正;可以防止犯人漏网;可以减少人民诉累。这三点"可以"彰显了检察制度的存在价值,它从国家利益的高度、法治国家的广度,将检察官的地位及检察制度的将来凸显了出来,有力地回击了那些废除检察制度者。

---

① 孙晓楼:《我国检察制度之评价》,载《法学杂志》1937年第9卷第5期。
② 张知本:《检察制度与五权宪法》,载《三民主义半月刊》1947年第3卷第9期。

检察制度,既有这样的许多优点,所以世界大陆诸国,在刑事诉讼方面,差不多都采用检察制度。虽然英美法系诸国,未曾特设检察机关,来专门办理检察的事务,但他们的警察官吏等兼司此职。……(我国)检察官的地位,以后必须特予提高,使检察制度的将来,获得圆满的效果。庶几检察权与监察权,相辅而行,不难造成五权宪法的法治国了。①

张知本的态度很明朗,他进一步指出:检察制度的诸多优点使得世界上很多国家在刑事诉讼中采用检察制度,因此,我国不仅不能废除检察制度,而且要提高检察官的地位,使检察制度发挥更好的效果,为法治国家做出贡献。

无疑,检察制度的意义和优点决定了"保存派"让其保存下来的立场。的确,决定社会制度的去留,首先应该考虑这种制度的作用,是否满足社会的需要。史实证明,检察官的设置,确实是为执行现代国家刑事法令所必需的。并且近世文明的欧洲各国,没有一个国家没有设置检察官的。即使是英美法系国家,它们的检察制度也在逐步发展过程中。这就足以证明近代社会对于检察制度的需要。因此,黑格尔那句"存在就是合理"的名言在检察制度存废问题上得到了验证。

第二,主张废除检察制度,多因为检察制度存在弊端。例如民国著名的法学家郭卫认为:检察官不尽职责,轻率起诉、不自动检举、不尽莅庭责任等,反而增加了成本,这是他主张废除检察制度的主要理由。原文如下:

> 近年以来,废除检察制度或缩小检察组织之论调,已洋洋盈耳。其最大原因,谓检察官不能尽其职责,反足虚糜司法上之一部分经费,不如废除检察官,或缩小检察组织,增加推员额之为愈也。至指检察官不能尽其职责之点:约有三端:一为轻率起诉;二为不自动检举;三为不尽莅庭责任。②

而在民国另一学者赵敏那里,也有类似的看法,她认为检察制度妨碍了诉讼,加了一个无益的程序,不能直接请求法院审判,白白增加了财政开支。同时,也阻碍司法行政统一,破坏了法律公平,导致法院纪律不易整顿,等等。

> 主张废除检察制度者,多谓该制:(一)妨碍自诉,加多无益诉讼程

---

① 张知本:《检察制度与五权宪法》,载《三民主义半月刊》1947年第3卷第9期。
② 郭卫:《检察制度之存废与扩充自诉问题之商榷》,载《法学杂志》1937年第9卷第5期。

> 序——盖在检察制度下,被害人对于检察官不起诉处分之拦阻,不能直接请求法院正式审判……(二)维持闲曹空糜国币——因现时检察官,除办理执行外,几无事可作,其所起诉之案件,多数由于告诉告发,而以职权检举者不及百分之一二……(三)阻碍司法行政统一,破坏法律持平保障——缘首席检察官,每每挟法警以自重,致法院纪律,不易整饬……①

更有学者指出人们要求废除检察制度的主要原因在于检察官滥用职权,"我国采行检察制度以来,因为在法律上检察官的职权太大了,事实上往往名不副实,有时检察官或竟滥用法律上的职权,破坏了本身神圣的职务。所以近几年来,废除检察制度的议论,甚嚣尘上。"②认为检察官职权太大,关键是滥用职权,破坏了检察本身神圣的职务。

诸多学者对检察制度发出了批判的声音,以至在1937年全国司法会议上,许多专家学者主张将我国检察制度从根本上取消,其中北京大学的燕召亭和厦门大学张庆桢两位学者都主张裁撤检察制度,并且都有提案。张庆桢教授在他的提案中指出:"按检察制度之不利于司法现状,应即时裁撤,国人论之详矣。"③燕召亭先生的提案"批评检察官的不起诉处分权,检察官的不厉行检举职权,和检察官的武断处分权"④。可以说,两位学者的提案将国民政府时期检察制度推到了废止的边缘,同时也将检察制度的"存废之争"推到了舆论的风口浪尖,引起了与会代表的广泛讨论。

第三,主张保存检察制度,但是需要改革。这是折中的观点和看法,为多数人所接受。有学者认为,如果检察制度废止了,其后面的路如何走,势必采取下列三点变通措施,然而这些变通措施也不太可靠,令人怀疑:

> (一)一切案件,听人民自向法院起诉,但如被害的法益是国家的时候,如内乱外患等罪,试问由谁来代表国家起诉呢?(二)把侦查权公诉权统统移到县市行政机关的手里。而行政机关的人员,司法经验,未必丰富;(三)检举犯罪与审判犯罪,统由推事兼办,恐怕事实上不可能。这三条路似乎都走不通。所以我主张废止检察制度,终不如保存检察制度的好。况检察制度在我国已有三十余年的历史。当今苏俄、德、意等

---

① 赵敏:《检察制度存废问题》,载《广播周报》1936年第108期。
② 吴祥麟:《中国检察制度的改革》,载《现代司法》1936年第2卷第3期。
③ 同上。
④ 同上。

国,非但不废除检察制度,并且把检察制度的权限,极力扩充,将来国家的权力越是高大,检察官的地位将越加重要了。①

也就是说,没有检察官的工作,将带来三个无法回避的问题:一是由谁代表国家起诉;二是行政机关何以行使侦查权与公诉权;三是推事绝对不能统一检举犯罪与审判犯罪。所以检察制度不能废除,必须保留。但是,必须改革。对此,有学者提出建议:

> 我以为我国现在的检察制度,至少有下述数端,应当加以改革。(一)检察官侦查犯罪,被动者多,自动者少;(二)检察官属司法警察,人数有限,行政警察,在刑诉法上,虽亦居于司法警察之地位,终不能指挥如意;(三)刑事案件,往往经过警察机关与检察官两度侦查,然后移送法庭审理,确使当事人增加痛苦。②

在赵韵逸学者看来,我国现在的检察制度,应当加以改革:首先,检察官侦查犯罪多处于被动状态,主动时少,不利于检举犯罪;其次,检察官属于司法警察,与行政警察的关系协调上有不顺的地方,不利于工作开展;最后,刑事案件过程中,检察官只能承担部分侦查的职能,还有部分由行政警察机关承担,增加了当事人的负担和痛苦。因此,提出三点建议:"第一,检察机关与警察机关应相衔接(一是将警察机关一律改隶于司法系统之下;二是裁撤各地方法院检察处,将检察官配置于警察机关);第二,警察官与检察官侦查犯罪,毋庸经过两度侦查手续;第三,检察官应积极地自动地侦查犯罪。"③也即处理好检察与警察两个机关之间的工作协调关系,尤其检察官应积极主动地侦查犯罪。

当然,也有学者总结认为,检察制度尽管有不足之处:诸如检察官没有地位、检察官事情太多、检察官和法院院长捣乱等,但是国家社会生活又离不开它,否则犯罪就会无人过问,民生不能得到保障,社会民族国家都无法维持他的生存以及生命生计了。所以,对于检察制度,只能保存它,改革它,而不能废除它。原文如下:

> 主张废除检察制度的先生们的意见看起来,可以知道:第一,检察

---

① 赵韵逸:《我亦来谈谈检察制度》,载《法学杂志》1937年第9卷第6期。
② 同上。
③ 参照同上。

官没有地位;第二,检察官事情太多;第三,检察官和法院院长捣乱。检察制度的设立,原为代替国家行使诉权,使犯法的人不能幸逃法网,在今日的中国,举凡一切妨害民生的,检察官都有检举的责任,所谓妨害民生的,不止那些妨害人民生活的事情,除此之外,凡妨害社会的生存,民族的革命,国家的生计,都成为犯罪。检察官也要侦查起诉,如果把检察官废止,这些犯罪就会无人过问,民生不能得到保障,社会民族国家都无法维持他的生存,生命生计了。……个人以为检察制度不能完全废止,但是不能把他仍旧放在司法系统内,让他不活不死的苟存下去,我主张把检察官配置到警察行政的机构内去。①

显然,学者尊仁在总结"废除派"的观点基础上,提出了自己的改革主张。他从检察制度设置的初衷出发,认为如果没有检察制度,诸多的犯罪就会无人过问,民生将得不到保障,国家将无法维持生存。因此,检察制度绝不能废除,而应进行机构改革,不能把他放在司法系统内,建议把检察官配置到警察行政的机构内去。

类似的改革之声此起彼伏。例如:有学者指出现行检察制度,既有种种弊端,诸如侦查不力,指挥不便,相关协助措施不到位,总体上不能收到实效,而应该加紧改进,如健全体系、扩大组织、拓张职权等。具体而言,参见当时的论述片段如下:

现行检察制度,依管见所及,实有改进之必要。(一)检察官最重要之职责,在于侦查犯罪。今检察官之办理案件,每偏重于庭内之讯问,是已背于侦探与调查之主旨,若进而搜集证据,破获犯人,实不多见,既偏重于庭内之讯问,实等于推事之审判,既等于推事之审判,又何须检察官之多此一举?(二)法律规定检察指挥警察、宪兵、军士等就特定事项实施侦查,但实际上,因检察机关属于司法系统,警察机关属于行政系统,宪兵及军士属于军政系统,系统不同,指挥自多不便。(三)协助检察的规定与现实差距较多。总之,现行检察制度,既有种种弊端,不能收效,而急应改进:健全体系、扩大组织、拓张职权等。②

又如:民国时期还有学者认为,关于检察制度的存废问题,不能简单草率地定论,而需要周密权衡。因为社会确有此需要,既应考察现实国情,切合时

---

① 尊仁:《检察制度的检察》,载《中华评论》1939年第1卷第12期。
② 曾纪桥:《论改进现行检察制度》,载《天行杂志》1945年第1期。

代需要,又要放眼世界进步立法潮流,本着提高检政效率、保证检察官充分行使职权、增强其权力的目标而实施改进。当然,社会民众尚需养成谨守法纪之良好习尚,以消除检察官执行职务之困难。

> 检察制度所以有主张存在者,因社会实有此需要,而所以又有主张废除者,因人之未能充分尽职也;然社会既有此需要,则正宜设法厉行,而不宜根本取消,否则因噎废食,殊非上策。……为检察官者,处此困难环境,如系廉洁自好,则率至自行引退,如志行薄弱,则终被屈服妥协,此实检察官欲尽其职而有所不能之最大原因。其责任尚不在于检察制度之本身;故欲检察官充分行使其职权,以造福社会,整肃国家纲纪。一方固须有守正不阿之检察官,而一方各级社会尤须养成谨守法纪之良好习尚,以消除检察官执行职务之困难。斯二者,皆为年来司法当局所极端注意,而力谋改善者也。①

> 夫制度之良窳,要视其是否适合国情,切合时代之需要,以为评断之准则;宜于古者,不必宜于今,不宜于古者,未必不宜于今;良以一国之制度,恒与其政治有不可分性为定则,吾人评论现制之良窳,首宜探究其与国家政治主张之关联性,慨我中华民族,内忧外患,动荡未宁,若无维护社会之良制,何能达安内攘外之国策;环顾世界立法进步之欧美诸国,对检察制度,莫不风靡采行,佥认为保障国家社会之良制,且有扩张其范围,提高检政效率者,则斯制之不可废,无待论矣。……是斯制不特应即严密其组织,调整其机构,且有扩张其范围,增强其权力之必要者。②

可见,民众对检察制度抱有很大的希望。检察制度确实为社会所需,环顾当时世界立法进步的欧美诸国,无不采用检察制度。所以需要改革现有检察制度之不足,使检察官坚守公平正义底线,严守国家法纪;消除检察官执行职务的困难,提高检察执政效率;调整检察机构,扩张检察权,提升检察官的地位。通过改革,使检察官能够充分行使其职权,检举犯罪,整肃纲纪,真正造福于社会,维护社会公平正义。

不仅学界对检察制度的改革畅所欲言,而且政府官员也出来发声,如国民政府官员林琛主张保存检察制度,扩大检察职权,当然也需要进一步改善。首先,体制上,检察机关应该独立;其次,检察官的职权应该进一步扩展;最后,对检察官的考绩标准应作出修改更新。他的详细观点如下:

---

① 赵敏:《检察制度存废问题》,载《广播周报》1936年第108期。
② 杨镇苏:《检察制度存废问题之商榷及其改进之刍议》,载《训练月刊》1940年第1卷第6期。

> 近来检察制度之存废问题,已成法界之聚讼焦点,窃以为我政府不欲保障人权则已,如欲保障人权,不但不应废止检察制度,更须进而扩大其职权,改善其组织,俾得完成肃正纪纲纠弹犯罪之使命。……况检察官之成绩,纵属不良,而推事之成绩亦何尝尽善,此乃政治环境及人才问题,不能因噎废食而遽议取消,其理至明,毋待深辩。关于现行检察制度改善的意见有:(一)机关应行独立。按官吏有独立之职权,即应有独立之机关。检察官之职权与法院审判权相对峙,其机关自应使之独立。……(二)权限应行扩张,使检察官兼司弹劾官吏之事,一面监察的人,可收澄清吏治之效,一面官吏戒惧,易奏协助司法之功,是一举而两得。(三)考绩标准应行更正。①

显然,林琛站在国家政治体制和政府职责的高度来谈检察制度改革的问题,具有前瞻性。无论是检察机关的独立设置,还是检察权的扩张,以及检察官考绩标准的变更,都是政府层面需要进行顶层设计和细致谋划的事。

史实上,检察改革离不开政府的支持和工作。即使是对废除检察制度持批判态度的张知本,也对检察制度的改革提出了厚望:"最后尚有一点应说明者,吾国现行的检察制度,虽不应予以废除,但为使其得以获得圆满的效果起见,必须一面严令检察官实行其检察的职权,一面提高检察官的地位。"②

由上可知,民国时期很多学者和业界有识之士对检察制度的存废问题,态度认真谨慎,思考深入细致,在剖析问题的基础上提出了十分中肯的改革建议。其中,最有价值的建议是"必须从制度和人才两方面为彻底的改革"③。制度乃规程或准则,它是实现目标的一系列科学规范体系,检察官的职权行使规范与否、检察机关的运行效率等一切问题皆归于检察制度的优劣。而检察官的专业知识和技能,能力和素质,乃检察制度的核心力量。对于任何时期的任何国家,优化制度和人才,皆是明智之举。因此,检察制度和检察官,当是国民政府及民众所着力关注的司法重心。

当然,也有不可忽略的历史原因。当时的历史条件下,政局不稳,资财匮乏等制约和扭曲了检察制度作用的发挥,使得检察制度面临被国人要求废止的责难。南京国民政府时期的检察制度存废之争,一方面暴露了当时检察制度多少存在问题的事实,另一方面也推动了此时检察制度的改革和完善之进程。

---

① 参见林琛:《我之检察制度观》,载《法律评论》1930年第7卷第32期。
② 张知本:《检察制度与五权宪法》,载《法学杂志》1937年第9卷第5期。
③ 吴祥麟:《中国检察制度的改革》,载《现代司法》1936年第2卷第3期。

第二章 南京国民政府检察制度的理论依据

任何制度都必须建立在一定的理论基础之上,才能稳固地发挥作用,促进社会经济的长远发展。检察制度旨在纠举贪腐、监督法律和维护公正,它是法治精神的外化和体现,它的诞生与西方法治思想的引导、分权理念的影响以及本国的社会背景有密切关系。当然,现代国家内部治理更需要具有上述功能的检察制度的支持和保护。换言之,民国时期的检察制度作为国家司法制度的重要组成部分,其基本内容、构成形式、运行模式,无不受到当时国家政治制度、分权理念及法治思想等基本理论的制约和影响。所以研究南京国民政府检察制度,不能不追溯这些基本理论,探索南京国民政府检察制度的理论依据。

一、法治思想的牵引

制度的诞生离不开思想的引导,也即法律制度的产生一定有某种法治思想的指导和引领,抑或被法治思想所形成的环境氛围所影响、被价值观念所熏陶。在这个意义上,南京国民政府检察制度的理论起源于法治思想的牵引作用。

(一) 法治思想对民国的意义

现代意义上的"法治"思想源于古希腊,从柏拉图开始倡导"法治"理论,到他的学生亚里士多德系统提出"法治"学说。其后,古罗马承袭了古希腊的法治精神,创造了自己的法治理论。即使是在神学占统治地位的中世纪,在奥古斯丁和托马斯·阿奎那等法学家的著作中仍闪烁着"法治"的光辉。后来,这种法治传统和观念代代相传,广泛传播,深入民心。尤其到了近代,在德、英、法、美等国诸多法学家的思索之下,这些国家都形成了自己的法治理论和法治建设的实践。"受西方法治思想及其制度的影响,晚清政府开始推行变法立宪,揭开了中国创建西式司法制度的序幕。"①清末民初,受西学思潮的影响,法治思想传入了中国,激荡着中国的思想界,对中国的法制变革和近代法治国家建设产生了深远的影响,对检察制度自然也有所触动。日本学者指出:"检察制度之与法治国家,关系莫不大焉。"②我国当下有人认为,"法治理念是检察文化建设的灵魂,对检察文化的培育具有理论和实践上的根本指导作用。"③民国时期研究"法治"的著名学者周宏基也有类似的看法,他认为法治与检察官及其公诉活动关系密切。

> 公诉为吾国革新司法以后之产物,自是刑事案件改纠问式为弹劾式,建立自古未有之检察制度,代表国家检举犯罪,诚可谓一洗旧时法纲忽疏忽密、漫无标准之积习。惟是检察制度实行以来,尚不能运用得当,此与法治推行大有关系。缘检察官不畏强御,固为民望所属,尤宜处理适宜,方足起人信仰,宽严得体,始无枉纵之弊耳。乃任职检察官者,处斯法律常识犹未普及,甚至依法应受检察官指挥之司法警察官、司法警察,亦不知应绝对服从检察官之命令,以致形成独木难支大厦之环境。遂以具有"动的"性质之检察官,一变而为"静的"检察官。公诉之提起与否,本关社会之治安,乃竟毫不加以抉择,事无大小,悉以提起公诉,自卸责任。致区区细故,讼累无穷。一字入公门,九牛拔不出。直接使涉讼者有倾家荡产之祸,间接予群众对于司法以不良之印象,其利未彰,其弊已见,滋可恫也。④

在周宏基看来,与检察制度密切联系的公诉制度是司法改革的产物。之前没有检察制度,但检察制度实行以来,不能妥当运用,恰与法治推行有密切关系。由于检察官不畏强权,为民众所信赖,尤其应处理得当,宽严得体,从此没有冤假错案。可见,民国时期,人们已经意识到检察官执法的效率与社会大的法治环境密切关联。因此,一定意义上,检察制度是受法治思想指引的产物。德国著名刑法学者罗克辛指出:创设检察官的目的,自始就是使其作为"法治国的桥梁"。⑤ 这句话是对法治与检察关系的最精简诠释。可以

---

① 吴青山:《近代湖南检察制度历史变迁及其运作实践研究》,湘潭大学 2017 年博士学位论文,第 157 页。
② 〔日〕冈田朝太郎等口授:《检察制度》,郑言笔述,蒋士宜编纂,陈颐点校,中国政法大学出版社 2003 年版,前言第 10 页。
③ 邹国正:《社会主义法治理念在检察工作中的深化与拓展——以检察文化建设为视角》,载《四川理工学院学报(社会科学版)》2012 年第 4 期。
④ 周宏基:《法治丛谭》,全国图书馆文献缩微复制中心 2008 年版,第 53 页。
⑤ 参照孙谦:《检察:理念、制度与改革》,法律出版社 2004 年版,第 187 页。

说,检察官制度是法治思想的产物。

反过来,检察制度也是法治社会实践的规范保障。二者相辅相成,关系密切。毕竟在本质上,检察官代表国家公权力,惩罚犯罪,维护公益,确保社会安定、和谐和优美,建构或恢复法治秩序。因为"人不能离群而生,群不能无法而存,无论人群文化程度之高低,莫不有法律为之维系"①。"社会惟以法律限制个人,然后他人自由行为得以保障。不过此等制限,如欲达到目的,必须明确规定。更须以理性规定。换言之,此等制限,实以法律为其基础。"②这就是人类社会的生存法则,也是法治的基础。法治,依法统治,强调法律制度在国家治理中的权威地位。在法治思想的引领之下,检察制度与法治环境融为一体。

历史证明,文明社会一定是法治社会,而法治社会必然离不开法治思想的支撑。源于古希腊的法治思想,经过数千年的发展演变,至今仍是世界上绝大多数国家进行社会治理和国家管理的指导性理念,更是法律制度制定的理论依据。从外延上看,法治意味着一种文明的状态。西方国家在社会治理的过程中正是贯穿了公平、正义、秩序的法治精神,才迎来发达与文明的先机。其中,检察制度的设置正是受到法治思想的牵引而进行的国家活动。如果说法律是维系社会秩序工具的话,那么检察官就是使用这一工具维护社会正义的那一个群体。因此,有学者指出,19 世纪的改革者选择了法国法中的检察机关制度,其目的并非削弱国家的权力,而是在刑事诉讼中引入法的正义理念。③ 这种法的正义理念当属法治的主要内涵。由此可以说,检察制度是法治主义思想的外在体现。

从历史上看,法国检察制度的正式形成可以追溯到 19 世纪初,也即 1808 年《法国刑事诉讼法典》"建立了起诉、预审和审判职权分立的原则,即检察机关行使起诉权……"④由此,检察官在刑事诉讼中的职权已被法定,也就意味着法国检察制度基本形成。法国不仅最早诞生了检察官职业,也成为最早建立检察制度的国家。而作为世界上最早的检察制度,它与法国 18 世纪的法治潮流是分不开的。我们知道,18 世纪的法国法治思想活跃,"孟德斯鸠、卢梭、伏尔泰等都是诞生那个时代的极力倡导法治的思想家,他们在自然权利、自然法和社会契约论的基础上,提出了'法律面前人人平等'的原则和'法治国家'的思想。在法国大革命中,法律成为革命的最重要的武器,资

---

① 刘世芳:《立法之道》,载《法学杂志》1937 年第 9 卷第 6 期。
② 丁元普:《法学思潮之展望》,载《法轨》1934 年第 2 期。
③ 魏武:《法德检察制度》,中国检察出版社 2008 年版,第 153—154 页。
④ 《法国刑事诉讼法典》,余叔通、谢朝华译,中国政法大学出版社 1997 年版,第 1 页。

产阶级以孟德斯鸠、卢梭等启蒙思想家的学说为基础进行了必要的立法工作。虽然在大革命中,特别是在恐怖年代里,也发生过许多背离法制的暴虐事件,但是在主流上法律的尊严是不可动摇的。"①当时的法治潮流,可见一斑。

正是在法治思想的引领下,执政法国的拿破仑,厉行法制改革,制定了一系列法律,强调法律公平,主张司法正义,将检察制度规定于1808年的《法国刑事诉讼法典》之中。诸如:规定检察官在犯罪案件处理中的职权,由检察院决定刑事诉讼程序等,这些内容使检察制度落到实处,也被后世纷纷效仿。以致有学者指出:检察机关的出现要归功于移植源自法国的公诉原则之后的愿望。在19世纪50年代和60年代,德国有意识地选择了坚持法国公诉程序。这种有意识的接受,对检察机关作用的理解产生了清晰的变化,即检察机关应成为有义务追求真实与正义的机构。② 也即追求法治的状态和理想是检察机关设置的重要目的之一,更是检察制度设计所要遵循的指导思想。

民国时代,西学之风盛行,法治思想及检察制度一并被引进中国。上文已述,清末变法所兴起的西学思潮特别是法治思想,源源不断地传入中国,激荡着中国的思想界、知识界和法律界,推动中国的制度建构,理论创新。正如学人所概括的那样:"民国时期是中国历史上一个重要而特殊的嬗变时期,新旧交汇、中西碰撞,形成了社会转型期特殊的文化景观……,一方面传统文化得到进一步的整理继承和批判扬弃,另一方面西方文化又强烈冲击和影响着当时人们的思想与行为。"③在此背景下,有识之士共同倡导"以法治国""依法行事",主张将中国建成民主共和的法治国家。对此,社会各界广泛响应,形成一股推进中国政治发展和社会转型的强大动力。"民国时期,唤起民众,培养自觉的国民,以建立五权宪法为基础的现代法治国家,是以孙中山为首的民国精英们的理想追求。五权宪法施行后,遵循中山遗训的国民政府广泛关注法治建设,开展了大规模的立法活动。"④当时,学者研究法治国家的问题及其实质,纷纷主张法治,观点列举如表5:

---

① 谢冬慧、雷金火:《浅论拿破仑的法治思想与司法实践》,载《法学评论》2005年第1期。
② 魏武:《法德检察制度》,中国检察出版社2008年版,第186—187页。
③ 周和平:《民国文献资料丛编·总序》,载田奇、汤红霞选编:《民国时期司法统计资料汇编》(第1册),国家图书馆出版社2013年版,总序第1页。
④ 谢冬慧:《试论民国后期行政审判制度的法治内蕴》,载《云南大学学报(法学版)》2015年第2期。

表 5　学者主张法治的主要观点

观点一	法治即法律统治之谓,国家一切活动,必须循法以行,不能由政府以自由意思擅行决定,必须以法律为其轨辙与准绳,人民的自由及其他权利,应由法律加以保护,人民应负之义务,亦应由法律加以规定。政府机关非依法律,不得限制人民之自由与权利,亦不得任意课人民以义务,人民固应服从法律,政府亦应遵守法律,此即法治之真谛。……法治精神,司法上最能表现,司法官必须操守清廉,居心仁恕,公正不阿,用法平允,始足称理想之法官。①
观点二	复杂的社会,必有赖于精密而善良的法制,始能存在、生存、安全、和谐而演进。……今当宪法起草之时,诚窃恐举国上下对于法治精神尚无切实之认识,奉行之诚意,因草此篇以明其义,庶政府当局,全国民众,不再视宪章为具文;而今后中国之政治,亦得日趋于法治之坦道焉。②
观点三	人治,法治,在人类历史上闹了几千多年,时至今日,世界上无论哪一国家都是实行法治,而中国仍不能确立法治走入法治轨道,真堪痛心。然而今日信仰"人治"的人一定居少数,一般国民悉皆以建立国家只有主张法治,改革政治只有实行法治,排除国难只有尊崇法治。③
观点四	怎样才能走上法治的途径?建设起来一个法治的国家?关于这,至少有下列几点:第一,对法治要作新的认识。现在的社会思想以孔子的简单朴素的思想来维系,事实上已是不可能的了,而法律乃是发展人类智慧、道德、身体的优性,维系社会公平正直之秩序的法则。第二,要培养守法的精神。立法虽然完备,而不得人民一致的信仰,这个法还是行不通的。④

上述列举的关于"法治"的观点表明:国民政府时期有识之士对法治国家的期待以及民众对法治社会的渴望、愿望极其强烈。"观点一"阐释了"法治"丰富的内涵,指出法治思想更多表现于司法之上,司法官必须具有操守清廉、居心仁恕、公正不阿、用法平允等思想品质。检察属于司法性质,因此,法治思想当然也表现在检察制度领域。"观点二"指出复杂的社会依赖于良善的法制,才能平安幸福,也即法治社会乃全国民众所期盼的样态。"观点三"将当时中国的人治与世界多数国家的法治进行比较,呼唤中国的政治改革,沿着法治道路前进。"观点四"构建了走法治道路、建法治国家的设想,即重新认识法治、培养守法精神。

"无论国家的一切活动、抑或政府的行为,以及人民的自由,均必须依法而行,依赖法制。只有这样,才能杜绝人治,避免国难,这是当时的有识之士对法治的坚定信念,这种对法治精神的信念通过有识之士的宣传,得以在社会广泛传播,形成了一股巨大的舆论力量,成为民国时期检察制度完善及运

---

① 何勤华、姚建龙编:《赵琛法学论著选》,中国政法大学出版社 2006 年版,第 36、37 页。
② 参见章渊若:《法治精神与中国宪政》,载《大学杂志》1933 年第 1 卷第 2 期。
③ 参见雷震:《法治国家的真谛》,载《时代公论》1932 年第 1 卷第 17 期。
④ 参见于光亚:《怎样走上法治的途径》,载《中华评论》1939 年第 1 卷第 12 期。

行的思想背景。"①民国学者将法治与检察制度紧密联系在一起,认为检察官是法治国家最纯粹的法治官吏。

> 自欧美输入之"法治"二字,在吾国已久炙人口,考其意义,在伦理学上,似谓国多好人,宜人治;国多恶人,宜法治。在社会学上,国人信仰一致,可行人治;国人信仰纷歧,则宜法治。现代国家咸重法治,而轻人治,独不知即法治之国,亦莫不恃公务员之人治。譬之司法官为法治国家之最纯粹之法治官吏……②

这段文字表明:无论是从伦理学还是社会学的视角,国家治理需要法治;现代国家应该重法治、轻人治;司法官是法治国家最纯粹的人。在民国社会力求完善法制的环境下,需要一种制度承载着"法治"精神,落实到司法实践之中,这便使包括检察制度、法官制度等在内的新型司法制度顺应而生。到民国后期,中国的立法、司法无不"接受西方民权潮流之激荡"③,其中欧美的现代法治理念、公正合法的司法、平等独立及公开审判的原则等西方法治文化渗透进了中国。所以,在法治思想的牵引下,检察制度呼之而出。

前文已述,国民政府法制建设所选择的是深度移植西方法制的道路,无论立法抑或司法均以大陆法系为蓝本,同时也吸纳了英美法的法治精神。1928年3月,国民党第二届中央执行委员会第四次全会召开,该次会议的宣言提出:"国民须知一切政治的主张,若不成为具体的法律政治之组织,若不造成宏远精密之制度,不特一切理论尽属空文,而社会之秩序,人民之生命财产及一切生活关系均无保障。"④该宣言很明确地告诉人们:国家的一切政治主张,必须落实到法律制度当中,否则就是一纸空文,社会秩序和人民利益将得不到保障,后果不堪设想。其实,该宣言旨在号召全体民众,呼吁全社会将国家的政治主张和民众生活全部纳入法治的轨道,以此确立国民政府时期的法治主义原则。1929年7月20日,在国民政府关于颁行训政时期施政纲领草案的训令⑤中的第一大部分"关于内政部者"的12项任务中,第一项任务就是"厉行法治主义",将"法治主义"列为首位,可见国民政府实行法治的决心和态度。

---

① 谢冬慧:《试论民国后期行政审判制度的法治内蕴》,载《云南大学学报(法学版)》2015年第2期。
② 刘世芳:《对于检察制度之检讨》,载《法学杂志》1937年第9卷第5期。
③ 杨幼炯:《近代中国立法史》,商务印书馆1936年版,自序。
④ 《确立法治主义之原则》,载《广东党务周报》1928—1929年第5期。
⑤ 《国民政府训令第613号》,载《国立中央研究院院务月报》1929年第1卷第1期。

1930年之后,随着国民政府法典体系的完成,西方的法治文化在中国的影响巨大,以致民国后期,人们的法治观念更加坚定。他们认识到:"我们今日所需要的法治,不但在形式上要做到'齐天下之动',而在实质上尤其要做到使政府官吏尊重人民之正当利益,不得任意加以侵害,不能'高下其手,予夺由心',所以我们今日所需要的法治,仍是民主政治的法治,是建立于民主政治之上的法治"。① 可以说,现代法治就是蕴含民主政治的法治。总之,从民国初年开始形成的法治氛围,到民国中后期愈加浓厚,为司法检察制度的发展提供了更加适宜的法治环境和空间。

(二) 法治思想对司法的影响

清末的司法改革目标之一就是吸纳西方的法治理念,实现法制现代化,检察制度顺应了这一历史趋势发展的需要。有学者指出,"中国的法治与西方法治相比所呈现出来的巨大差异是:中国历史上自古缺乏民主与法治理念,中国几千年的皇权一统天下所形成的高度集权政治,造就了中国集权式的司法制度。"②这种判断有些偏颇,在历史上,到了清末,统治者引进了西方的检察制度这一代表法治精神的标志,来改造自己的司法制度。检察制度的设置使国家的司法权与行政权逐步分离,同时增加了法律监督的成分,从而更加丰富了中国本土法治的内涵。

于是,清末政府"在全面改革传统审判方式,构筑近代文明、理性的诉讼制度中,因应改革司法的需要,修律大臣预想构设检察、律师、陪审制度等近代公正审判上所必需的基本制度构件"③。但是,辛亥革命及民国初期的血雨腥风影响了近代司法公正的进程,直到1928年,随着国民政府五权宪法的实施,民国才重拾宪法政治和法治理念,开展现代司法制度的建构,成立了最高司法机关——司法院。

作为国民政府五院之一,司法院具有相对独立的司法权。根据《司法院组织法》,司法院下设"最高法院、行政法院、司法行政部和公务员惩戒委员会"④。不过,此时的检察与审判机构合署,最高法院配置检察署,行使检察权。国民政府检察权的最主要职能是检察官代表国家行使公诉之权,根据1928年国民政府《刑事诉讼法》的修正说明《立法要旨》(二):

---

① 韩德培:《我们所需要的法治》,载《观察》1946年第1卷第10期。
② 刘方:《检察制度史纲要》,法律出版社2007年版,第161页。
③ 方立新:《传统与超越——中国司法变革源流》,法律出版社2006年版,第79页。
④ 《司法院组织法》,载《司法公报》1928年第19期。

采国家诉追主义,以检察官代表国家行使原告职权。惟值此注重民权时代,举凡被害者均须先向检察官告诉,其不起诉者,即不得受正式法院之裁判,揆诸保护人民法益之本旨,容有未周,故特设例外规定,使被害人有告诉权者,得就其被害事实,自向法院起诉,谓之自诉。①

这个修正说明非常明确地指出:国民政府的检察官代表国家行使职权,其宗旨是追诉犯罪、保护人民的利益不受侵害,与注重民权的时代背景相适应。而根据当下专业学者的论述,"检察权的行使就是要保证国家法制的统一,纠正一切违反法治要求的行为。"②也即行使检察权的目的有二:一是保证法制的统一;二是纠正违法的行为。具有这两个宗旨的检察权实为监督立法与执法的职能。也就是说,检察权的行使体现公正的法治精髓。公正既是检察制度中公诉程序最伟大的精神所在,也是公诉设置最根本的价值追求。其意义非凡,诚如学者所认为的那样:"司法公正对于法治之重要,犹如水和空气对于人的生命之重要一样。"③可以这样说,没有公正的法治理念,公诉就是一个没有任何灵魂和思想的外壳。而检察制度的设计,使公诉有了健康的体魄,确保公正和法治目标的实现。

同样,没有公诉,司法公正就会失去制度保障,而公诉与检察制度相伴相随。"即使在当今世界各国,也普遍认为检察机关应当是一个完全致力于维护公平正义的机关,检察机关必须从客观立场出发公正地行使公诉权。"④的确,"公正是法治的灵魂"⑤,它指导检察官的行为。"对国家利益、社会公共利益和公民个人利益的保护,是公诉的精神追求和价值取向;确保追诉行为和其他司法行为的公平、公正是公诉的精神实质和理论精髓;程序公开、证据公开以及公诉行为、公诉过程的逐步公开,是公诉正义的客观要求和发展趋势。"⑥可见,公诉、公正与法治均有密不可分的关联,共同指导检察工作,成为检察制度设计的主导思想和核心价值。

而法治社会目标的实现,离不开司法的保驾护航。司法机关运用法律来维持人民利益,维护社会秩序,实现社会正义。在这个过程中,"法官和检察官都承担着对法秩序的维护职能,但法官对法秩序的维护是被动的。而检察

---

① 谢振民编著:《中华民国立法史》(下册),张知本校订,中国政法大学出版社1999年版,第1019页。
② 石少侠:《检察权要论》,中国检察出版社2006年版,第9—10页。
③ 董皞:《司法功能与司法公正、司法权威》,载《政法论坛》2002年第2期。
④ 贺恒扬:《公诉论》,中国检察出版社2005年版,第2页。
⑤ 孙淑丽:《司法公正是法治的灵魂》,载《理论学习》2000年第7期。
⑥ 贺恒扬:《公诉论》,中国检察出版社2005年版,第4页。

官代表国家主动对违反法秩序的犯罪行为以主动追诉为主,并对诉讼中的其他违法行为进行纠正。可见,检察官独具主动追诉的职能,因此检察官是法秩序的积极守护者。"[1]在这个层面上,检察制度更能接受法治思想的引导,或者说,检察官成为践行法治的积极推动者。

1933年9月25日,南京最高法院举行纪念周,曾长期担任国民政府最高法院检察署检察长的郑烈在"对于吾国检察制度应行注意及改进之意见"里提到:"惟想国家要富强,首当改良政治。吾人理想的政治,固以实现三民主义为目的,要达这个目的,经纬固属万端,而须以厉行法治为前提。"[2]最高检察长将检察制度与国家富强、改良政治,特别是厉行法治联系起来,足见检察制度与法治的关系之密切。1947年,国民政府召开全国司法行政检讨会议的宣言再次表达:"吾国以三民主义立国,三民主义之实行则必依于法律,法律之执行则必依于司法,故司法实为推行法治与实行主义之首要部门。"[3]因此,民国时期,法治思想氛围浓厚,国民政府检察机构设置是当时法治主义的体现,是法治思想牵引之下的产物。"现代法治的要义在于法律至上,即一切权威都在法律之下,不允许任何个人或组织凌驾于法律之上或置身于法律之外。"[4]如有违反,就会走上犯罪道路,接受检察制度的处理。

简言之,自古希腊诞生的法治思想和传统,经过历代传延,跨越了时空,催生了诸多法律制度,检察制度就是其中的代表。民国时期,传入中国的法治思想同样唤起了人们对司法公正的期盼,促进了检察制度的产生和发展。反过来,检察制度又成为推进法治前行的巨大力量。

二、分权理念的影响

权力需要监督和制衡,这是分权的源起,也是法治的一个基本理念。分权理念作为一种治国的政治主张,源自洛克与孟德斯鸠两位思想家的学术贡献。英国的洛克"系统提出并阐述了分权理论,他把国家权力分为立法权、执行权和对外权"[5]。而法国的孟德斯鸠则创立了完整的立法、行政、司法三种

---

[1] 参照郭立新:《检察官的职业特点》,载《检察日报》2004年3月2日。
[2] 《检察长郑烈畅论检察制度——最高法院纪念周席上之报告》,载《大公报》1933年9月30日第9版。
[3] 殷梦霞、郑咏秋选编:《民国司法史料汇编》(第14册),国家图书馆出版社2011年版,第33页。
[4] 项焱主编:《公益诉讼的理念与实践》,武汉大学出版社2010年版,第44页。
[5] 谷春德、史彤彪主编:《西方法律思想史》(第4版),中国人民大学出版社2014年版,第124—125页。

权力分立制衡的理论。① 此后,分权理念不断被更多的人接受,在一些国家,这种理念成为国家制度实践,影响深远。我国革命的先行者孙中山先生就是在吸纳分权理念的基础上,结合中国实际,创造了著名的"五权宪法"。某种意义上,检察制度产生于分权和监督制约权力的理念。

民国时期,宏观层面体现这种分权理念的制度设计是孙中山先生所倡导的"五权宪法"。"它既希望以权力制衡的形式去有效地防止和反对任何个人的专权,任何权力机关的集权和滥权,也希望避免政府各部门因分权掣肘所表现出来的低能与无所作为。"②由于司法权与行政权和立法权有着千丝万缕的联系,仅就司法权而言,其内部关系也错综复杂,检察的职责就是监督这些权力的合法有序运行。有学者指出:"现代检察制度以权力的分立和制约的政治理论作为其理论基础。检察制度在权力制衡的理念中孕育而生,并随着权力制衡理论的发展而获得新生和蓬勃发展,真正成为追诉犯罪、制约法官的专横、保证正义实现的'法律的守夜人'。"③的确,一个国家设计检察制度,就是在充分肯定权力分立的基础上,阻断立法、行政等权力对司法权的干预,监督司法权内部运行过程中的各种干扰因素,确保司法公正的实现,真正彰显法治的力量。

(一) 检察权起源的理论根据

检察权作为国家权力体系中的重要组成部分,其源自何处,这是不可回避的理论问题。通常认为,西方检察权的产生是源自以权力分立与权力制约为形式的权力监督。在人类历史的长河中,如何实现对权力的有效监督和制约,一直是各个时代的政治思想家们高度关注的问题。其中,亚里士多德的分权理论④开创了西方权力制约思想的先河,也为权力监督和分权理念提供了理论基础。后来,苏联领袖、革命导师列宁提出检察权归属司法权、司法权与行政权分立的理论,他在《给斯大林同志转中央政治局》的信里呼吁:

> 应该记住,检察机关与一切政权机关不同,它没有任何行政权,关于行政上的任何问题,它都没有决定权。检察长的唯一职权是:监视全

---

① 参照谷春德、史彤彪主编:《西方法律思想史》(第2版),中国人民大学出版社2008年版,第144—145、169页。
② 邱远猷、张希坡:《中华民国开国法制史——辛亥革命法律制度研究》,首都师范大学出版社1997年版,第52页。
③ 参照魏腊云:《检察制度产生存续的基本原理》,载《老区建设》2011年第2、4期合刊。
④ 亚里士多德在《政治学》一书中把政府权力分为议事、行政、司法三要素,主张限制职官的任期为半年,使同等条件的人们都有担任职官的机会,以更好地制约权力滥用。参见[古希腊]亚里士多德:《政治学》,吴寿彭译,商务印书馆1965年版,第266页。

共和国内对法律有真正一致的了解,既不顾任何地方上的差别,也不受任何地方上的影响。检察长的唯一职权,就是把案件提交法院去判决。①

工农检察院不仅从法律观点上,而且从适当性上也要来从事审查。检察长的责任是使任何地方当局的任何决定都不与法律相抵触,也只有从这一观点出发,检察长才必须抗议一切非法的决定,同时检察长又无权停止决定本身之执行,而只是必须设法使对法制的了解在全共和国内,都是绝对一致的。②

上述两段文字反映了列宁对"检察权"的认识和理解。第一段文字指出检察机关的权力属性不是行政权,检察长的唯一职权是法律监督,把案件提交法院判决,显然检察权属于司法权。第二段文字说明检察机关的具体职责是审查案件的法律适用问题,检察长的责任是监督法律的正确性和适用性。由此可知,在列宁看来,检察权与行政权有严格区别,它是一种法律监督权,且是独立于地方的司法权的,也就是说:司法权由检察权和审判权构成,检察机关行使检察权,法院行使审判权,两个机关的职权不同,各司其职。当然,检察机关的活动重在监督法院。

毋庸置疑,对权力的监督与发挥作用总是相辅相成的。如果没有对权力的有效监督,那么权力的作用发挥必将受到局限,甚至起破坏作用。因为权力一旦失去监督就会导致腐败,已被无数实践和历史所证明。正所谓"绝对的权力导致绝对的腐败"。孟德斯鸠、卢梭等思想家都是分立与制约理论的倡导者,检察制度之所以诞生在法国,除了受孟德斯鸠、卢梭等人的法治思想牵引之外,也与他们分权理念的影响是分不开的。孟德斯鸠早就认为:"一切有权力的人都容易滥用权力,这是万古不易的一条经验。"③"要防止滥用权力,就必须以权力制约权力。"④审判权是非常重要的裁判权,它涉及公民的身家性命,由法官行使。检察官参与庭审,除了代表国家公诉被告以外,还有一项职能就是监督法官依法裁判,防止审判权的滥用。当然,法官也可以制约检察官,共同杜绝司法腐败,提升司法公信力。

正因为如此,"无论英美法系国家还是大陆法系国家,都特别重视权力的配置和权力间的制衡与制约。检察权存在不单只是诉讼权力分立的结果,更

---

① 中共中央法律委员会编:《列宁论检察制度与监察工作》,新华书店1949年版,第3页。
② 同上书,第4页。
③ 〔法〕孟德斯鸠:《论法的精神》(上册),张雁深译,商务印书馆1963年版,第154页。
④ 同上。

重要的是权力制衡理念的影响。在权力配置上,行政权、司法权都是非常强大的权力,世界各国为了更好地平衡权力,达到权力制衡目的,都在增强检察权对其他权力的制衡力度。"①诞生于 19 世纪初期的法国现代意义的检察制度,受分权思想的影响,将检察权作为国家立法、行政、司法三种权力中重要的制衡力量。随后,德国也于 19 世纪引入了检察官制度,确立了分权原则。

进一层意义上,"创设检察官制度的最重要目的之一,在于透过诉讼分权模式,以法官与检察官彼此监督节制的方法,保障刑事司法权限行使的客观性与正确性。"②也就是说,在一定意义上,分权理念催生了诉讼分权,进而产生了检察制度。无论是法国还是德国,其司法制度皆奉行权力分立原则,检察权隶属于行政权。检察机关是政府在诉讼中的"代言人",是代表行政权监督制约司法权的机关。"它对侦查、审判、执行等司法主体行使司法权的行为和过程进行制约以及必要的纠正,防止刑讯逼供、超期羁押、久拖不审、久审不决、裁判不公、执法不力等违法现象的发生。"③

也正是基于这种分权制衡理论,清末诞生了检察局。光绪三十二年(1906)的《大理院审判编制法》第 12 条规定:"凡大理院以下审判厅局均须设有检察官,其检察局附属该衙署之内,检察官于刑事有提起公诉之责,检察官可请求用正当之法律,检察官监视判决后正当施行。"④该条规定表明:在审判权行使过程中,检察官与法官之间是分权与制约的关系,共同营造公平公正的法治环境。光绪三十三年(1907)的《高等以下各级审判厅试办章程》第 97 条规定:

> 检察官统属于法部大臣,受节制于其长官,对于审判厅独立行其职务,其职权如下:一、刑事提起公诉;二、收受诉状请求预审及公判;三、指挥司法警察官逮捕犯罪者;四、调查事实搜查证据;五、民事保护公益陈述意见;六、监督审判并纠正其违误;七、监视判决之执行;八、查核审判统计表。⑤

这是 1907 年清末政府出台的法律规范,显见,清末政府已通过法规明确

---

① 参照蒋伟亮、张先昌主编:《国家权力结构中的检察监督——多维视野下的法学分析》,中国检察出版社 2007 年版,第 80—90 页。
② 林钰雄:《检察官论》,法律出版社 2008 版,第 7 页。
③ 苗生明:《新时代检察权的定位、特征与发展趋向》,载《中国法学》2019 年第 6 期。
④ 最高人民检察院研究室编:《中国检察制度史料汇编》,人民检察出版社 1987 年版,第 19 页。
⑤ 同上书,第 23—24 页。

规定检察官享有独立行使职权的权力。并且,在与法官分立的状态下,检察官的事务非常清晰:提起刑事公诉,出席预审及公判,指挥逮捕犯罪,侦查犯罪,参与公益诉讼,监督审判,监督执行等。清末的法治理论及环境奠定了民国检察制度的基础。

(二) 民国检察权的指导思想

民国时期,在孙中山五权分立思想的支配之下,检察制度的出台自然打上了"分权理念"的烙印。孙中山在总结世界各国和中国历史经验的基础上,于1906年在《民报》创刊周年纪念大会的演讲中,首次提出了"五权分立"主张。尔后,在1921年的一场演讲中,孙中山具体阐述了自己对五权宪法的想法。他指出:"我们现在要集中外的精华,防止一切流弊,便要采用外国的行政权、立法权、司法权,加入中国的考试权和监察权,连成一个很好的完璧,造成一个五权分立的政府。像这样的政府,总是世界上最完全、最良善的政府。"①他的这一主张目的很明确,一方面希望通过权力制衡的手段和方式达到有效防止和遏制个人专权、机关滥权的目的;另一方面也希望通过这种形式避免由分权制衡导致的政府机关的低能与无所作为。那么,在司法制衡体系中,检察机构分立于法院之外,构成了对法院的制衡和监督。也正是通过对法院的监督,检察发挥了重要的制衡作用。"经过长期慎重的考虑,以孙中山为首的国民党领导集体将五权分立作为民国时代政权组织的基本模式。"②所以,孙中山的分权思想一直被民国政府传承,成为民国检察权设置的指导思想。

南京国民政府时期,按建国大纲规定设立五院掌管治权,"由此可知党治下之司法权由宪政时期所设立之司法院执掌。毫无疑义,惟依现实政治制度言,训政尚未完成,而司法院久经设立,盖先设立五院试行五权,庶训政工作早观厥也。"③的确,权力的行使需要监督,权力分立和制约的主要目的在于监督权力,防止权力腐败,权力失去制约就必然被滥用。所以任何权力的行使,都必须受到监督,这是最基本的法理。正是基于此理,有学者指出:"五权宪政体制成为破解国民政府检察权变动的政治出口和方向指引,正是以此为推动力,才开始了近代检察权的续演之旅。"④也就是说,五权宪法所确立的分权体制成为设置南京国民政府检察制度的重要理论基础。

---

① 杨幼炯:《五权宪法之思想与制度》,商务印书馆1940年版,第32—33页。
② 谢冬慧:《民国时期行政权力制约机制研究》,法律出版社2016年版,第32页。
③ 耿文田编:《中国之司法》,民智书局1933年版,第193页。
④ 杜旅军:《中国近代检察权的创设与演变》,西南政法大学2012年博士学位论文,第99页。

微观上看,检察制度是诉讼分权的结果,是分权理念在诉讼领域的体现。也如学者所言:"检察制度是司法权内部分权制衡的结果,是实现控审分离的结果。"① 这种控审分离非常有必要,因为"控审分离原则服务于司法公正,而公正是刑事诉讼的生命所在"②。随着人类的延续与文明的发展,人们对公正的诉求越来越强烈,必然推动人类解决纠纷方式的不断进步,推动着司法权从行政权中分离出来。民国后期,司法权摆脱行政权,二者相互制衡的力量和张力更强,这也是当时备受诟病的检察制度逃脱废除命运的原因之一。这样一来,原本用于约束国家权力分配的权力制衡理论被拿到刑事司法领域适用,为控诉权与审判权的分离提供了重要的理论支持,产生了深远的影响。这里的控诉权代表行政监督权,审判权就是司法权。当然,这种行政监督权可以延伸到民事司法及行政司法领域。

我们知道,控诉与审判是刑事诉讼的两大职权,其中"审判权是被动性职权,不能自行启动审判程序,这是现代诉讼不可动摇的基本观点和理论基石"③。也即在追究犯罪问题上,现代世界各国均实行不告不理原则。审判权的被动性,决定了审判行为的启动得依靠外力的推动,这样势必在审判权之外另设一种主动性的权力——检察权。控审分离导致了两种司法权力的归属,相应地,须设置不同的机构以行使这两大职权,于是有了法院与检察院两大司法机关的区别,检察制度应运而生。

控审分离既使检察机关更好地行使控诉职能,也形成了控诉权对审判权的合理制约和监督,进而防止法院滥用审判权。因此,检察制度的设置意在促使审判权的公正行使,防止行政权等对侦查、审判及执行等司法行为的不当干预。正是在分权理念的影响之下,清末修律过程中,几乎与审判机构同步设置、具有监督审判职能的检察机构随之建立起来,且凡是有审判机构的地方都设置了检察机构,无论民事还是刑事案件,均启用检察制度,以监督审判。民国时期,这种控审分离的理念得以进一步彰显,检察制度进一步完善。

对此,我国台湾地区学者指出:"创设检察官制度的最主要目的之一,在于通过分权模式,以法官与检察官彼此监督节制的方法,保障刑事司法权限行使的客观性和正确性。"④ 也就是在法庭内外,法官与检察官相互制约,共同惩罚犯罪,维护合法权益。关于这一点,当下我国检察制度设立的宗旨目标也基本一致,即一方面是为废除法官一身兼数职的纠问制度,制衡法官的

---

① 魏腊云:《检察制度产生存续的基本原理》,载《老区建设》2011年第2、4期合刊。
② 宋世杰、彭海青:《论刑事诉讼中控审分离原则的理论与实践》,载《湘潭大学社会科学学报》2002年第3期。
③ 同上。
④ 林钰雄:《检察官论》,学林文化事业有限公司1999年版,第17页。

权力;另一方面是为防范法治国家沦为警察国家,控制警察活动。① 意思很明显,就是用检察官去制约法官和警察官。可以说,实现对司法审判和司法行政两权的制衡与监督,是检察制度设置的最主要宗旨和目的,也是分权理念在制度实践中的最好体现。

简言之,南京国民政府时期的检察制度是基于分权理念而设置的。宏观上,在孙中山五权分立思想的指导下,国民政府将检察权从司法权中分立出来,与司法权相对独立,与行政权形成制约;微观上,检察制度是诉讼分权的结果,是分权理念在诉讼领域的体现,在检察官和法官之间形成相互监督和制约的机制。

(三) 国民政府检察权的配置

前文已述,检察权作为国家依法赋予检察机关的一项重要职权,包括公诉、侦查、监督等诸多方面,这些权力在行使过程中,与立法、行政等其他权力如何实现合理配置,依然需要遵循分权原则②。1928 年 10 月 3 日,国民党中央常务委员会通过了《训政纲领》,把国家权力分为"政权"和"治权"两部分③,一定意义上践行了孙中山权能分治的分权理念。紧接着,10 月 8 日,国民政府以第 565 号训令公布《国民政府组织法》,该法第 5 条规定:"国民政府以行政院、立法院、司法院、考试院、监察院组织之。"④由此"五权宪法"正式施行,也即意味着国家治权被分成五个部分,由五院分别掌管实施,如表 6:

表 6 五院主要职权

五院名称	五院主要职权
立法院	立法权,审核权,宪法起草权
司法院	审判权,检察权,宪法解释权
行政院	行政权
考试院	考核权,裁撤权
监察院	监察权,弹劾权

---

① 孙谦:《检察改革论》,载刘作翔主编:《中国社会科学院法学博士后论丛》第 1 卷,中国政法大学出版社 2004 年版。
② 所谓配置,根据《辞海》的解释,是"配备,安排"的意思,"司法职权配置的科学、合理与否,是检验司法体制改革是否深化的重要尺度,是司法行为能否得以依法、有序实施的前提条件。"详见陈卫东:《优化司法职权配置建设公正司法制度》,载《法制日报》2007 年 12 月 9 日,第 13 版。
③ 参见《训政纲领》第 3 条:"依照总理建国大纲所定选举、罢免、创制、复决四种政权,应训练国民逐渐行使,以立宪政之基础。"第 4 条:"治权之行政、立法、司法、考试、监察五项,付托于国民政府总揽而执行之,以立宪政时期民选政府之基础。"载下修权:《近代中国宪法文本的历史解读》,知识产权出版社 2006 年版,第 207 页。
④ 中国第二历史档案馆藏:《内政部档案:国民政府组织法案》,全宗号 12(6),案卷号 1。

通过表6,可以清晰地发现:国家权力包括立法权等十一类,由五大院分别掌握,并且"五权分立之原则,五权划分执掌,不相侵越,亦不相混合"①。当时还有文章评价指出:"我国秉承总理遗教,实行五权分治,设立监察院业已多年;且与各省区复设有监察使署,置有监察使,对于监察方面,不能说不注意。"②也即随着《国民政府组织法》的颁布,南京国民政府正式实行五院制,将分权理念真正付诸实践。对此,当时著名的政治家和法学家、曾任国民政府行政法院院长的张知本专门做过研究,在他看来:

> 在这个五权宪法当中,我觉得最好的一种制度,当首推监察权的独立。因为一国的政治之好坏,主要的是系于官吏之能否守法尽责,又在于是否有很好的监察机关以绳其后。在三权分立的政治制度之下,由立法机关兼司弹劾,而监察权与立法权合而未分。这不仅因职务上的责任不专,足以减低办事的效率,而难望收得很大的效果。且因政党政治的关系,立法机关与行政机关,每多沆瀣一气,官吏纵有未能守法尽职的情事,也都要殉情庇护,不肯尽其弹劾的职责。惟有把监察权从立法权中分开而独立起来,既没有责任不专的弊害,复可减少政党曲庇的恶习。如果监察机关的人员,能够切实地行使法律所赋予的职权,则一国的官吏,必然地尽属守法尽职之人,而一国的政治,也必然地要日臻清明之域了。③

在张知本看来,五权分立之中,最主要、最好的制度是独立的监察权。监察权主要是治理国家官吏的权力,一个国家政治的好坏,主要取决于官吏能否守法尽责,以及监察机关是否得力。在权力分立的政治体制之下,由立法机关兼理弹劾之权,表明监察权与立法权未分开。这样,官吏职务上的责任不清晰足以降低办事的效率,监察权的行使很难收到很好的效果。只有将监察权从立法权中分立开来,且监察人员切实行使法律的职权,官吏才能守法尽责,国家政治也就必然清明了。因为民国时期的监察制度设置是以孙中山的监察思想为指导的,实际上借鉴了中国古代的监察制度。

而国民政府时期,侦查活动以及搜查证据的权力在于检察机关。理论上,法院应独立审判,但是这并不意味着法院的活动,尤其是最终的司法裁量权不受任何监督,特别是法院活动的组织者——法官更不应该不受监督。因

---

① 郭继泰:《改良县政府兼理司法之刍议》,载《法轨期刊》1935年第2卷第2期。
② 彭吉翔:《改进检察制度的管见》,载《安徽政治》1941年第4卷第11期。
③ 张知本:《检察制度与五权宪法》,载《三民主义半月刊》1947年第3卷第9期。

为法官是人,而不是机器。1928年11月,南京国民政府颁布《最高法院组织法》,规定在最高法院内设置检察署,任命郑烈为检察长,就是意在监督最高法院的工作。我们需要正确认识审判独立与审判监督之间的关系。一方面,审判独立需要法官摒弃外界对审判活动的不法影响,保证审判活动按照法定要求开展,既符合实体正义,又遵循程序正义;另一方面,审判监督通过法官以外的力量对法官的审判活动进行制约,这是司法公正的必然选择,也是司法民主的内在要求。《中华民国宪法》第99条则明确地规定:"监察院对于司法院或者考试院人员失职或违法之弹劾,适用宪法第95、97及98条之规定。"[1]这一规定为当时的审判监督提供了宪法依据。因为"一国的宪法,是一国的根本法则。各种行政组织,以及各种权利行为,都是根据它而产生的"[2]。本书开篇已述,检察制度与监察制度有很多类似的地方。因此,从张知本的论述中,不难发现,检察制度与五权体制的内在关联,也即检察制度是分治理念的产物。随着社会的发展,监察机构原本的职能已经不能满足社会需求,正如民国学者所言:

> 必须加强法院内检察官的职权,督促检察官亦出面负担这种责任。为什么要检察官出面负担这种责任。因为检察官本于法律上赋有这种检举的任务,不过检察官因种种关系,未曾行使其职务罢了。检察官不但负有检举的任务,而且在刑事诉讼法上赋有一种侦查的特权。这种特权,就是检察官认为这个人有犯罪的嫌疑,他便可依法搜索逮捕讯问羁押,并得指挥军警以及传讯证人。他既赋有这种优越的职权,而其调查证据的方法亦较为周密便当,当然犯罪的人,难以漏网。即以法院的组织而言,差不多各重要县市均设有法院,而每法院均配有检察官;即无法院之县,然于该县之上亦设有高等法院分院,而高等法院分院配有检察官,对于其所辖各县,亦可实施检举。既然法院的设立较为普遍,而检察官又具有法律上赋予优越的职权,当然要策动检察官去实行他的任务,而共同负担这种肃奸的工作。[3]

由上可知,民国的学者曾呼吁发挥法院内检察官的监督职能,并且督促检察官出面行使监督之责。之所以这样要求,主要是因为检察官的本职工作就是检举和侦查,如果职责到位,犯罪的人将难以漏网。全国各地大多有法

---

[1] 卞修权:《近代中国宪法文本的历史解读》,知识产权出版社2006年版,第226页。
[2] 伍纯武:《民国历年政治混乱之研究》,载《光华期刊》1928年第2期。
[3] 彭吉翔:《改进检察制度的管见》,载《安徽政治》1941年第4卷第11期。

院,每个法院均配有检察官。既然有检察官,既然法院较为普遍,而检察官又具有法律上赋予优越的职权,就应该发挥他们的作用,让他们完成肃奸的任务。

毫无疑问,这里的司法院作为国家最高司法机关,内蕴检察权。之所以在法院内配置检察官,且要强化检察官的职权,其目的在于督促检察官真正承担起法律赋予的检举犯罪之责,行使刑事侦查的特权,同时担负监督法律及肃奸工作。这里的肃奸实为监督人的工作。显然,在民国学者们看来,检察制度是监察制度的补充和发展,它弥补了监察职权的不足,也提升了检举工作的法律效力。

但总体上,检察制度所行使的职能和发挥的作用,应被纳入监督的范畴,是当时五权分治理论的具体体现。进一层,权力必须受到制约是现代任何一个国家公共权力行使的基本原则。分权的目的在于相互制衡,制衡旨在促使权力主体之间相互制约达到均衡,防止权力的滥用和腐化,而检察制度就是防止和阻断司法权异化的重要制度设计。正如学者所认为的那样:

> 司法权是国家权力的重要组成部分,一旦司法权在行使过程中出现异化,即指司法权在行使过程中出现的错误、滥用、腐败、弱化以及泛化等情况,直接导致个案的不公正,当事人的合法权益受到伤害;间接导致司法公正受到威胁。如果司法权的异化不能及时纠正,则司法公正将不复存在。①

这里的解释非常清楚,主张司法权作为国家权力的属性,使用起来必须慎重,错误使用或滥用,弱化或者泛化司法权,必然带来腐败问题,将直接导致司法案件的不公正,破坏整个司法的形象。如果这种现象得不到及时纠正,司法公信力将不复存在。

此外,国民政府时期的司法体制发生了重大变化。一方面,国民政府时期检察权运行于五权宪政体制之下。1931年12月修正后的《国民政府组织法》第36条明确规定:"司法院设最高法院、行政法院及公务员惩戒委员会。"②据此,司法院由原先的四个部分变成三个部分,"司法行政部改隶行政院,设部管理"③。《国民政府组织法》的修改,使司法院内设权力机构得以调

---

① 王宇:《完善司法机关内部司法职权的法律制约机制》,载《河北法学》2004年第3期。
② 《修正中华民国国民政府组织法》(二十年十二月三十日公布),载《司法公报》1932年第1期。
③ 谢振民编著:《中华民国立法史》(上册),张知本校订,中国政法大学出版社2000年版,第345页。

整,确保工作的顺畅和相对稳定。另一方面,国民政府法院与检察机关的关系发生变化。根据国民政府 1932 年 10 月公布的《法院组织法》第 2 条与第 26 条,"法院分为地方法院、高等法院、最高法院;最高法院设检察署,置检察官若干人,以一人为检察长,其他法院及分院各置检察官若干人,以一人为首席检察官,员额仅有一人时不置首席检察官。"①也就是在最高法院以下法院直接设置检察官,裁撤原有的检察厅,使检察官和法官同置于法院,只有最高法院设检察署。到 1935 年 9 月中旬,国民政府司法院召集全国司法会议,"大会宣言重申了三民主义和五权宪法为司法独立之本"②。显然,国民政府的司法体制变化,使得以前检察机构与审判机构对峙的局面有所改变。

简言之,国民政府时期,检察权作为司法权的一部分,是建立在孙中山权能分离理论的基础之上的,随着五权宪法体制的正式确立,检察制度更是构造于将国家权力分为立法权、司法权和行政权的大前提之下,是分权理念的产物。况且,在国民政府强调司法党化的背景下,三民主义和五权宪法等思想更多地融入日常的司法实践,促使人们进一步依赖检察制度。

三、国家治理的需要

作为国家理论设计的成果,检察制度具有广泛而深远的意义,它不仅顺应了国家治理的需要,也助力了国家治理现代化。检察制度是国家治理所依赖的工具之一,随着国家治理的需要,国民政府检察制度得以改革发展,国家治理现代化逐步推进。

(一) 检察制度顺应了国家治理需要

"在《现代汉语词典中》,治理一词包含两层意思:一是指统治,使之有序,如治理国家;二是指整修、改造,如环境治理、综合治理。"③显然,这里所提的"治理"属于第一层意思。那么,治理必然涉及工具,需要依靠工具去治理,国家治理也一样,需要借助国家机器的力量。"国家治理问题是一个自国家产生以来就出现,并与国家长期相随的永久命题。"④同时,国家治理所依赖的工具应是由众多制度和措施构成的一个宏大的政治和法治体系,检察制度自

---

① 《法院组织法》,南京国民政府 1932 年 10 月 28 日公布。据中国国家图书馆民国法律资源库,http://read.nlc.cn/OutOpenBook/OpenObjectBook?aid=462&bid=3676.0,2019 年 8 月 14 日访问。
② 陈红民等:《南京国民政府五院制度研究》,浙江人民出版社 2016 年版,第 228 页。
③ 刘朝阳:《国家治理概念辨析》,载《武汉科技大学学报(社会科学版)》2015 年第 5 期。
④ 卓泽渊:《国家治理现代化的法治解读》,载《现代法学》2020 年第 1 期。

然应是其中之一。

　　法国和英国作为两大法系代表性国家,其检察制度的产生发展,均有一个共同的目的和追求,那就是维护公共利益,也就是国家治理的需要。检察制度源于法国,"到了14世纪,'国王代理人'从维护国王的个人利益发展到维护公共利益。"①"德国的检察制度通行于全国,一次大战以后,检察官以国家及民族利益代表者资格在司法上占有很重要地位。"②在英国,一开始总检察长只负责处理有关王室利益的案件,不涉及其他事件,后来转为只能基于维护公共利益的考虑参与案件处理。③ 源自英国普通法的美国同样实行检察制度,检察机关存有联邦和州两套系统,检察官在刑事诉讼中起着重要作用。显然,在维护公共利益方面,两大法系国家均选择了检察制度作为国家治理的手段。不过相比之下,大陆法系更加强调公共利益的维护,"欧洲大陆法及日本法本于以维持公益之目的、关于社会之事物必要国家干涉之精神,不独刑事,即关于民事国家亦常设置代表公益机关之检察官而创设。"④由此可见,检察制度在国家治理中地位之重要,它顺应了国家治理的需要。

　　理论上,南京国民政府是遵照孙中山遗愿而建立的政权,自然以孙中山的三民主义与五权宪法作为立国的政治基础。"孙中山先生学贯中西,不仅受到中国传统文化的熏陶,而且受到西方国家治理思想的启发"⑤,其三民主义与五权宪法的精神实质就是强调国家的治理目的与治理方式。孙中山认为:

> 　　要把国家的政治大权分开成两个。一个政权,要把这个大权完全交到人民的手内,要人民有充分的政权可以直接去管理国事。这个政权,便是民权。一个是治权,要把这个大权完全交到政府的机关之内,要政府有很大的力量治理全国事务。这个治权,便是政府权。人民有了很充分的政权,管理政府的方法很完全,便不怕政府的力量太大,不能够管理。⑥

　　根据不同的权力行使主体,孙中山先生将国家政治权力分成两大部分,

---

① 魏武:《法德检察制度》,中国检察出版社2008年版,第4页。
② 这是民国时期的著名法学家、曾做过国民政府检察长的杨兆龙先生的观点,参见华友根:《20世纪中国十大法学名家》,上海社会科学院出版社2006年版,第461页。
③ 参照樊崇义等主编:《域外检察制度研究》,中国人民公安大学出版社2008年版,第7页。
④ 最高人民检察院研究室:《检察制度参考资料》(第3编),内部资料1980年版,第6页。
⑤ 谢冬慧:《孙中山审计监督思想研究》,载《黑龙江社会科学》2018年第1期。
⑥ 孟庆鹏编:《孙中山文集》(上),团结出版社1997年版,第223页。

就是政权和治权。政权是人民管理政府的力量,也就是人民享有治理国家的权力;而治权是政府自身的力量,由人民赋予政府实行治理的权力,也就是由人民将治理国家的权力授予政府去执行。毫无疑问,孙中山的"治权"即国家治理权力。检察权无论属司法权还是行政权,当属治权之一。因此,检察权与国家治理权二者密不可分。也就是说,规范检察权运行的检察制度顺应了国家治理的需要。反过来,国家治理的开展离不开检察官的协助。

司法是国家治理的重要保障手段,而检察又是国家司法运行的重要保障方式。因此,南京国民政府检察制度的理论基础还有一点,那就是顺应了民国时期国家治理的需要。所谓国家治理,按照今天的理解,是指"国家政权的所有者、管理者和利益相关者等多元行动者在一个国家的范围内对社会公共事务的合作管理,其目的是增进公共利益,维护公共秩序"①。国家治理的主要依据是法制,其核心观念是实行法治,建立良善秩序。甚至有人认为"法治对于国家治理来说,应该说是全覆盖,全面而又具体地体现在国家治理的全过程与各方面"②。通过法治来管理国家、治理社会,使国家的各项权力有序运行、事业顺利开展。

但是,国家治理不是单一的秩序安排,而是一个系统工程。国家治理体系是一个国家根据自己的国情所设计的、保持经济社会可持续发展、实现社会公平正义和谐的基本制度和法律保障。③ 该体系理应包括行政、司法、政治等途径,过去无论检察属于行政还是司法,都是国家治理不可缺少的办法和手段。例如,国家需要通过刑事诉讼对犯罪行为进行处理。而刑事诉讼有纠问和弹劾两种方式,仅弹劾又细分为个人弹劾、公共弹劾和国家弹劾。这里的国家弹劾,只有国家才有起诉权,但又必须由特定机关代表国家起诉。这个代理机关就是检察机关,它为国家治理做一些实质性的工作。

民国时期,也强调检察机关的这种代表国家的职能,例如王宠惠曾在1920年8月25日的《改良司法意见书》里提到"至检察官代表国家,居于原告地位,犯罪是否成立,公诉应否提起,果有疑义,应请示该管长官,尤不应咨询法院之意见"④。表明检察官及其制度在当时的国家管理中不可或缺,他们所做的工作是国家治理的一部分。因此,检察制度的问世是为满足国家治理的需要。检察院参与国家管理和社会治理,既是检察机关履行职责的重要内容,也是其承担政治、法律和社会责任的具体体现。

---

① 何增科:《理解国家治理及其现代化》,载《马克思主义与现实》2014年第1期。
② 卓泽渊:《国家治理现代化的法治解读》,载《现代法学》2020年第1期。
③ 姜士伟:《"治理"的多语境梳理与"国家治理"内涵的再解读》,载《广东行政学院学报》2015年第5期。
④ 王宠惠:《王宠惠法学文集》,张仁善编,法律出版社2008年版,第283页。

国家治理离不开检察制度,因为检察权与审判权、军事权一样,是国家权力的重要组成部分。有学者指出:"在国家权力所有权主体一定的情况下,国家权力具体由哪个机关来行使并不重要,因为,对人民来说,重要的是,是否有必要设置这样一种权力,设置这样一种权力是否有利于整个国家权力体系充分发挥治理国家的作用,这样是否有利于国家权力所有者——人民的利益的有效实现。"[①]理论上,在国家治理体系当中,检察机关的主要职能是代表国家追诉刑事犯罪,进行法律监督,监督侦查、审判及执行等法律活动。我们知道,刑事犯罪的危险性与破坏性均是最大的,国家设立专门机构启动追究和治理程序,其威慑力也是最强的。另一方面,其法律监督职能也不可忽视,在法国创设检察制度时,其总检察长的主要职责就是"对国家整体执法活动进行监督",其他大陆法系国家的法律也都赋予检察机关以广泛的法律监督权。也即国家必须依赖检察官通过公诉犯罪与法律监督等形式以维护人民的合法利益,达到治理的目的。从这个意义上,国家治理离不开检察制度。

(二) 检察制度助力国家治理现代化

同时,融入检察制度的国家治理也是法治国家的标志之一。在历史上,德国坚持法定追诉原则,反对便宜起诉,认为起诉便宜与法治国家和平等适用法律的原则不一致。[②] 也就是说,严格控制检察官在提起公诉方面的自由裁量权,这是法治国家的需要。因此,有学者指出:"欧陆德国法系设置检察官还有一个重要的法治国功能:守护法律,使客观的法意旨贯通整个刑事诉讼程序,而所谓的客观法意旨,除了追诉犯罪之外,更重要的是保障民权。"[③]无疑,德国检察官通过刑事诉讼程序维护民权,实现法治国家的愿望和宗旨,这种思想理念也为清末民国所吸纳。清末的《各级审判厅试办章程》即"规定检察官在诉讼活动中为国家利益和社会利益,执行职务"[④]。民国时代,面对新的国家治理形势,北洋政府与南京国民政府均设有检察机关,积极参与国家治理,增强法律监督实效,促进司法公正,维护社会公平正义。正如学者指出的那样:"检察官设置之初意,原恐元恶大憝或贪官污吏市恶土豪侵害国家社会法益,私人以非一己之事,不肯诉追。或侵害私人法益,私人畏势不敢诉追,或受赂不愿诉追,故特设检察官代表国家行使公诉权。"[⑤]意思是,设置检

① 龙小素:《论检察权的定位与行使》,湖南师范大学2002年硕士学位论文,第10页。

② 参照魏武:《法德检察制度》,中国检察出版社2008年版,第202页。

③ 林钰雄:《检察官论》,法律出版社2008版,第8页。

④ 〔日〕冈田朝太郎等口授:《检察制度》,郑言笔述,蒋士宜编纂,陈颐点校,中国政法大学出版社2002年版,前言第2页。

⑤ 谢濂:《修改刑事诉讼法发挥检察官效能之管见》,载《法令周刊》1937年第366期。

察官的起因是担忧贪官污吏、土豪劣绅等恶势力侵害国家利益,而私人又不愿意或者不敢对其进行追诉,故此设检察官以使其代表国家行使公诉权。

法治化是国家治理现代化以及法治国家的必由之路。因为"从历史发展进程来看,国家治理的总趋势是从非法治方式向法治方式转化"①。就民国而言,检察制度效仿德国建制,自然也有类似的诉求,检察制度与国家治理以及法治国家三者内在关联,密不可分。由于国家治理概念强调了转型社会国家发挥主导作用的重要性,同时也考虑到了治理理念所强调的社会诉求,应该是一个更为均衡和客观的理论视角。② 正如学者所言,二十世纪中国法律制度的转型都是在国家的主导下完成的,其目标是把中国建设成法治国家。③ 在二十世纪前半期法治建设的历史舞台上,民国政府扮演着重要的角色。

后来,中国逐渐建立了一整套较为完备的法律制度体系,检察制度作为其中的一个组成部分,也是民国国家治理的重要手段和方式。尤其是在南京国民政府前期,立法频繁,司法现代化也在跟进,但是对国家治理的帮助遭到质疑,诚如张晋藩先生所言:

> 中国国民政府在 1928 年至 1935 年短短的 7 年时间,就基本确立了法律形式意义上的司法制度现代化。其实现司法制度现代化的方式主要是以理性建构为主,即通过立法来推进司法制度现代化,并且当时立法的内容主要来源于法学家的理性……对西方国家先进司法制度的借鉴,保证了司法制度理论上的先进性,却不等于司法制度的有效性。许多与中国实际情况不相适合的制度,又通过司法实践反映出来。④

的确,南京国民政府时期法律较完备,但真正实施的并不多,这是不争的事实。然而司法的现代化不等于司法的有效性。当时的"中国社会与法律之间存在着甚为遥远的距离"⑤。司法实践证明,许多法律并不适合中国的实际情况。此时,法律监督的作用显露出来了,进一步加强检察机关的法律监督极为重要。因此,1935 年国民政府对刑事诉讼之检察制度加以改善,并扩

---

① 卓泽渊:《国家治理现代化的法治解读》,载《现代法学》2020 年第 1 期。
② 徐湘林:《"国家治理"的理论内涵》,载《人民论坛》2014 年第 3 期。
③ 杨帆:《二十世纪中国法律制度转型过程存在的问题》,载张中秋编:《中国与以色列法律文化国际学术研讨会文集》,中国政法大学出版社 2005 年版,第 38—63 页。
④ 张晋藩主编:《中国司法制度史》,人民法院出版社 2004 年版,第 558—559 页。
⑤ 赵金康:《南京国民政府法制理论设计及其运作》,人民出版社 2006 年版,第 360 页。

张自诉之范围,对于因犯罪而被害之个人,以许自诉为原则。① 为满足国家治理的需要,国民政府不断改革发展检察制度,逐步推进国家治理现代化。

当然,这也是符合法制发展规律的,"法律为社会之产物,非千万年不变,必随社会进化而遭递,无新法之颁行,亦无旧法之废止,旧法适用问题自无由发生,故旧法之适用以新旧刑法之变更为要件。"②检察制度作为社会的产物,它随着社会发展而成长。民国时期,检察制度的作用得到进一步重视。在民国学者那里:

> 国家颁布一条法律,即树立一人民之行为准则。准则既立,即发生两种社会现象:凡适合该准则者,为合法行为,与该准则背驰者,为违法行为。前者为社会生存所必要之现象,当力为维持,而后者为破坏社会生存之细菌,急须扑灭。扑灭违法行为之方法,可分为预防及制裁两种:预防之法,关涉社会设备及施行之处置,兹姑不论。而制裁之法,乃为检察官对于犯罪者所欲达之最后目的。③

从这里,我们不难发现,检察制度在国家治理中的地位和作用,它旨在预防和制裁社会违法行为,维护社会的公平和正义,这也是国家治理的目标和追求。那么,南京国民政府重视的检察制度在国家组织中究占何等地位?民国的学者做过考证,认为:

> (甲)各种组织虽有各个特殊之方法及典则,而检察制度则具有纪律化之共通性。(乙)各种组织之制裁,均有一定之限度,倘逾其限度,非赖检察制度不克为最后之完成。(丙)各种组织所守之典则,虽不失其制裁性,但恒不若检察制度所具者为严格,为强大。(丁)各种组织制裁之施行,每易流于偏激或松弛。检察制度恒能调剂补救,且公允。基上各点,细予研究,检察制度实可谓与各种组织具有不可分离之关系。在其职掌事务内,并可谓为组织各种组织之一强大的总组织,其重要毋待深论。④

上段文字从四个方面说明检察制度的优势明显,也表明国民政府时期的

---

① 参见最高人民检察院研究室编:《检察制度参考资料》(第2编),内部资料1980年版,第16页。
② 冯泽昌:《刑法上旧法适用论》,载《法学杂志》1937年第9卷第6期。
③ 刘世芳:《对于检察制度之检讨》,载《法学杂志》1937年第9卷第5期。
④ 郑烈:《检察在国家组织中所占之地位》,载《组织旬刊》1943年第1卷第13期。

检察制度具有普通法律所不具备的、不可替代的功能。因此,在当时的国家治理体系中自然占有重要地位。总体上,尽管当时条件有限,但是人们坚持依法治理国家,重视检察工作是史实。这里有份当时国家边远地区检察机构——青海高等法院检察处的工作报告,其中字里行间透露出这种理念:

> 青海位居西北边疆,全省辖境,幅员辽阔,蒙汉回藏,民族杂处,……司法方面,人民缺乏相当认识,更感隔阂,年来国家于建设西北之声浪,高唱入云,政府准备实施宪政,厉行法治之始,司法大业,经纬万端,应兴应革之事宜,诸待推行,因之本处暨所属各级检察同人,惟有把握时代中心,一本艰苦卓绝,勇往迈进之意志,殚精竭虑,尽忠职守。虽缘边疆省分,情形特殊,举凡措施,不免有任重道远,窒碍难行之处,但为树立法治基础,完成宪政实施计,仍愿坚持初衷,尽力克服困难,务使达到预期之效果而后已,……达到检察官代表国家,行使追诉之任务,迩来为拥护国家动员戡乱,并已督饬所属,共向同一目标,努力竞进,迅赴事功,进一步肩负时代艰巨。①

在国民政府的大力推动之下,即使是在西北边陲的青海地区,人们也逐步了解到检察官在国家工作中的作用。检察制度的主要使命就是安排检察机构代表国家追究犯罪,维护国家安全和社会公共利益,保护人民的生命和财产。这就是检察制度的国家治理理念或是所发挥的作用。自清末司法改革伊始,检察制度的国家治理理念就已凸显。那时,审判权与检察权分立,检察官的责任就是代表国家行使公诉权来追究犯罪,维持社会稳定,成为国家治理中重要的组成力量。

综上所述,南京国民政府时期检察制度的理论基础深厚。首先,自清末修律开始,西方的法治思想源源不断地输入中国,不断激荡中国人的思想。法治国、依法行事的思想逐步得到社会各界的广泛响应,推进了中国的政治和社会转型。其次,检察制度产生于分权的理念,宏观层面上,体现这种分权理念的制度设计是孙中山先生所倡导的"五权宪法";微观层面上,检察制度是诉讼分权的结果,是分权理念在诉讼领域的体现。当然,南京国民政府时期检察制度的设计与运行,也是为顺应民国国家治理及其现代化的需求。

---

① 《青海高等法院检察处工作报告》,详见《青海高等法院院长郭润霖、首席检察官褚成富出席全国司法行政检讨会议工作报告》,青海高等法院 1947 年版,第 41 页。据中国国家图书馆民国图书资源库,http://read.nlc.cn/OutOpenBook/OpenObjectBook?aid=416&bid=56235.0,2019 年 8 月 14 日访问。

第三章 南京国民政府检察机构的制度变迁

民国时期的检察理论为检察机构的设置提供了思想指导和理念支撑。当然,一个机构的科学设置与有效运行,必须得靠制度的规范和约束来实现。国民政府成立之初,继续沿用了北洋政府时期的审检配套体制。在审判制度上实行四级三审制,检察机关也设置为四级,与审判管辖相一致。我们知道,检察机构与审判机构之间的关系非常密切。然而,对于检察机关的设置,当时的法学界、律师界存在不同的声音,甚至检察系统内部也产生了分歧。特别是在检察制度存废的争论中,国民政府检察机关的制度发生改变,在检察机构的设置体制、组织人事及职能性质等方面均有变化。

一、检察机构的体制变革

检察机构的体制安排是检察地位及其职能能否有效发挥的重要体现。综观国民政府时期检察机关与审判机关的组织架构,笔者发现其设置体制与清末及北洋政府有所不同,发生了改革与衍变,从过去的法院与检察并立,到合署办公,职能仍然独立。就检察系统而言,遵循"上下一体"的原则,基本实行垂直领导。

(一) 法检合署,独立办案

"法检合署"也即"审检合署"。"法检合署"但法检各自独立办案,乃是南京国民政府时期司法体制的架构,也有学者认为是"审检配置"[1]。国民政府时期,随着政治格局的变迁,司法检察机构也相应作了一些调整。即由初期在各级审判厅辖区内设置同级检察厅,作为现代检察机构,到后来发展为一种新的模式,除了最高法院设检察署之外,各级法院内部直接配置检察官,也就是"法检合署",只不过是法官、检察官独立办案。

需要说明的是,起初虽然各级审判厅与同级检察厅管辖同一辖区,但是二者是并列关系。北洋政府曾经在一段时间内试用过这种体制,在各级审判

---

[1] 张仁善:《司法腐败与社会失控(1928～1949)》,社会科学文献出版社 2005 年版,第 32 页。

厅辖区内对应设置检察厅。从那时起,检察厅内有关人员的称谓发生了变化,如"总检察厅长"改称"检察长",各级检察厅的"典簿"改称"书记官长","录事"改称"书记官"。国民政府初期在沿用北洋政府体制的基础上,稍稍有一些变化,就是在各级审判厅辖区内设置同级检察厅。但是不久,这种检察体制再次发生变革,检察厅机构被裁撤,只留检察官。根据当时的报纸:

> 国府改革司法制度,检察厅一律裁撤,审判厅改称法院。国民政府令云,查各级检察厅,业已明令:自本年十月一日起一律裁撤,其从前之各级检察官并释令行司法部,酌置于各级法院之内。①

这证明1927年武汉国民政府的司法改革,不仅废除了各级检察厅,还改"审判厅"为"法院",并且在各级法院内直接配置检察官执行检察职务,但不再设置检察机构。也即是说,自武汉国民政府时起,废除了"审检分立"的体制,改行"审检合署",从而结束了北洋政府的检察体制。但是,这种审检合署并不意味着审判与检察人员合在一体,他们彼此还是独立办案。即使检察官隶属于法院,甚至要受法院院长的管理和领导,法官与检察官仍然分别行使各自职能,代表审判和检察独立办案。通称法院"一块牌子",法官和检察官"两套人马",各司其职,独立办案。

为何发生如此变化?我想答案很简单,是西学的结果。过去在古代社会行政与司法合一的体制下,中国未建立起现代意义上的检察制度②。20世纪初的"变法修律"引进了资本主义的检察制度,把大理寺改为大理院,下设各级审判厅掌管审判,在各级审判厅内附设各级检察局,作为专职向审判厅提出公诉的机关,这是中国最早的具有现代意义的民事检察制度的建立。③ 这一时期,我国清末政府主要学习继受大陆法系德日等国经验,赋予检察官一定的对审判是否公正合法进行监督的权力,并建立起相应的制度。④ 的确,日本官方史料记载,依照法院组织法的规定,各法院"附设"检事局机构,并安置相应人数的检事,不过检事是"对法院独立"的。⑤ 1906年年底,清政府效

---

① 《国府改革司法制度》,载《益世报》1927年9月4日,第2版。
② 中国古代有与检察制度比较接近的制度——御史制度,它是以作为中央政权重要组成部分的御史台为中心,由其他监察性机关和官员相辅些,主要行使对行政和司法的监察权力的一种古代法律制度。
③ 参照王德玲:《民事检察监督制度研究》,中国法制出版社2006年版,第16—17页。
④ 张培田、张华:《近现代中国审判检察制度的演变》,中国政法大学出版社2004年版,第254页。
⑤ 参照〔日〕法务省刑事局编:《日本检察讲义》,杨磊等译,赵耀校,中国检察出版社1990年版,第3页。

仿日本法院组织法颁布了《大理院审判编制法》，其中规定："在各级审判厅附设检察局,各检察局设置检察长一人。"①同时,《大理院审判编制法》对检察局在刑事案件中负责公诉、监督审判和监视判决执行等均作出了明确规定。

随后,这种制度被南京临时政府以及后来的北洋政府所继承。在北洋政府统治期间,为加强对审判工作的监督,初步确立了检察制度,并经实践运行,取得了一些经验。实行审判衙门内审判厅与检察厅并立模式,也就是"检察机关的设置与审判机关相对应,在中央设总检察厅为国家最高检察机关,行使对案件审判的检察权"②。显然,实行审判与检察二元并立模式,其目的是实现审判监督。

为此,1915年6月20日,北洋政府出台的《法院编制法》规定："各级审判衙门分别配置检察厅,包括地方检察厅、高等检察厅、总检察厅;地方及高等审判各分厅、大理分院分别配置地方及高等检察分厅、总检察分厅。"③也就是将检察机构配置于各级法院内,且审判与检察各自独立行使职权,"检察厅对于审判衙门应独立行其职务,检察官不问情形如何,不得干涉推事之审判或掌理审判事务。"④但是,检察官对审判事务又有法律监督的责任。对此,1913年10月2日北洋政府司法部公布的《高等以下各级审判厅试办章程》规定："检察官得随时调阅审判厅一切审判案卷,凡判决之执行,由检察官监督指挥之。"⑤又如在民事审判领域,1914年4月5日北洋政府颁布的《民事非常上告暂行条例》规定,"高等审判厅以下的法院之判决,如显然与约法或其效力相等之法律优待条例相抵触而业经确定者,总检察长得随时向大理院请求撤销该判决。"⑥也就是说,北洋政府时期,检察机关对于高等审判厅以下的法院作出的判决有法律监督权,如认为判决同法律相抵触,可通过总检察长向大理院提起非常上告,撤销或纠正错误的判决。此时的总检察长对高等审判厅以下法院的判决,有要求撤销的权力。至于检察机关对同级审判机关的判决,认为确有必要再审时,可按照抗告程序或非常上告程序要求重审,但是重审的请求要通过检察长提起。

对审判机关的判决及其执行,检察官可以采用"请求变更"的方式来要求

---

① 《大理院审判编制法》,清政府法部编就,经上奏后1906年12月12日颁行。载《时报》1907年1月7日,第6版。
② 赵金康:《南京国民政府法制理论设计及其运作》,人民出版社2006年版,第173页。
③ 蔡鸿源主编:《民国法规集成》(第31册),黄山书社1999年版,第19—20页。
④ 同上书,第21页。
⑤ 同上书,第68页。
⑥ 同上书,第124页。

法院予以改变。① 显然,当时的检察官对法院审判的法律监督作用是非常明显的,这种检察体制的设计是司法公正的有力保障。后来,这种制度得以进一步发展。南京国民政府时期,在实行检察官配置法院体制的总基调上,不断进行改革。1927年8月到10月仅三个月内,连续调整了三次,具体情况如表7②:

表7 1927年8月至10月三次改革时间、法律依据及内容

时间	法律依据	改革内容
1927年8月16日	国民政府发布训令《裁撤各级检察厅并改定检察长名称》	拟改检察体制。各级检察厅撤销,改为在各级法院内配置司法部选派的首席检察官,由首席检察官统领检察官,负责各项检察工作。
1927年10月20日	国民政府批准司法部呈文	同意于11月1日起裁撤各级检察厅,而于各级法院内配置检察官,仍然独立行使其职权。
1927年10月25日	国民政府颁布的《最高法院组织暂行条例》	最高法院不设检察厅,置首席检察官一员、检察官五员,依法令之所定处理关于检察之一切事务。

当然,对于国民政府的上述检察体制改革,也有人提出质疑。1928年8月,国民政府司法部在起草《暂行法院组织法草案》的时候,就有关检察事务提出了如下理由:

> 现制不废检察官,仅废检察长,而代以首席检察官,削弱其狱务行政权,比之旧制,不过缩小范围而已。实施结果,往往因权限不清,动多龃龉似不如别为检察处,从而规定其职务,可以减少多少之误会冲突。……近来检察官为人所不满意者,以其不能厉行检察职权,等于审判方面之收转机关,似应明立专条,促其注意。③

"不废检察官,仅废检察长"表明:国民政府初期检察长的职权遭到民众的质疑,需要缩小其职权,削弱其对监狱的行政大权。尽管有些许的改变,但仍遭不满,必须从体制上对检察制度进行彻底的改革。于是,1928年10月,国民政府司法部发布指令指出:

---

① 龙宗智:《检察制度教程》,法律出版社2002年版,第55页。
② 谢振民编著:《中华民国立法史》(下册),张知本校订,中国政法大学出版社2000年版,第1037—1038页。
③ 最高人民检察院研究室编:《检察制度参考资料》(第2编),内部资料1980年版,第15页。

吾国自改良司法以来,各级审判机关无不两相对峙,就经过事实而论,其不便之处有如下数点:一、靡费过多,二、手续过繁,三、同级两长易生意见,……复查各国司法制度对于检察一项,并不另设与审判对峙之机关。当今国民革命庶政更始之际,……应将各级检察机关一律裁撤,所有原日之检察官暂行配置于各级法院之内,行使检察职权。①

司法部的这一指令表明:检察机关的关键问题,在于与审判机关的对峙。通过本次司法改革,检察机关虽然被废除,但是检察官职位和检察制度仍然留存了下来。需要说明的是,南京国民政府虽然实行"审检合署制",但审检职能分离,互不干涉。有学者认为,"虽然合署办公,但检察官'对于法院,独立行使其职权',在组织及业务活动上相对分离,因此不至于造成审检职能不分,失却监督制约作用。"②仅在1928年的下半年,国民政府从"废检察长"到"撤检察机关",其检察体制改革的力度还是比较大的。但是,这场改革在不久之后似乎有些反弹,一度又回复到原来的状态。1929年8月,国民政府立法院审定批准,成立最高法院检察署,使最高法院内的检察机构得以恢复。同时,将原先最高法院的首席检察官改称检察长,也即检察署检察长。但是,下级法院的检察体制没有变化,仍实行配置检察官及首席检察官的制度。

至于最高法院恢复检察机构的原因,总体上讲,是为了适应有效行使检察职能的需要,具体的原因,至少有以下三种说法。首先,提高检察机构地位说。有学者认为:"国民党一党专政时期,检察官配置法院的制度一直沿袭未革。但1929年8月,立法院又基于提高最高法院检察机构地位的考虑,在最高法院内恢复检察机关——检察署,并在该检察署内恢复了原已禁止称呼的检察长一职。"③其他学者也有类似的观点。④ 从这里可以发现,为了提高检察机构的地位,立法院考虑在最高法院内恢复检察机关。其次,承担特殊任务说。有学者指出,最高法院检察署承担的另一项任务是办理非常上诉案件,此种任务是专为救济法律的错误而设。⑤ 可以说,办理非常上诉案件成为最高法院内恢复检察机关的另一因素。最后,体现独立执行职务精神说。根据1930年6月司法院草拟、送交立法院的《法院组织法立法原则》12项,

---

① 最高人民检察院研究室编:《检察制度参考资料》(第2编),内部资料1980年版,第119页。
② 龙宗智:《检察制度教程》,法律出版社2002年版,第64页。
③ 张培田、张华:《近现代中国审判检察制度的演变》,中国政法大学出版社2004年版,第272—273页。
④ "各级检察机关裁撤未久,南京国民政府又出于提高最高检察机构的地位,决定恢复设置最高检察署。"载夏锦文主编:《冲突与转型:近现代中国的法律变革》,中国人民大学出版社2012年版,第576页。
⑤ 赵金康:《南京国民政府法制理论设计及其运作》,人民出版社2006年版,第197页。

"是以修正《最高法院组织法》第 6 条规定最高法院配置检察署,亦求名实相符而已。兹更进一步,定为凡法院均配置检察署,以表示其独立执行职务之精神,非复旧也,乃从宜也。"①从检察与审判相互制约的理论出发,法院配置检察署的唯一原理就是法官与检察官均在"独立执行职务"。

1932 年 10 月,国民政府《法院组织法》颁布后,随着三级三审制的推行,与之相应,检察权的行使也分为三级:"最高法院设检察署,置检察官若干人,以一人为检察长。其他法院及分院各置检察官若干人,以一人为首席检察官。其检察官员额仅有一人时,不置首席检察官。"②这一法条可以简单理解为:在最高法院内设独立的机构——检察署,而其他各级法院仅配置若干检察官,不单设机构。这种模式区分了中央与地方,是一种混合了配置和合署的体制,即中央检察署属于配置制,地方法院检察官属于合署制。但无论哪一种体制,法官与检察官皆独立行使职权,也就是审判与监督两种职权并行不悖。

综观世界各国,检察机构的设置体制一般有两种模式:审检分立和审检合一。审检分立,简单理解是依据行政级别,将审判与检察两权并列设置,审判和检察是两个独立机构,分别独立行使审判权和检察权。而审检合署则是在各级审判机关内部设置相应级别检察机关的模式,但并不意味着审判权与检察权合一,审判和检察仍是独立行使各自职权。审检分立模式最早出现在法国的检察制度中,大陆法系的检察机构设置亦多采用这种模式。那么,国民政府时期审检体制转型具体发生了哪些变化以及缘何有此变化?

首先,就清末民国而言,关于检察机构的设置体制,学界存在两种观点:

第一,认为由审检分立走向审检合署模式。即由清末民初的"审检分立"到国民政府的"审检合署"。有学者指出:"在我国,审检分立的司法体制肇始于 20 世纪初的清末司法改革,民国成立后得到进一步发展和完善。"③的确,自清末变法开始,中国的司法体制发生重大变革,司法与行政分立,逐渐结束行政司法不分的局面。与此同时,现代意义上的审判和检察制度开始形成。学者考证认为:"光绪三十二年(1906)颁布实行了《大理院审判编制法》,规定在大理院下设立各级审判厅,在各级审判厅内附设各级检察局,各检察局设置检察长一人,负责对刑事案件提起公诉、监督审判和判决的执行。检察机关建立后,审判权和检察权分离了。"④以 1907 年《各级审判厅试办章程》和

---

① 谢振民编著:《中华民国立法史》(下册),张知本校订,中国政法大学出版社 2000 年版,第 1044—1045 页。
② 蔡鸿源主编:《民国法规集成》(第 65 册),黄山书社 1999 年版,第 493 页。
③ 桂万先:《近代中国审检关系探析》,载《学术研究》2007 年第 6 期。
④ 程荣斌主编:《检察制度的理论与实践》,中国人民大学出版社 1990 年版,第 56 页。

1910年《法院编制法》两部法律法规为依据,当时的审判机构分为四级,即初级、地方、高等三级审判厅和大理院。相应地,各级审判厅配设检察厅,一共四级检察厅:初级、地方、高等和总检察厅。民国学者指出:

> 夫有一审判厅必有一检察厅,检察厅之管辖区域亦与审判厅同。……审判厅掌管民刑诉讼案件,检察厅掌管检察事务,检察厅非审判厅之附属机关,而独立机关也。读法院编制法第九十条规定,检事局对于法院应独立行使其职务;九十一条规定检事官不得干涉审判或掌理审判事务。可见,审判厅与检察厅权限分明,绝无统属关系焉。且检察厅之管辖区域或设立或废止,以法律定之,但检察官遇有紧急事项得于管辖区域外行其职务。①

也即清末的法律确立了审判厅与检察厅一一对应设置的体制,两个机构管辖范围完全相同,只是职权不同。可见,自清末开始,审检分立、独立办案的体制即已建立。检察厅与审判厅,独立行使其职务。各级检察厅与同级审判厅的管辖范围相同,每个检察厅负责自己管辖区域内的检察事务,不得干涉推事的审判事务。这种"审检分立司法体制的确立,使得中国历史上集侦、控、审于行政长官一身的传统纠问式诉讼模式出现了重大变化"②。也就是说,此时不仅出现了行政与司法的分立,而且出现了控审分立的原初样态。自此,中国的检察权与审判权得以分离,只不过两大机构对案件管辖的区域范围相同,联合办公更加便捷和高效。审判厅与检察厅之间地位是平等的,实为审检分立模式。

进入民国以后,随着西学的深入和司法改革的推进,司法体制也发生了更为细化的演变。由于南京国民政府时期,社会生活与政治环境均发生了变化,检察机构的设置在承袭北洋政府检察制度的基础上,也进行了一定程度的体制改革和制度创新。有学者指出:南京国民政府检察体制最重要的变化,是废除审检分立,实行审检合署的体制。③ "由此结束了清末以来实行的审检分立制。"④还有学者有类似的看法:"南京国民政府检察机关的设置,经

---

① 刘世长:《中华新法治国论》,中华书局1918年版,第30—31页。
② 桂万先:《近代中国审检关系探析》,载《学术研究》2007年第6期。
③ 蒋伟亮、张先昌主编:《国家权力结构中的检察监督——多维视野下的法学分析》,中国检察出版社2007年版,第105页。
④ 张培田、张华:《近现代中国审判检察制度的演变》,中国政法大学出版社2004年版,第272页。

历了由初期沿袭北洋政府检察制度到后期实行审检合一制的变化过程。"①如此等等,都肯定了国民政府检察机构设置模式由审检分立走向审检合署的转变。总体上,国民政府检察机构设置于各级法院内,只不过具体到不同级别的法院,检察机构的设置有所不同,但是"审检合署"是不争的史实。

第二,认为源于清末变法的民国审检合署模式。有学者认为:"一九一〇的《法院编制法》最终在国家基本组织法的层面全面确立了此后中国施行近五十年的近代审检合署、各自独立行使职权的日式检察制度。"②"尽管民国年间,司法制度几经变革,但均未突破晚清确立的审检合署、各自独立行使职权的检察制度的基本模式。"③这种观点是符合历史和客观规定的。即使审判与检察两权并列平行,但毕竟不是由独立的机构行使,而是合署办公,检察机构附设于法院内部。无论是清末的《法院编制法》,还是国民政府的《法院组织法》,二者的规定基本一致,只不过国民政府检察机构的设置因行政级别而异,具体组织有所区别。

无论是"分立论"还是"合署论"的观点和分析皆有道理,但是检察和审判的职权是独立的,无一不表明两种司法业务关系的密切程度。国民政府时期所实行的"法检合署,独立办案"更加符合现代司法的潮流。

其次,1912 年的《临时约法》奠定了民初法院独立行使审判职权的法制基础。④ 至于检察机构,民国成立最初几年,仍然沿用清末的检察制度。检察机关仍称为检察厅,在各级审判厅辖区内各设置一个同级检察厅,即中央层面,在大理院内配置总检察厅;地方层面,在高等、地方与初级等三级法院内分别设置高等检察厅,地方检察厅和初级检察厅。这种在法院内部设置与法院同级及管辖区域保持高度一致的法检合署模式,曾被北洋政府所采纳。但是,北洋政府在袁世凯在位期间废止了检察厅,在审判衙门内设检察官以代替检察机构的职能。原本临时政府模仿当时法国的做法,设置了以责任内阁为主体的政治结构,将行政与司法等权力分开,但是袁世凯专权擅政,取消了一切妨碍他专权的政治机构与制度,将行政权和司法权合一。1914 年 4月,袁世凯专横地通过政治会议撤销了全国所有初级审检厅和三分之二的地方审检厅,并规定"凡未设审判衙门地方,所有民刑诉讼案件,均由县知事兼

---

① 刘方:《检察制度史纲要》,法律出版社 2007 年版,第 187 页。
② 〔日〕冈田朝太郎等口授:《检察制度》,郑言笔述,蒋士宜编纂,陈颐点校,中国政法大学出版社 2002 年版,前言第 2—3 页。
③ 同上书,前言第 3 页。
④ 1912 年 3 月 11 日公布的《临时约法》第 51 条明确规定:"法官独立审判,不受上级官厅之干涉。"详见卞修全:《近代中国宪法文本的历史解读》,知识产权出版社 2006 年版,第 184 页。

理,或设审判处以管辖之"①。也就是县知事兼理审判检察事务,意味着司法恢复到行政司法合一、审判检察合一的状态,不能不说是一种历史的倒退。当然,也有学者认为其中另有隐情:"这些审判厅被裁撤或停办大多发生在辛亥革命后不久,其原因主要是军事影响和经费缺乏。"②这种分析不无道理,北洋政府时期,财政困窘确是事实。

袁世凯之后,检察机构设置体制继续变化。1917年4月北洋政府颁行的《暂行各县地方分庭组织法》再次修改了基层检察机构的设置,其中规定:"各县地方分庭得设于县知事公署","配置检察官一人或二人,如置推事检察官二人以上者,以资深者一人为监督推事,监督检察官监督该分庭行政事务"。③ 这种检察机构建制实为行政、审判和检察三者合一的模式。而1917年5月北洋政府出台的《县司法公署组织章程》规定:"凡未设法院各县应设司法公署。""审判官受高等审判厅长之监督,县知事关于司法事务受高等检察厅检察长之监督。"④由此可知,县司法公署本无检察功能,要受高等法院和高等检察厅最高长官的监督。这种制度设置就是一种"虚设",很难发挥检察监督的作用。

最后,在武汉国民政府的司法改革中,审检厅名称被改为法院,并在各级法院内配置检察官,以行检察之职,实际上进一步确认了北洋时期的审检合一模式。南京国民政府在初期也认可了这种模式,1927年8月16日,国民政府训令第148号宣布:

> 司法事务经纬万端。近值刷新时期,亟应实行改进即如检察制度。体察现在国情参酌各国法制,实无专设机关之必要,应自本年十月一日起将各级检察厅一律裁撤,所有原日之检察官暂行配置于各该级法院之内,暂时仍旧行使检察职权。其原设之检察长及监督检察官一并改为各级法院之首席检察官。着司法部迅即遵照筹办此令。⑤

---

① 最高人民检察院研究室编:《检察制度参考资料》(第2编),内部资料1980年版,第14页。
② 唐仕春:《一九一四年审判厅大裁并之源流》,载《历史研究》2012年第3期。
③ 《暂行各县地方分庭组织法》,北洋政府1917年4月22日公布。据中国国家图书馆民国法律资源库,http://read.nlc.cn/OutOpenBook/OpenObjectBook?aid=462&bid=7593.0, 2019年8月14日访问。
④ 《县司法公署组织章程》,北洋政府1917年5月1日公布。据中国国家图书馆民国法律资源库,http://read.nlc.cn/OutOpenBook/OpenObjectBook?aid=462&bid=6155.0,2019年8月14日访问。
⑤ 司法院参事处编纂:《国民政府司法例规》(上册),司法院秘书处公报室1930年版,第163页。

国民政府的这则训令表明：由于特殊历史的背景，检察制度必须关照国情，参酌各国法制，做一些改进，将原先附设于法院内部的检察机构全部裁撤掉，只保留检察官职位，这是南京国民政府初期检察体制的重大变革。很快，这种检察体制被法定化。1927 年 10 月国民政府颁布的《最高法院组织暂行条例》规定，"置首席检察官 1 员、检察官 5 员，处理关于检察之一切事务。"[①] 后来，国民政府很快又撤销各级检察厅，改为在各级法院内配置首席检察官及检察官，负责各项检察工作事项，彻底结束了北洋政府初期所实行的审检体制。之所以这样做，有学者指出：

> 当时国民政府撤销检察厅建制的主要意图是认为检察厅的职能是检察和执行两大职责，这些职责都属于司法职能的一部分，实行审检分立，一是浪费资源；二是手续烦琐；三是审检之间容易产生分歧。基于这种想法，所以当时只保留检察官及检察职能，而撤销检察机构，变国民政府初级的'审检分立'制为'审检合一'制。[②]

也即是说，国民政府当年撤销检察厅建制的主要原因在于：认为实行审检分立，存在浪费资源、手续烦琐、审检分歧等三个方面的不足。因此，只保留检察官履行检察职能，而撤销检察机构，且将检察官归入法院，使"审检分立"变成"审检合一"。这一改革使体制变化非常大，且在地方司法实践中得以运行。后面的检察机构改革，基本朝着这个方向在走。

就最高司法机关而言，最高法院仍与检察署并列。1929 年 7 月，国民政府法制委员会审查确定检察官员额为 3 人至 5 人。同年 8 月通过的《最高法院组织法》又将检察官员额改为 7 人至 9 人。该法规定：最高法院配置检察署，并置检察长 1 人；检察署设书记官长及书记官。[③] 从检察官员额的数量调整到设置专门的检察署及其人员配备，表明国民政府初期对最高法院设置检察机构的态度是坚定的，且重视的程度不断提升。

但是，对于地方法院设置检察机构则有不同的声音。1932 年 10 月，南

[①] 谢振民编著：《中华民国立法史》（下册），张知本校订，中国政法大学出版社 2000 年版，第 1037—1038 页。
[②] 刘方：《检察制度史纲要》，法律出版社 2007 年版，第 187—188 页。
[③] 参照谢振民编著：《中华民国立法史》（下册），张知本校订，中国政法大学出版社 2000 年版，第 1038 页。

京国民政府颁布《法院组织法》①,将司法体制改为三级二审制,即地方法院、高等法院、最高法院。在最高法院内设立检察署,配置检察官,明确负责人;而最高法院以下的各级法院均不设机构,仅配检察官。这种检察机构的设置模式维持了相当长的时间,在我国台湾地区也长期未作大的改动。准确地说:"于1980年7月1日我国台湾地区实施'审检分隶'之前,台湾地区的检察署确实是配置在法院之内'审检合署'里办公。"②中华人民共和国成立后,"仿苏联模式,采用审检分立制度,设立了独立于法院系统的专门检察机构。中国检察制度由此经历了一大变革。"③这为当下的检察模式奠定了基础,而审检合署的检察制度在中国永远成了历史。

从这里,我们不难发现:南京国民政府不断调整检察机构的设置,其中最大的变化是最高法院的检察体制——从1927年《最高法院组织暂行条例》所定的最高法院不设检察厅、只设检察官、负责人为首席检察官的制度,到1929年立法院决定在最高法院内恢复检察机构,设立检察署,负责人改称检察长。然而,下级法院仍实行配置检察官制。此时,针对中央和地方两级法院,国民政府实行不同的检察配置体制,其缘由何在?查无法律法理依据。个人认为这种变化,主要归于当时的时代背景和政治形势。

其一,适应全国统一的需要。1928年12月29日的东北易帜意味着南京国民政府取得了全国统治权。完成政治统一的任务之后,法制建设必然被推到政府工作的前沿,这就为检察制度改革提供了前提和保证。因为统一以后的南京国民政府面临复杂的国际国内形势,必须厉行改革,以满足社会各阶层的需求,而检察改革制度正是司法改革制度理应包含的内容。1929年的《最高法院组织法》及1932年的《法院组织法》均规定:最高法院内设置检察署,作为全国检察系统的领导机关。这在很大程度上与全国政治统一的形势是相适应的。在这样的统一需求之下,地方法院只配备检察官,不设置检察机构是可以理解的。

其二,贯彻孙中山的建国方针。孙中山先生起草的、被国民党"一大"通

---

① 该组织法第五章"检察署及检察官之配置"专章规定:最高法院设检察署,置检察官若干人、以一人为检察长,其他法院及分院置检察官若干人、以一人为首席检察官,其检察官员额仅有一人时不置首席检察官。各级法院及分院配置检察官之员额,以法律定之。详见蔡鸿源主编:《民国法规集成》(第65册),黄山书社1999年版,第493页。
② 张熙怀:《台湾地区法院与检察署的关系沿革与发展》,载《人民检察》2015年第8期。
③ 〔日〕冈田朝太郎等口授:《检察制度》,郑言笔述,蒋士宜编纂,陈颐点校,中国政法大学出版社2002年版,前言第4页。

过的《国民政府建国大纲》曾提出了"三政"时期说①。东北易帜后,南京国民政府统一全国,积极贯彻孙中山的建国理论和三民主义思想。1928年10月,国民政府正式施行"五院制",强调权力制约与监督,检察制度的作用进一步提升,尤其是最高层次的检察机关不可或缺。1929年3月15日国民党"三大"明确宣布国民政府"训政时期"开始,同时宣称孙中山遗教作为训政时期中华民国最高之根本法。也就是说,孙中山的治国方略、三民主义、五权宪法等理论思想是国民政府最重要的核心价值观。

其三,受财政经济的危机困扰。从民国前期的帝国主义列强入侵,到北洋军阀的互相残杀,再到日本侵略者的严重破坏,民国时期民穷财困,百孔千疮,可用于国家基本建设与百姓办公的经费少之又少。合署办公至少可以减少办公场所的资金投入,而且在通信设施不发达的年代,合署办公又减少了法检联系的成本。

正是这样的时代背景和政治形势支撑着当时的检察制度改革。检察制度是时代的产物,它的体制变动紧随时代政治形势的步伐。南京国民政府时期,检察制度体制和模式为顺应政治统一与加强法治的需求作了精细化的设计:一方面要加强中央对地方检察工作的领导,设置固定的检察署机构,并配备较为雄厚的人力资源;另一方面对地方强调检察官个人职能的发挥,没有设置检察机构。这种检察体制的设置,在工作上便利沟通,更利于打击犯罪,维护司法权威与公正。但是,检察与审判合署办公的缺陷也是客观存在的。理论上,检察与审判相对独立行使职权,检察机关不得干涉审判,同时检察官对于审判亦独立行使职务。然而,在这种体制下,检察对审判的监督职能能否顺利实现,不免令人生疑。

(二) 检察系统,上下一体

仅就检察系统而言,南京国民政府时期,上下级检察官之间是一体的,是领导与被领导、指挥与服从的关系。并且,这种检察一体制得到了多方证实。② "国民党检察机构实行一体制,所谓检察一体制,即全国检察系统为一

---

① 由孙中山先生提出的关于"军政、训政、宪政"三个循序渐进的建国步骤。1923年1月29日,孙中山于《申报》50周年纪念专刊上发表《中国革命史》一文,称:"从事革命者,于破坏敌人势力之外,不能不兼注意于国民建设能力之养成,此革命方略之所以必要也。余之革命方略,规定革命进行之时期为三:第一为军政时期,第二为训政时期,第三为宪政时期。"见黄海平:《孙中山的建国三步骤:军政、训政、宪政》,载《历史学习》2003年第7、8期。
② 国民政府最高法院:《三年来之最高法院》,内部资料1934年版。据中国国家图书馆民国图书资源库,http://read.nlc.cn/OutOpenBook/OpenObjectBook? aid=511&bid=41967.0,2019年8月14日访问。

个不可分的整体。"①今天的学者也认为:"南京政府时期,检察制度实行的是检察一体制。"②由此可见,南京国民政府的检察体系之上下一体性质。

这种体制也是西学的产物,从法德到日本,均采取这样的体制。首先,法国是这种体制的开创国,据研究,在"16世纪,法国以成文法的形式正式规定了检察制度,并将13世纪设在巴黎高等法院中的代理人正式命名为检察官,并规定了上下级的隶属关系"③。也即法国最早明确了检察系统内上下一体的原则,开了世界检察管理体制的先河。早年日本的学者曾就检察设置有这样的描述:

> 今日检事制度之滥觞,惟法国之检事,其权力颇为强大。我国效法国之制度以制定刑事诉讼法,设置检事制度,检事名称不一,依位置阶级之分,甚有职务权限之异。即区裁判所有区裁判所检事,地方裁判所有地方裁判所检事。依裁判构成法,检事与裁判不同,须服从上官之命令,即区裁判所检事,地方裁判所检事须服从其上官检事正之命令,检事正须服从检事长之命令,检事长须服从检事总长之命令,检事总长又须服从司法大臣之命令,为其本质者也。彼为判者,虽在下级,可不受何人之命令。④

这段文字将继受法国制度的日本检察体制中关于上下级的关系说得非常清楚,并将检察体制与裁判体制作了比较,指出检察体制的上下级服从关系,而裁判所则是完全独立的,虽然有上下级之分,但均不受任何人的命令。某种程度上,这种检察体制体现了日本国民的服从意识,彰显了日本政治上的统一性。当然,德国也有类似的民族性格与国家政治体制。

至于英美法系的检察体制,则差异较大一些,即使关系极为密切的英国和美国也一样有巨大的差异。首先,英国检察属于政府部门,负责检控警署移送的刑事案件。1879年,英国设置了检察署和检察分署,检察署及分署配备负责人——总检察长和检察长职位。与大陆法系国家检察长不同,英国的检察长实际上是法律事务部的最高长官,主要负责处理特别重大的案件,为警署提供刑事法律咨询,不亲自办理案件。检察署和检察分署的设置与法院的分布大致相同。检察长受总检察长任命与监督,这种体制设置接近于大陆

---

① 林厚祺:《国民党统治时期的司法概述》,载福建省政协文史资料编辑室编:《福建文史资料》(第21辑),福建人民出版社1980年版,第17页。
② 赵金康:《南京国民政府法制理论设计及其运作》,人民出版社2006年版,第197页。
③ 魏武:《法德检察制度》,中国检察出版社2008年版,第5页。
④ 参照〔日〕松室致:《日本刑事诉讼法论》,陈时夏译述,商务印书馆1910年版,第87—89页。

法系。其次,美国联邦检察机关和州检察机关是完全没有联系的。美国设有建立在严格的集中原则上直接隶属美国总统的联邦检察机关,在形式上设有与联邦检察机关不相联系的各州检察机关。甚至,美国的检察官执业没有行政级别的区分。例如,根据法学家倪徵燠的《考察美英两国司法报告》记载:"华盛顿哥伦比亚区检察官因所辖不仅联邦案件,且就该区内一般民刑案件亦有管辖权。故其人数亦多,除一人任首席检察官外,另有检察官三十余人,分配在区法院及管辖初级案件之市法院工作。"① 显然,由于法律体系自身的特点,美国的检察体制与大陆法系迥异,与行政级别联系不大。

民国的检察制度主要以大陆法系为蓝本,尤其是德国。根据德国《刑事诉讼法》的规定,检察官领导和指挥警察进行侦查。"检察机构上下级之间的关系是领导关系,上级可以向下级发布有约束力的指示,如接收案件或指定移送案件。"② 各级检察院的首席检察官对本院检察官进行领导,各级司法行政部门对所属检察院进行监督。深受德国模式影响的民国政府在检察体制的设置与架构方面,自然也没有超越"上下一体"的格局。对此,有学者指出:

> 检察官为代表国家追诉犯罪之机关,其职权与地位,为法院组织法第 28 至 32 条所明定,故检察官为代表国家实行刑罚权而设,与法院代表国家行使审判权而设相同。惟审判权系各自独立行使,检察官应服从其长官之命令,上命下从,全国一体,又有所谓检察一体之原则。③

> 刑事法院与检察官之办理审检事务,虽具相维相系之关系而不可离,而仍各有其独立之性质。审判事务,固非检察官所能干涉,即检察官行使检察职务,亦不受法院之牵制指挥。一言以蔽之,刑事法院以确定刑罚权之有无为目的,检察官代表国家行使刑罚请求权为任务,彼此性质不同,职责自异。④

> 唯一不可分之原则,各国检察制度大概相同,检察非合议制系独任制,其服从长官之命令,上下联属,与审判不同。全国检察厅虽分各级,而联为一体,犹之一检察厅,所谓唯一不可分。⑤

---

① 倪徵燠:《考察美英两国司法报告》,内部资料 1946 年版,第 23—24 页。
② 王建成、黄伟明:《欧盟成员国刑事诉讼概论》,中国人民大学出版社 2000 年版,第 181—182 页。
③ 朱观:《刑事诉讼法要义》,大东书局 1944 年版,第 7—8 页。
④ 陈纲编著:《刑事审检实务》,正中书局 1947 年版,第 3 页。
⑤ 最高人民检察院研究室编:《检察制度参考资料》(第 3 编),内部资料 1980 年版,第 7 页。

以上三位学者从不同角度阐述了检察系统的上下级设置体制。首先,与享有独立审判权的法官相比,检察官的管理体制不同,检察官必须服从长官命令。同理,法院的各个层级相对独立,不存在服从关系;而检察系统的下级必须服从上级,全国的检察系统是一个统一整体。其次,在刑事法院内部,检察官办理刑事案件,检察官代表国家行使刑罚请求权的任务,不受法院领导及任何人的干涉。最后,检察系统全国一体,这是世界各国的通例。

总之,在民国的学者们看来,"上下一体"的检察系统更具科学性和可行性。更有官方史料记载:"刑事法院之审判,各自独立,各自负责,且以不告不理为原则。检察官行使检察职务,含有司法行政性质,且代表国家采取干涉主义,故检察官虽配置于各级法院,仍属一体,下级检察官须受上级检察官之指挥监督。不过因检察事务之执行而划分其职权而已。刑事检察事务,须循此途径,以求其运用之道,不容或紊。"①因此,民国时期的检察体制设置是周密考虑的结果。

(三) 检察权行使体制变迁

检察职权行使体制也随时代发生变迁。无论是诞生地的法国,还是民国时期的国民政府,随着时代的变迁,检察权的行使体制相应发生变化。16世纪的法国"在旧体制之下,所谓司法权独立之观念,未获充分承认,检察厅与法院之权限,未能截然划分,势所使然,无足异也。迨法国大革命后,三权分立原则,方以确立,检察厅与法院,亦各行其独立之职权,因是检察官,遂成为以行使公诉权为任务的国家机关"②。继法国之后,德国的《法院组织法》和《刑事诉讼法》也规定了德国检察院的组织机构和职能设置,要求为每个法院设立一个对应级别的检察院。法德两国的司法体制是民国时期官方学习的主要对象,从国民政府检察官职权体制的设置中,也不难发现这一特点。

国民政府时期,检察官虽然安置于法院,但表面上其还可以独立行使职权。实际上,此时的"检察机关不再是与审判机关平等、对立的独立机构"③。早年,检察机构与法院办公的场所都是一致的,"就各地的新型司法机构建筑厅室的修建来讲,基于各级检察厅附设于同级审判厅,两厅的建筑式样是同时设计、同时修建,联体办公的。"④而依据1932年的《法院组织法》,除紧急情况外,检察官于其所配置之法院管辖范围内独立行使其职权。意味着检察

---

① 陈纲编著:《刑事审检实务》,正中书局1947年版,第4页。
② 刘陆民:《苏俄现行检察制度之特点及其指导原理》,载《法学杂志》1937年第9卷第5期。
③ 张晋藩主编:《中国司法制度史》,人民法院出版社2004年版,第527页。
④ 杜旅军:《中国近代检察权的创设与演变》,西南政法大学2012年博士学位论文,第24页。

官在执行检察事务时,只服从监督长官的命令,法院其他任何人员不能干涉其办案。此外,检察长及首席检察官除了处理行政事务,必须做好检察官的管理工作,具体安排和协调检察官的工作,甚至亲自处理所属检察事务。也就是说,南京国民政府时期,除了最高法院之外,检察官虽然设在法院内部,其职能却没有改变,甚至就检察事务仍遵循"在检察系统内,上下一体"的原则。

国民政府检察职权行使既与法德接轨,也继承了民国前期甚至清末的做法。关于国民政府检察官的职权行使体制,早在清末 1909 年的《各级审判厅试办章程》即已确立,该章程规定:检察官就审判厅管辖区域内,负检察之责任。根据史料记载,清末政府已采用新型的检察制度。

> 在前清末叶,我国法制维新时代,政府能毅然采用最新发现之检察制度,已足为创造特殊文化之特性之表现,洎乎今日,检制已成为我国旧物。为国家计,纵不能扩大其职权,亦当保存而改善之。为发扬文化计,亦当阐扬而更新之。①

据此我们可以清晰地判断,在清末政府就已经发现检察制度。到民国时期,检察制度已不是什么新制度。为了国家利益,纵然不能扩大它的职权,也应保存并改善它。而从发扬文化方面考虑,也应该阐发并弘扬检察制度,并且更新它。

北洋政府初期继续沿用《各级审判厅试办章程》中"各级检察厅通则"规定的"检察官统属于法部大臣,受节制于其长,对于审判厅独立行使其职务"②。到 1915 年,北洋政府颁布的《法院编制法》进一步明确"检察官不问情形如何,不得干涉推事之审判或掌理审判事务"③。由此可知,无论是初期还是后期,北洋政府皆独立行使检察权。

国民政府《法院组织法》沿袭了《各级审判厅试办章程》的做法,规定检察官在其所配置的法院管辖区域内执行职务,但若遇到紧急情形,则不受此限制。这里,检察机关的管辖范围应与其所配置的法院相同。但针对非常时期检察权的行使问题,有学者提出建议:

---

① 耿文田编:《中国之司法》,民智书局 1933 年版,第 190 页。
② 上海商务印书馆编译所编纂:《大清新法令(1901—1911)》(点校本),商务印书馆 2010 年版,第 403 页。
③ 蔡鸿源主编:《民国法规集成》(第 31 册),黄山书社 1999 年版,第 21 页。

第一，行使职权方法。欲使检察官能充分行使其职权，莫善于将全国警察属系一律隶属于司法行政最高官署之下，使检察官调度警察易于听命，惟事关改革行政制度，牵动必多，不易轻言改制。法院组织法关于检察官虽配置于法院，而其执行职务并不限于法院之内，在其所配置之法院管辖区域内均得行使职权，其有紧急情形者更不受此限制。第二，宽筹检察经费。多财善贾，长袖善舞，此与国家事务之须有充足经费，理无二致。第三，调整检察人事，当见法曹中，不乏手持佛珠一株，口念阿弥陀佛之人，如今充任检察官，则非所宜，盖担任检察之事务者，必须有冒险进取具大无畏之精神，始足以担当大时代非常之重任。①

这则史料表明：国民政府极为重视检察官体制问题，不断通过改革推进检察制度的发展，欲从检察权职权方法的行使、检察经费的筹集以及检察人事的调整等三个角度进行检察改革，尤其是检察权的正确行使。需要说明的是，抗战时期，为了适应情势变化，国民政府将检察官分为通常检察官与战区检察官两种。

通常检察官，配置于各级法院，执行一般检察职务；战区检察官，由司法行政部分发各省，划分区域，每区酌设若干，专司锄奸肃反。分甲乙两种甄审并训练及格，除甲种得补各地方法院检察官缺外，乙种原则上须俟战事结束后，始能改为通常检察官。初为适应战时环境，固属重要。两种检察官制度自实施以来，通常检察官与战区检察官，往往因官职之别，互存成见，通常者疏于锄奸肃反，战区则漠视一般检察事务，其实检察不可分。②

显见，非常时期国民政府将检察官分为两种类型，其目的只有一个，就是加强检察官在"锄奸肃反"方面的职权。肃反，肃清反动派势力；锄奸，铲除不忠于国家的汉奸。反动派与汉奸势力是抗战的阻碍因素，为此，国民政府发布了加强检察官职权、检举奸伪等的命令，各地纷纷响应。史料中有一份《江西省政府训令》③，内容如下：

---

① 参见赵韵逸：《非常时期检察权之运用》，载《时事类编》1941年特刊第68期。
② 蒋应竹：《如何发展检察制度之效能问题》，载《新中华》1945年复刊第3卷第1期。
③ 曹浩森：《奉令加强检察职权，检举奸伪贪污及一切妨害抗战建国之犯罪等因令仰遵照》，载《江西省政府公报》1943年第1276—1277期。

江西省政府训令　秘一字第〇一二一〇号
各县政府　各警备司令部　令（各区保安司令部　省会警察总队　水警总队）

案奉

行政院本年一月十八日仁捌字第一六三二号训令开：

国民参政会第三届第一次大会建议加强检察职权，检举奸伪贪污及一切妨害抗战建国之犯罪一案，其办法第四项为："军政首长通令宪警等司法警察官应依照刑事诉讼法之规定，切实协助检察官侦查犯罪。"经国防最高委员会第九十九次常务会议决议：交军事委员会及本院办理。查县市长设治局长、警察厅长、警务处长、公安局长、保安司令、警备司令及宪兵队长等。于其管辖区域内为司法警察官，应协助检察官侦查犯罪为刑事诉讼法第二百零八条，及调度司法警察章程第三条所明定。又依法应执行司法警察官或司法警察职务之行政人员，必须尽力侦查犯罪之职责，不得借故推诿，对于协助司法事件，必须依照法令规定，切实办理。复经本院于上年四月三日以顺八字第五八七三号训令通饬遵照，各该司法警察官员自应切实遵行，以清奸宄，除分令外，合行令仰遵照，并转饬所属遵照！

此令

中华民国三十二年二月二十二日

主席　曹浩森

该训令表明：在抗战的特殊时期，国民参政会会议号召加强战区检察官的职权，主要是检举汉奸、敌伪、贪污及一切妨害抗战建国的犯罪案件，并要求司法警察官依法切实协助检察官侦查犯罪。训令的强大行政效力，无疑加大了战区检察官行使职权的力度，也引导了社会各界对检察官在抗战当中作用的认识。

当然，两种检察官只有分工的不同，没有谁的地位更优越。尤其在全民抗战的关键时刻，必须通力合作。"我国自三十年（1941）十二月九日，对日本及德国宣战后，海内外各地，均属战区，党务警务人员及士兵，不论在任何地点逃亡，悉以敌前逃亡论罪，意即在是。况各级法院之首席检察官主持全院检察行政，依现制惟通常检察官，始克充任。而战区检察官，不乏才识卓越，富有行政经验及善于应付事变者，果待战事结束后，始改通常检察官，予以转任首席检察官机会,实有遗才之憾。"①也即弱化体制,强化功能。

值得一提的是,国民政府时期,基层的县长仍有检察之权,且也是其义务。1936年11月30日,司法行政部曾给安徽高等法院首席检察官王树荣发布指令:县长除因事故不能执行检察职务时外,不得遽将一切刑事案件送由审判官代办令,内称县长请假或临时发生事故时,才由审判官代为侦讯。②这种制度从北洋时期即已开始,当时有一份1923年8月7日给山东高检的指令:

> 呈悉查各县初级管辖案件划归承审员独自审判,系为便利诉讼进行起见,承审员仅负审判之责,其关于各该案之检察职权,仍属诸该县公署之知事,至该厅监督权限,业于县知事兼理司法事务暂行条例第六条定有明文,并不因此有所变更,仰即遵照此令。③

从这则指令里不难发现,县知事也即县长行使检察职权,与当时县知事兼理司法事务的现状紧密相连。此外,《刑事诉讼法》对检察官的执行职务还有一个抽象、灵活的规定——其他法令所定职务之执行,范围广泛,且不以刑事案件为限。也就是说,法令所赋予的职权都包括在内,表明检察官的职权比较大,除了实施侦查犯罪之外,检察官还有指挥命令警察队伍的权力。而且遇有紧急情形,可以在所配置法院管辖区域外执行其职务。

二、检察机构的组织人事

组织,是指由诸多要素按照一定方式相互联系起来的严密系统。就人类而言,通常是指为实现一定的目标,人们互相协作结合而成的集体或团体。显然,组织离不开人,而人与组织之间的相互关系,就构成了人事。检察机构的组织人事是检察制度的重要内容,因此探讨检察制度不能不考量检察机构的组织人事。

(一) 检察机构与组织

检察机构作为国家机关,其组织架构须有官方确认或法律规定。在

---

① 蒋应钧:《如何发展检察制度之效能问题》,载《新中华》1945年复刊第3卷第1期。
② 《县长除因事故不能执行检察职务时外不得遽将一切刑事案件送由审判官代办令》,载《法令周刊》1936年第338期。
③ 《承审员独审案件仅负审判之责并非兼摄检察职权令》,载《司法公报》1923年第183期。

1932年《法院组织法》之前,检察机构设置频繁调整,但是之后就定型了。研究资料记载:"1928年8月16日,国民政府颁布训令第184号,开始实施审检配置制度,将检察机关配置在法院内。"①而1932年10月出台的国民政府《法院组织法》第26—27条对从中央到地方的检察机构的设置作了详细规定:"(1)最高法院设检察署,置检察官若干人,以一人为检察长;(2)其他法院及分院各置检察官若干人,以一人为首席检察官,其检察官额仅有一人时,不首席检察官;(3)各级法院及分院配置检察官之员额以法律定之。"②即当时的法院分为最高、高级及地方三级法院,只有最高法院设检察署,配置检察官若干人,其中一人为检察长。其他(高级和地方)法院及分院不设检察机构,但均安置检察官若干,以其中一人为首席检察官,仅安置1名检察官的除外。因此,国民政府检察机构的设置因行政级别而异,具体组织有所区别。加上非常时期的特殊规定,总体上南京国民政府时期的检察机构组织有三种类型。

第一,最高法院的检察机关——检察署。根据1928年的第184号训令,最高法院设检察署,称"最高法院检察署",独立行使检察职权,设一名检察长及若干名检察官。据此,最高法院检察署设立,旧址位于江苏省南京市鼓楼区中山北路西南侧101号。当时国民政府任命的检察长名叫邱珍,他于1928年1月5日上任,同年11月27日被免职,是最高法院检察署第一任检察长。③ 邱珍是江西宁都人,清末举人,科班出身,早年曾任江西豫章法政专门学校首任校长,又赴苏州从事律师职业。1910年,邱珍"毕业于京师法律学堂,民国初年当选为国会众议院议员……邱珍为人清正,处世廉明"④。1928年11月27日,国民政府任命邱珍为最高法院检察署检察长。但此时的检察署由于人力物力等方面的原因,所发挥的作用有限。

到了1932年,国民政府颁布《法院组织法》,将检察署作为最高法院的专属检察机关,其他级别的法院仅配置检察官。1935年修订实施的《法院组织法》第26条一如既往地规定,"最高法院设检察署,置检察官若干人,以一人为检察长。"⑤同年颁布的《最高法院检察署处务规程》则对检察署工作作了明确分工,如第5条规定"检察长指挥监督全国检察事务"⑥。检察署的员额

---

① 陈红民等:《南京国民政府五院制度研究》,浙江人民出版社2016年版,第229页。
② 《法院组织法》,南京国民政府1932年10月28日公布。据中国国家图书馆民国法律资源库,http://read.nlc.cn/OutOpenBook/OpenObjectBook? aid=462&bid=3676.0,2019年8月14日访问。
③ 参照刘国铭主编:《中华民国国民政府军政职官人物志》,春秋出版社1989年版,第27页。
④ 《江西省志人物志》,方志出版社2007年版,第339页。
⑤ 上海法学编译社辑:《法院组织法》,会文堂新记书局1935年版,第4页。
⑥ 蔡鸿源主编:《民国法规集成》(第65条),黄山书社1999年版,第377页。

不确定,具有较大的灵活性。过去曾有 3 人至 5 人或者 7 人至 9 人的限制,给工作带来一定的被动。由于不同时段检察任务不均衡,采取灵活的员额制更便利。从政府资源运用而言,也可以节约经费,降低司法成本。

史实上,到 1936 年 11 月,国民政府最高法院检察署相关法律法规逐步健全,人员初具规模,所发挥的作用越来越重要。当年的一份史料显示,该署至少有 62 人在册,具体组织分布如表 8:

表 8　南京国民政府最高法院检察署职员组织分布情况(1936)[①]

序号	一级组织名称	二级组织名称	代表人员姓名	人数
1	检察长		郑烈	1
2	检察官	简任检察官	胡宏恩等	9
		代理检察官	夏敬履等	6
3	书记室	书记官长	施庚	1
4	纪录科	科长	庄伟	1
		书记官	晏才骅等	12
		代理书记官	万华年等	3
5	文牍科	科长	吴兆濂	1
		书记官	张炳麟等	4
6	统计科	科长	郭酒琦	1
		书记官	隆多歌	1
7	会计科	科长	余文华	1
		书记官	吴荫祖等	2
8	录事	录事	杨泰严等	18
		临时录事	朱德隆	1
总计				62

从表 8 可知,当时的检察署机构比较简单,一共有 8 类人员:检察长仅有 1 人,不设副检察长,其他一些机构仅由 1 个负责人加上若干普通职员组成;职员多分两类,分工细致,职责分明:检察官分简任检察官与代理检察官两个层次,纪录科的书记官分书记官与代理书记官两个层次,录事包括录事与临时录事两类。

南京国民政府时期,最高法院检察署历经多位检察长的经营和管理,首任检察长邱珍之后,第二任检察长名叫郑烈,他于 1928 年 11 月上任,1948 年年底辞职,在任时间整整 20 年。1948 年 12 月 22 日,国民政府免去郑烈职务之后,任命留美法学家向哲浚接任检察长之职,12 月 23 日,远东国际军事法

[①] 表 8 资料来源于最高法院检察署文牍科编:《最高法院检察署职员录》(1936),据中国国家图书馆民国图书资源库,http://read.nlc.cn/OutOpenBook/OpenObjectBook?aid=416&bid=67882.0,2019 年 8 月 14 日访问。

庭对日本战犯执行绞刑,向哲浚等人被邀前往见证,国民政府遂改任杨兆龙为检察署检察长。因此,末任检察长是著名法学家杨兆龙,任期不足一年。

就检察官而言,简任检察官是检察队伍的主体,是检察业务的中坚力量。例如,胡宏恩是老资格的检察官,他从北洋政府时起就担任检察官了,业务非常过硬,因此国民政府时期继续留任,任职简任检察官,直到在最高法院检察署任职。"在著名的'七君子'案的尾声,正是由担任最高法院检察署检察官的胡宏恩发出'声请'后,该案才移转至四川高等法院第一分院,其后该院便宣告撤回起诉。"①由此可见,检察官,尤其最高法院检察署的检察官对案件的监督作用非常明显,也是维护司法公正的重要力量。

第二,地方法院的检察机关——检察官。严格地说,检察官只能是个职位或职员,他归属于检察机关。但是,南京国民政府中期的司法改革之后,检察官却被赋予了直接取代检察机关的职权或者内涵。这是因为南京国民政府在地方法院及分院内部没有设置检察机构,只配备了检察官。1932年《法院组织法》第 26 条规定:"地方法院及分院检察职位各置检察官若干人,以 1 人为首席检察官;其检察官员额仅 1 人时,不置首席检察官。"②需要说明的是,这种取消地方法院设置检察机构的改革,并不意味着检察官与法官一样隶属于法院管理,只是合署办公,便于工作协调,其原有的独立性不变。这里的检察官定位与法院一样。时至 1936 年,《高等法院及地方法院处务规则》规定,在高等及地方法院设置检察机关,称为检察处③,这是对之前规定的一种补充或者纠正。其实,之前的检察官相当于检察机构,以致有学者指出:南京国民政府"整个司法制度中,检察官乃与狭义之司法机关之法院分庭抗礼,而成为一个司法行政机关"④。1936 年的地方检察工作实践,实质上是废止了"检察官配置法院制",仍然视法院与检察机构为一一对应的关系。

理论上,只有建立与法院级别对应的各级检察机关,形成检察机关与法院真正平等的关系,检察官才便于开展各项业务,才能更好地发挥检察的监督作用。否则,检察官隶属于法院,无论如何也难以发挥监督的功能。下面有一张国民政府时期青海高等法院组织系统结构图,从该图就可以非常清楚地看出法院与检察官的并列平级关系,双方各自有自己的下属内部机构,这

---

① 周默:《罗文干案:司法界的独立战争》,载《看历史》2011 年第 5 期。
② 《法院组织法》,南京国民政府 1932 年 10 月 28 日公布。据中国国家图书馆民国法律资源库,http://read.nlc.cn/OutOpenBook/OpenObjectBook? aid＝462&bid＝3676.0,2019 年 8 月 14 日访问。
③ 原文详见 1936 年 3 月 21 日的《高等法院及地方法院处务规则》第 2 条第 2、3 款:"检察事务分别以检察处首席检察官、检察官名义行之;文件遇有会商必要时,以院长及首席检察官名义行之。"蔡鸿源主编:《民国法规集成》(第 65 册),黄山书社 1999 年版,第 386 页。
④ 黄东熊:《中外检察制度之比较》,台湾文物供应社 1986 年版,第 10 页。

才是科学合理的机构布局。

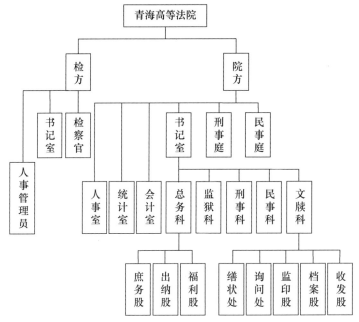

图 1 青海高等法院组织系统①

为了明确地方法院与检察之间的平级关系,1930 年 6 月国民政府司法院草拟的《法院组织法立法原则》建议"凡法院均配置检察署,以为检察官执行职务之所"②。理由是:

> 旧制审判与检察分设公署,改革以来,仅于法院设置检察官,行之稍久,颇有疑检察官系附属于法院者,是以修正《最高法院组织法》第 6 条规定最高法院配置检察署,亦求名实相符而已。兹更进一步,定为凡法院均配置检察署,以表示其独立执行职务之精神,非复旧也,乃从宜也。③

这里的意思有四层:(1) 历史上即有审判与检察分设办公的传统;(2) 改革后的检察官设置于法院,被质疑审检不分;(3) 有检察署没有分署,上下体制不统一;(4) 各级法院都配置检察署,才能体现审判和检察独立行使职权

---

① 《青海高等法院院长郭润霖、首席检察官褚成富出席全国司法行政检讨会议工作报告》(1947),第 16 页。据中国国家图书馆民国图书资源库,http://read.nlc.cn/OutOpenBook/OpenObjectBook? aid=416&bid=56235.0,2019 年 8 月 14 日访问。
② 谢振民编著:《中华民国立法史》(下册),张知本校订,中国政法大学出版社 2000 年版,第 1044 页。
③ 同上书,第 1044—1045 页。

的精髓。遗憾的是,1932年出台的《法院组织法》并未采纳这一建议。也就是说,在理论上,只有最高法院才设置检察署,地方法院及分院内部没有设置检察机构,只配备了检察官。

尽管这样,实践当中的地方法院及分院仍有设置检察机构的情形。最典型的是上海,整个国民政府时期(从1927年5月到1949年5月),尽管检察机构改革不断,但是无论是前面的上海地方法院还是后面的高等法院,其内设的检察机构均以"检察处"冠名。表9是当时的上海地方法院或分院与上海检察机构及其检察长和首席检察官的设置情况：

表9 南京国民政府上海检察机构检察长、首席检察官表①

机构名称	职务	姓名	任职时间
江苏上海地方法院检察处	检察长(兼)	郑毓秀	1927.5—1927.10
	检察长(代)	沈秉谦	1927.10—1927.12
	首席检察官	沈秉谦	1927.12—
	首席检察官(代)	刘懋初	1930.4—1931.7
	首席检察官	刘懋初	1931.7—
	首席检察官	楼英	1932.10—
	首席检察官	钟尚斌	1934.12—
	首席检察官	朱焕彪	1936.7—1936.8
	首席检察官(代)	杜葆棋	1937.2—
上海高等法院检察处	首席检察官(兼)	黄亮	1945.9—1945.10
	首席检察官	向哲濬	1945.10—1946.1
	首席检察官(代)	杜葆棋	1946.1—1948
	首席检察官(代)	张毓泉	1948.11—1949.1
	首席检察官	刘少荣	1949.1—1949.5
江苏上海特区地方法院检察处	首席检察官	周光觉	1930.3—1932.1
江苏上海第一特区地方法院检察处	首席检察官	胡宝麟	1932.1—1932.3
	首席检察官	汪祖泽	1932.3—1932.9
	首席检察官	向哲濬	1932.9—1941.12
江苏高等法院第二分院检察处	首席检察官	王振南	1930.3—1935.1
	首席检察官	郑铖	1936.8—1941.12

从表9中的机构名称上看,"江苏上海地方法院检察处""上海高等法院检察处"等,无一不是以检察机构存在,只不过属于法院下属机构,而不是以检察官名义,直接归于法院领导。另从当时的检察工作报告或法规标题中也可以一目了然了,例如《中华民国三十六年十月陕西高等法院检察处工作报

---

① 详见《附记(二)抗战时期上海日伪检察机构》,载上海市地方办公室网站,http://www.shtong.gov.cn/Newsite/node2/node2245/node65194/node65199/node65236/node65242/userobject1ai60345.html,2020年8月12日访问。

告》(1947)①、《河南高等法院检察处工作摘要报告书》(1936)②、《首都地方法院检察处警察厅会订刑事案件各项笔录按印指纹办法》(1946)③等。当然,也有直接出现地方法院检察官的文件,如《地方法院检察官自动检举案件考核办法》④,以及南京国民政府公布的《各省高等法院检察官办事权限暂行条例》⑤等。可见,国民政府地方检察机构设置不够统一。

第三,军事检察机关。南京国民政府专门设置了军事检察机关,专门处理军事案件,对军人犯罪案件以及非军人特定犯罪案件进行审判,以加强对军队的控制,其实质在于对军人的犯罪行为进行严厉的刑事制裁。这种检察机关的制度设计源于广州国民政府。1925年,广州国民政府曾制定《国民革命军陆军审判条例》⑥。为了加强对军人的管控,南京国民政府再次强调军事检察的作用。于是,1928年2月17日,国民政府以此为基础颁布同名法规——《国民革命军陆军审判条例》(以下简称《陆军审判条例》),其中第5条规定:"军人犯刑法上之罪或违警罚法及其他法律之罪者,有军事检察权诸官均有起诉之权,但罪应亲告者不在此限。"⑦1930年3月24日,国民政府颁布实施《国民革命军陆海空审判法》(以下简称《陆海空审判法》),其中第4条规定:"军人犯刑法上之罪或违警罚法或其他法律之罪者,有军事检察权各官长均有起诉之权,但罪应亲告者不在此限。"⑧实际上继续沿用军事检察制度。可以说,《陆军审判条例》与《陆海空审判法》是南京国民政府军事检察机构设立的法律依据,尤其《陆海空审判法》更有意义,根据当时的解释:

---

① 据中国国家图书馆民国图书资源库,http://read.nlc.cn/OutOpenBook/OpenObjectBook? aid=416&bid=74022.0,2019年8月14日访问。
② 据中国国家图书馆民国图书资源库,http://read.nlc.cn/OutOpenBook/OpenObjectBook? aid=416&bid=35363.0,2019年8月14日访问。
③ 据中国国家图书馆民国法律资源库,http://read.nlc.cn/OutOpenBook/OpenObjectBook? aid=462&bid=3116.0,2019年8月14日访问。
④ 这是1945年7月9日南京国民政府司法行政部核修的法规,载《国民政府公报》1945年7月31日。
⑤ 据中国国家图书馆民国法律资源库,http://read.nlc.cn/OutOpenBook/OpenObjectBook? aid=462&bid=5180.0,2019年8月14日访问。
⑥ 此制度如果追溯至更早一点,应该是1915年和1918年北洋政府分别颁行的《陆军审判条例》和《海军审判条例》,依据这两部条例,军事人员犯罪以及与军事人员有关的人员犯罪,军事检察官具有刑事管辖权。
⑦ 《国民革命军陆军审判条例》,南京国民政府1928年2月17日公布。据中国国家图书馆民国法律资源库,http://read.nlc.cn/OutOpenBook/OpenObjectBook? aid=462&bid=5256.0,2019年8月14日访问。
⑧ 《陆海空军审判法》,南京国民政府1930年3月24日公布。据中国国家图书馆民国法律资源库,http://read.nlc.cn/OutOpenBook/OpenObjectBook? aid=462&bid=5051.0,2019年8月14日访问。

普通司法上关于刑事之起诉，以国家追诉为原则，而以私人诉追为例外，军人犯罪也一样。即凡军人犯刑法上之罪或违警罚法及其他法律之罪者，除罪应亲告外，有军事检察权各官长，均有起诉之权。所谓有军事检察权各官长，即：(1) 各级司令部副官或军法官；(2) 宪兵官长；(3) 卫戍司令部或警备司令部稽查官长，又海军之海军驻所警察官、巡逻队长及海军船舶训练营正副长官是也。①

这里很清楚，《陆海空审判法》对军人犯罪及其诉追主体作了明确规定。一般而言，针对军人犯罪，无论何人，均可以告诉犯罪地或被告人所在地的军事检察官，以及该管辖各官长（上文所列三种）。另一种情形是针对在特殊的区域（军事戒严区域内），或者特殊的时间（戒严时期内），或者发生的特殊刑事犯罪（汉奸等）由军事检察机构负责处理。军事检察机构主要有两项权力：一是搜查证据之权，二是诉讼之权。也即针对军事犯罪案件，从侦查到起诉，再到判决的全流程，皆由军事检察机构负责，从而增强了军事检察机关的力量。

军事检察机关不是南京国民政府的产物，军事犯罪立法是各国普遍遵循的一般法制原则。对应设置相应的机构——军事审判法院，用于审理军人之间以及与军事有关的犯罪，并作出判决。伴随军事审判机构诞生，设置了特殊检察机关，即军事检察机关。以军队的军官担任检察官来处理军事犯罪这一传统始于清末。当时为了控制军事力量，严肃军纪军规，在军队中设置专门的军事司法人员，用以处理军队发生的案件纠纷。民国初期，沿用清末的军事司法制度，在检察权的权力系统中创设了一种叫作军事检察权的新生权力。

北洋政府时期，为加强对军队的控制、管理，依据1915年3月的《陆军审判条例》与1916年5月的《海军审判暂行条例》，北洋政府设置了军事检察机关，并且陆、海军检察官主要由宪兵军官和军师、旅的副职充任。② 这种模式实为"检军合一"，检察官也是军官，审检高度合一。"由于军事检察及军事审判的官员一般由同一机关任命，并受到军队上级命令的调动和指挥，因而军事检察院的司法随意性和实施法律时所表现的野蛮性就强烈地表现出

---

① 王均安编辑：《陆海空军审判法释义》，朱鸿达校阅，世界书局1931年版，第7页。
② 其中《海军审判暂行条例》第22条规定，军事检察官由以下人员充任：海军部副官、各司令副官、海军局所警察官巡逻队长、海军舰船练营副长、学校学监、海军监狱官、高等军法会审临时选派者。载《政府公报》1916年第124期。

来。"①可见,其带来的负面影响是比较大的。因此,从北洋政府时期即已建立此体制。"在战乱连连的北洋政府时期,设置军事检察机构,普通的刑事案件常由军事审判机关进行裁判,在程序上由高级军官担任军事检察官。"②国民政府时期进一步发展强化了军事检察权,从而发展了军事检察官制度。

南京国民政府设置了特种刑事案件法庭检察官。1927年8月,国民党当局开始设置特种刑事临时法庭,分中央和地方两级,并配置专门的检察官。直到1928年6月,国民政府公布《特别刑事临时法庭诉讼程序暂行条例》,使特种刑事临时法庭的活动合法化。1929年8月出台的《反革命案件陪审暂行办法》第2条规定:"各地最高级党部对于反革命案件之第一审判决有不服者,得于上诉期间内申请检察官提起上诉于最高法院。检察官接到前项申请书,应即提起上诉。"③要求检察官必须积极介入反革命案件。1948年4月,为了打击共产党员和进步人士,国民政府出台了《特种刑事法庭组织条例》,规定中央和高等特种刑事法庭均置检察官1—3人,受理戡乱时期危害国家的行为。④ 可见,国民政府时期,军事检察机关和军事检察官始终存在。

不过,高等法院和地方法院以及各级分院的检察机构设置让人有些不解。仅从名称上看就不协调,即最高法院的"检察署"与高等法院和地方法院的"检察官"何以能够并列。因此,1930年在修改《法院组织法》的草案里,就有专门对此所作的修改:凡法院均配置检察署,以为检察官员执行职务之所。⑤希望从名称上使各级检察机构协调一致,使各级法院与检察机构形成并立关系。也正因为这样,后来的地方法院"检察官"逐渐被"检察处"或"检察分处"所代替。根据审检配置制的要求,高等检察的机构与高等法院同数额增加。根据研究统计,民国二十六年(1937),除东三省之外,全国高等法院与高等法院分院一共115所⑥,这些高等法院或分院均相应设置了检察处或检察分处。实际上,这种做法是对"审检合一"制的变相调整,使各级法院与检察机构真正形成并立关系,确保审检各自独立行使职权,有效发挥检察监督的作用。

---

① 张培田、张华:《近现代中国审判检察制度的演变》,中国政法大学出版社2004年版,第259页。
② 林贻影:《中国检察制度发展、变迁及挑战——以检察权为视角》,中国检察出版社2012年版,第21—22页。
③ 《反革命案件陪审暂行办法》,南京国民政府1929年8月17日公布。据中国国家图书馆民国法律资源库,http://read.nlc.cn/OutOpenBook/OpenObjectBook? aid=462&bid=5080.0,2019年8月14日访问。
④ 《特种刑事法庭组织条例》,南京国民政府1948年4月2日公布。据中国国家图书馆民国法律资源库,http://read.nlc.cn/OutOpenBook/OpenObjectBook? aid=462&bid=2945.0,2019年8月14日访问。
⑤ 最高人民检察院研究室编:《检察制度参考资料》(第2编),内部资料1980年版,第17页。
⑥ 赵金康:《南京国民政府法制理论设计及其运作》,人民出版社2006年版,第203页。

总之，国民政府前期检察机构类型复杂，频繁变动，直到1932年《法院组织法》出台才使检察体制逐渐稳定，即最高法院设检察署、地方法院及分院只配备了检察官，另外专门设置军事检察机关处理军事案件。但是，在民国后期的实践过程中，地方法院及分院的"检察官"被"检察处"所代替，使得审检机构关系正常化。总体上，国民政府检察机构及其内部组织是清晰的。

（二）检察官任职条件

国民政府检察制度的核心主体是检察官，其任职是有条件的。与法官一样，检察官作为特殊专业技术职业者，须受任职条件的限制。清末的《法院编制法》即规定："凡推事及检察官非经二次考试不得任用。"①类似于今天的检察官必须通过法律职业资格考试。当然，还有专业学习背景的要求："凡在直省法政学堂学习法律科三年以上领有卒业（毕业）文凭，或在外国大学或与大学同等之学堂专习法律科领有卒业（毕业）文凭者，可受法官登用考试。""在法科大学专习法律科有卒业（毕业）文凭者，以经第一次考试论。"②国民政府关于检察官任职条件，在沿袭清末及北洋做法的基础上，新增了法律教学及从业的经历。"检察官之资格，既极严格，而其职务又至繁重"③，具体条件视不同时期的法律法规而定。

首先，1928年8月《司法官任用考试暂行条例》第2、3条规定了参与检察官考试的条件④，为便于理解，整理如下：

（一）凡年满二十岁以上之本国人有下列各款资格之一者得应司法官考试：	1. 在国内外大学或专门学校修法律政治学科三年以上，得有毕业证凭者；
	2. 在国立或经最高教育机关认可之公立私立大学或专门学校教授司法官考试主要科目二年以上者；
	3. 在国内外大学或专门学校修法律学一年以上，得有毕业证凭，并会办审判事务一年以上者；
	4. 办理审判或法院记录事务三年以上者。
（二）有下列各款情事者，虽具有前面条件也不应参与检察官任用考试：	1. 非因爱国运动曾受有期徒刑之宣告者；
	2. 受禁治产或准禁治产之宣告后，尚未有撤销之确定裁判者；
	3. 曾受夺职之惩戒处分者；
	4. 其他法令有特别规定者。

---

① 陈承泽编纂：《法院编制法讲义》，上海商务印书馆1911年版，第59页。
② 〔日〕冈田朝太郎等口授：《检察制度》，郑言笔述，蒋士宜编纂，陈颐点校，中国政法大学出版社2003年版，第19页。
③ 最高人民检察院研究室：《检察制度参考资料》（第2编），内部资料1980年版，第18页。
④ 《司法官任用考试暂行条例》，南京国民政府1928年8月6日公布。据中国国家图书馆民国法律资源库，http://read.nlc.cn/OutOpenBook/OpenObjectBook?aid=462&bid=7615.0，2019年8月14日访问。

总体上，检察官资格分两块要求，亦即肯定性条件与否定性条件并用。肯定性条件是必须满足年龄在 20 岁以上、法律政治专业、大学学历、实践经历等条件；否定性条件是不能有犯罪、禁治产、受惩戒等记录。这是南京国民政府成立初期选拔法官和检察官的规定。该规定仅试用了几年，之后又有调整。

其次，1932 年 10 月国民政府公布的《法院组织法》第 33 条规定了检察官的任用资格：

（一）经司法官考试及格并实习期满者；（二）曾在公立或经立案之大学独立学院专门学校教授主要法律科目二年以上，经审查合格者；（三）曾任推事或检察官一年以上，经审查合格者；（四）执行律师职务三年以上，经审查合格者；（五）曾在教育部认可之国内外大学独立学院专门学校毕业，而有法学上之专门著作，经审查合格并实习期满者。①

显然，1932 年 10 月之后检察官的任职条件有所改变，必须符合《法院组织法》的上述五项条件之一。也即通过司法考试合格、实习期满，具有二年教学经历的法学教授、具有一年工作经历的法官或检察官、具有三年工作经历的律师，以及拥有法学著作的法学专科以上毕业者等五类人都可以参与遴选国民政府检察官。简言之，1932 年的《法院组织法》从专业知识及技能、法学教学经历、法学实践经历、法学研究经历等方面严把关检察官任职资格，较 1928 年的规定既拓宽了范围，也更符合法律职业者的实质性要求。

最后，1935 年 7 月国民政府修正公布的《法院组织法》第 33 条明确规定："推事及检察官具有下列资格之一者遴任之"，诚如学者所言："法院及检察署，为国家司法机关，而运用此司法权者，厥惟推事及检察官，必其学识经验，足以应付，故本法明定任用之资格如下（原文如左）（第 33 条）。"②检察官任用的具体条件更加细致，整理如表 10③：

---

① 《法院组织法》，南京国民政府 1932 年 10 月 28 日公布。据中国国家图书馆民国法律资源库，http://read.nlc.cn/OutOpenBook/OpenObjectBook? aid＝462&bid＝3676.0，2019 年 8 月 14 日访问。
② 丁元普：《法院组织法要义》，上海法学书局 1935 年版，第 52 页。
③ 陶百川编：《最新六法全书》，三民书局股份有限公司 1981 年版，第 56 页。

表 10　检察官任用条件

1	经司法官考试及格者
2	曾在教育部专科以上学校教授主要法律科目二年以上,并著有讲义,经审查合格者
3	曾任推事或检察官者
4	在教育部认可之专科以上学校修习法律学科三年以上毕业,曾任简任司法行政官办理民刑事件两年以上,成绩优良者
5	经律师考试及格,并执行律师职务一年以上,成绩优良者
6	曾任县司法处审判官二年以上,成绩优良者
7	在教育部认可之专科以上学校修习法律学科三年以上毕业,曾任最高级委任司法行政官,办理民刑事件三年以上,成绩优良者
8	在教育部认可之专科以上学校修习法律学科三年以上毕业,曾任法院委任书记官,办理记录事务五年以上,成绩优良者
9	在教育部认可之专科以上学校修习法律学科三年以上毕业,曾任各县承审员四年以上,成绩优良者
10	在教育部认可之专科以上学校修习法律学科三年以上毕业,并在律师考试实施前,曾执行律师职务三年以上,经甄别合格者
11	在教育部认可之大学修习法律学科四年以上毕业,有法律学专门著作,经审查合格,并学习期满者

表 10 所列的 11 个条件归纳起来,从选拔方式上有考试和考核两种,第 1 条是考试,第 2—11 条皆为考核。从任职资格条件看,不外乎强调专业理论合格与从业实践成绩优良:

第一,考试合格或者有执业经历者。分两种情形:其一,属于对口职业,考试过关或者有过正规的司法执业经历即可,也就是满足第 1 条:司法官考试合格者;或者第 3 条:曾任推事或检察官者等单一条件。其二,属于相关职业,需要考试过关或者执业经历,且业务优良,如第 5 条与第 6 条两条:经律师考试及格并执行律师职务一年以上或者曾任县司法处审判官二年以上,两者成绩优良者。

第二,从事法律专业教学二年或者法律本科毕业,著有合格成果者。如第 2 条:曾在教育部专科以上学校教授主要法律科目二年以上,并著有讲义,经审查合格者;第 11 条:在教育部认可之大学修习法律学科四年以上毕业,有法律学专门著作,经审查合格,并学习期满者。即有法学教学或法学本科学习经历,且有研究成果者,才可以申请检察官资格。

第三,法律专科毕业,有相关的执业经历,且成绩优良者。根据第 8 条,这里的法律专科毕业,是指在教育部认可之专科以上学校修习法律学科三年以上毕业。相关的执业经历包括:曾任简任司法行政官,办理民刑事件两年以上;曾任最高级委任司法行政官,办理民刑事件三年以上;曾任各县承审员①,办理民刑事件四年以上;曾任法院委任书记官,办理记录事务五年以上;律考前曾执行律师职务三年以上。与法学本科者重视理论成果相比,法学专科更强调执业经历,也即至少办理过民刑案件两年的法律专科毕业生,才可以担任检察官。

不过,与今天的条件相比,这个任职资格相对宽松一些,今天的检察官至少需要满足学历、经历、考试等三个以上条件。当然,上述条件是在国民政府时期财政经济困难、法律人才匮乏的情况下所作出的一些规定。1935 年较 1932 年条件有所放宽,其中有一个共同条件特别重要,那就是法律职业实践。1930 年的《高等考试司法官律师考试条例》直接规定,以下具有司法实践经验的人可凭借其阅历取得任用资格:(1) 曾任或现任简任法官及司法行政人员;(2) 其他富有法律学识及经验之专家。② 由此想到美国著名法官和法学家霍姆斯的至理名言"法律的生命在于经验"③。的确,南京国民政府在选拔、任用法官、检察官等法律人的时候,均将"经验"作为一个极为重要的衡量指标。

此外,国民政府十分重视检察官的理论功底。考试分初试、再试等多次进行,学了考、考了学,反复锻造扎实的理论功底。1932 年通过、1935 年修正的《高等考试司法官考试条例》规定:"初试第一试包括国文、总理遗教、中国历史、地理、宪法以及法院组织法等内容;第二试分为必考科目与选考科目,选考科目由考生在规定的科目中任选两科,大都是理论内容。"④ 初试合格者,按司法官学习规则进一步学习,学习期满参加再试,再试又分笔试、面试及平时学习审查,最后算平均分。足见,国民政府对于检察官的任职资格,不仅强调实践经历,也重视其理论功底。

总之,为了规范提升司法官水平,国民政府采取了多种途径,确保检察官在内的司法官理论功底深厚,实践业务精通。对检察官的任职资格要求严

---

① 民国早期,在未设法院或者审判机构的各县,即由县长兼理司法,县长非专业人士时,就请专业人士代理,因此设承审员一职。承审员是代表县长受诉讼的专职人员,他受县长领导,审理民刑诉讼案件。
② 《高等考试司法官律师考试条例》,国民政府 1930 年 12 月 27 日公布。据中国国家图书馆民国法律资源库,http://read. nlc. cn/OutOpenBook/OpenObjectBook? aid = 462&bid = 7317.0,2019 年 8 月 14 日访问。
③ 霍姆斯在《普通法》开篇即言:"法律的生命不在于逻辑,而在于经验。""法律之间的区别在于经验,而不是逻辑。"详见[美]小奥利弗·温德尔·霍姆斯:《普通法》,冉昊、姚中秋译,中国政法大学出版社 2006 年版,第 1 页。
④ 《修正高等考试司法官考试条例》,南京国民政府 1935 年 8 月 5 日公布。据中国国家图书馆民国法律资源库,http://read. nlc. cn/OutOpenBook/OpenObjectBook? aid = 462&bid = 8052.0,2019 年 8 月 14 日访问。

格,至于检察长和首席检察官选用的条件,与最高法院院长和其他各级法院院长相同。检察官作为国家职业人员,其只有具备深厚的理论功底、丰富的职业经验,才能满足检察职业的需求。

(三) 检察官任用标准

对于符合上述检察官资格条件的人员,如何将他们吸纳到检察官队伍里呢?国民政府对于检察官、推事等法官的任用极为严格,对于其理由,民国当时的学者作了精到的分析:

> 法官资格,历来比行政官吏为严,以须经考试及格为原则,且须受相当期间之训练或学习,方取得候补推事、检察官资格,加以任用。良以法官职司审判或检察,动辄有关人民之生命自由财产名誉,职责重大,且一经任命,有地位之保障,除年老退休外,可终身任职。为防滥竽充数,提高品质,故须慎之于始,严定资格,以选拔真正有为之人才。①

从这则分析里可以发现:第一,当时的"法官"包括"推事"(现在的法官)与检察官;第二,取得检察官资格是任用检察官的前提,而取得资格的两个重要步骤是考试和训练;第三,严定资格的理由是检察官职责重大,地位之高。对此,国民政府司法行政部专门起草了《司法官任用暂行标准》(以下简称《暂行标准》),1932年3月26日通过颁布,该《暂行标准》将包括检察官在内的司法官任用资格标准分为五种:

其一,经审查评价合格。依据《暂行标准》,现任或曾任简任司法官,经鉴别审查或评价合格者,皆有资格参加遴选任用检察官。由直接长官或高级长官对所属官吏的操守及效能予以评价,审查等级分为合格、降级、降等、不及格和不予鉴别五种,只有合格者才能获得任用。据此,对考试合格或者符合条件的检察官申请人员,经专门机构综合评价合格即可。

其二,具有相应任职经历。分两种类型,第一种类型是对庭长和普通推事检察官的要求,指"现任或曾任高等法院或其分院首席检察官、庭长、推事、检察官的,如果不是简任,但只要总计任职在三年以上,经审查评价合格的可以获得简任庭长、推事、检察官的任职资格"②。而第二种类型是针对法院院长的要求,即"如果现任或曾任高等法院分院院长、地方法院院长,并非简任,

---

① 吴学义:《司法建设与司法人才》,国民图书出版社1941年版,第42页。
② 《司法官任用暂行标准》,载《法律评论(北京)》1932年第9卷第27/28期。

但如合计任职三年以上,经审查评价合格同样具有被遴选为简任院长的资格"①。就检察官而言,第二种类型就不适合了。

其三,达到规定教育经历。简任或荐任司法官须具有以下学习或者从教经历:一方面,"在国立或经最高教育行政机关承认的国内外大学独立学院专门学校修习法律学三年以上,取得毕业证书"②;另一方面,"在国立或其他经司法院监督的学校,或经最高教育行政机关承认的各大学独立学院专门学校教授法律主要科目五年以上"③。简言之,在国内外正规的法律专业学习三年以上,或者教授法律主要科目五年以上,方可担任简任或荐任司法官。

其四,考试及格。"要求荐任司法官须经过高等考试司法官考试再试及格,如是在司法院监督的学校毕业,经司法院发给证明书,其毕业成绩在八十分以上,司法行政部亦可按其成绩派充学习推事检察官。"④依据 1932 年第 1420 号司法行政部训令,各省高院院长及首席检察官略开,"嗣后各省预算案内,如有候补推检空额或新设法院需用候补人员时,应以考试分发各地方法院候补推检尽先派补"。⑤ 也即学习推事检察官只有经高等考试的司法官再试及格,才能派充候补推事检察官。1933 年 9 月 22 日,司法行政部训令各省高等法院及首检官再次予以重申,候补推检空缺时,应先以考试分发暨曾任推检正缺改分候补各员补充完竣,不得率以他员遴请派充,致干驳诘。⑥ 表明国民政府对遴选检察官的高度重视,坚持用人标准,以考试作为选拔的途径。

其五,革命功勋。是指"有特殊勋劳或致力国民革命十年以上,并有勋劳曾任司法官三年以上,同时具有第三款的人员,具有遴任简任庭长、推事、检察官的资格"⑦。这是对奉献革命事业者的肯定和鼓励之举,也是历史上奖励有功之臣的通常做法。南京国民政府时期,对从事革命工作,有勋劳于国家,尤其是为抗战事业作出巨大贡献的人,政府对其本人就业及子女就学等方面,均有一定的优惠政策,以表达对有功之人的敬畏和崇敬。

以上五点要求是综合性标准,但从检察官任用的程序来看,主要有两点考虑:

第一,注重理论学识的考试。法官考试制度自民国初年即已确立,1926

---

① 《司法官任用暂行标准》,载《法律评论(北京)》1932 年第 9 卷第 27/28 期。
② 同上。
③ 同上。
④ 同上。
⑤ 殷梦霞、邓咏秋:《民国司法史料汇编》(第 40 册),国家图书馆出版社,第 170 页。
⑥ 同上。
⑦ 《司法官任用暂行标准》,载《法律评论(北京)》1932 年第 9 卷第 27/28 期。

年在广州举行首场考试,1929年在南京举行了国民政府司法官初步考试。1928年8月6日国民政府颁布了《司法官任用考试暂行条例》①,对符合司法官任用条件的人员准许参与首都所在地的甄录试和初试,初试及格者授以司法官初试及格证书,依学习规则之所定,分发各省高等以下法院或司法研究所学习。初试之前的甄录试为笔试,主要考两方面内容:"(1)三民主义;(2)法学通论。初试分笔试和口试,笔试科目包括宪法原理、民法、商法、刑法、民事诉讼法、刑事诉讼法6门。"②依据1935年8月5日的《修正高等考试司法官考试条例》,司法官考试分初试和再试。初试及格者,接着进行一段时间的理论学习,期满后参加再试。再试及格者,依法任用;不及格者,补行学习,再补考一次,仅有一次补考机会。其中,初试司法官考试内容丰富,如表11:

表11 司法官考试初试之内容③

场次	考试科目	
第一场	国文、论文及公文	
	总理遗教、建国方略、建国大纲、三民主义及中国国民党第一次全国代表大会宣言	
	中国历史	
	中国地理	
	宪法(宪法未公布前考中华民国训政时期约法)	
	法院组织法	
第二场	甲(必考)	乙(选二考)
	民法	行政法
	刑法	土地法
	民事诉讼法	劳工法规
	刑事诉讼法	国际公法
	商事法规	国际私法
		犯罪学
		监狱学
第三场	就应考人第二试之必试科目及其经验而试之; 第三试时得因应考人之请求或典试委员长认为必要,出示所试之法规。	

---

① 《司法官任用考试暂行条例》,南京国民政府1928年8月6日公布。据中国国家图书馆民国法律资源库,http://read.nlc.cn/OutOpenBook/OpenObjectBook? aid=462&bid=7615.0,2019年8月14日访问。
② 同上。
③ 《修正高等考试司法官考试条例》,南京国民政府1935年8月5日公布。据中国国家图书馆民国法律资源库,http://read.nlc.cn/OutOpenBook/OpenObjectBook? aid=462&bid=8052.0,2019年8月14日访问。

由表11可知,司法官考试初试第一场偏重于基础知识,包括语文、政治、历史、地理等内容,特别是总理遗教、建国方略、建国大纲、三民主义及国民党大会宣言等方面;第二场考试包括必考题与选考题,必考题主要考核法学专业五大核心课程,选考题着眼于相对偏远一点的领域。第三场考试则相对灵活一点,它是基于前两场考试的结果再定。

按照《法官考试任用暂行章程》的规定,法官应到各省初级审检厅实地实习,第一次考试最优等的人员也可以到高等审检厅、地方审检厅完成实习试验。这一规定试图激励那些旨在从事法律职业的人为了更高级别的实习单位和更好的前途认真学习法学理论,刻苦钻研,力争考取好成绩。

第二,强调司法实务的训练。基于检察事务的实用性和应用性极强的特点,清末的《各级审判厅试办章程》和《高等以下各级审判厅试办章程》就已经关注到了法官、检察官的司法实务能力,如"用人"一项,对司法官任用方式和标准作了统一规定,其中:

> 推事、检察官各员由督抚督同按察使或提法使认真遴选品秩相当之员,或专门法政毕业者,或旧系法曹出身者,或曾任正印各官者,或曾历充刑幕者,抑或指调部员,俱咨部先行派署。典簿、主簿、所官、录事各员,由督抚饬按察使或提法使认真考试,就现任候补各员及刑幕人等拔取资格程度相当者分别咨部派署委用。①

从这里的要求可以发现,清末法规已经非常清楚地规定了录用检察官实践经历方面的要求。由此可知,清末地方长官对法官、检察官等司法官任用的把关非常严格。既有从法政学堂的毕业生中培养司法官的,也有从旧有的僚属、刑幕人员中选拔司法官的,然后进行内部综合考察,再向法部奏报,最后加以任命。在此时的司法官选用标准中,法律专业知识和以往办案经历处于同等地位。实际上,此时的司法官(法官和检察官)任用,已经开始注意到了法律经验问题。

北洋政府在司法官任用方面基本承继了清末的做法,但是此时的司法官选拔制度正式开始仿效德国司法官任用的经验模式。根据《法院编制法》和《法官考试任用暂行章程》,在北洋政府担任候补推事、候补检察官以及推事、检察官均需要通过考试,才有资格上岗。考试分为两次,即法学理论笔试和

---

① 《法部奏筹办外省省城商埠各级审判厅补订章程办法折并清单》,载《大清法规大全·法律部》卷七《审判》,转引自《安徽官报》宣统二年(1910)正月下旬第三册。

法律实务考试。但是,理论笔试与实务考试中间要间隔一段实习的时间。而且,只有通过理论笔试,才可以参加实习,实习结束再进入法律实务考试。

总之,北洋政府对法官、检察官任用有严格的工作经验的要求,当时无论是简任还是荐任法官均以工作经验作为其资格取得的必备条件,见表12[①]:

表12 北洋政府时期法官资格条件

荐任司法官资格	简任司法官资格
一、依司法部甄拔司法人员规则甄拔合格人员曾署补高等以上审检厅司法官而裁缺或延避开缺或辞职者 二、经司法部甄录考试第一次考试第二次考试合格者 注:参加考试者必须在国内外大学或学院接受法科教育者	一、现任大理院推事、总监察厅检察官三年以上者 二、现任高等审判厅庭长、高等监察厅首席检察官三年以上者 三、现任各省地方审判厅长、地方监察厅检察长三年以上者 四、现任司法部参事司长三年以上者 五、现任简任文官一年以上而有应司法官考试资格者 六、曾任提法使司法筹备处长一年以上而有应司法官考试资格者 七、曾任法部大理院简任实官一年以上而有应司法官考试资格者 八、曾任简任法官一年以上现经裁缺延避开缺辞职或调任荐任职而有应司法官考试资格者

民国后期,国民政府延续了民国初期以来所形成的司法官经验主义的传统,并且深度移植德国重视专业知识与实习经历的司法官制度。前文已述,1932年国民政府颁布的《法院组织法》关于司法官的任用更加强调"经验"因素。其中第33条规定的"曾任推事或检察官一年以上""执行律师职务三年以上"以及"实习"等要求,就是对法官任用前工作经历或社会阅历的要求。当时的学者认为,推事检察官的任用,莫善于采考试制度,固足以选拔真才,但在《法院组织法》施行以前,已经取得资格的推事或检察官,亦不乏学验俱优之士,自未便悉予摒弃,其他资历高深能胜推事或检察官之任者,尤不能不广为招延,故推事检察官的任用,必须受到如上条件之一的限制。[②] 显然,民国后期的国民政府对检察官、法官等司法官任用要求较北洋时期严格一些。

根据国民政府行政院1932年9月24日颁布的《修正法官训练所章程》,"司法行政部设法官训练所,以就法官初试及格人员训练司法实务为宗旨。开设的课程如下:(一)党纲党义;(二)民事审判及强制执行实务;(三)刑事审判及检察实务;(四)民法实用;(五)民事特别法实用;(六)刑法实用;(七)刑事特别法实用;(八)民事诉讼法及强制执行法实用;(九)刑事诉讼

[①] 表12根据《拟定法官资格并简任法官预保办法呈并批令》制作,载《司法公报》1915年第37期。
[②] 参照梁仁杰编著:《法院组织法》,商务印书馆1936年版,第25—26页。

法实用;(十) 证据法;(十一) 外国文;(十二) 公牍。"①从开设的课程来看,司法训练所强调司法实务的训练,着重于两个方面:其一,强化司法实务和侦查试验,培养检察官的职业技能;其二,强化党务政治素养,熟悉司法程序,增进党治前提下的检察制度效率。而且培训时间较长,依据该章程,法官训练的时间为十八个月,每满六个月为一学期。每学期期满,就该期所修课程举行学期试验;训练期满,就各期所修一切科目举行毕业试验。"试验成绩平均分数在七十分以上者为及格,学期试验二次不及格者除名。依前项规定除名者应由法官训练所函报司法行政部。毕业试验及格者,由法官训练所造具名册,连同试卷报经司法行政部核准后,发给毕业证书,以法官再试及格论。"这是《修正法官训练所章程》的要求。②

第三,训练期满后的过关考试。国民政府对司法训练的要求是严格的,司法训练期满,除了毕业试验,还要接受考试院的再试。只有再试合格的人,才可以正式取得法官资格。取得资格证之后才可被分发到各地法院,先是作为候补推事、检察官予以任用。再试不及格者,补行训练,得考虑第二次考试,但以一次为限。③ 只是各省法院,大都人少案多,又限于经费紧张,不易增加正缺检察官。1940 年以来,在正缺之外,各省均另设候补检察官员额。

第四,南京国民政府时期的检察官必须加入国民党组织。这是由国民政府实行"党治"的背景决定的。"南京国民政府成立后,将'党治'作为国民政府各项活动的指导方针。"④因此"司法党化"是司法领域贯彻"党治"原则的典型表现。而"'司法党化'主要通过司法官的裁判行为来实现的,表现在两个方面:一方面,司法干部人员一律党化,司法官由国民党党员来担任,直接行使司法审判权。另一方面,适用法律的'党义化',要求每一个司法官都能够熟知党的纲领和主义,以便在审判时,可以将党义充分地运用到裁判上,或者用国民党党纲的内容来裁判案件"⑤。这样一来,国民政府司法领域为贯彻"司法党化"的精神,在司法官任用条件里增加了一个政治条件,即司法官必须加入国民党组织,任用检察官自然也不例外。

---

① 《修正法官训练所章程》,南京国民政府行政院 1932 年 9 月 24 日公布。据中国国家图书馆民国法律资源库,http://read.nlc.cn/OutOpenBook/OpenObjectBook? aid＝462&bid＝6485.0,2019 年 8 月 14 日访问。
② 同上。
③ 参照吴学义:《司法建设与司法人才》,国民图书出版社 1941 年版,第 47—48 页。
④ 谢冬慧:《民事审判制度现代化研究——以南京国民政府为背景的考察》,法律出版社 2011 年版,第 92 页。
⑤ 同上书,第 94 页。

按照这一要求,欲成为检察官的非国民党党员需要加入组织,而对于国民党党员,却有一些有利政策。1938年4月,中央执行委员会颁布《中央党务工作人员从事司法工作甄审办法大纲》,其中规定党务工作人员可不经考试,只需甄审合格,训练期满,毕业后即可被派充各地正缺检察官。① 简言之,在司法党化的背景下,非国民党党员者要成为检察官,必须"入党",并且通过相关的考试,即过"党的理论"关。反之,国民党党务工作者成为检察官,程序更为简单。

总之,南京国民政府时期,检察官任用标准随着时间的推移而稍有变化,但是基本程序未有大的变动,即:甄审合格—初试及格—学习训练—再试(可补考一次)及格—检察官岗位。简单地说,就是大学毕业后,经过司法官初试及格,然后经法官实务训练期满,再试及格,取得司法官资格后,由司法行政部派充各地方法院候补检察官。

(四) 检察官专业培训

国民政府的司法机关高度重视司法官的"经验"培养,上文所述的检察官进入职场之前,需要经过系统的理论学习,还需要经过扎实的实务训练,"经验"培养在司法官的培养过程中极为重要。这里有一份1929年河北高等法院的训令,其内容表达了当时国民政府司法院强调"经验"的意图:

> 法官折狱关系人民之生命财产,非有学资兼优之选,决不足以胜任。本部(司法行政部)有鉴及此,故于任用之际,考核从严……升迁时遵照办理,凡部派代理人员,须任事满六个月后,确有成绩,方得呈请试署;试署人员须任事满六个月后,确有成绩,方得呈请派署;派署人员须任事满六个月后,确有成绩,方得呈请荐署;荐署人员须任事满一年后,确有成绩,方得呈请荐補。②

从这则训令不难发现,民国后期的国民政府对法官(检察官也一样)工作经历或社会阅历的重视程度。当时的司法行政部对于新法官的任用,要求经过多岗位锻炼,时间上分三个"六个月",再加一年的工作考察。之所以这样,当时担任司法储才馆馆长的梁启超在一次公开演讲中曾指出:"司法官(法官和检察官)一举一动,都直接影响于诉讼当事人的生命财产,所以他的责任,

---

① 参照吴学义:《司法建设与司法人才》,国民图书出版社1941年版,第44—51页。
② 《河北高等法院训令》(第一零六九号),载《河北省政府公报》1929年第213期。

比其他官吏更重大。"①并且,在公众心目中,司法官的形象不错,他们"应当是以自己个人的行为,自己对工作的态度博得信任和威望的人,应当是具有很多社会政治经验和善于审讯的人"②。只有这样,才能作出公正的裁判,以维护当事人的生命财产。

不过,关于司法"经验",每个检察官可能感受不一样。除了业务心得、社会感悟之外,还有人将检察官自身的精神状态作为经验之谈。例如,梁启超在上述讲演中就举了一个例子,说的是民国后期有位叫李特成的司法官:

> 每当开庭时候,他总是将简易案件先办,把繁难案件放在后面。当审理简易案件时,慢慢的不费精神,继续到七八小时之久,这时繁难案件狡猾的当事人,索性等着,腹饥力疲,不能自主,结果将所预备支吾来骗法官的一套话,因为精神不好,一句也说不出,甚至情愿把实情吐出,以便从速出庭,这是实际上所常有的事;此时当推事的,抖擞精神,用全副精力来对付当事人,便可片言揭破他的假面具,以判断事实的真伪曲直了。李先生的这种经验,虽然不能事事如此,不过给我们一个重要条件,就是要精力充足。③

由于检察工作涉及很多专业知识与技能,且实践性很强,纵然国民政府条件艰苦,仍将检察官的专业培训放在极其重要的位置。根据史料记载,

> 自民国二十五年冬起,复有分期调训现任法官之计划。将各省高等地方各法院正缺或候补推事、检察官分班调至首都,施以新思想新精神之训练,每班以一百人为度,训练期间,为一个月。至抗战发生为止,在南京已办了五期,分为推事班与检察官班,计已训练推事两班,检察官三班。迁渝后仍继续进行。第六期为检察官培训班。④

这里的前六次培训计划,检察官培训就占了三分之二,仅培训班的培训次数就足以表明国民政府对检察官专业培训的重视程度。后来,由于集中精力抗战,培训班被迫中断。根据1947年《青海高等法院检察处工作报告》,可

---

① 详见梁启超:《法官之修养》,载《法律评论》1927年总第204期。转引自何勤华、李秀清主编:《民国法学论文精萃(第五卷)诉讼法律篇》,法律出版社2004年版,第270页。
② 徐世京编译:《司法心理学》,上海人民出版社1986年版,第150页。
③ 梁启超:《法官之修养》,载《法律评论》1927年总第204期。转引自何勤华、李秀清主编:《民国法学论文精萃(第五卷)诉讼法律篇》,法律出版社2004年版,第272页。
④ 吴学义:《司法建设与司法人才》,国民图书出版社1941年版,第48页。

以略知当时边疆地区的检察官专业培训情况：

> 本处前为充实改进检察工作，造就专门人才起见。曾于三十四年，考取程度较佳，年龄适格人员，筹措公费，送入甘肃高等法院呈准主办委托甘肃医学院附设检验员训练班参加受训，六个月毕业后，经即分发各地方法院服务，历经呈送铨叙，给予级俸，正式任用。服务情况，较前大有进步，洵为法院检察事务上一大改革。惟前项受训毕业人员，受训时间过短，所得学识有限，遇有重大案件，仍乏充分把握。故又一面继续督饬所属各级检察官，用个别方式，就各该院检验员，随时切实讲解检验技术，研究新旧洗冤录，以资补充运用。一面继续设法延揽，并呈请法部，遴派法医人才，来省服务，总期达到完满目的。①

从这份报告可以发现，偏远地区检察官资源严重不足，于是对检察官加强专业培训，一方面使年轻人尽快进入岗位，另一方面鼓励采用以老带新的模式培养提升业务水平。这种方式方法非常有效，快速培养出了检察官、法医等法律专业技术人员。

国民政府法官培训机构——法官训练所成立于 1929 年，从 1929 年到 1935 年共 6 年时间里，初试及格的法官，按照要求送入法官训练所接受一段时间训练。但是，从 1936 年开始，又将初试合格的司法官送到法院接受实战训练。例如，将临时高等考试及格的司法官，分批派送到各个省级法院实训两年。1939、1940 两年则先送入中央政治学校训练半年，再由司法行政部派往各省法院学习半年。对此，国民政府司法部部长王宠惠于 1930 年在司法院的工作回顾里特别提到法官训练问题：

> 法官平亭狱讼，职务重要，学识经验缺一不可，现在推广法院，期在必行，所需人才为数甚多，急应先期训练，以免临时缺乏。爰于首都设立法官训练所，考选法政毕业人员，就审检实务分科训练，并于所内假设法庭，以资实习。经本院拟具办法，提出国务会议议决通过，令饬司法行政部遵照筹设，于上年六月开始训练，现有学员一百七十余人，将来尚需逐渐扩充。②

---

① 《青海高等法院检察处工作报告》，载《青海高等法院院长郭润霖、首席检察官褚成富出席全国司法行政检讨会议工作报告》(1947)，第 42 页。据中国国家图书馆民国图书资源库，http://read.nlc.cn/OutOpenBook/OpenObjectBook? aid=416&bid=56235.0，2019 年 8 月 14 日访问。

② 王宠惠：《王宠惠法学文集》，张仁善编，法律出版社 2008 年版，第 294 页。

显然，从司法部部长王宠惠的报告里可以判断几点：第一，法官处理诉讼案件，职责极其重要，其学识和经验必须同时具备。在推广法院制度的当时，法律人才需求很大，急需提前做好训练，以备临时之需。第二，计划在首都（南京）设立法官训练所，选拔法政毕业人员，加强实务训练，并设立模拟法庭，以供实习之用。第三，司法行政部拟定具体的司法训练办法，经国务会议通过，由司法行政部筹办法官训练所，于6月开始接收学员170多人，后面还需逐渐扩充规模。王宠惠的这种思路和想法，顺应了普及法院、加强司法公正的需求。根据司法行政部1930年的工作报告，为了训练司法官，专门设立了司法官训练所：

  查本部对于各省法院，力图扩充，司法人才，极感缺乏，是以于十八年间，设立法官训练所，招考学员，从事培植，现在第一届学员，已于本年四月期满毕业。本拟续行招考二届学员，以资训练，嗣以学员考试，应试资格，试验科目，以及合格后送所修习，一切待遇，多与司法官考试及格人员相同。而法官初试暂行条例，又适于本月七日奉令公布，所有前项学员考试，自应改为司法官考试，以昭慎重，而符法令。①

从司法行政部的这份报告里，我们知道1929年已经设立法官训练所，对报考学员进行培训，第一批学员于1930年4月期满毕业。紧接着接收第二批学员，应试合格后，送训练所进行司法官专业训练，学员考试据新法改为司法官考试。为了加强司法官的专业训练，1938年11月29日，国民政府出台的《司法官学习规则》规定，"司法官考试初试及格人员，法部得分发各地方法院学习审判检察事务，其学习期间定为一年六个月。如法部认为以训练司法实务为适当时，并得命入司法官养成训练司练习司法实务。……分发学习人员得阅览诉讼卷宗，于指导人员开庭时在场旁听评议或侦查时亦得许其在场。指导人员每月应颁发学习人员拟作裁判书及处分书十件以上，所拟稿件有不当者，指导员应指导其改正。"②接受司法实务训练的学员应就民刑庭及检察事务分期学习，每处分别学习六个月。

显然，这里的司法官包括法官和检察官，二者关系非常密切。《司法官学

---

① 《司法行政部十九年十月份工作报告》，载《司法行政部工作报告》（第1卷），司法行政部1931年版，第6页。据中国国家图书馆民国图书资源库，http://read.nlc.cn/OutOpenBook/OpenObjectBook? aid＝416&bid＝48457.0,2019年8月14日访问。
② 《司法官学习规则》，临时政府法部1938年11月29日公布。据中国国家图书馆民国法律资源库，http://read.nlc.cn/OutOpenBook/OpenObjectBook? aid＝462&bid＝6105.0,2019年8月14日访问。

习规则》为司法官专业训练提供了制度保障，正是这些严格的训练程序和实践经历，塑造了包括检察官在内的高素质司法人员队伍。

尽管法官与检察官关系密切，但是在业务上，检察官对于法官有监督的职责。此外，当时实行五院制，按照五权宪法的精神，监察院监督司法院及其下属的最高法院与公务员惩戒委员会；行政院之下的司法行政部监督高等法院以下各级法院及所配置之检察机关；司法行政部掌管法官和检察官人事，它可以将检察官与法官身份互换。① 也就是说，当时的检察官可能因为司法行政部的一纸人事命令，改任法官职务。② 当然，司法行政部对最高法院以下法院、检察处事务及人事皆有管辖权。

如果从历史源头看，检察官上岗前必须接受业务培训的做法，可以追溯到北洋政府时期，这里有一份北洋时期检察官培训成绩单：

表 13　司法讲习所第三班刑事检察班满限总平均成绩表③

姓名	蒋钱珍	魏大同	虞　嘉	廖体乾	袁宏道	袁国湘	罗子兰	李承恩
第1学	84.96	87.58	66.46	79.69	71.77	73.62	73.23	72.62
第2学	87.54	84.96	65.36	70.64	68.18	70.45	71.18	70.55
第3学	84.23	82.73	72.04	64.13	70.29	68.5	70.88	69.25
第4学	83.88	85.54	77.71	67.54	74.21	73.68	71.32	75.46
合计	340.61	340.81	281.57	282.	284.45	286.43	286.61	287.88
总平	85.15	85.2	70.39	70.5	71.12	71.61	71.65	71.97
名次	2	1	73	72	71	70	69	68
备考								

北洋政府的实践证明：检察官培训是提升检察官水平的重要途径。因此，国民政府时期，有学者将开办检察官培训班作为改进检察制度的建议之一，主张"抽调现任检察官入所训练，授以活动检举的技术；遴选饶有风骨、通晓法律的干员开办训练"④。也有学者主张沿着"理论—实践—理论"的道路，不断提升检察官的素质。

> 高等考试司法官初试及格，及依法院组织法第33条第6款，以推事检察官审查任用合格人员，照章须先派往各地方法院学习，为期半年至一年，期满审查成绩及格，依法任用，按照部颁学习规则，本得办理特定

---

① 参照张熙怀：《台湾地区法院与检察署的关系沿革与发展》，载《人民检察》2015年第8期。
② 同上。
③ 《司法讲习所第三班刑事检察班满限总平均成绩表》，载《司法公报》1920年第121期。
④ 理箴：《对于改进检察制度的管见》，载《法令周刊》1936年第311期。

检察事务,实际上各地方法院命学习推检办案者无多,率仅旁听或拟办裁判及检察事务书稿,致学习人员,几等素餐,其实经验多由直接办案而得。学习检察官,更多半属青年,富有朝气,检察官尤贵忠直,不畏权势,是以学习检察官,果正式办案,必有成绩可觇。①

上则史料再次表明:成熟的检察官也要多到基层法院学习,只有经过半年或一年的基层锻炼,才能使其得到更好的任用,能够胜任特定的检察事务。尤其是处在学习检察官阶段的青年检察官,更需要接受这样的基层锻炼。正是在这样的背景下,国民政府的检察官培训班办了起来,这里有一份当时开班的报道(法讯):

现任法官训练第二期受训人员,定期调现任检察官到京受训,各情已志本刊。兹闻奉部令调训之苏浙等十省检察官一百零八员,业经先后报到,并于本月十八日举行开学典礼。首由法官训练所长洪兰友氏报告筹备经过,续由中央代表陈果夫氏、司法院院长居正氏、司法行政部部长王用宾氏、最高法院检察署检察长郑烈氏相继致训,对检察官之责任及调训意义阐发綦详,旋摄影礼成。②

这则报道里的"定期调现任检察官到京受训",以及培训班开班时中央代表、司法院院长、司法行政部部长、最高法院检察署检察长均到场致辞的盛况,表明了国民政府对检察官培训的重视程度之高。

简言之,随着社会的不断变迁,检察官的业务需要不断更新,专业培训必不可少。纵然经费紧张,国民政府司法行政部仍坚持办班培训,表明当时提高检察官素质、提升司法公正的决心。

(五) 检察官人事调整

国民政府时期,法律人才奇缺,检察官更是难得。尽管《司法官任用暂行标准》要求很高,但是国民政府用人也有灵活的办法:针对偏远地区司法人才紧缺的状况,对暂不符合条件或者经任用不称职的人员,一方面通过培训,提高其技能;另一方面进行其他的人事调整。根据史料记载:

人事健全,为表见工作成绩之原动力,本省司法人员,向来缺

---

① 蒋应枸:《如何发展检察制度之效能问题》,载《新中华》1945年复刊第3卷第1期。
② 《现任检察官调京受训》,载《法令周刊》1936年第338期。

乏……然而领导者果能知人善任,用其所长,补其所短,为适当之调整人事之标准,以不使原有人员去除为原则,其标准如下:(一)经验浅薄者,勉其进修,促其努力;(二)不胜繁剧者,酌调简缺;(三)无领导才者,酌调相当工作;(四)人地不宜者,酌予移调;(五)暂无调整必要者,概仍其旧,渐次罗至优秀,加以充实。调整以后,各项工作精神,为之一振。①

由此可知,国民政府对于检察官的人事调整极为关注,认为人事健全是工作取得成绩的原动力,领导者要能知人善任,用其所长,补其所短:对于任职经验不足的司法人员,鼓励他们通过进修,努力达到要求;对于不能胜任繁重岗位的,酌情予以调换;对于没有领导才能的人,将其调整到非领导岗位;对于需要实行任职回避的人员,酌情进行迁移调动;即使符合条件的人员,也应该不断努力,使自己更加优秀。可见,国民政府对于包括检察官在内的司法人才的任用是高度重视的。

值得一提的是,对于特殊时期检察官任用,国民政府也有所考虑。抗战爆发之后,国民政府公布了《司法官临时叙补办法》,1939年4月颁布了《非常时期司法官暂行办法》等一系列法规调整特殊时期检察官的人事安排及职责分工。例如下面的史料所反映的非常时期在各省法院另设候补推事检察官员额,以及对于党务工作人员优先免考录用且任以正缺检察官的情况。

> 惟各省法院,大都人少事杂,又限于经费,不易增加正缺,三十年来均于正缺推事、检察官之外,别设候补推事、检察官员额,即:a. 大学毕业;b. 经司法官初试及格;c. 经训练期满,再试及格,取得司法官资格后,仅由司法行政部派充各地方法院候补推事、检察官。而党务工作人员,不经考试,只需"甄审"及格,训练期满者,毕业后反可立即派充各地正缺检察官。候补推事、检察官之委免转调,极其简便,仅有津贴而无俸给。②

这里的资料显示:各省法院案多人少,由于经费所限,不容易增加正缺,长期以来都是设候补推事检察官员额,代替增加正缺。选拔的条件有三点:一是大学学历;二是司法官初试及格;三是经训练期满再试及格。取得司法官资格后,由司法行政部派充各地方法院担任候补推事、候补检察官。而党

---

① 朱观编:《中华民国三十六年十月陕西高等法院检察处工作报告》,陕西高等法院检察处文牍科1947年版。据中国国家图书馆民国图书资源库,http://read.nlc.cn/OutOpenBook/OpenObjectBook? aid=416&bid=74022.0,2019年8月14日访问。

② 吴学义:《司法建设与司法人才》,国民图书出版社1941年版,第50—51页。

务工作人员,则有特殊优惠的政策,即无须经过考试,只要"甄审"及格、训练期满者,毕业后即可立即派充各地正缺检察官。

候补推事检察官之委免转调,极其简便,且只有津贴而没有俸禄。国民政府司法行政部 1930 年 10 月的《司法工作报告》显示,各法院学习推检可以试办简易案件,以解司法人员短缺的"燃眉之急":

> 查各法院职员,除实缺及候补推检书记官外,尚有学习推检一项,此种人员,在学习期内之工作,本以拟办文件,及入席旁听为限,但各省法院,往往因诉讼繁多,间有以此种人员,实行办案者,倘不略予变通,则学习者,既无学习讯问之机会,而诉讼案件,亦不免因之积滞……似此办理,则一切简易案件,学习推检经过一定期间,均可实习讯问,不特审检事务之经验,随之增加,即诉讼积压之情事,亦因之减少矣。①

也就是说,1930 年代的国民政府法院职员包括实缺、候补推事、候补检察官、书记官、学习推事、学习检察官等。而学习推事与学习检察官在学习期内的工作,除了拟办文件、入席旁听之外,还包括参与办理简易案件。当时,由于诉讼案件繁多,而办案司法人员紧缺,所以不得不启用尚在训练学习阶段的学习推事与学习检察官。这样一来,他们学习和办案两不误,既增加了实践知识,又解决了案件积压问题,两全其美。

国民政府时期,对于检察官的人事任免,最高法院检察署的首席检察官无权过问,检察官的任命由司法行政部统一行使。1928 年 2 月,国民政府公布的《各省高等法院检察官办事权限暂行条例》规定:"高等法院首席检察官归最高法院首席检察官指挥监督,高等法院首席检察官对于所属检察官或行使检察权之县长及办理检察事务之书记官有指挥监督权。"②同时公布的《地方法院检察官办事权限暂行条例》规定:"地方首席检察官归最高法院首席检察官及高等法院首席检察官指挥监督。"③1935 年 6 月,司法院院令公布的《最高法院检察署处务规程》规定:"最高法院检察署检察长指挥监督全国检察事务。"④而 1945 年 7 月 25 日,国民政府司法行政部颁布《司法官荐署荐补

---

① 《司法行政部十九年十月份工作报告》,载《司法行政部工作报告》(第 1 卷),司法行政部 1931 年版,第 6 页。据中国国家图书馆民国图书资源库,http://read.nlc.cn/OutOpenBook/OpenObjectBook? aid=416&bid=48457.0,2019 年 8 月 14 日访问。
② 蔡鸿源:《民国法规集成》(第 65 册),黄山书社 1999 年版,第 392 页。
③ 同上书,第 400 页。
④ 同上书,第 377 页。

审查成绩办法》①规定,司法官铨叙合格者,于呈荐署时,均应送成绩单审查,但高等法院首席检察官可免检成绩单。对于成绩单审查不合格者,可以于继续任职六个月后,再检呈最近办案成绩单审查之,但二次审查不及格者,酌予降调或免职。

从这些规定可以看出,国民政府对检察官的任用是高度重视的。同时,国民政府时期的检察人事管理分两方面:一是上下级的首席检察官均代表检察机关行使职权,他们之间的监督与指挥,其实质为上下级检察机关之间的监督与制约关系;二是各级首席检察官对自己所管辖的检察官和办理检察事务的书记官有指挥监督权,表面上是检察官之间事务上的分配,实质是代表检察机关行使管理权。尽管这里的检察机关在法律上是虚构的,但是却在实践理念上存在着,确保审判检察各自履行职责,这也是国民政府时期,"审检合一"体制合理存在的基础。

三、检察机构的职能变化

体制决定机制,随着国民政府检察体制的变革,检察机构的职能,包括检察机构的性质、职能及职责权限,也相应发生变化。上文已述,南京国民政府时期,随着政治格局的变迁,司法检察机构也相应作了一些调整,法检合署,独立办案;检察系统,上下一体。在这一背景之下,检察机构的性质职能及职责权限值得重新考量。

(一) 检察机构的性质

多少年来,关于检察机构的性质,一直较具争议性。"分析和改革中国的检察制度,首先要关注的一个问题就是检察权的性质问题。"②检察机构作为检察职权的行使部门,其性质如何,必须首先搞清楚。关于国民政府检察机构的性质,也是一个曾经有过争议的问题。早年,德国引入检察制度时也曾引起全国大讨论,研究资料显示:

随着1879年《法院组织法》的生效,德国全国统一引入检察机关以后,学术界和公众对该新引入的机构进行了激烈的争论。对于检察院的

---

① 《司法官荐署荐补审查成绩办法》,南京国民政府行政院1945年7月25日公布。据中国国家图书馆民国法律资源库,http://read. nlc. cn/OutOpenBook/OpenObjectBook? aid=462&bid=2528.0,2019年8月14日访问。
② 孙谦:《中国的检察改革》,载《法学研究》2003年第6期。

地位，即其首要任务是作为公诉人或作为刑事诉讼的一方当事人，还是作为"法律守护人"，并因此具有保障法律在刑事诉讼程序中获得遵守的义务和权力，是作为独立的司法机关还是受指令约束的行政机关，1877年1月27日的《法院组织法》第142条及其随后条款并没有作出明确规定。①

不难发现：德国关于检察机构地位或者性质的争论焦点在于：检察机构属于司法机关还是行政机关。这个问题同样也困扰了南京国民政府时期的官员与学者们。"但在欧美国家的法律实践中，几乎毫无例外将其置于最高司法行政机关的领导之下；只是在没有最高司法行政机关的英国，才由行使综合职权的大法官即上议院议长和内政部管辖。"②由于南京国民政府的制度设计大多效仿西方，所以先来看看当时的德法日英美等国家在检察机构设置方面的性质归属。

首先，在德国，检察官虽然附设于法院，具有司法职能，但从组织体系和领导体制等方面看，检察机构应属于行政机关。研究资料表明："检察官是政府行政部门的组成部分，检察院的组织是分等级的，最上层是司法部部长，主要执行官是总检察长。""德国检察机关的上下级关系属于领导与被领导关系，检察官的人事和工作不像法官那样独立，作为官员，他们必须服从上级的指令，上级有权向下级发布有约束力的指示和命令，如接受案件或指定移送管辖案件。"③这种组织及领导模式决定了检察机关的行政机关性质。

其次，法国作为检察制度的发源地，其检察机关的性质值得关注。在法国，孟德斯鸠和卢梭等人都是"权力分立学说"的倡导者，该国权力配置的基本原则是权力制约。但是，法国立法、行政与司法三权行使的主体存在交叉性，各种权力均具有双重属性。例如，法国司法权由作为司法机关的法院和作为行政机关的行政法院共同行使，带来司法权的司法与行政双重属性。检察机关也具有类似的特点，正如学者所言，法国现代检察机关首先是在刑事领域发挥重要作用的司法机关。但需要说明的是，检察机关的职权一直在扩展，在行政领域也发挥作用。检察机关尤其具有司法行政管理的职权，在某种程度上，它是司法部部长的地方代理人，并且介入多个领域。④ 的确，法国现代检察机关的司法行政属性较明显，1958年12月出台的法国《司法组织

---

① 魏武：《法德检察制度》，中国检察出版社2008年版，第158页。
② 赵金宝、沈林荣：《论我国检察机关的定位》，载《中共四川省委省级机关党校学报》2008年第1期。
③ 刘方：《检察制度史纲要》，法律出版社2007年版，第51页。
④ 魏武：《法德检察制度》，中国检察出版社2008年版，第11页。

法》第 5 条规定,"检察机关隶属于司法部部长。司法部部长有权向检察长发布正式命令,政治上对检察机关的运作负责。"①有学者认为,"从检察制度的产生看,现代检察制度是为了弥补起诉与审判合一的不足,即诉讼上的行政权与司法权不分的缺陷,最早由法国古代受国王委托维护国王私人利益的代理官及后来的封建庄园管家代表国王及庄园进行诉讼的制度演变而来,并为世界各国效仿。"②也即检察机构产生之时就具有较强的司法性质。

再次,日本的"检察制度是按照西方三权分立政治体制建立起来的,因此,从理论上讲,检察机关在国家机构中的地位是隶属于行政机关"。但检察机构并非职能性的行政机构,而属于"独立的具有司法性质的特别机关"。"日本检察机关在国家机构中的地位明显低于与内阁法律地位平行的法院。"③在领导体制方面,"日本检察机关内部实行垂直领导,检察官之间具有明确的上下级关系,下级检察官应当接受上级检察官领导和监督。"④由此可再一次断定,日本的检察机构属行政管理机关。特别是第二次世界大战后,检察机关与法院分署,隶属于政府,检察官属于行政官员,更接近德国模式。

最后,英美法系的检察机构亦属于行政机关性质。在领导体制上,英国总检察长是由首相任命、直接对首相负责、与各部大臣同级别的行政官员,总检察长任命检察长,检察长选任检察官。"考察英国检察机关的职权范围,只能是根据它在政府中所发挥的实际作用来确定。"⑤据此,"英国检察机关属于行政机关,公诉是检察机关的一项主要职能。"⑥而美国的联邦总检察长是内阁成员和联邦政府司法部部长,由他统一领导和监督联邦检察机关;地方各州检察长统一领导地方各州检察系统,所以美国的检察机构亦属行政机关。"美国的检察权以公诉权为中心内容,其权力性质属于行政权,是行政权在司法系统的集中反映。"⑦

> 美国司法部属于联邦政府行政系统。其首长之正式衔名为总检察官,为内阁之一员。凡有法律事件,涉及联邦政府时。由总检察官或其属员代表。案件如在最高法院。总检察官有时亲自莅庭辩论。其在平时,除充任总统暨其他阁员之法律顾问外,并监督联邦检察官暨纠察官

---

① 魏武:《法德检察制度》,中国检察出版社 2008 年版,第 302—303 页。
② 赵金宝、沈林荣:《论我国检察机关的定位》,载《中共四川省委省级机关党校学报》2008 年第 1 期。
③ 刘方:《检察制度史纲要》,法律出版社 2007 年版,第 55 页。
④ 同上书,第 56 页。
⑤ 同上书,第 64 页。
⑥ 同上书,第 65 页。
⑦ 李征:《中国检察权研究——以宪政为视角的分析》,中国检察出版社 2007 年版,第 18 页。

职务之执行。总检察官之下设一次官,称助理总检察官处理事务。总检察官出缺时,依法由该次官代理。检察官在联邦各级法院执行职务,均受其指挥监督。检察官提起上诉案件,事先须经次官审核。①

这是民国著名法学家倪徵噢1945年出访考察英美两国回来后所撰写的司法报告中的一小段文字,反映了美国的检察官工作性质。纵然美国的检察官不具有司法性质,与法院分属两个系统,但它与法院的工作关系非常密切,所从事的工作也与大陆法系的检察官没有太大的区别,他们"在法院内有办公室,开庭时出席代表国家,平时与警务机关有甚密切的联络,警务机关并派员驻在检察官办公处所,协助一切"。② 美国检察官"其办公处计分四组:(一)刑事组;(二)民事组,凡合众国为民事案件当事人时,由检察官代表;(三)上诉组;(四)侦查组;此外,战时并添设第五组,办理妨害兵役处置敌人等案件"。③ 办公处所的设置表明了美国检察官工作业务的范畴,恰恰与大陆法系检察官的工作内容重合度很高。

此外,民国检察机构设置的历史可以追溯至清末变法。检察机构的设置,是清末司法体制改革的重要内容之一,其设置的目的是在刑事诉讼中,实行侦查,提起公诉,监督裁判执行;在民事诉讼中,帮助当事人特定事宜。那么,该检察机构究竟属于司法机关还是行政机关?大多数观点认为,清末建立的检察机构属于行政机关,以此为基础的民国检察机构亦属于行政机关。因为"清末官制的改革,大致厘清了司法与行政的界限,将司法权的核心——审判权划归以大理院为首的审判机关,并且规定在地方业已设立审判厅的情况下,大理院审理死刑案件,可以不经法部复核径行判决即具法律效力"④。其实,"司法与行政合一的司法体制在中国延续数千年,直至清政府终结而未有实质性改变。"⑤这种境况,使得检察机构的定位很不确定。

民国时期的宪法文本从始至终没有出现"检察"机构的提法,明定司法权归法院或司法院行使,未有其他机构代为起诉。北洋政府时期,1923年的《中华民国宪法》第15条规定:"中华民国人民依法律有诉讼于法院之权。"⑥第97条明确规定:"中华民国之司法权,由法院行之。"⑦1947年《中华民国宪

---

① 最高人民检察院研究室编:《检察制度参考资料》(第3编),内部资料1980年版,第15页。
② 倪徵噢:《考察美英两国司法报告》,内部资料1946年版,第23页。
③ 同上书,第24页。
④ 方立新:《传统与超越——中国司法变革源流》,法律出版社2006年版,第71页。
⑤ 同上书,第87页。
⑥ 卞修全:《近代中国宪法文本的历史解读》,知识产权出版社2006年版,第193页。
⑦ 同上书,第202页。

法》第 16 条规定:"人民有请愿、诉愿及诉讼之权。"①第 77 条规定:"司法院为国家最高司法机关,掌理民事、刑事、行政诉讼之审判及公务员之惩戒。"②由此可以判断,民国时期的检察机构所行使的检察权地位远不及法院的司法权。

检察机构设置不统一,最高法院有检察署作为办公机构,而其下级法院则不设检察机构,仅配置检察官,何以独立行使职权?于是,1930 年《法院组织法》修改时,即有一条修改意见:"凡法院均配置检察署,以为检察官员执行职务之所。"③以表达法官与检察官独立执行职务的理念。因为传统意义上,审判与检察机构分开设置。而自司法改革以来,仅在法院设置检察官,这种设置与法检两官独立执行职务的精神名不符实,所以需要在法院都配置检察署。但是,该意见没有被国民政府所采纳,他们一味地认为中央与地方应有所区别,故中央有"署",地方有"人"即可:

> 中央之最高检察机关,固宜崇其体制,称之曰署。并名其长官曰检察长。至各高等法院、地方法院及其分院因检察官之职务,视前大为减少,将来所设员额,亦复无今日之多,自无庸别树一帜,仅配置检察官可矣。④

关于检察机构的性质,应该将它与检察权的性质也即检察机关所行使的职权一并考虑。关于检察权的性质,我国学术界有所争议,代表性观点主要有"五权说"和"四权说"。其中"五权说"即五种权力说:(1)行政权说,即检察权实质上是行政权;(2)司法权说,即认为检察官与法官一样执行司法领域内的重要功能;(3)行政、司法双重属性说,即检察权和检察官兼具行政与司法的双重属性;(4)法律监督权说,认为检察权的本质特征是法律监督,司法属性和行政属性都不过只是检察权的局部特征⑤;(5)"检察权"内涵重构说,认为检察权不仅包括法律监督权,而且包括公诉权,因而相比行政权和司

---

① 卞修全:《近代中国宪法文本的历史解读》,知识产权出版社 2006 年版,第 217 页。
② 同上书,第 224 页。
③ 谢振民编著:《中华民国立法史》(下册),张知本校订,中国政法大学出版社 2000 年版,第 1044 页。
④ 最高人民检察院研究室编:《检察制度参考资料》(第 2 编),内部资料 1980 年版,第 17—18 页。
⑤ 参照田平安、李浩:《中国民事检察监督制度的改革与完善》,载《现代法学》2004 年第 1 期;刘福记:《论公诉环节中公诉权与辩护律师权利的制衡》,载《长沙大学学报》2009 年第 4 期;韩起祥、丁校波:《论检察权的配置重点和方向》,载《当代法学》2008 年第 6 期;王凤光:《析我国检察权的优化配置》,载《安阳工学院学报》2009 年第 1 期;等等。

法权来说,有其自身的独特内涵,它既不是单纯的法律监督权,也不是司法权,更不是行政权。① 言下之意,检察权应该成为一种综合监督、司法与行政的特殊权力,也即"检察权"为妥。

而"四权说"是指检察权具备上述权力的属性,但是排序不同:(1) 司法权说,认为检察权就是司法权;(2) 行政权说,认为检察机关的组织体制具有行政机关特性;(3) 双重属性说,认为检察权是司法权属性与行政权属性的有机结合;(4) 法律监督权说。认为检察机关就是法律监督机关,法律监督是检察权的本质属性。② 我们知道,检察官的法律监督是一种适用法律的职业活动。那么,南京国民政府时期的检察机构的性质究竟如何,既应该从检察机关行使职权的性质上判断,也应该从检察机关上下级关系上考虑。依据国民政府法院组织法,法院配置检察署或检察官,检察权和检察官兼具行政与司法的双重属性。检察机关上级与下级之间具有隶属关系,上下形成一个整体。当时有学者指出:

> 检察官之职务具有司法行政性质,须有随时调度之机能,始可发挥检察之特性,而非保障上有所歧视也。惟检察事务,与裁判事务特殊,如实施侦查、提起公诉、实施公诉、协助自诉、担当自诉及指挥刑事裁判之执行,无不具有司法行政之性质。③

该学者认为检察官的职权具有司法行政性质,必须随时调度,才可以发挥检察的功能。检察事务与裁判事务明显不同,其所开展的侦查、公诉、协助自诉及指挥执行,都具有司法行政的性质。理论上,检察机关不受行政机关的干涉,独立行使职权,履行法定职权,司法就更有可能接近正义。直至近代法治社会,司法权作为国家权力分立的产物,具备了完整而独立的形态。④ 而"行政权作为一种管理权,代表国家维护社会政治、经济和生活秩序,具有很大的主动性,它总是积极主动地干预社会活动和个人生活"⑤。从这个意义上说,检察机构最理想的属性应是司法性质。

从司法制度产生和发展的历史顺序看:"(一) 由国家审判代替私人复仇,司法制度开始产生;(二) 司法权从行政权中分离出来,形成专门的司法

---

① 参照王德玲:《民事检察监督制度研究》,中国法制出版社 2006 年版,第 2 页。
② 参照石茂生:《检察权与审判权关系再检视——基于检察权审判权运行的实证研究》,载《法学杂志》2015 年第 2 期。
③ 陈纲编著:《刑事审检实务》,正中书局 1947 年版,第 1 页。
④ 参照王德玲:《民事检察监督制度研究》,中国法制出版社 2006 年版,第 3—4 页。
⑤ 同上书,第 6 页。

机关,司法制度只是审判制度;(三)司法权分为审判权和检察权,司法机关由审检合署到审检分设,司法制度分为审判制度和检察制度;(四)司法权分为审判权、检察权、侦查权等,司法机关分为司法审判、司法检察、司法侦查、司法行政等机关,分工负责,互相配合,互相制约。"①显然,国民政府时期的检察制度属于司法制度发展的第三个阶段,所以检察机构应属司法性质。

再者,作为国民政府最高的检察机关,检察署的主要职责是业务指导和引领,甚至是制定全国性检察政策。这里的检察署类似于北洋政府时期的总检察厅,主要从事业务管理职责。根据1920年的《总检察厅办事章程》第6条,(总检察厅)检察长总理检察厅一切事务并指挥监督厅员及所属厅署应办事务,对于检察厅及所属厅署事务有所指挥以训令行之,对于检察厅及所属厅署职员之请示以指令行之。从该条文可以看出总检察厅的主要职责是进行业务管理,指挥全国检察事务,沿袭此制的检察署也具有相同的职能。即使是国民政府最高法院分院检察署也不例外,根据1940年《最高法院华北分院检察署暂行组织条例》前2条,分院检察署管辖区域与所配置之法院相同,置检察长一人指挥全署及其管辖区域内各法院检察处及其他县司法机关检察事务,属于司法性质。

也就是说,国民政府时期,尽管将检察机构设置在法院内部,甚至在高等以下法院不设检察机构,仅设检察官,但是审检合署的司法机关性质非常明显,已经把检察职能作为司法职能的一部分。因此,可以认为国民政府时期的检察权与审判权一样是司法权。当然,也有学者指出:

> 检察权是一种程序性的司法请求权,而非处分权。在一般情况下,检察权的行使通常属于一种程序性处分,如犯罪调查、决定逮捕嫌疑人、提起公诉、提起抗诉等,均属程序性手段,而非实体性处置,终局性处置均需诉讼后由法院确定。至于检察机关所拥有的决定不起诉和撤销案件的权力,这只是检察权作为司法请求权的某种例外,具有"消极裁判权"的性质,并不影响检察权的非终局性的程序性特点。②

当然,它也并不影响检察权的司法属性。也正因为如此,第二次世界大战后,德国"许多历劫余生的法律人拟以新制定之基本法为论据,透过解释方式,将检察官列入宪法之司法机关,与法官同在宪法层次上受独立性之保障"③。

---

① 熊先觉:《中国司法制度简史》,山西人民出版社1986年版,第2—3页。
② 石少侠:《检察权要论》,中国检察出版社2006年版,第10页。
③ 同上书,第9页。

显然,德国检察官的司法地位很高,将检察权归于司法权,应该是科学的。

简言之,尽管对检察权的归属存在这样或那样的看法和提法,但是有一点不可否认,那就是检察官代表国家以国家公诉人的身份参与诉讼,行使司法权,这也是自检察机构产生以来世界各国检察制度的主要功能。不论是在大陆法系还是在英美法系,检察机关都具有一定的司法性质。在南京国民政府时期,职权属性和管理体制决定了检察机构的司法性质,这种性质也给其职能的发挥带来了一定作用。

(二) 检察机构的职能

检察机构的职能,是指检察机关所发挥的主要功能。关于南京国民政府检察机构的职能,有学者做了研究并归纳为四点,即公诉、侦查、诉讼监督及监所监督。① 对此,不同的学者会有不同的认识,个人从以下几个方面分析:

检察机构的职能随着时代而变迁,国民政府顺应时代确立自己的检察职能。从世界范围看,早在第 14 世纪法国就由国王的代理官员主要行使罚金、执行没收等职能。自 16 世纪,此代理官员被逐渐设置于各级法院里面,官署名为检察厅,职能发生了变化,"除受理一般人民之告诉告发,施行搜查,诉追犯罪,执行刑罚而外,并以公益代表者之资格,有参与民事诉讼及监督司法行政事务之权限。"② 19 世纪之初,法国由拿破仑主政,统一设置检察机关,此后"检察处之人员为配置于法院之行政官,其职务为监视法律之使用与夫判决之执行"③。也就是说,自近代以来,法国检察机构的职能不断拓展,但是参与和监督刑事诉讼活动仍是法国检察官最主要的职能。刑事诉讼活动包括接受控诉、立案侦查、预审、审判、执行判决等复杂的过程,检察官必须全程参与。当然,检察机构最核心的职能是监督,监督案件的审理、法律的适用以及判决的执行。与法国相类似,德国 1877 年的《法院组织法》规定,"每法院设一检察处,检察官主要职能是对刑事犯罪行为和违法行为进行侦查,提起公诉,对刑罚的执行进行监督。"④ 民国检察体制效仿德国,其职能自然也受到法德两国的影响。

效仿大陆法系的清末及民国时期检察机构的职权,起初与上述法德两国相似。"1907 年《高等以下各级审判厅试办章程》第 97 条规定,检察官统属于法部大臣受节制于其长官对于审判厅独立行使职务,其职权如下:(1) 刑

---

① 参见刘方:《检察制度史纲要》,法律出版社 2007 年版,第 191—196 页。
② 刘陆民:《苏俄现行检察制度之特点及其指导原理》,载《法学杂志》1937 年第 9 卷第 5 期。
③ 洪钧培:《法国检察制度》,载《现代司法》1936 年第 1 卷第 11 期。
④ 魏武:《法德检察制度》,中国检察出版社 2008 年版,第 320 页。

事提起公诉;(2)收受诉状请求预审及公判;(3)指挥司法警察官逮捕犯罪者;(4)调查事实搜集证据;(5)民事①保护公益陈述意见;(6)监督审判并纠正其违误;(7)监视判决之执行;(8)查核审判统计表②;等等。两年后的1909年,依据《法院编制法》第85条③,所有审判衙门都配置了检察机关,也即检察机构普设。南京临时政府时期,"检察机关拥有如下职权:(1)对刑事案件进行侦查、提起公诉;(2)收受诉状请求预审公判;(3)指挥司法警察逮捕犯罪者;(4)调查事实,搜集证据;(5)充当民事案件的诉讼当事人和公益代理人;(6)监督审判,纠正其违误;(7)监视判决的执行。"④两相比较,变化微小,除了清末规定检察官多一项职能之外,其他几乎没变,只是表达略有不同,参见表14:

表14 清末及南京临时政府检察官职能比较

序号	清末检察官职能	南京临时政府检察官职能
1	刑事提起公诉	对刑事案件进行侦查、提起公诉
2	收受诉状请求预审及公判	收受诉状请求预审公判
3	指挥司法警察官逮捕犯罪者	指挥司法警察逮捕犯罪者
4	调查事实搜集证据	调查事实,搜集证据
5	民事保护公益陈述意见	充当民事案件的诉讼当事人和公益代理人
6	监督审判并纠正其违误	监督审判,纠正其违误
7	监视判决之执行	监视判决的执行
8	查核审判统计表	

这里,从时间跨度言之,南京临时政府与清末最为接近,且存在时间极短,来不及进行制度创新,很多制度直接沿袭了清末的做法,所以上述两个时期的检察机构职能变化微小。提起公诉、预审公判、指导逮捕、搜集证据、公益诉讼、监督审判及执行成为南京临时政府检察机构的主要职能类型。

北洋政府时期,先有四级检察机关:从总检察厅到高等、地方及初级检察厅。但是,初级检察厅和部分地方检察厅于1914年4月被撤销,剩下其他三级检察厅,检察官的职能明显减少,民国检察职能呈现减弱趋势。之所以如

---

① 民事作为私法领域,一般检察机构不予干涉,但是有些特殊案件需要检察机构介入。《各级审判厅试办章程》第111条规定,检察官对于民事诉讼之审判,必须莅庭监督者如下:婚姻事件;亲族事件;嗣续事件。以上事件,如审判官不待检察官莅庭而为判决,其判决为无效。
② 最高人民检察院研究室编:《检察制度参考资料》(第2编),内部资料1980年版,第31页。
③ 1909年《法院编制法》第85条规定,各审判衙门分别配置以下检察厅:初级审判厅;地方审判厅;高等审判厅;总审判厅;地方及高等审判各分厅、大理院分厅分别设置地方及高等检察厅分厅、总检察分厅。
④ 曾宪义主编:《检察制度史略》(第2版),中国检察出版社2008年版,第165—166页。

此,主要是在民国成立时,其司法制度基本沿袭前清旧制,审判与检察两个机关分别设立,但都归属于司法部,司法行政由司法部监管,但是公益诉讼的职能受到一定的限制。1914年4月,全国三分之二的地方审检厅和全部初级审检厅被撤销,更加削弱了基层法院的检察职能。而军事检察机关的检察官有权侦查逮捕一切犯罪之军人及与军队有关的人员,有权核定罪证,认定犯罪性质,分别按轻重送至各审判机关等。

表15　北洋政府及国民政府检察官职能比较

序号	北洋政府检察官职能	国民政府检察官职能①
1	实行侦查处分	实施侦查
2	提起公诉	提起公诉
3	实行公诉	实行公诉
4	指挥裁判之执行	协助自诉
5	有限地参与民事诉讼	担当自诉
6		指挥刑事裁判之执行

与北洋政府时期的检察官职能相比,南京国民政府检察官的职能倾向于纯刑事化,即审判前的刑事侦查;审判时提起公诉或自诉及实行公诉或自诉;审判后指挥刑事裁判的执行等三大职能。究其原因,可能是检察机构司法化的性质所致。

首先,检察制度"源于司法独立的要求,即公诉、法律监督等权力要摆脱行政权力的羁绊,同时使它与审判权相分立,从而维系司法的公平。当时的西方各国,为了维护司法独立,也无不建立检察制度,清末至民国时期移植西方法律,自然不能忽略这一点"②。越到后来,这种摆脱行政权力、维护司法独立的要求愈加强烈,以致形成了检察职能的纯司法或刑事化现象。

其次,受国外的检察制度影响。即使在英美法系,检察制度的刑事职能也非常明显。英国旧有检察长,三岛各设一人,其下皆配有检察官,但并不配给各个法院,其职能仅以提起诉讼、证明犯罪为限。③ 1879年,英国创立了公诉管理人一职。该公诉管理人依法应由内政大臣任命,但却必须接受检察长的直接指导而开展工作。公诉管理人必须对任何私人公诉人的讼案提供支持,检察长指导公诉事务所的全部工作并监督其活动。这里的公诉管理人实

---

① 详见《法院组织法》,南京国民政府1932年10月28日发布。据中国国家图书馆民国法律资源库,http://read.nlc.cn/OutOpenBook/OpenObjectBook? aid＝462&bid＝3676.0,2019年8月14日访问。
② 汪鸿兴:《清末至民国检察制度探讨》,载《内蒙古社会科学》(汉文版)2008年第2期。
③ 郑保华:《法院组织法释义》,上海法学编译社1936年版,第13页。

际为刑事案件的公诉人,其地位与职能等同于检察官。而在美国,依据法律规定,总检察官大致有六项职权,即:(1) 代表纽约州就该有利益之事件起诉或应诉;(2) 最高法院受理之刑事公诉案件莅庭执行职务;(3) 受州长或其他高级行政长官之嘱托办理刑事公诉案件;(4) 受州内高级行政长官之嘱托,撰拟契约或其他法律文件;(5) 于公益公安有关之事件为必要之调查;(6) 签复州政府机关之法律咨询事件。① 关于刑事案件,由检察官代表本邦提起控诉,对犯罪从事初步调查,决定应否提起诉讼。可以说,在英美等国的刑事诉讼活动中,检察官发挥了重要作用。因此对于受英美尤其美国影响深重的国民政府,其检察机构职能的纯刑事司法化现象,就不难理解了。

国民政府初期基本沿袭北洋政府检察制度,此时检察机构的基本职能有以下几方面:第一,主要职能——公诉。检察机构负责对刑事案件提起公诉,是现代检察制度的基本功能所在。第二,介入侦查。检察官享有指挥和监督司法警察实施侦查,或者自行侦查的权力。第三,监督诉讼。诉讼过程中,检察官监督司法警察和审判法官的活动。第四,监督执行过程。

随着时间的推移,国民政府检察机构及职能也在发生变化。1927 年 10 月国民政府颁行的《最高法院组织暂行条例》明确规定,"最高法院置首席检察官一员、检察官五员,依法令之所定处理关于检察之一切事务。"②意味着对各审判机关检察厅设置体制进行改革,只保留审判机构而不设检察机构的体制。虽然检察机构有所改革,但是其基本职能变化不大。国民政府 1928 年 12 月 13 日颁布的《各省高等法院检察官办事权限暂行条例》及《地方法院检察官办事权限暂行条例》,均在第 2 条规定了检察官的职权范围:(1) 依照刑事诉讼法规及其他法令所定,实行搜查处分,提起公诉,实行公诉,并监察判决之执行;(2) 依照民事诉讼法规及其他法令所定,为诉讼当事人或公益代表人实行特定事宜。③ 据此,国民政府检察机构的基本职能包括四方面:其一,搜查处分,相当于侦查;其二,提起公诉,实行公诉;其三,监督裁判执行;其四,代理公益诉讼。与北洋政府时期相比,国民政府检察机构的职能有一个明显的进步,就是国民政府提升了检察机构的公益诉讼权能。"检察权不仅具有国家代表性,同时还具有公益代表性。当公共利益遭受损害时,检

---

① 最高人民检察院研究室:《检察制度参考资料》(第 3 编),内部资料 1980 年版,第 18 页。
② 《最高法院组织暂行条例》,南京国民政府 1927 年 10 月 25 日公布。据中国国家图书馆民国法律资源库,http://read.nlc.cn/OutOpenBook/OpenObjectBook? aid＝462&bid＝5102.0,2019 年 8 月 14 日访问。
③ 《各省高等法院检察官办事权限暂行条例》,南京国民政府 1928 年 12 月 13 日公布。据中国国家图书馆民国法律资源库,http://read.nlc.cn/OutOpenBook/OpenObjectBook? aid＝462&bid＝5180.0,2019 年 8 月 14 日访问。

察机关就应当为维护和恢复这种利益而实施必要的行为。"①国民政府公益诉讼代表了检察机构职能的扩展。

1929年8月国民政府通过的《最高法院组织法》规定,在最高法院内设置检察机关——检察署,配备检察长一人及检察官七至九人,行使检察权。② 实际上恢复了最高法院内的检察机构设置。进入20世纪30年代,随着检察制度的调整,检察机构的职能发生变化,并且制定了相关的法律,1932年公布、1935年实施的《法院组织法》与《刑事诉讼法》规定得非常明确。首先,根据《法院组织法》第28—32条的规定,检察官的职权范围为:(1)实施侦查;(2)提起公诉,实行公诉;(3)协助自诉、担当自诉;(4)指挥刑事裁判之执行;(5)其他法令所定职务之执行。③ 其次,《刑事诉讼法》规定检察官职权包括:(1)侦查。即第207条:"检察官因告诉、告发、自首或其他事知有犯罪嫌疑者,应即侦查犯人及证据。"④(2)公诉。即第243条:"提起公诉应由检察官向管辖法院提出起诉书为之。"⑤(3)监督审判。即第434条:"判决确定后,发见该案件之审判系违背法令者,最高级法院之检察长得向最高法院提起非常上诉。"⑥等等。与国民政府初期相比,20世纪30年代的检察机构的职能进一步扩展,主要是协助自诉工作。对此,当时国民政府立法机关也作了详细说明:

> 其扩充检察官之职权有二:第一协助自诉,盖以诉讼程序之纷繁,实体法规之援引,非常人所能了解,故法律虽许人民自诉,亦有使检察官协助之必要。第二担当自诉,自诉人于第一审辩论终结前撤回自诉,固可减少讼累,但自诉人可借讼需索,被告亦足助长其恶性,故使检察官担当之,而继续进行其诉讼。⑦

这段材料表明:协助自诉和担当自诉是检察官职权的扩充。自诉,本意是指"被害人自己的起诉"。但是,国民政府时期的"自诉"却需要检察官"协助"或者"担当",且只准许在初级法院开展"自诉"。对此,早在1928年刑事

---

① 石少侠:《检察权要论》,中国检察出版社2006年版,第9页。
② 参照谢振民编著:《中华民国立法史》(下册),张知本校订,中国政法大学出版社2000年版,第1038页。
③ 参照《法院组织法》,南京国民政府1932年10月28日公布。据中国国家图书馆民国法律资源库,http://read.nlc.cn/OutOpenBook/OpenObjectBook?aid=462&bid=3676.0,2019年8月14日访问。
④ 蔡鸿源主编:《民国法规集成》(第65册),黄山书社2000年版,第289页。
⑤ 同上书,第290页。
⑥ 同上书,第292页。
⑦ 最高人民检察院研究室编:《检察制度参考资料》(第2编),内部资料1980年版,第18页。

诉讼立法要旨就有说明：

> 采国家追诉主义。以检察官代表国家行使刑事原告职权。惟值此注重民权时代，举凡被害者均须先向检察告诉，其不起诉者，即不得受正式法院之裁判，揆诸保护人民法益之本旨，容有未周，故特设例外规定，使被害人及有告诉权者，得就其被害事实，自向法院起诉，谓之自诉。然又恐人民法律观念未尽发达，对于犯罪事实不能为尽量之攻击，甚至有为利诱势迫自愿抛弃诉权者，亦在所难免，故于第三三七条特定自诉案件之范围，以初级法院管辖之直接侵害个人法益之罪，及告诉乃论之罪为限。又于第三六一条及三四九条、第三六九条规定检察官有独立上诉之权，及对于撤回自诉或上诉案件，亦有干涉之余地。庶于限制之中，仍寓保护之意。①

由上可知，在注重民权的时代，采用国家追诉犯罪的理论，必须以检察官代表国家行使追诉犯罪的职能。从刑法理论看，无论是公诉还是自诉，都需要国家运用法律武器，打击犯罪，还被害人一个"公道"，恢复被破坏的社会秩序。这是文明社会与野蛮社会"同态复仇"的根本区别所在。公诉，由国家专门的机构代表国家处理，专业化、效率高；而自诉，则由于知识、能力所限，被害人一方很难依靠自己的力量，使加害人受到惩罚，维护自己的合法权益，实现自己的愿望，因此非常需要专业的机构帮助。国民政府关于检察机构协助或担当自诉的这一规定，非常人性化，充分保护了被害人的利益，值得肯定。

此外，检察机构的职能偏重刑事司法价值的考虑。从司法价值上看，刑事诉讼涉及公民的重大利益，必须慎重行事。因此，采取法院和检察院双重机构进行把关，极其有必要。民国时期，有学者认为，国家"在刑事诉讼方面，表现为二重主体。即国家一方由法院代表而为裁判权的主体，一方由检察官代表而为公诉权的主体，概括言之，国家本体，固不能不是统一的人格，但在机能上，则有如斯二重的表现"②。双重把关体现了国民政府对国家利益的重视。

(三) 检察官职责权限

检察官是检察机构的有生力量，依法直接行使各项检察职权。检察机构需要借助检察官发挥职能，检察机构依法承担的特定职能决定了检察官所负

---

① 最高人民检察院研究室编：《检察制度参考资料》(第2编)，内部资料1980年版，第21页。
② 刘陆民：《苏俄现行检察制度之特点及其指导原理》，载《法学杂志》1937年第9卷第5期。

有的职责,国民政府检察官也不例外。检察官的职责应是国民政府检察制度中不可或缺的内容,值得探讨。

民国前期检察官的职权,依据《法院编制法》的规定,除民事及其他事件外,其刑事职权为实行搜查处分,提起公诉,实行公诉,监察判断之执行等。而《各级审判厅试办章程》的规定更为细致,即检察官就审判厅管辖区域内负检察之责任,其刑事职务包括六项:(1) 提起公诉;(2) 收受诉状请求预审及公判;(3) 指挥司法警察逮捕罪犯;(4) 调查事实搜集证据;(5) 监督审判并纠正违误;(6) 监视判决之执行。① 北洋时期《刑事诉讼律草案》确定了检察官职权范围的三项原则:第一,厉行检察官进行诉讼主义;第二,否认当事人——检察官与被告——处分刑事诉讼权;第三,以预审处分属诸检察官。② 也即检察官参与诉讼,处分刑事诉讼,特别是预审活动。

国民政府时期,检察官的职权法定化。首先,南京国民政府建立初期,检察官的职权依法确立。综合 1927 年 12 月公布的《最高法院检察官办事权限暂行条例》《最高法院办事章程》及 1928 年 2 月出台的《各省高等法院检察官办事权限暂行条例》《地方法院检察官办事权限暂行条例》四部法规,可以知道:各级法院配置首席检察官一员、检察官若干员,依法令之规定,独立行使其职务。具体职责如下:

其一,首席检察官行使指挥监督和考核奖惩权。首先,首席检察官不仅指挥监督并分配本管辖范围内的检察事务,还要指挥检察官行使属于下级法院检察官管辖范围内之职务。③ 其次,首席检察官另要指挥监督两类人员:其一,检察事务管理人员,即指挥监督在本管辖范围内行使检察职权的县长和办理检察事务的书记官;其二,被管理的已决犯人及未决被告,即指挥监督监狱看守所里的被执行人犯和由检察官羁押的被告人等。最后,司法部部长指挥监督最高法院首席检察官,最高法院首席检察官指挥监督高等法院首席检察官,高等法院首席检察官可以指挥监督地方法院首席检察官。首席检察官对一般检察官及书记官有任免及考核奖惩的权力,还可以撤换司法警察。此外,首席检察官还负责制定检察事务的经费预算。

其二,一般检察官处理刑民案件。无论是最高法院、高等法院还是地方法院的检察官都有处理刑事和民事案件的职权,尤其是处理刑事案件。一方面,在刑事案件处理过程中,检察官承担的任务比较多,从侦查处分到提起公

---

① 参照《各级审判厅试办章程》,苏州铸新公司 1913 年版,第 22 页。
② 吴祥麟:《中国检察制度的改革》,载《现代司法》1936 年第 2 卷第 3 期。
③ 《最高法院办事章程》,南京国民政府 1927 年 12 月 22 日公布。据中国国家图书馆民国法律资源库,http://read.nlc.cn/OutOpenBook/OpenObjectBook? aid＝462&bid＝5213.0,2019 年 8 月 14 日访问。

诉、实施公诉,一直到监督刑事判决执行;另一方面,为民事诉讼当事人或公益代表人实行特定事宜。

上述国民政府初期检察官的职权与武汉国民政府司法改革所确立的检察官职权有所区别。武汉司法改革所确立的检察官职权分为四点:第一,对于直接侵害国家法益之犯罪及刑事被害人或者家属放弃之非亲告罪,得向法院提起公诉;第二,对于应判处死刑的犯罪,得向刑事法庭陈述意见;第三,指挥军警逮捕刑事犯,并执行刑事判决;第四,其他法定职务。① 这四个方面的业务,必须由检察官出面解决。

其次,国民政府发展中期,陆续颁布的《法院组织法》《刑事诉讼法》与《民事诉讼法》都对检察官的职责作了相应的规定。随着五权宪法的实施,1928年10月《国民政府组织法》的颁布,尤其是1932年10月公布的《法院组织法》、1935年1月新修订的《刑事诉讼法》与《民事诉讼法》等三部在1935年7月1日同一天施行的法律,均明确规定了检察机构的设置和检察官的职权。这些法律为国民政府检察官职权的行使提供了强有力的法律依据和保障。检察官基本职责包括:侦查或指挥司法警察侦查刑事犯罪;提起公诉,协助自诉;监察判决执行;等等。

最后,检察长的职责。国民政府时期的检察长专指最高法院检察署的长官,根据1928年11月国民政府公布的《最高法院组织法》,1929年5月司法院公布的《最高法院检察署处务规程》,以及1936年8月颁布的《最高法院检察署职员给假规则》等法律法规均规定,只有最高法院设置检察署,才配备检察长一职。检察长应该履行以下六个方面的职责:

一是对本单位及各级检察机构的指挥监督权。检察长作为最高法院检察署的唯一最高长官,自然负有指挥本署及其下属机构工作的职责。依据《最高法院检察署处务规程》,检察官事务采用分配制,"由检察长于每年度终召集检察官会议,预定之造具事务分配表呈报司法行政部"②。分配任务也即指挥工作,这一职责预示着国民政府检察机构的上下级是垂直领导的关系。但是,这里检察长的主要职责是指挥监督。《法院组织法》第87条规定:"检察长监督全国检察官,高等法院首席检察官监督该省或该特别区域内之检察官,高等法院分院首席检察官监督该区域内之检察官,地方法院首席检

---

① 张希坡:《中国近代法律文献与史实考》,社会科学文献出版社2009年版,第375页。
② 蔡鸿源主编:《民国法规集成》(第65册),黄山书社1999年版,第377页。

察官监督该院及分院检察官。"①第 31 条规定："检察官服从监督长官之命令。"②简言之，检察长的首要职权是指挥监督，指挥本署工作，监督各级检察官。

二是对员工的考核奖惩权。考核奖惩机制是领导行使职权的抓手，也是领导权威的依托。根据《法院组织法》第 88、89 条之规定，检察长的监督职责主要体现在三个方面："其一，关于职务上事项可以发布命令使之注意；其二，有废弛职务、侵越权限或行止不检者加以警告；其三，经警告不改者，监督长官可以依公务员惩戒法办理。"③检察长对于本署各机关职员，得考核其办事情形及行检，分别呈请奖励或惩戒。

三是工作过程中因故的请求代理权。检察长因事故不能执行职务时由资深检察官临时代理。检察长在行使职权的过程中，发生事故在所难免，当时他所执行的任务，必须请专业人士临时代理，这个代理人选择资深检察官最合适。

四是对本署其他职员的批假权。员工因事或因病不能按时到署的，须具请假书呈请检察长核准给假，但书记官以下职员须经书记官长核转。④ 与检察长一样，各个职员在工作中发生事故也在所难免，必须请假的，由检察长予以批准。

五是对检察事务的协调权。依据《最高法院检察署处务规程》，检察长的协调权包括：(1) 检察官因事故不能执行职务时，由检察长指定其他检察官代理，但因必要情形得令调下级法院之检察官代理；(2) 检察官对于司法院或司法行政部特交事件应提前办理，如遇情节繁重者得请检察长指派其他检察官共同办理；(3) 检察官对于所属下级法院检察官之处分或处理情况认为有不当情形时，应详列事实，并提出意见书先请示于检察长再行依法办理；(4) 检察官发现应行复判之案件未据原审机关呈送者，应请由检察长训令该高等法院首席检察官转令依法呈送复判。⑤ 可见，检察长的协调事项比较多。

六是发布执行裁判的命令。《法院组织法》第 28 条规定："检察官之职权

---

① 蔡鸿源主编：《民国法规集成》(第 65 册)，黄山书社 1999 年版，第 496 页。
② 同上书，第 493 页。
③ 陶百川编：《最新六法全书》，三民书局股份有限公司 1981 年版，第 59—60 页。
④ 蔡鸿源主编：《民国法规集成》(第 65 册)，黄山书社 1999 年版，第 381 页。
⑤ 同上书，第 377 页。

(二):其他法令所定职务之执行。"① 而《最高法院检察署处务规程》第 14 条规定:"检察官对于裁判确定之件,应请由检察长分别令交下级法院检察官执行,但因其情形得自执行。"② 可见,执行裁判命令的发布者是检察长。

以上是检察长的主要职权,也即检察机构负责人的职权范围。根据国民政府不同阶段检察机构的变化,1932 年之后,仅最高法院检察署有检察长,其他各级法院的首席检察官相当于"检察长",享有以上职权。

综上,南京国民政府时期,检察体制随着新型政权的建立发生了变革。并且,随着历史发展与政治组织变迁,检察官人才选拔及培养力度加大,检察机构结合社会需求和岗位适应情况,及时进行了人事调整。整个南京国民政府时期,随着检察机构职能的转变,检察官的职权范围也有相应调整,从而彰显了国民政府检察机构的制度活力。

---

① 蔡鸿源主编:《民国法规集成》(第 65 册),黄山书社 1999 年版,第 493 页。
② 同上书,第 377 页。

第四章 南京国民政府检察制度的规范阐释

南京国民政府的具体检察制度主要体现在当时的法律规范里,例如南京国民政府建立初期颁布的《各省高等法院检察官办事权限暂行条例》就特别强调"依法令之规定"①,也即特别重视检察制度及其规范运用。研究必须从微观层面探讨南京国民政府的检察规范,主要从刑事检察程序、民事监督规则及民事公益诉讼等方面逐一分析。国民政府在刑事公诉程序、法律监督规范、民事公益诉讼等方面均有相应的立法措施,共同构成了当时检察制度的主体规范内容,只有梳理和分析这些规范,才能更好地揭示国民政府检察制度的特色及规律。

一、刑事检察程序

一般意义上,"检察官在刑事诉讼中的职责有:受理对犯罪的检举;领导和指挥警察进行侦查;可以暂时采取拘留、逮捕、搜查、扣押等强制措施;决定是否提起公诉;在法庭审理阶段,担任国家公诉人,同时监督审判程序是否合法;在认为必要时提起上诉。除此之外,检察机关同时是刑罚执行机关。"②可见,检察官在刑事诉讼中占有极其重要的地位,没有检察官参与的刑事审判,真是难以想象。

刑事诉讼是一个宏观程序,其由一系列具体细节组成:侦查—公诉—辩论,这些细节均离不开检察官的参与与管理。南京国民政府时期,《法院组织法》与《刑事诉讼法》等形成了较为完整的刑事法律体系,其中对检察官参与刑事案件的程序规范较为完备。一方面,国民政府《法院组织法》明确规定了检察官的职权:"其一,实施侦查,提起公诉,实行公诉,协助自诉,及指挥刑事

---

① 该法第 1 条规定:高等法院配置首席检察官一员、检察官若干员,依法令之规定,独立行其职务。第 2 条规定,检察官的职权如下:(1)刑事,依照刑事诉讼法规及其他法令所定,实行搜查处分,提起公诉,实行公诉,并监察判决之执行;(2)民事及其他事件,依照民事诉讼法规及其他法令所定,为诉讼当事人或公益代表人实行特定事宜。参见蔡鸿源主编:《民国法规集成》(第 65 册),黄山书社 1999 年版,第 392 页。

② 汪建成、黄伟明:《欧盟成员国刑事诉讼概论》,中国人民大学出版社 2000 年版,第 182 页。

裁判之执行;其二,其他法令所定职务之执行。"① 另一方面,"1928 年和 1935 年的《刑事诉讼法》确立了国家追诉主义原则,检察官作为国家和社会公益的代表决定对犯罪的追诉,垄断了刑罚权的实施。"② 综合起来,国民政府的刑事检察程序包括主导侦查,公诉,协助自诉,监督执行等诸多方面,代表了当时检察制度的立法水平。

(一) 主导刑事侦查规范

侦查是在办理刑事案件的过程中,由专门机关及其专业人员依法进行的专门调查工作,目的是查获犯罪人和收集犯罪证据。简单地理解,侦查就是开展刑事调查,判断犯罪与否。南京国民政府时期,相关法律和司法解释确定了检察官的侦查规范。

首先,检察官侦查的一般范围。与今天不同,民国时期刑案侦查是检察官负责。对此,1935 年《刑事诉讼法》207 条规定:"检察官因告诉、告发、自首或其他情事,知有犯罪嫌疑者,应即侦查犯人及证据。"③ 1928 年《刑事诉讼法》即有同样的规定,检察官侦查的案件来源复杂,检察官职责范围较广。除了检察官,也允许县长、公安局局长、宪兵队长等实行侦查,但最终必须归口检察官侦查处理。对此,上述两部《刑事诉讼法》的规定稍有不同,1928 年的《刑事诉讼法》立法要旨里说明:

> 县长、公安局局长及宪兵队长官之为司法警察官者,在其管辖区域内,须付以与检察官同一之侦查犯罪职权,在实际上固为必要,但其侦查期间,若无明文限制,流弊孔多,特于第二二七条设"于查获犯罪嫌疑人后,除有必要情形外,应于三日内移送该管检察官侦查"之规定。④

也即是说,1928 年的《刑事诉讼法》规定检察官之外的县长、公安局局长、宪兵队长等可以开展侦查工作,但必须在三天之内,将犯罪嫌疑人交由检察官侦查处理。⑤ 1935 年的《刑事诉讼法》第 208 条规定"司法警察官应将侦查之结果移送该管检察官。如接受被拘提或逮捕之犯罪嫌疑人,认其有羁押

---

① 蔡鸿源主编:《民国法规集成》(第 65 册),黄山书社 1999 年版,第 493 页。
② 张健:《民国检察官的刑事和解及当代启示——以浙江龙泉司法档案为例》,载《中南大学学报(社会科学版)》2013 年第 5 期。
③ 蔡鸿源主编:《民国法规集成》(第 65 册),黄山书社 1999 年版,第 289 页。
④ 最高人民检察院研究室主编:《检察制度参考资料》(第 2 编),内部资料 1980 年版,第 21 页。
⑤ 《刑事诉讼法》,世界书局 1928 年版,第 227 条。

之必要时,应于二十四小时内移送该管检察官;但检察官命其移送者,应即时移送"。① "二十四小时"比"三天(七十二小时)"要及时得多,压缩了三分之二的时间。很明显,1935年《刑事诉讼法》较1928年《刑事诉讼法》更能体现诉讼的效率原则。

同时,1935年《刑事诉讼法》还赋予了检察官侦查过程中更多的职权,尤其在侦查过程中,检察官可以调动其他资源,具体表现在三个方面:一是侦查过程中遇有紧急情况,检察官可以命令在场或者附近军民给予一定的辅助,必要时可以请求附近军事官长派遣军队辅助;二是检察官遇有紧急情形,可以于管辖地域外执行职务,不必受地域管辖的限制;三是几个同级法院管辖的案件相互牵连的,可以合并由其中一个法院管辖,也可以由一个检察官合并侦查或合并起诉。如不同意其他检察官有该管辖的,听从共同的直接上级法院首席检察官或检察长命令。② 也就是说,当遇到诉讼管辖问题时,法律明确规定由检察官出面定夺,表明检察官行使职权的权威性。到了1945年,《刑事诉讼法》有关检察官侦查的规定再次被修改,"检察官因告诉、告发、自首或其他情事知有犯罪嫌疑者,应即侦查犯人及证据。增加、实施侦查,非有必要,不得先行传讯被告。"③从三部诉讼法对侦查职权的规定看,很明显检察官依法主导刑事侦查。

其次,检察官侦查的特殊对象。国民政府的司法解释里明确了检察官侦查国家官员的职权。史载:1931年国民政府司法院第467号解释令明确规定:"检察官知有犯罪嫌疑者,无论该嫌疑人是否公务员及其已否停职,均得实施侦查处分"。④ 这是异于民国初期及北洋政府时期的地方,因为"从现有的资料来看,清朝末期、北洋政府时期、广州武汉国民政府时期并没有明确规定检察机关对于各级官员职务犯罪有侦查的权力"⑤。但是,国民政府时期基于五权宪法的背景,检察与监察分属不同的职能机构,监察院只有行政处分权,所以发现被查处的对象有触犯刑律构成犯罪的行为时,应移交检察机关进行侦查。例如,由于公务员吸食鸦片在民国时期也被列入犯罪行为,所以检察官对于人民告发的公务员吸食鸦片案件也有侦查之权。由此,检察官在侦查职权方面范围确实是广泛的,只要涉嫌犯罪,检察官就可以启动侦查程序。

---

① 蔡鸿源主编:《民国法规集成》(第65册),黄山书社1999年版,第289页。
② 陶百川编:《最新六法全书》,三民书局股份有限公司1981年版,第435页。
③ 最高人民检察院研究室编:《检察制度参考资料》(第2编),内部资料1980年版,第24页。
④ 司法院秘书处:《袖珍司法院解释汇编》,内部资料1935年版,第13页。
⑤ 李江发:《中国检察文化的历史演进与当代建构》,湘潭大学2012年博士学位论文,第69页。

最后,检察官侦查犯罪享有较大的自由处分权。是否讯问被告、采取何种方式讯问等均由自己决定。例如,检察官通过侦查确认被告是犯罪嫌疑人,可以不必讯问被告,直接提起公诉;即使检察官知道犯罪嫌疑事实,也可以继续实行侦查。根据当时的文献记载:

> 检察官侦查犯罪,并非必须讯问被告,或予以讯问,而其讯问内容之详略,检察官亦得自由斟酌行之。如检察官就其他方法侦查所得之证据,已足认被告有犯罪嫌疑,即不讯问被告而提起公诉,亦非法所不许。检察官知有犯罪嫌疑,无论该嫌疑人是否公务员及其是否停职,均得实施侦查处分。①

这则史料的意思有三层:一是检察官侦查犯罪的时候,并非一定要讯问被告。即使讯问,检察官也可以自由斟酌行事。二是如果检察官用其他方法侦查所获得的证据,已足以证明被告有犯罪嫌疑,就无须讯问被告,直接提起公诉,也是法律所许可的。三是检察官知道有犯罪嫌疑人,无论该嫌疑人是否公务员以及是否停职,都必须对其实施侦查。从这里我们可以知道,国民政府时期的检察官在侦查犯罪的过程中享有较大的自由处分权。并且,当时实行的是"检警一体制",即在刑事案件侦查过程中,检察官可以将侦查的任务分配给司法警察,指挥其进行侦查,或者遇到紧急情况,也可以随时调度司法警察执行侦查任务。检察官与司法警察之间是主从关系,即以检察官为主体,司法警察必须服从检察官的命令和指挥,协助检察官开展工作。

此外,对于法院不受理的自诉案件,检察官认为应提起公诉的,也可以实行侦查,即使该案件属于亲告罪,也无须另行起诉。1928 年国民政府第 168 号解释例称:"自诉权之行使与否,纯出于被害人之自由,倘自愿向检察官告诉,仍应予以侦查。"②这就说明国民政府的检察官对自诉案件也有侦查的职责。不过,也有人对检察官的侦查职能有所质疑,认为:

> 检察官之职务专在搜寻犯罪,其所谓侦查,无非以逮捕管收为能事,每经过一度之侦查,恒有一二良民堕落信用,丧失名誉,甚且中人之资,一朝荡尽,其结果非但不能减少犯罪,且有增加犯罪之趋向。③

---

① 陈纲编著:《刑事审检实务》,正中书局 1947 年版,第 2 页。
② 俞钟骆、吴学鹏编辑:《国民政府统一解释法令汇编》,上海律师公会 1932 年版,第 127 页。
③ 耿文田编:《中国之司法》,民智书局 1933 年版,第 189 页。

也就是说:检察官的职责和任务集中在搜寻犯罪方面,他们的侦查其实就是以逮捕犯罪为主业。每经过一段侦查,总发现一两个良民失去信用,丧失名誉,结果不但不能减少犯罪,反而有增加犯罪的趋向。的确,检察官的职责是搜查犯罪证据——犯罪分子和犯罪事实,通过侦查发现隐藏的恶人和坏事。所以,南京国民政府时期的法律规定和司法解释表明:为了确保检察官能够全面、及时、有效地打击罪犯,国民政府将侦查作为检察官的首要职责,并赋予其较为宽泛的职权。

(二) 负责组织公诉规范

这里的组织公诉包括提起公诉和进行公诉。公诉与检察制度相伴而生,早年"国王代理人制度的确立结束了刑事诉讼由被害人自行提起的历史,实现了从'自行起诉'向'国家公诉'的飞跃,从此以后国家权力便频繁介入刑事诉讼"①。"不论各国检察制度有何差异,但公诉是各国检察机关共有的基本职能,因此检察通常是指一种以公诉为中心的国家活动。"②尤其大陆法系国家追诉刑事犯罪,更加依赖公诉程序,正如有学者指出的:"大陆法系检察制度的基本特征是:实行国家公诉主义,所有刑事案件都由检察机关提起公诉。为了保证公诉的有效性,法律赋予检察官指挥警察侦查和自行侦查的权力。"③德国就是典型的例子,根据德国《刑事诉讼法》的规定,检察机关的基本职能是"提起公诉",作为国家公诉机关行使国家控诉权,负责对刑事犯罪分子的追诉。同时,作为社会公共利益的代表,检察机关对涉及国家及社会公共利益的案件提起民事诉讼。并且作为司法活动中法律实施的监督者,检察官对警察机关和法院的审判活动进行监督。④ 更有学者对公诉制度的目的进行了探讨:

> 创设公诉制度的目的一方面是为了废除法官一手包办侦审的纠问制度,制衡法官的权力,另一方面是为了控制警察活动。换句话说,检察官在公诉活动中作为"法律守护人",作为公权力的行使者,扮演着国家权力的双重角色,既要保护被告人免于法官的擅断,也要保护犯罪嫌疑人免于警察的恣意。⑤

---

① 魏武:《法德检察制度》,中国检察出版社 2008 年版,第 1 页。
② 石少侠:《检察权要论》,中国检察出版社 2006 年版,第 3—4 页。
③ 张智辉:《检察权研究》,中国检察出版社 2007 年版,第 2 页。
④ 何勤华主编:《德国法律发达史》,法律出版社 2000 年版,第 472 页。
⑤ 贺恒扬:《公诉论》,中国检察出版社 2005 年版,第 2 页。

这段文字对检察官在公诉活动中的职责说得非常明确,即监督法官和司法警察。的确,检察制度与司法程序紧密相连,无论国民政府的《法院组织法》,还是《刑事诉讼法》,以及其他相关法规,均将刑事公诉作为检察机关及其人员的主要职责,并就其工作程序作出了详细的规范。民国学者指出:"我国刑事诉讼法采国家诉追主义,凡追诉犯罪,原则上皆由检察官行之,惟关于特定犯罪,亦许被害人或其他自诉权人径自追诉。其由检察官侦查起诉以及因此开始的诉讼程序,谓之公诉程序。其由被害人或其他自诉权人径自起诉而开始审判的诉讼程序,谓之自诉程序。"① 可见,刑事公诉是民国检察官的法定职权和责任。1935 年《刑事诉讼法》第 243 条规定:"提起公诉,应由检察官向管辖法院提出起诉书为之。"② 也即检察官必须在法官作出最终判决前,以书面方式提出意见,决定起诉与否,这就是"公诉"的提起,也是检察制度的核心价值与存在之理由之一:

> 犯罪须由代表国家之检察官厉行诉追庶奸宄之徒,有警惕之心,懔于法而不收再犯。否则诉追犯罪一任个人之自由,匪特侵害公共法益之犯罪无人诉追,即侵害个人法益之犯罪,亦无人过问矣。对于前者,因无直接利害关系,则取旁观态度;对于后者,则畏势而隐忍,或贪利以私和或被害人死亡,无人论告,若是则犯罪者逍遥法外,刑罚无所施其作用矣。③

也即是说,犯罪必须由检察官代表国家厉行追诉之责,使犯罪分子有警醒、害怕之心,从而铭记法律不再犯罪。如果追诉犯罪是任何一个人的自由,那么侵害公共法益的犯罪可能无人诉追;而且,很可能侵犯个人法益的犯罪,也无人过问。如果让犯罪者逍遥法外,那么刑罚将无从发挥它的作用。对此,国民政府行政院长张知本指出:

> 检察官的职务之中,其主要的为提起公诉和实行公诉两种。提起公诉是检察官经过详细的侦查后,认为有犯罪嫌疑时,才向法院提出的。审判官对于这种公诉,当然要加以相当的重视,而力求为适当的审判。……实行公诉,就是检察官于公判的当中,把自己对于犯罪事实和

---

① 王锡周编著:《现代刑事诉讼法论》,世界书局 1933 年版,第 98 页。
② 蔡鸿源主编:《民国法规集成》(第 65 册),黄山书社 1999 年版,第 290 页。
③ 耿文田编:《中国之司法》,民智书局 1933 年版,第 189—190 页。

处罚的意见,向审判官详加陈述。①

这里,张知本强调了提起公诉和实行公诉在检察官职务当中的重要地位,并且对检察官在"提起公诉"与"实行公诉"环节的职责作了详细表述,足见其对检察制度寄予厚望。因此,检察官在侦查处分终结后,依据侦查所得证据,认为被告有犯罪嫌疑者,应用书面诉状向管辖法院提起公诉。② 也就是检察官对侦查结果的处理,除不起诉外,认为确有犯罪嫌疑,应即提起公诉。在五权宪法正式实施背景下,国家层面权力理念的变化,也带来了检察权的权力形态的变动。就检察官职权的规定来看,司法权配置上发生变化,表现在从公诉为主到公诉与自诉并重。

当然,公诉书作为书面诉状,应载明被告人的姓名、性别、年龄、职业、住所或居所等信息。如果该案件由地方法院检察官提起公诉,则以检察处函片送审,内称"本检察侦查认为应行提起公诉"。如果县长侦查案件认为应该提起公诉,则应在函片上填明由所送的具体审判官办理。此外,检察官对被告作出不处分决定时,认为属于原告诬告的情形,可以直接起诉原告,无须再行其他手续。再次表明,检察官具有一定的权威。

提起公诉后,当法院开庭审判时,检察官必须到庭。而当庭审法官讯问被告后,检察官必须陈述起诉要旨。当庭审法官讯问证人、鉴定人,如被告在场的可以亲自追问,追问不当的,检察官可予以制止。在法庭调查证据后,检察官还必须陈述意见,这个过程就是实行公诉的意思和内涵,类似于现今的法庭调查环节。

不过,国民政府时期的刑事诉讼,除了亲告罪外,即使无人告发,检察官亦可起诉。根据相关规定,对于犯罪,可以将告诉之人分为四种:(1) 直接被害人;(2) 被害人之法定代理人或配偶;(3) 被害人之血亲姻亲或家长家属;(4) 代行告诉人。③ 一般除了公务员外的任何人,只要知道犯罪嫌疑人,均可以告发;公务员执行职务时,知有犯罪嫌疑人,应即告发。可以说,对于犯罪行为,几乎所有人都可以告发,形成一种对犯罪行为的一致打击态势。某种程度上,检察官拥有广泛侦查权,代表国家对犯罪提起公诉,表明在刑事案件的处理过程中检察官还是很有权威的。正如日本学者所言:"日刑诉于检

---

① 张知本:《检察制度与五权宪法》,载《法学杂志》1937年第9卷第5期。
② 蔡鸿源主编:《民国法规集成》(第65册),黄山书社1999年版,第290页。
③ 依据1935年《刑事诉讼法》第211条:犯罪之被害人得为告诉;第212条:被害人之法定代理人或配偶得独立告诉;被害人已死亡者,得由其配偶直系血亲、三亲等内之旁系血亲、二亲等内之姻亲或家长、家属告诉;第219条:不问何人,知有犯罪嫌疑者,得为告发。参见蔡鸿源主编:《民国法规集成》(第65册),黄山书社1999年版,第289页。

事之公诉处分,取绝对的便宜主义。即检事对于公诉提起与否,有绝对的权利……"①就是说,日本的检察官检举犯罪,提起公诉,治罪宽严务求实际,以求公正公平。"公诉是一项重要的国家追诉形式。公诉作为诉审分离的产物,是法制走向文明的标志。"②检察公诉的意义不言而喻。

(三) 协助担当自诉要求

南京国民政府比较重视刑事自诉的运用,1928年《刑事诉讼法》第337条规定:被害人对于"初级法院管辖之直接侵害个人法益之罪或告诉乃论之罪",得自向该管辖法院起诉。③ 1929年7月,司法行政部专门发布第1020号训令,要求各法院推行刑事自诉制度,具体内容如下:

> 查现行刑事诉讼法第三百三十七条,设有自诉制度,使被害人对于一定犯罪,得自向该管法院起诉,所以避程序之繁重,使审问得以迅速进行。乃据闻自该法院施行以来,各法院受理刑事案件,其由于私人自诉者,仍属寥寥。推原其故,半因法令初颁,人未谙习;半因各该法院职员,袭故蹈常,以致毫无改进。今当庶政革新之初,凡法制之便民者,亟应切实厉行,以符法意。嗣后各该法院办理刑事案件,如查系合于刑事诉讼法第三百三十七条第一款第二款之情形,而并非由于人民自行起诉者,应即责成值日检察官,随时指示,得向该管法院自行起诉;并应将此项自诉制度关系条文,于公共场所摘要揭示,俾众周知……④

国民政府的这则训令旨在强调:第一,理论上,自诉制度对诉讼程序具有化繁为简的意义;第二,实践中,自诉制度运用得并不广泛,有当事人和法院双方面的原因;第三,号召在后面的刑事案件推广自诉,并且责成检察官负责。显见,国民政府对自诉制度的关注。此后的《法院组织法》和《刑事诉讼法》均对检察官的自诉职责作了规定。

首先,1930年的《法院组织法》提到:"检察官员于刑事自诉案件应协助之,其自诉人撤回起诉时,除告诉乃论之罪外,如认为应起诉者,并担当之。"⑤由于该法的局限,同年《法院组织法》的修改意见里提到:刑事诉讼就现行之检察制度加以改善,并扩张自诉之范围,凡因犯罪而被害之个人,以许

---

① 〔日〕平井彦三郎:《刑事政策论》,陈士诚译,载《法律评论》1930年第7卷第51期。
② 贺恒扬:《公诉论》,中国检察出版社2005年版,第1页。
③ 蔡鸿源主编:《民国法规集成》(第65册),黄山书社1999年版,第318页。
④ 黄敦汉编辑:《各级法院司法行政实务类编》,商务印书馆1934年版,第206页。
⑤ 最高人民检察院研究室编:《检察制度参考资料》(第2编),内部资料1980年版,第16页。

其自诉为原则。其理由是：

> 按检察制度试行以来，因未获得相当利益者，主张绝对废除，而代以人民自诉制度。但若一旦遽废，照吾国情形，亦恐尚有窒碍，与其多事更张，不如加以改善。查现行《刑事诉讼法》中，已有自诉之规定，惟自诉只限于：(1) 初级法院管辖直接侵害个人法益之罪；(2) 告诉乃论之罪，范围仍嫌过狭。若就此而扩张至凡因犯罪而被害之个人以许自诉为原则，则人民亦有自诉之途，不患为检察官所阻隔。存检察制度之利而去其害，自较适宜，至于对于人民自诉之原则，应否加以限制，俟修正《刑事诉讼法》时再行讨论。①

从这里可以推测，检察制度试行的效果不好，被主张绝对废除，取而代之以自诉制度。但是检察制度一旦真的被废除，根据当时的国情，又会出现更大的麻烦，不如对检察制度加以改进，继续适用。而当时的自诉只限于两种情况：一是初级法院管辖的直接侵犯个人权利的犯罪；二是告诉才处理的犯罪。同时，人民虽有自诉之权利，但是对于"人民自诉之原则"，需要加以限制。显然，自诉制度被认为极其重要，但是它也有明显的不足，需要检察制度予以补充。因此从这个角度，检察制度只能"存"不能"废"，需要通过修正《刑事诉讼法》而予以完善。由检察官协助人民自诉，使自诉制度得以顺利健康运行。

其次，1935年《刑事诉讼法》第322条规定，"法院应将自诉案件之审判期日通知检察官，检察官对于自诉案件得于审判期日出庭陈述意见。"②由此，检察官有协助自诉的职责。第339条规定："检察官对于自诉案件之判决得独立上诉。"③也就是说，不服自诉案件的判决，检察官也可以独立提起上诉，更可以对裁判进行抗告、再审或非常上诉。遇有特殊情形，法院认为有必要时，均可以通知检察官担当自诉。无论是协助自诉，还是担当自诉，检察官都在为自诉人伸张正义，维护自诉人的合法权益。

需要注意的是，1935年《刑事诉讼法》所规定的检察官自诉职责，是在扩大自诉案件范围的背景下所倡导的。究其根源，根据当时《刑事诉讼法》起草委员会及司法行政部关于《刑事诉讼法》的修正说明，本次修正要点一共65

---

① 谢振民编著：《中华民国立法史》（下册），张知本校订，中国政法大学出版社2000年版，第1041页。
② 蔡鸿源主编：《民国法规集成》（第65册），黄山书社1999年版，第294页。
③ 同上。

条,其中涉及"自诉"的要点9条,表明立法机构对自诉制度极为重视。扩大自诉的要点直接体现在第41、42与45条。

(四十一)依前法被害人得自诉者,以初级法院管辖直接侵害个人法益之罪,及告诉乃论之罪为限,此法依据中央政治会议所定原则,改为凡犯罪之被害人,有行为能力者,均得提起自诉,以扩张自诉之范围(311条);(四十二)自诉之撤回,如漫无限制,流弊滋多,故此法改定为除告诉乃论或请求乃论之罪外,不准自诉人撤回(317条);(四十五)此法明定检察官协助自诉办法,法院应将自诉案件之审判日期通知检察官,检察官得于审判期日出庭陈述意见(322条)。①

仅从这两条修正要点,足以看出1935年的《刑事诉讼法》的确扩张了自诉案件的范围,并赋予了检察官协助自诉和担当自诉的职责,凡是犯罪案件的被害人,只要有行为能力,都可以提起自诉。自诉范围已经相当宽泛了。可以说,扩大刑事自诉范围是对检察官制度的存利去害,意义值得肯定。但是,带来的负面影响也很明显——自诉"诚不得谓非便民之道,但利之所在,弊亦随之。其弊维何,即滥诉是也"②。可见,自诉带来了严重的滥诉问题,国民政府不得不启用专业的检察官对自诉进行指导和把关。注意,这里的检察官只是"协助自诉",而非实行自诉。对此,1935年《刑事诉讼法》修改的理由里提到:

应将检察官员之职权略予变通,即虽自诉案件,亦使其协助办理,此因人民自诉之范围,在今日虽有不得不扩张之势,而关于实体法及程序法,亦难期尽人皆知循行悉当。故使检察官员为之协助,既足补人民之所短,亦足尽检察官员之所长。至于自诉人于诉讼已开始进行后,容或有撤回其起诉者,听之则流弊滋多,不许亦于理不顺。故除告诉乃论之罪外,如检察官员认为应起诉者,即担当其诉讼,无庸另行起诉,以免自诉人有所操纵。是于扩张自诉范围之中,仍借检察制度,以为补偏救弊之用。③

---

① 谢振民编著:《中华民国立法史》(下册),张知本校订,中国政法大学出版社2000年版,第1027页。
② 田奇、汤红霞选编:《民国时期司法统计资料汇编》(第16册),国家图书馆出版社2014年版,第423页。
③ 最高人民检察院研究室编:《检察制度参考资料》(第2编),内部资料1980年版,第16—17页。

> 检察官于侦查结果之处分既简单而捷便,于国家人民均有利益,若统归于法院依裁判繁复程序处理之,则时间与劳费均不经济。观今日自诉扩张之结果,使各级法院案件增加,人民受其拖累,已知其然矣,但若刑事诉讼制度根本改正,则又当别论矣。①

两位学者的观点很明确,主张检察官的职权需要稍稍变通,以便协助自诉案件的办理。检察官参与案件处理更便捷,更可靠,对国家和人民皆有好处。而现实中,自诉案件范围广泛,需要检察官予以协助的案件数量多。自诉扩张的结果是法院案件积压,亟待检察官履行职责。简言之,国民政府时期,为了防止检察官滥用职权,大力启用刑事自诉制度;同时为了避免滥诉的发生,保障被害人权益,又强调检察官在刑事自诉案件中的协助和担当职责。

(四) 参与刑罚执行程序

法院作出的裁判文书效力确定后,将发生执行的法律后果。刑罚执行,就是将法院生效裁判付诸实施的刑事司法活动。在这个过程中,检察官协助法院执行生效刑事裁判。对此,1935年《刑事诉讼法》第461条明定:"执行裁判由为裁判法院之检察官指挥之。"②据此,凡是刑事裁判的执行,原则上应由裁判法院的检察官指挥。"但其性质应由法院或审判长、受命推事、受托推事指挥,或有特别规定者,不在此限;因驳回上诉、抗告之裁判,或因撤回上诉、抗告而应执行下级法院之裁判,由上级法院之检察官指挥之。"③指挥执行以先主后附、先重后轻的顺序为原则。也就是说,依据《刑事诉讼法》,刑事裁判的执行一般由检察官来指挥,其在指挥过程中主要负责保证刑罚判决能够被正确地执行。

检察官在指挥刑罚执行中应遵循以下要求:第一,原则上,检察官指挥刑罚执行,是由熟知该裁判的检察官指挥,且指挥一、二、三审裁判的执行,并非仅指挥第一审裁判执行。第二,遇到以下两种情形时,检察官应指挥停止执行:(1) 依据1935年《刑事诉讼法》第423条,对于再审案件,在申请再审期间不影响执行的效力,而一经管辖法院作出再审裁定之后,该法院必须停止执行。但是,在管辖法院作出再审裁定之前,该法院的检察官认为应当停止刑罚执行的,有权下达停止执行的命令。④ (2) 依据《刑事诉讼法》第471条,对

---

① 最高人民检察院研究室编:《检察制度参考资料》(第2编),内部资料1980年版,第230页。
② 蔡鸿源主编:《民国法规集成》(第65册),黄山书社1999年版,第299页。
③ 同上书,第298页。
④ 同上。

于受徒刑拘役判定之人犯,在有法定停止执行的原因时,依检察官的指挥停止执行。① 第三,因驳回上诉抗告之裁判,或因撤回上诉抗告,而应执行下级法院裁判的,由上级法院检察官执行;如果卷宗在下级法院,仍应由该下级法院检察官指挥执行。② 可见,检察官指挥执行规则较多。

对于死刑案件,应当由检察官到场监督并指挥,执行要求更严格。1935年《刑事诉讼法》第467条第1款规定:"执行死刑应由检察官莅视,并命书记官在场。"③第468条规定:"执行死刑应由在场之书记官制作笔录。笔录应由检察官及监狱长官签名。"④一般而言,对于死刑判决,应由检察官速将该案卷宗送交司法行政最高官署复核死刑,取得批准令,在死刑批准令达到后3天内执行死刑,检察官监督死刑执行全过程。

对于徒刑或拘役的人犯,如要求他们服劳役的话,检察官应在指挥执行书内明白记载。至于免服劳役者,应该由指挥执行的检察官斟酌考虑,以命令形式确定,并记载于指挥执行书内。而依据《刑事诉讼法》第474条第1款规定:"罚金、罚锾、没收、没入及追征之裁判,应依检察官之命令执行之。"⑤对此,有学者解释:"至罚金、罚锾、没收、没入及追缴,大都由检察官向受刑人直接命令执行。"⑥显然,与死刑执行监督相比,徒刑等执行程序相对简单一些。

此外,依据1935年《刑事诉讼法》,检察官参与保安处分、感化、反省等刑罚补充或辅助性措施的执行。对于刑罚的补充——保安处分⑦,在法院宣告之后,也由检察官作出保安处分的声请,否则相关机构不能直接行使此项处分的权力。而对于进入感化院⑧、反省院⑨的被管束者,检察官也有监督的职责。关于受保护管束人的感化监护禁戒或工作,及其身体、品行、生计等情况,应随时加以调查,不得仅将执行保护管束者之报告,转报交付机关,如发

---

① 蔡鸿源主编:《民国法规集成》(第65册),黄山书社1999年版,第300页。
② 参照孙潞:《刑事诉讼实务》,商务印书馆1948年版,第33—34页。
③ 蔡鸿源主编:《民国法规集成》(第65册),黄山书社1999年版,第300页。
④ 同上。
⑤ 同上。
⑥ 孙潞:《刑事诉讼实务》,商务印书馆1948年版,第34页。
⑦ 这是国民政府仿效日本的制度,主要针对那些心神状态特殊或知识尚未发达的青年犯罪者。参见谢冬慧:《中国刑事审判制度的近代嬗变:基于南京国民政府时期的考察》,北京大学出版社2012年版,第210页。
⑧ 国民政府时期,"对于有犯罪倾向而无保护之少年,不可不施以保安处分。据一般立法例,此种少年,多收容于公私之强制教育场或感化院。"胡长清:《保安处分与刑罚》,载何勤华、李秀清主编:《民国法学论文精萃(第四卷)刑事法律篇》,法律出版社2004年版,第342页。
⑨ 反省院是20世纪20年代末国民政府建立的专门羁押政治犯的地方,由司法行政部为感化反革命而在高等法院所在地设置。参见谢冬慧:《中国刑事审判制度的近代嬗变:基于南京国民政府时期的考察》,北京大学出版社2012年版,第210页。

现执行保护管束者有违背义务之情事,亦应临时督促,命令纠正。① 如此等等,无论检察官作出保安处分声请,还是参与犯人的感化教育,其目的只有一点,就是对这些法律行为的过程实行监督,确保其行为自身及其程序的公正性。

总之,南京国民政府时期,法律规定检察官参与几乎所有的刑罚执行工作,指挥裁判,尤其是死刑的执行监督。在这个执行过程中,检察官的主要职责是监督,确保法院裁判的切实有效执行,实现司法公正。

(五) 监督监禁处所规定

对于刑罚执行的处所——监狱和看守所,检察官也有监督之责。有学者指出,民国监狱的"中间监督机关,受最上监督机关之指挥,直接监督各处监狱,因最上监督机关有鞭长莫及之虞,故就就近监督中间机关之设置也。……我国中间监督,则委之各省高等法院,在各县者,复委托于各县行政长官之县长"②。这里所说的各省高等法院作为监督机关,其职责主要是由检察官来履行的。

首先,对监狱犯人的监督。检察官负责对监狱的监管活动进行监督,1928年10月4日,南京国民政府司法部颁行《中华民国监狱规则》,其中第6—7条规定:"检察官得巡视监狱,在监者不服监狱之处分时,得在事故发生后十日内,申诉于监督官署或视察员,但申诉未经判定时,无中止处分之效力。"③据此,南京国民政府时期检察官对监狱、看守所等国家强制机关皆有巡视监督的职责。第一,检察官巡视监狱时需要关注两点:其一是对监狱长官的行为进行监督,对违法行为进行纠正;其二为被监禁者"平反昭雪",纠正错误裁判。被监禁者可以向巡视检察官提出申诉,检察官接到申诉后根据实情作出判定。第二,检察官巡视看守所时也需要留意一点,就是对被关押者在看守所的羁押期限进行监督。而《疏通监狱暂行条例》第5条第3款规定:"前项易科罚金,由检察官声请法院裁定之。"④这里的"检察官声请"实际上是由检察官对犯人"易科罚金"一事进行监督。

其次,对监外人员的监督,主要是对假释及保外服役者的监督。依照国民政府《假释审查规则》第16条,"狱务委员会关于假释之审查,应征求最后

---

① 参照孙潞:《刑事诉讼实务》,商务印书馆1948年版,第40页。
② 芮佳瑞编:《监狱法论》,商务印书馆1934年版,第17页。
③ 同上书,第230页。
④ 《疏通监狱暂行条例》,南京国民政府1935年7月15日公布。据中国国家图书馆民国法律资源库,http://read.nlc.cn/OutOpenBook/OpenObjectBook? aid=462&bid=6706.0,2019年8月14日访问。

事实审推事检察官或陆海空军军法官之意见,此项意见如呈请假释时须随之附送。"①也即检察官是决定假释的主体之一。而监狱对于某人予以假释时,应当将假释的事由书面通知两个地方的检察官,一是假释者居住地的地方法院检察官,二是假释者原判决的地方法院检察官,以便检察官掌握情况并监视。若检察官认为假释者不符合假释条件,可出具意见书,经高等法院首席检察官转报司法行政部审核,将假释者重新关押到监狱之中。② 而对于"保外服役人犯所服劳役,得由该人民团体就该项人犯住房附近地点指定之,并呈报该管高等法院首席检察官备案"③。简言之,检察官对监外人员的监督规定很清晰。

但是,检察官行使职权时,不能越权。1930年上字第1188号判决例作出明确规定:"查现行法院之编制,各级法院皆配备检察官执行职务。下级法院检察官非受有上级法院检察长官之命令,当然不能执行上级检察官之职务。"④南京国民政府时期,由于检察机构人少事繁,不得不加大检察官的职责。所以与1928年《刑事诉讼法》相比,1935年《刑事诉讼法》对检察官在刑事诉讼中的职责作了调整,尤其将追诉刑事犯罪作为检察官的第一要务,一定程度上加重了检察官的职责。

二、法律监督规则

根据法学理论,"狭义上的法律监督,是专指国家检察机关依法定程序和法定权限对法的实施的合法性所进行的监察和督促。"⑤从宏观角度看,检察官的监督实质上是法律监督,革命导师列宁曾指出:"检察长的唯一职权和必须作的事情只是一件:监视整个共和国对法制有真正一致的了解,不管任何地方的差别,不受任何地方的影响。"⑥"检察长的责任是使任何地方政权的任何决定都与法律不发生抵触,检察长必须仅仅从这一观点出发,对一切非法的决定提出抗议……"⑦1922年,苏俄根据列宁的监督理论建立了检察机

---

① 《假释审查规则》,南京国民政府1948年10月2日公布。据中国国家图书馆民国法律资源库,http://read.nlc.cn/OutOpenBook/OpenObjectBook? aid=462&bid=1675.0,2019年8月14日访问。
② 曾宪义主编:《检察制度史略》(第2版),中国检察出版社2008年版,第209—210页。
③ 《监犯保外服役暂行办法》,南京国民政府1932年3月21日公布。据中国国家图书馆民国法律资源库,http://read.nlc.cn/OutOpenBook/OpenObjectBook? aid=416&bid=44160.0,2019年8月14日访问。
④ 最高法院判例编辑委员会:《最高法院判例要旨》,最高法院书记厅1934年版,第252页。
⑤ 乔克裕主编:《法理学教程》,法律出版社1997年版,第316页。
⑥ 《列宁全集》(第33卷),人民出版社1957年版,第326页。
⑦ 同上书,第327页。

关,专门担负法律监督的职责。我国的学者也认同:"检察机关的监督应当定位为法律监督,而不是其他任何性质的监督。"①检察权实际上是一种监督权,这一观点已成通说,因为刑事公诉以及抗诉本质上是检察官对法官和司法警察的法律监督。南京国民政府时期,检察官履行侦查、提起公诉、协助自诉、参与刑罚执行,在某种意义上,就是一种法律监督活动,需要遵循相应的规则。

(一) 刑事审判监督规范

1935年《刑事诉讼法》强调检察官享有对诉讼的全面监督权,包括审判前的准备程序、已经确定的法院判决以及刑罚执行的监督权。南京国民政府时期,各级法院检察部门(实为检察官)作为向审判机关提起公诉的机关及司法审判的主要监督机构。1933年国民政府的权威法学期刊《法律评论》就登载了一条"法界消息",题为《冀高院训令下级法院注意宣判程序》。该消息称:

> 河北高等法院检察处近以各县审理刑事案件多不履行宣判程序者于法殊属不合,特通令各兼理司法各县府嗣后应行宣告判决令云。为令遵事查论刑判决应宣告之刑事诉讼,法定有文明。近阅各县呈送上诉或复判案件,依法办理者固多,但亦有不履行宣判之程序,但未作成宣判笔录附卷,以致是否已履行,无文可查,均属于法不合,嗣后各该县政府审理刑事案件除不经辩论之判决外,无论何种判决,均应履行宣判程序并制作宣判笔录附卷,以免呈送上诉或复判后复须将卷宗发还,重行此项程序,致稽诉讼之进行,事关奉行法令合亟,令仰照切切,此令云。②

这则消息告诉我们,高级法院的检察部门对下级法院的审判实行监督。当河北高等法院检察处发现下属各县审理的刑事案件,很多不履行宣判程序,这种状况与法律规定显著不合,于是立即纠正,通令各县今后必须宣告判决。这就是上级法院检察机关对下级法院审判的监督,其意义深远。而对于死刑案件,检察官的监督职责更加艰巨,"各级检察官于谕知死刑判决确定后依法应检同全案卷证呈送司法行政部复核,经详查后认为事实法律均无错误

---

① 张智辉:《法律监督三辨析》,载《中国法学》2003年第5期。
② 《冀高院训令下级法院注意宣判程序》,载《法律评论》1933年第10卷第51期。

者始令准执行,其有错误或疑义者则分别情形依法办理。"① 对于一般刑事案件,检察官也绝不可小视,必须认真监督,有如报告所言:"检察官,对于刑庭判决各案,俱详加审核,遇有引用法律不当,或认定事实错误者,必依法声请上诉及复判并非常上诉。"② 在非常时期,检察官更要发挥所长。"检察官系代表国家行使监督检举之权,在此抗战期间,对于侦查间谍、搜捕奸细以及防止一切危害国家之行为,尤赖检察官之克尽职责。"③ 这些规定对检察官的法律监督作用进行了充分确认。具体说来:

第一,在刑事案件审判前的监督。主要是在侦查过程中,由检察官指挥司法警察一体实施侦查并享有对侦查全程的监督权。1928 年公布的《刑事诉讼法》中规定检察官在侦查过程中有权命令司法警察协助侦查,或指挥司法警察官和司法警察侦查犯罪。④ 1935 年《刑事诉讼法》规定刑事侦查工作由检察官主持去完成,县长、警察局长及宪兵队长官作为司法警察官协助检察官开展侦查工作。⑤ 1935 年的《办理刑事诉讼案件应行注意事项》第 57 条规定,下级检察官接受上级首席检察官命令,续行侦查之案件。⑥

第二,对刑事案件审判过程的监督。根据 1935 年《刑事诉讼法》,法院"审理刑事案件,检察官不能拒绝莅庭"。这里,检察官莅庭的目的除了提起公诉,协助自诉,就是实行审判监督。同年出台的《办理刑事诉讼案件应行注意事项》(以下简称《注意事项》)第 59 条:"检察官对于在庭被告及被害人之陈述、证人之证言、鉴定人之报告,审判长提示之证物及宣读之文件,均应深切注意……"⑦。《注意事项》第 61 条规定:"检察官接受判决正本之送达,无论为公诉判决或自诉判决,应立就原判决认定事实有无错误,适用法则是否正当,以及诉讼程序有无瑕疵,量刑标准是否适当,分别调查,以决定应否提起上诉,不得任意搁置。"⑧ 而第 63 条规定,凡依法不得上诉者,检察官虽不得依通常上诉程序提起上诉,但遇有违法情形,仍可俟原判决确定后,出具意见书,呈请最高法院检察长提起非常上诉,以资纠正。⑨ 非常上诉已在上文中有所论及,依据国民政府 1935 年《刑事诉讼法》第 434 条的规定,某一案件

---

① 《国民党中央执行委员会历次全体会议刑事工作报告》,中国第二历史档案馆藏,全宗号 7,案卷号 9787。
② 《广东高等法院检察处工作报告》,中国第二历史档案馆藏,全宗号 7(5),案卷号 196。
③ 《司法院第二次工作报告》,中国第二历史档案馆藏,全宗号 7(2),案卷号 172。
④ 蔡鸿源主编:《民国法规集成》(第 65 册),黄山书社 1999 年版,第 314 页。
⑤ 同上书,第 289 页。
⑥ 同上书,第 593 页。
⑦ 同上书,第 593 页。
⑧ 同上。
⑨ 同上。

的判决确定后,如果发现该案件的审判属违背法令的,最高法院的检察长可以向最高法院提起非常上诉。① 这也是检察机关对刑事审判进行监督的法定程序。"这种非常上诉权体现了检察机关对法院审判活动的全面性监督。"②从上述规定可知,检察官对审判过程的监督是全面和具体的,也是严谨和认真的。

第三,指挥刑事裁判的执行。"同大陆法系德日等国一样,清末变法修律时,继受和引进了西方检察官对刑罚执行予以监督的制度。"③至国民政府时期,检察官对刑罚执行予以监督的制度得以继续沿用,从1935年的《注意事项》里可以知道检察部门在刑事执行方面的监督作用。首先,检察部门对监所有监督职能。例如该《注意事项》第44条规定,"检察官对于监狱及看守所,务必随时勤加视察,指挥监所职员,解除犯人痛苦。"④也就是说,对于监狱、看守所等监禁场所的执行行为,检察官亦负有监督的权力。而第72条规定:"检察官对于执行保护管束者应实行其监督权,关于保护管束人之感化监护禁戒或工作及其身体品行生计等情况,应随时加以调查,不得仅凭执行保护管束者之报告,转报交付机关,如发现执行保护管束者有违背义务情事,亦应随时督促,命令纠正,至接受执行保护管束者之报告事项,更应即时予以适当之处理。"⑤并且,检察官对于自诉案件裁判之执行,与公诉案件并无区别。"受刑之宣告者,不问其为死刑、自由刑或财产刑,皆应由检察官指挥执行,即无罪之判决,被告人保证金、扣押物之发还,亦必由其指挥。"⑥1945年修正《刑事诉讼法》时并未对裁判执行内容进行修正,因此一直沿用1935年《刑事诉讼法》的规定,"执行裁判由为裁判之法院之检察官指挥之。……因驳回上诉、抗告之裁判,或因撤回上诉、抗告而执行下级法院之裁判者,由上级法院之检察官指挥之。"⑦指挥刑事裁判的执行,实质上是由检察官亲自参与执行过程,从而达到监督刑事裁判执行的目的。

通常情况下,检察部门主要是通过审前侦查,参加法庭审判,以审阅案卷、受理申诉等方式履行审判监督职能。庭审中,检察部门的公诉人代表国

---

① 蔡鸿源主编:《民国法规集成》(第65册),黄山书社1999年版,第298页。
② 刘方:《检察制度史纲要》,法律出版社2007年版,第194页。
③ 伦朝平等:《刑事诉讼监督论》,法律出版社2007年版,第23页。
④ 蔡鸿源主编:《民国法规集成》(第65册),黄山书社1999年版,第592页。
⑤ 同上书,第594页。
⑥ 黎藩:《检察制度存废论》,载《月刊》1929年第5期。转引自何勤华、李秀清主编:《民国法学论文精萃(第五卷)诉讼法律篇》,法律出版社2004年版,第515页。
⑦ 《修正刑事诉讼法条文》,南京国民政府1935年1月1日公布。据中国国家图书馆民国法律资源库 http://read.nlc.cn/OutOpenBook/OpenObjectBook?aid=462&bid=2370,0,2019年8月14日访问。

家指控犯罪,承担指控犯罪的举证责任,并依法对合议庭在事实认定、证据采信以及适用法律上进行监督,以法律监督者的身份对刑事审判活动的合法性、裁判活动的公正性进行审查和评价,促使合议庭依法公正审理案件,保证司法公正顺利实现。① 国民政府时期的检察部门基本上是按照这一规范实施和运作其监督权的。根据南京国民政府《刑事诉讼法》的相关规定,检察官的审判监督职能主要是通过出席法庭审判以及对刑事判决、裁定的上诉权,抗告权和非常上诉权来实现的。② 可以说,检察部门是刑事审判监督的主体,它不仅从形式上对刑事审判实施监督,而且从实质上对刑事审判的错误予以纠正。因此,在国民政府刑事审判监督体系中,检察部门的监督是极为实质和重要的。

(二) 民事检察监督规则

民事检察监督,就是检察机关依法对民事法律实施尤其是民事审判活动所开展的监督工作。与此相应,检察机关及检察官行使监督权所应遵循的各种法律制度,即为民事检察监督制度。民事检察监督制度最早起源于资本主义国家,并获得发展完善。与监督机制建立的原理一样,原本资本主义发达国家从自由处分的精神出发,对民事案件采取不干涉主义,也就无所谓什么监督机制。可是到19世纪末20世纪初,资本主义经济迅猛发展,社会关系日益复杂,导致矛盾纠纷层出不穷,如不采取措施,将危及整个国家和社会的利益。于是,资本主义国家的价值观念发生转型,由个人本位转向社会本位。在此价值转型背景下,资本主义国家开始关注民事案件的解决,监督其中的不公正现象,并且形成制度约束,民事检察监督制度应运而生,其中法德等国的民事检察制度为民国时期所效仿。"与今天的法院、检察机关并列模式不同,南京国民政府时期,在各级法院内部设立检察部门,称其为'法院检察部门',作为向审判机关提起公诉的机关及司法审判的主要监督机构。作为监督机构,法院检察部门自然也对民事审判进行监督,是民事审判监督体系的主要组成部分。"③因此,南京国民政府民事检察的监督规则,值得探究。

南京国民政府时期,法院检察部门民事监督制度并非国民政府的独创,而是近代西学的产物。检察制度的发源地法国为民事案件设置了检察机关,不过与刑事案件不同。"在民事案件中,只有在普通法院才设有检察机关。

---

① 参照伦朝平等:《刑事诉讼监督论》,法律出版社2007年版,第6页。
② 刘方:《检察制度史纲要》,法律出版社2007年版,第194页。
③ 谢冬慧:《南京国民政府时期的民事审判监督机制研究》,载《法制与社会发展》2009年第4期。

但在刑事诉讼领域,在每个刑事法院,无论普通法院还是特殊法院,都设有检察机关则是重要原则。"①尽管在民事案件的处理过程中,检察官介入不多,但是对于民事案件的监督,不能没有检察官。检察官对民事案件的监督作用,从检察制度诞生之时起,就已经显露出来。

然而,"近世各国,凡关于检察制度多取法于法国,兹当再就法国检察制度之沿革言之,当西历一千二百年之末,法国王家设有所谓代理制度者。其始仅代国王处理一身之事务,后并得代国王提起民诉。"②也就是说,最早出现在 14 世纪法国的检察官,代表国王参与涉及国王利益的民事诉讼。并且"自十二世纪法兰西之国王代理人制之法起,近世各国,咸袭其检察之制度;然其资格及职责,亦仅限于代理国王处理其私人之事务而已"③。后来,其职责有所扩大,1806 年的法国《民事诉讼法》对检察机关参加民事诉讼作了各种规定,法国《法院组织法》也规定了检察官在民事方面的职权,从而赋予检察机关参加民事诉讼的重要权力。因此,从历史来看,检察机关参加民事诉讼最早始于大陆法系的代表国家——法国,并为其他大陆国家所效仿。德国不仅借鉴了法国的制度,制定了《1877 年民事诉讼条例》,而且在此之前,在莱茵巴伐利西的民事诉讼实践中,就已经采用了检察官参加民事诉讼的制度。日本也以法国为模范建立了本国的检察制度。我国现代检察制度是通过学习日本间接借鉴法国的结果,因此也有此类规定。

在封建社会行政与司法合一的体制下,中国未建立起现代意义上的检察制度④。20 世纪初的"变法修律"引进了资本主义的检察制度,把大理寺改为大理院,下设各级审判厅掌管审判,在各级审判厅内附设各级检察局,作为专职向审判厅提出公诉的机关,这是中国最早的具有现代意义的民事检察制度的建立。⑤ 我国清末政府主要学习继受大陆法系德日等国经验,赋予检察官一定的对审判是否公正合法进行监督的权力,并建立起相应的制度。⑥ 因此,有学者认为:"我国现代意义上的检察制度出现在清末变法修律之际,检察机关提起民事诉讼的历史也在同一时期发源。"⑦1906 年清政府颁布的《大

---

① 魏武:《法德检察制度》,中国检察出版社 2008 年版,第 18 页。
② 朱鸿达:《检察制度论》,载《法律季刊》1925 年第 2 卷第 3 期。
③ 黎蕃:《检察制度存废论》,载《月刊》1929 年第 5 期。
④ 中国古代有与检察制度比较接近的制度——御史制度,它是以作为中央政权重要组成部分的御史台为中心,由其他监察性机关和官员相辅助,主要行使对行政和司法的监察权力的一种古代法律制度。
⑤ 参照王德玲:《民事检察监督制度研究》,中国法制出版社 2006 年版,第 16—17 页。
⑥ 张培田、张华:《近现代中国审判检察制度的演变》,中国政法大学出版社 2004 年版,第 254 页。
⑦ 李征:《民事公诉之立法研究》,重庆大学 2014 年博士学位论文,第 63 页。

理院审判编制法》规定：各级审判厅附设检察局，各检察局置检察长一人，负责刑事案件的公诉、监督审判和监视判决执行。①1907年《高等以下各级审判厅试办章程》规定："检察官对于民事诉讼之审判必须莅庭监督者如下（原文如左）：婚姻事件、亲族事件、嗣继事件，以上事件如审判官不待检察官莅庭而审判者，其判决为无效。"②显然，清末关于民事审判监督的法律中，《大理院审判编制法》是宏观的，而《高等以下各级审判厅试办章程》则是微观具体的。1909年的《法院编制法》规定："审判衙门为民事诉讼当事人时，应由配置之该审判衙门之检察厅检察官代理为原告或被告。"③可见，中国清末立法即已规定了民事审判的检察监督制度，这些立法也是我国现代民事检察制度建立的标志。

随后，这种制度被南京临时政府及北洋政府继承。在北洋政府统治期间，为加强对民事审判工作的监督，相关的检察制度也逐步建立。根据1914年4月3日颁布的《民事非常上告暂行条例》，检察机关对于"高等审判厅以下法院之判决，如认为显然与约法或其效力相等之法律、优待条例有抵触，而且业经确定者，总检察长得随时向大理院请求撤销之"④。也就是说，此时的总检察长对高等审判厅以下法院的判决，认为与法律抵触，可以要求大理院予以撤销。对同级审判机关的判决，检察机关认为有必要再审时，可由检察长依照抗告程序或非常上告程序要求重审。对审判机关的判决及其执行，检察官可以采用"请求变更"的方式来要求法院予以改变⑤。国民政府时期，这种制度得以进一步发展。

但与晚清政府及北洋政府的"审检分离制"不同，南京国民政府实行"审检合署制"，这次司法改革，检察机关虽然被废除，但是检察制度仍然留存下来。需要说明的是，南京国民政府虽然实行"审检合署制"，但审检职能分离，互不干涉。有学者认为，"虽然合署办公，但检察官'对于法院，独立行其职权'，在组织及业务活动上相对分离，因此不至于造成审检职能不分，失却监督制约作用"⑥。南京国民政府建立后，为了加强对民事审判工作的监督管理，相关法律法规都赋予了检察官民事审判监督的职权。

首先是国民政府初期各级法院对检察官民事审判监督职责的要求。

---

① 《大理院审判编制法》，载《南洋官报》1906年第68期。
② 《重刊法院编制法、高等以下各级审判厅试办章程暨补订章程、民刑事诉讼律》，司法部1915年重刊，第66—67页。
③ 黄严、王士森编：《法院编制法释义》，商务印书馆1910年版，第67页。
④ 《民事非常上告暂行条例》，载《司法公报》1914年第2卷第7期。
⑤ 龙宗智：《检察制度教程》，法律出版社2002年版，第55页。
⑥ 同上书，第64页。

1927年公布的《最高法院组织暂行条例》规定,"最高法院设置首席检察官一员、检察官五员,依法令之所定处理关于检察之一切事务。"①这其中自然包括对民事案件的监督检察事务。1928年公布的《各省高等法院检察官办事权限暂行条例》也明确规定:"民事及其他案件依照民事诉讼法规及其他法令所规定为诉讼当事人或公益代表人实行特定事宜。"②所谓特定的事宜,就是监督民事案件审理过程及结果是否有错误的地方。对此,同时出台的《地方法院检察官办事权限暂行条例》也作了类似的规定③。

其次是国民政府的民事法律对民事审判监督的重点规定。"1929年民法和1935年的民事诉讼法,对于检察官参与婚姻事件、亲子关系事件、禁治产事件以及死亡宣告事件等民事诉讼程序,均作了具体规定。这里,检察官参与民事审判程序,其主要任务就是对民事审判的过程进行监督。通过参与民事诉讼活动,监督法院民事审判活动是否合法,适用法律是否正确,提出纠正意见。"④需要说明的是:

> 南京国民政府时期,检察机关参与民事案件,或者说,检察机关对民事审判监督的具体范围,相关法律未作明确规定。但是,从理论上分析,检察机关的这一职权范围应当不受过多的限制,除了传统的检察官到庭旁听审判过程、列席审判会议等形式监督以外,大致包括两类:一是对法官的监督,对法官的违法、违纪及其他违反法官职业道德的不良行为进行监督;二是对裁决的监督,对法庭审判民事案件中出现的问题提出意见,对法院作出的违法或没有根据的裁判有调阅案卷及停止法院执行的权力。至于司法工作人员的失职或违法行为,依据当时的法律,应由监察机构提出纠举或弹劾。⑤

宏观上,检察机构最主要的价值和功能就是法律监督。根据1932年《法院组织法》,其监督体系包括:"检察长监督全国检察官;高等法院首席检察官监督该省或特别区域内的检察官,高等法院分院首席检察官监督该区域内的检察官;地方法院首席检察官监督该院及分院的检察官;各级法院首席检察

---

① 《最高法院组织暂行条例》,载《新闻报》1927年11月3日,第3张第1版。
② 蔡鸿源主编:《民国法规集成》(第65册),黄山书社1999年版,第392页。
③ 详见《地方法院检察官办事权限暂行条例》第2条第2款,载蔡鸿源主编:《民国法规集成》(第65册),黄山书社1999年版,第400页。
④ 谢冬慧:《南京国民政府时期的民事审判监督机制研究》,载《法制与社会发展》2009年第4期。
⑤ 同上。

官对所属检察官、办理检察事务的书记员有指挥监督权。"①当然,检察署也要受司法行政部部长的监督。也即首席检察官监督检察官,上一级检察官监督下一级检察官,落到工作上就是对包括民事审判在内的法律适用的监督。

当下,"从我国宪法的规定看,只有检察机关是宪法规定的'国家的法律监督机关',所以,只有检察机关的监督才具有法律监督的性质。"②从一定意义上说,检察制度就是法律监督制度。已故法律史专家曾宪义教授曾指出:"检察制度,就是关于国家法律监督的制度,它是一个国家法律体制中很重要的组成部分。"③南京国民政府时期,检察机构对刑事案件与民事案件的监督,构成了当时法律监督的主题内容,代表了当时法律监督的规范和水平。

(三) 参与特别审判要求

前文已述,国民政府的司法解释里明确了检察官侦查国家官员的职权。南京国民政府时期,对于国家公务人员的贪污浪费、中国人的汉奸犯罪等均予以严厉制裁,采用特别程序进行审判。在此,大都采用军事审判,需要检察官参与。根据1930年《海陆空军审判法》,"有军事检察权各官长,均有搜查证据之权"。④ 审问与军人共犯的非军人完毕后,应将该非军人连同供词证物送交该管辖法院检察官或其他行使检察权的官署。⑤ 1948年出台的《检察官与司法警察机关执行职务联系办法》规定:凡现役军人与普通人民共同犯罪,为司法警察机关一并捕获时,应同时移送该管检察官侦查,再由检察官将现役军人部分转交军事法庭办理,但法律另有规定除外。⑥ 具体的特别审判涉及以下三类案件。

首先,贪腐案件。国民政府对于惩治贪污,向来极重视。《抗战建国纲领》明定:严惩贪污官吏,并没收其财产。⑦ 为了惩治贪腐现象,中央政治会议第三〇八次会议决议:国民政府最高法院和各省高级法院设惩治贪污专庭,专门用于审理贪腐案件。⑧ 而自1944年年底贪污案转归司法机关管辖,按照司法程序处理贪腐行为。检察官参与检举,在其中发挥了重要作用。

---

① 蔡鸿源主编:《民国法规集成》(第65册),黄山书社1999年版,第496页。
② 张智辉:《法律监督三辨析》,载《中国法学》2003年第5期。
③ 曾宪义主编:《检察制度史略》(第2版),中国检察出版社2008年版,第1页。
④ 《海陆空军审判法》,载《民国日报》1930年3月11日,第2张第2版。
⑤ 参照谢冬慧:《中国刑事审判制度的近代嬗变:基于南京国民政府时期的考察》,北京大学出版社2012年版,第174—175页。
⑥ 《检察官与司法警察机关执行职务联系办法》,南京国民政府1948年公布。据中国国家图书馆民国法律资源库,http://read.nlc.cn/OutOpenBook/OpenObjectBook?aid=462&bid=2274.0,2019年8月14日访问。
⑦ 参照钱守伯编著:《惩治贪污法规浅说》,正中书局1941年版,第2—3页。
⑧ 详见《惩治贪污专庭之具体化》,载《法律评论》1933年第10卷第28期。

1946年7月,国民政府发布《请政府决心改革官僚政治肃清贪污以得建国案》,其中提出两点:一是提高监察职权,积极检举贪污,以建立廉洁政府,示信于民;二是对贪污案件,予以严厉之处分。① 而当时对贪污案件的处理则是走特别程序,由军人法庭行使军事检察权。

其次,处理浪费。国民政府时期,人们对浪费现象有深刻认识,认为:浪费是致穷的根源,不浪费是致富的要诀。② 政府官方也重视处理浪费行为,曾先后出台《公务人员革除婚丧寿宴浪费暂行规程》(1936年,以下简称《暂行规程》)与《厉行节约消费检察办法》(1947年,以下简称《检察办法》)两部法规。在《暂行规程》的序言里提到:"凡在公务人员,尤当崇实黜华,以身作则,不应以有用之金钱,作无谓之消费。"《检察办法》则要求地方政府依照节约消费各种实施办法督饬所属及监察机关切实执行,并组织厉行节约消费检察委员会,执行检察任务。并且要求:地方政府实施检察时,应由检察委员会临时组成若干小组分别检察。③ 这里的检察委员会成员并非真正的检察官,而是政府机关负责人、审计官员等人。他们负责审查监督政府机关及公务人员的浪费现象,一旦发现严重浪费行为,则将案件移交司法机关,由检察官介入处理。

最后,惩治汉奸。抗战时期,投靠日本人出卖中华民族利益的人,即是汉奸,应受到惩罚和唾弃。1937年8月,全面抗战爆发,为了鼓励抗战,打击汉奸,国民政府公布《惩治汉奸条例》,列举14种汉奸行为,并规定由中央最高军事机关迅速审判汉奸案件,对汉奸予以严惩。④ 1938年8月的《修正惩治汉奸条例》规定,汉奸犯罪由中央最高军事机关进行审判。⑤ 并且,1944年11月《特种刑事案件诉讼条例》施行以前,涉嫌汉奸的案件均送交军法审判。前文已述,军事审判同样有检察官参与审理和监督,只不过该检察官由军官等兼任。1945年9月下旬,抗战胜利后,国民政府下令在全国逮捕汉奸。但此后的汉奸案件主要由司法机关管辖,而司法机关受理汉奸案件的责任人主要是专业的检察官。根据档案记载:"汉奸案件,除被告原属军人,复充伪军

---

① 《请政府决心改革官僚政治肃清贪污以得建国案》,南京国民政府1946年公布。据中国国家图书馆民国法律资源库,http://read.nlc.cn/OutOpenBook/OpenObjectBook? aid=462&bid=2593.0,2019年8月14日访问。
② 参照武尚权:《浪费、贫穷与救亡》,大成书局1936年版,第1—17页。
③ 《厉行节约消费检察办法》,南京国民政府1947年9月6日公布。据中国国家图书馆民国法律资源库,http://read.nlc.cn/OutOpenBook/OpenObjectBook? aid=462&bid=1860.0,2019年8月14日访问。
④ 《惩治汉奸条例》(二十六年八月公布),载《四川禁烟月刊》1937年第9—10期。
⑤ 《修正惩治汉奸条例》,南京国民政府1938年8月15日公布。据中国国家图书馆民国法律资源库,http://read.nlc.cn/OutOpenBook/OpenObjectBook? aid=462&bid=3764.0,2019年8月14日访问。

职,应归军法办理外,其余概由高等法院检察官办理。"① 显见,抗战结束后,国民政府高等法院检察官在处理汉奸案件中扮演重要角色,特别是首席检察官介入处理。1946 年 4 月,司法行政部训令高等法院首席检察官:"各高等法院分院受理汉奸案件繁多,为增进行政效率起见,嗣后各高等分院首席检察官处分汉奸案件,除呈报各该管高等法院首席检察官备案外,并同时将处分书正本径行呈部候核,以期迅速除分行外合行令仰遵照并转饬遵照此令。"② 两个月之后的 6 月 11 日,司法行政部再次训令高等法院首席检察官:"(1) 对于汉奸案件,如经侦讯认为罪证确实,并应查封其财产者,应依照现行惩治汉奸条例规定程序于查封财产后,详列案情罪证,呈由本部报请院长转呈;(2) 知有汉奸罪犯而不能断定其罪证是否确实,认为须缉案侦办者,依刑事诉讼法关于通缉的规定,直接通缉并将通缉人犯列表呈报本部备案。"③ 可见,检察官参与特别案件的处理,事务较多,自然要遵循相应的要求,这里有一份当时的《青海高等法院检察处工作报告》:

> 检察官既为代表国家公益机关,自宜有闻必察。抗战结束,特种刑事移归司法机关,检察官之职责,日益繁重。……现据各地院检察官,呈报办理检举案之数字及情形,随月逐年、逐渐增加,进行概况,亦自良佳。矧致社会人士之一般观念,对于检察官之地位与权责,均有相当认识。……当因人民之信仰,而趋于进步。按之检举数字,比诸他省,固属低微,但在本院所属境内,与地方特殊局面之中,已尽最大之努力与相当之成就。当兹政府动员戡乱时期,凡属消灭奸匪,肃清贪污,诸大工作,我检察同人,更负有相当责任,自当进一步督饬所属,集中目标,加强勇气,充分发挥检察权能,以期策动力量,协助政府,完成建国大业。④

这份工作报告反映了国民政府后期检察官办理特殊刑事案件的情况,可谓是任务繁重,职责重大。特殊任务的完成,必然遵照特殊的要求。这些对于检察官的地位是一种考验,对于检察权能的发挥也是一种检验。

简言之,于抗战的非常时期,国民政府在处理贪污、浪费及汉奸等三类案件的过程中,虽然多用军事审判这一特殊的审判方式,但是检察监督的功能

---

① 《广东高等法院检察处工作报告》,中国第二历史档案馆藏,全宗号 7(5),案卷号 196。
② 《司法行政训令》(1946 年 4 月 17 日),中国第二历史档案馆藏,全宗号 7,案卷号 9748。
③ 《司法行政训令》(1946 年 6 月 11 日),中国第二历史档案馆藏,全宗号 7,案卷号 9748。
④ 《青海高等法院院长郭润霖、首席检察官褚成富出席全国司法行政检讨会议工作报告》(1947),第 46 页。据中国国家图书馆民国图书资源库,http://read.nlc.cn/OutOpenBook/OpenObjectBook? aid=416&bid=56235.0,2019 年 8 月 14 日访问。

并没有减弱,只是执行主体稍有变换。在恢复正常后,对检察官的依赖性更强,检察官的监督职能正常化。

三、民事公益诉讼规定

公益诉讼,顾名思义,是指为国家和社会公共利益所开展的司法救济活动。如今,公益诉讼已经发展出民事公益诉讼和行政公益诉讼两种。民国时期,我国公益诉讼处在发展初期。当时,由于检察机关作为国家利益和社会公共利益的代表,检察机关除了实行刑事审判监督及民事检察监督之外,还有民事公益诉讼的任务,即避免国家利益和社会公共利益受损无人问津的现象。这在当时相关的法律里面有了明确的规定。且"检察机关是基于其法律监督职权提起公益诉讼,那么诉讼法上的检察公益诉讼条款自然应当在法理逻辑上与之相契合"[1]。民国时期的民事公益诉讼也不例外。

(一) 民国民事公益诉讼的基本界定

民国时期,"检察官不仅具有刑事追诉权之当事人资格,兼具公益代表人资格。"[2]所谓民事公益诉讼,是指以维护社会公共利益为直接目的的司法活动,其诉讼标的涉及社会的公共利益,是对国家机关执法不足的一种补充。公益诉讼乃舶来品,公益诉讼制度创始于古罗马。"古罗马法学家把为保护私人权益的诉讼称为私益诉讼;而以保护公共利益为目的的诉讼称为公益诉讼,除法律有特别规定的之外,凡是民众可提起。"[3]著名的罗马法研究专家周枏认为:"公益诉讼存在的原因,是现代法关于对公共利益的保护,由公务员代表国家履行之。"[4]但是,仅仅依靠公务员的力量来保护公共利益是不够的,因此允许市民直接提起公益诉讼,从而弥补了政权机构不能提起公益诉讼的不足。[5] 但是,在工业化社会中,一个环节的错误很可能导致其他环节甚至整个社会的无序状态。于是,伴随着工业革命的产生与发展,逐渐出现了由检察官提起公益诉讼这一新的民事诉讼形式。

到了近代以后,资本主义国家经济迅速发展,社会矛盾愈加复杂,破坏社会公益的现象丛生。对此,一些正义感强烈的公民或社会团体,出于维护公

---

[1] 梁鸿飞:《检察公益诉讼:逻辑、意义、缺漏及改良》,载《安徽师范大学学报(人文社会科学版)》2019年第3期。
[2] 朱观:《刑事诉讼法要义》,大东书局1944年版,第8页。
[3] 李卓:《公益诉讼与社会公正》,法律出版社2010年版,第326页。
[4] 周枏:《罗马法原论》,商务印书馆1994年版,第887—888页。
[5] 参照蔡小娥:《试论行政公益诉讼制度》,载《理论月刊》2005年第10期。

共利益的动机向司法机关提起具有公益性质的诉讼。一系列公益诉讼的出现,向传统的诉讼体制和司法理念发出了有力的挑战。① 19世纪末20世纪初,在资本主义现代化进程中,民事经济交往日益频繁和复杂,社会领域的冲突和矛盾更多更尖锐,新类型的问题层出不穷。② 社会经济的深化发展,立法观念的转变和司法理念的革新,为公益诉讼的生长创造了土壤和空间。于是,在罗马法的影响下,法国在1884年创立了公益诉讼制度。并且,法国检察机关参加公益诉讼的历史最为悠久,1806年拿破仑主持制定的《民事诉讼法典》中,明确规定了检察机关代表公共利益参与民事诉讼的制度③,并为其他国家所仿效。作为大陆法系的重要代表国家,德国的诉讼理论也非常认可检察机关作为社会公共利益的代表,对涉及国家、社会公共利益的案件有权提起民事诉讼。④ 显见,法国《民事诉讼法典》确立的公益诉讼制度,成为了世界公益诉讼的蓝本,法国为各国公共利益的保护贡献了法律智慧。

由于古罗马法对大陆法系国家产生了深远的影响,因此西方发达国家普遍认可了检察机关公益诉讼主体的资格。无论是大陆法系的法国、德国,还是英美法系的美国,检察机关大都会介入民事诉讼领域,当公共利益受到威胁时,检察机关皆会从保护国家利益出发,提起民事公益诉讼。随着对大陆法系国家法律的移植和借鉴,公益诉讼制度的概念逐渐走向现代化。在大多数资本主义发达国家的诉讼制度中,检察机关的角色非常重要,由检察官发挥司法机关的功能,充当法律保护人。在民事诉讼中,为维护国家利益和社会公共利益,由检察官代表国家作为民事起诉的主体。由于检察机关作为司法机关,拥有很多高素质专业化的人才,积累了丰富的法律事务经验,有能力和实力抗衡有着一定社会地位的公益诉讼被告。在世界范围内,检察机关参加民事公益诉讼,已经是大多数国家的通例。

我国公益诉讼的历史,要追溯至清末变法,甚至与检察制度相伴而生。史实上,检察制度自诞生以来,就一直在维护国家利益和公共利益。正如学者所认为的那样:"清末移植德法日国家检察制度初始,检察官附属审判衙署之内,但法律地位具有独立性;检察官的职权是代表公益,监督判官行为,纠正裁判谬误。"⑤无疑,检察机关在公益诉讼中扮演着举足轻重的角色。到民国时代,人们对"公益"有了更新的认识和理解:

---

① 参照蒋集跃、梁玉超:《公益诉讼:制度、话语及实践》,载《学海》2004年第2期。
② 同上。
③ 参照魏武:《法德检察制度》,中国检察出版社2008年版,第296—297页。
④ 参照何勤华主编:《德国法律发达史》,法律出版社1999年版,第472页。
⑤ 王新环:《公诉权原论》,中国政法大学2004年博士学位论文,第22页。

现在地方上公益事多得很,……如河水大家要喝饮的,街道大家要行走的,桥梁大家要来往的。据那说来,一切垃圾以及那死猫死狗不要倾置河中,乱砖乱石以及那瓜果等皮核,不要抛弃当路桥上,栏杆不要加以损害,有碍大众的卫生、大众的出入。凡像这种一般的事情处处都爱惜得很,胜如我家庭内的,那算便得有公德心的人了。①

可见,民国社会早期,人们对日常生活中的公益事务比较关注,认为典型的河水、街道、桥梁等都是人们不可或缺的公共之地,因此所产生的利益不容破坏,人人有权予以保护。那些将死猫死狗扔到河水中,将乱砖乱石和瓜果皮核抛弃到桥面上等行为均是对"公益"的极大破坏,需要有积极有效的制止措施。于是,公益诉讼开始受到广泛关注,在1916年的审判例规中出现了《检察官为公益代表人须法律明定函》,内称:

径启者接贵厅函开:今有某机关官员因犯刑律第三百八十六条之罪,致国家受财产上之损害,经检察官提起公诉,某机关在受理公诉之审判衙门并未请求回复损害,亦未在检察厅为该项之请求。检察官对于该案有无提起附带私诉之权限,不能无疑。相应函请贵院府予解释,以便遵循等因到院。本院查法院编制法第九十条第二款检察官于刑事以外之案件,虽得依法令为公益代表人实行特定事宜。然依照法令,若另有主管衙门并未定明,检察官因辅助起见,得为其代表人,向司法衙门为民事诉讼行为者,自可毋庸为之代理。来函所述情形,该管检察厅检察官尽可注意,该管行政官署促其派人代行私诉,以尽维持公益之责,至提起附带私诉一节,查照上开法文似有未协相应函复,贵厅查照可也,此致。②

从这里可以看出,公益诉讼被引进到了中国的民国时代。我国早在民国初期即已将检察官作为民事公益诉讼代表人,维护国家利益和社会公共利益。同时表明:检察官在民事公益诉讼方面代表国家承担着特殊的职责。显见,在近代中国,司法制度设计已经关注到了检察公益事务。当时的学者已有所述:"吾国法院编制,设检察制度,置检察厅于审判厅,代国家专司公益事

---

① 俞廷尧:《保护公益演说稿》,载《教育一得》1914年第8期,第19—20页。
② 《检察官为公益代表人须法律明定函》(五年六月三日大理院覆京师高审厅统字第四五三号,登六月十三日政府公报),载《司法公报》1916年第62期,第30页。

务。"①这里,民事公益诉讼自然是检察官公益事务的应有内涵。从《法院编制法》开始,即设立检察制度,代表国家处理公益诉讼事务。简言之,民国时期检察机关作为民事公益诉讼的法定机关,已经受到关注。

(二)民国民事公益诉讼制度的衍变

"民事公益诉讼的宗旨即在于保护公共利益不受侵害,或使已经受到侵害的公共利益得到救济。"②在我国,最早在清朝末期,即已规定了民事审判的检察监督制度,仿效德国《民事诉讼法典》草拟的《民事诉讼律草案》中"诉讼救助"一章就提到了以维护国家公共利益为目的的民事诉讼。到民国时期逐步建立健全了该制度。"到民国三年四月三日,司法部又以检察官原以维持公法保护公益为职务,考之各国,当公益上必要时,对于民事违法之确定判决,有由总检察长上告于大理院请求撤销之先例。"③这里的检察官即被定位为"公益代表人",享有参与民事诉讼的职权,以维护国家和公共的利益。到南京国民政府时期,继续沿用民事公益诉讼制度,且更加强调检察官的这种"代表"职责。

详言之,20世纪初,清末政府通过的《大理院审判编制法》《高等以下各级审判厅试办章程》和《法院编制法》即已确立了检察机关参与民事案件的权力,允许其对法定案件陈述意见或充任诉讼当事人。《大清民律草案》与《大清民事诉讼律草案》则更为细致深入地规范了检察机关提起或参与民事诉讼的职权范围。民国初期的研究史料记载:《刑事诉讼律》明确了检察官作为公益代表的职务范围:

> 检察官之职务得区别为五:(一)公诉权实行上之职务……(二)为公益代表之职务。检察官关于刑事要求法之正当适用所谓公益之代表者,兹本职务之重要者如左:(1)为被告人之利益上诉;(2)附带上告;(3)再审之诉;(4)其他为被告人申请辩护人等。④

显然,检察官职务范围有五种,其中第二种即为公益代表的职务。稍后几年,检察制度运行的负面效应激起人们的诟病。于是,司法改革被推到前

---

① 薛遗生:《论我国检察制度之可废》,载《法律周刊》1924年第32—33期。
② 刘学在:《民事公益诉讼制度研究——以团体诉讼制度的构建为中心》,中国政法大学出版社2015年版,第3页。
③ 谢振民编著:《中华民国立法史》(下册),张知本校订,中国政法大学出版社2000年版,第992页。
④ 东方法学会译编:《刑事诉讼法要览》,泰东图书局1914年版,第47页。

沿,就在司法改革讨论的过程中,又有人提出检察官在民事诉讼中作为公益代表人的职权:

> 自省官制颁布后,审检难分执掌,权限究属混淆,司法行政,事务错杂,沓来纷至,滞碍犹多。……检察官之职权如左:二,民事及其他事件。遵照民事诉讼律及其他法令所定为诉讼当事人或公益代表人实行特定事宜。①

可见,民国初期,公益诉讼制度不仅在民事诉讼中适用,还在刑事诉讼中适用。南京临时政府与北洋政府都沿用了清末时期检察机关参与民事诉讼的相关规定。当时有学者指出:"吾国法院编制,设检察制度。置检察厅于审判厅,代国家专司公益事务。……在民诉,撤销婚姻诉讼之得以提起也,禁治产之得以声请也,无不因公益之故,而使诉讼之进行,呈圆满之现象,国家之公益,得保护之结果,其制非不良也。其法非不善也。"②也即清末民初,检察机构已开始参与民事公益诉讼。

20世纪20—30年代,随着生产力的迅速发展,科技手段的日趋先进,民事经济交往日益复杂,各种社会冲突和经济纠纷大量涌现,社会公共利益受损问题日趋严重。同时,整个西方法律中出现了社会本位思潮。在这一社会思潮影响下,德国法学界的耶林提出了著名的、影响深远的"利益法学"思想。在耶林看来,法律的目的在于谋求社会利益,他认为这种思想特别适用于司法。司法人员对待一定的法律最重要的是确定立法者所要保护的社会利益。③社会利益法学强调着力保护社会公益,适应了资本主义社会政治经济发展的需要。

民国时期中德友好关系以及制度上对德国的效仿,使得这种社会利益法学思想很快影响了国民政府的司法体制。正好社会利益法学思想与孙中山"三民主义"的社会本位法律原则不谋而合。诚如立法专家杨幼炯所认为的那样,"三民主义法学之基本原则,以社会共同福利为目标,以达到中国自由平等为效用,于畅遂民族生存,国民生计,社会生活,民众生命各种错杂关系中,而企图国民人格权、生存权、劳动权之确实保障。"④在这一社会背景之下,南京国民政府坚持社会本位法律原则,注重社会团体利益,强调社会的安

---

① 廉隅:《改革司法制度意见书》,载《司法公报》1917年第72期。
② 薛遗生:《论我国检察制度之可废》,载《法律周刊》1924年第32—33期,第18页。
③ 孙文恺:《社会学法学》,法律出版社2005年版,第40页。
④ 杨幼炯:《今后我国法学之新动向》,载《中华法学杂志》1936年新编第1卷第1期。

定、经济的发展,协调各种利益的平衡,不得不重新审视自己的司法体制,以寻求有效的应对措施。

于是,检察官开始更多地介入和受理维护公益的案件,此时的公益诉讼取得一定的发展。1927 年公布的《各省高等法院检察官办事权限暂行条例》及《地方法院检察官办事权限暂行条例》均在第 2 条"检察官之职权"的第 2 款规定:"民事及其他案件,依照民事诉讼法规及其他法令所规定为诉讼当事人或公益代表人实行特定事宜。"①这里国民政府检察制度明确提出了检察官为公益代表人实行特定事宜,也即从事民事公益诉讼。

> 个人主义已成过去,社会连带主义势将盛行于今后,公共法益之保护,必须扩大其范围,因而检察官之地位,将随之而提高,检察官之权力将随之而强大,遑言取消之耶?近今宪政实施协进会,鉴于实情,亦有扩充检察制度之主张,不可谓非明见也。②

这段话的意思是,在个人主义遭到摒弃、社会连带主义盛行的时代,法律必须与其相适应。所以,在强调社会公共利益的背景下,必须重视公共法益的保护。而这个公共法益的保护者是检察官。显然,在这一社会背景下,应该提升检察官的地位,扩大检察官的权力。但是,这一切只能依靠加强检察制度来实现。鉴于此情,主张扩充检察制度,不能不说一种明智的举动。从这个意义上看,检察制度肩负着保护社会公共利益的重任,发挥着巨大的社会公共利益救济的功能。

"公益诉讼制度是一个古老而又年轻的制度,已成为现代法治国家的普遍做法。"③当今社会大力倡导的由检察机关主持公益诉讼的模式,其实早在民国时期,特别是南京国民政府时期就已经尝试了,当时的学者就已经呼吁和倡导了。不能不慨叹民国学者的远见卓识,也不得不提国民政府时期检察机构在关注社会公益方面所发挥的作用,其基本理念和具体的做法值得今天进一步思考。

---

① 最高人民检察院研究室编:《中国检察制度史料汇编》,人民检察出版社 1987 年版,第 102、104 页。
② 最高人民检察院研究室编:《检察制度参考资料》(第 2 编),内部资料 1980 年版,第 230 页。
③ 范艳利:《台湾地区检察机关提起公益诉讼制度及其借鉴》,载《人民检察》2017 年第 14 期。

（三）国民政府民事公益诉讼的规范

首先，国民政府《刑事诉讼法》所规定的刑事附带民事诉讼，广义上可以理解为检察机关所进行的民事公益诉讼。国民政府1928年、1935年两部《刑事诉讼法》里均有"刑事附带民事诉讼"专编①，刑事附带民事诉讼是指"因犯罪而受损害之人，于刑事诉讼程序得附带提起民事诉讼，对于被告及依民法负赔偿责任之人请求恢复其损害"②。而当刑事犯罪侵犯的是国家或社会公共利益时，那么，在追究犯罪人刑责的同时，由检察机关代表国家向其请求损害赔偿。这里的检察机关是刑事附带民事诉讼的主体。正如学者所言：刑事附带民事诉讼"实际上已经赋予检察机关在因刑事犯罪行为而损害国家利益之情形下的公益诉讼原告资格"③。当然，附带民事诉讼的原告，也即因犯罪而受损害的人，包括直接受害人与间接受害人，提起附带民事诉讼时，代表国家行使公诉权的检察官不能提起附带民事诉讼，因为此时的检察官不是当事人。

附带民事诉讼是为被害人的便利而设置的制度。附带民事诉讼的目的在于请求填补被害人的损失，既包括财产上的损失，也包括人身（具体身体、自由或名誉等）方面的损失；也可以请求相当的赔偿。其意义在于及时、有效地弥补被害人的物质损失，弥合当事人的创伤。附带民事诉讼的这种价值用到国家和公共利益的维护更有必要。正如西方法学家所普遍认为的那样，刑事附带民事诉讼制度不仅在诉讼法上有经济、便利、减少诉累的意义，而且从诉讼法要保障实现实体法的意义上来说，它既有"私法"上及时满足被害人赔偿损害要求的作用，也有在"公诉"上对于镇压惩罚犯罪、保护其社会秩序的重要意义。④的确，刑事附带民事诉讼将两种程序合并审理，既省略了案件处理上的重复环节，又节约了社会的诉讼资源，及时地维护了社会秩序。

其次，依照民事诉讼法规及其他法令的规定，检察机关作为公益代表人实行特定事宜。对于"特定事宜"，国民政府时期理解为："在民事诉讼法上，与公益有关的民事诉讼案件，亦规定检察官以公益代表的身份参与诉讼，此等民事案件是指民事诉讼法第九编所规定的婚姻事件、亲子关系案件、禁治产事件、准禁治产事件、宣告死亡事件，以及非讼事件等。"⑤对于这些特殊的案件，检察官以公益代表的身份参与诉讼，其目的也是监督，确保与公民切身

---

① 蔡鸿源主编：《民国法规集成》（第65册），黄山书社1999年版，第300、325页。
② 同上。
③ 刘学在：《民事公益诉讼原告资格解析》，载《国家检察官学院学报》2013年第2期。
④ 陈光中：《外国刑事诉讼程序比较研究》，法律出版社1988年版，第399页。
⑤ 王新环：《公诉权原论》，中国政法大学2004年博士学位论文，第26页。

利益相关的婚姻家庭关系不受破坏。这只是当时公益的一个部分,基于公益是检察机构存在的正当性基础,在其他涉及公益的领域,检察机关也以公益代表的原告身份参与诉讼,解决纠纷,维护公共利益。其实,这些民事公益诉讼在一定意义上涉及私益保护内容。本质上,公益本质上涉及每个人的私益,一个集团的个人私益,最终成了社会公益,诚如学者所言:"利益的保护一方面遵循从团体利益到个人利益的发展路径,也遵循了从个人利益再到团体利益的发展路径。"①可见,公益是值得每个人去关注的共同利益。

简言之,南京国民政府时期,检察机关已经承担了部分公益诉讼的职能,成为国家维护公共利益的代表,负责解决国家利益和社会公共利益受到损害没人过问的问题。尽管当时相应的法律规定不多,但是检察机关保护国家和公共利益的理念值得倡导。

综上,南京国民政府时期检察制度的法律规范主要包括刑事检察程序、法律监督规则和民事公益诉讼规定,涵盖检察机构和检察官在刑事侦查、提起公诉、担当自诉、指挥执行、监督监狱、参与公益诉讼等所有司法活动的法律规范,一定程度上体现了南京国民政府在制度构建方面的成就和实力。

---

① 马金芳:《公益保护离不开私益的推动》,载《党政视野》2016年第10期。

第五章 南京国民政府检察制度的实证分析

一般意义上,法律分为应然和实然两大类,相应地,民国时期的司法检察制度也分为理论设计与实践运行两大类。在此,笔者将对南京国民政府检察制度进行实证分析,也就是从实践层面分析国民政府检察制度的运行效果。由于制度规范只是理论设计,它的优劣评价要看它的运行实践及其效果。因此,不妨借助两种方式进行实证分析:第一,司法行政统计数据印证;第二,典型案例扫描。即一方面查找国民政府司法行政部门对法院检察部门办案的统计数据,用以解释和说明检察制度的运行效用;另一方面用当时发生的典型历史案例,进一步分析检察制度的具体作用,加深对国民政府检察制度的认识。

一、检察机构设置与检察官配备实践

南京国民政府时期,检察机构设置及检察官配备均有相应的法律规范。理论上,相关法令及法院组织法对检察机构及检察官均作了相应的安排。但是,这种制度安排是否有效适用,往往要借用分析法学的方法来考证。史实上,由于社会动荡及资金缺乏等多方面原因,检察机构改革并未如期或顺利进行,检察制度的适用也大打折扣。

(一) 国民政府初期检察机构调整实践

前文已述,南京国民政府成立不久,即发第148号训令裁撤各级检察厅并改定检察长名称,并由国民政府司法部给出了详细的理由:

> 窃查检察制度以检举及执行两项为最大要素,故论其职掌只是法院中司法行政部分之一种。吾国自改良司法以来,各级审判检察机关无不两相对峙。就经过事实而论,其不便之处有如下数点:一、靡费过多;二、手续过繁;三、同级两长,易生意见。凡兹所举,无可讳言。识者怀疑,每思改革。复查各国司法制度,对于检察一项并不另设与审判对峙之机关。今当国民革命庶政更始之际,亟应体察现在国情,参酌外国法制,立将各级检察机关一律裁撤,所有原日之检察官暂行配置于各该法院之内,行使

检察职权,其原设之检察长及检察分厅之监督检察官制度,一律改为各该法院之首席检察官。由部分别遴派至检察官,既拟配置于各级法院之内,所有从前已设之各省高级审判厅及各地方审判厅名称,亦应一律改称为某某省高等法院,某某地方法院,其配置之首席检察官及检察官,并分别冠以某某省高等法院或某某地方法院等项字样,以符名实而归划一。①

这是国民政府司法部针对1927年8月份的148号政府训令所作的补充说明,于1927年10月20日发布,它指出了国民政府初期检察机构调整的理由及其具体方案。但是,开头第一句表明检察在司法中的地位也有所改变。还有传统意义上的审判与检察相互对峙也即"审检分立"的体制,导致了一些弊端:花费过多,手续烦琐,同级两位领导容易产生矛盾等。而反观国外的司法制度,检察与审判并不对峙。于是,"参酌外国法制,立将一律裁撤",也即变成了"审检合一"。表明国民政府的检察体制及其性质,是受外国检察体制影响的结果。有学者认为:"这种对于检察权性质的理解,显然并没能提高检察机关在司法实践中的地位,反而直接影响到了检察制度的建设。"②训令后文又指出该调整办法因故需要延期实行:

> 此项计划系为整饬司法,斟酌损益,力求办事进步,及便于人民起见,业经前南京司法部呈由前国民政府于本年八月十六日颁布令文两道,并声明自十月一日起,将检察机关裁撤,并改定法院名称,旋因发生事故未及实行。兹将前令两道另单抄,呈钧览如荷,赞同拟请指令改定自本年十一月一日起一并实行,并责成本部即日通饬遵照,以便颁为布置,庶免贻误。所有裁撤检察机关及改定法院名称,各缘由理合缮抄前令,具文陈请鉴核示遵谨呈。③

显然,此检察改革计划旨在整顿司法,权衡损益,力求进步,方便民众。但是,原定于1927年10月1日的检察机构改革因故推迟一个月。至于何故,史料中未见详细记载。"1927年11月1日,南京国民政府裁撤检察厅,在各级法院内配置检察官,将原有的检察长及监督检察官改为各级法院首席检察官,仍独立行使其职权。"④自此,法院内置检察官的国民政府检察体制在实践中正式施行,也是"审检合署"的开端。

---

① 最高人民检察院研究室编:《中国检察制度史料汇编》,人民检察出版社1987年版,第101页。
② 陈红等:《南京国民政府五院制度研究》,浙江人民出版社2016年版,第218页。
③ 最高人民检察院研究室编:《中国检察制度史料汇编》,人民检察出版社1987年版,第101页。
④ 公丕祥:《近代中国的司法发展》,法律出版社2014年版,第392页。

紧接着,国民政府的司法实践不断对该体制予以调整。如 1928 年 8 月司法部拟具《暂行法院组织法草案》时,所附具的理由中有一条指出:"近来检察官为人所不满意者,以其不能厉行检察职权,等于审判方面之收转机关,似应明立专条,促其注意。"①此后,国民政府对《法院组织法》先后进行了多次修改,其中涉及检察机构的设置问题,希冀检察官能够满意。1930 年之后大致修订的版本如表 16:

表 16　国民政府《法院组织法》中检察制度之修订

1932 年 10 月 28 日公布(1935 年 7 月 1 日)施行	第五章　检察署及检察官之配置
	第 26 条:最高法院检察署置检察官若干人,以一人为检察长;其他法院及分院检察处各置检察官若干人,以一人为首席检察官;其检察官员额仅一人时,不置首席检察官。
	第 27 条:各级法院及分院配置检察官之员额以法律定之。
1935 年 7 月 22 日修正公布	第 33 条:推事及检察官任用资格条件。
	第 37 条:简任推事或检察官遴任条件。
	第 38 条:最高法院院长遴任条件。
1938 年 9 月 21 日修正公布	第 55 条:司法年度每年自一月一日起至十二月三十一日止。
1945 年 4 月 17 日修正公布	暂且不详
1946 年 1 月 17 日修正公布	第 16 条:省或特别区域各设高等法院,但区域辽阔者,应设高院分院,首都及院辖市得设高等法院。
	第 19 条:高等法院分置民事庭、刑事庭,其庭数视事之繁简定之。
	第 34 条:各级法院及分院院长、推事、检察官等职级。②
	第 36 条:兼任地方法院院长之荐任推事及地方法院荐任首席检察官、高等法院及其分院荐任推事及荐任检察官的遴任条件。
	第 45 条:最高法院、高等法院及分院、地方法院及分院的书记官长、书记官职级。③
	第 50 条:法院为通译之必要,除临时指定者外,得置通译,委任,但重要地方之法院,其通译得为荐任。

---

① 谢振民编著:《中华民国立法史》(下册),张知本校订,中国政法大学出版社 2000 年版,第 1040 页。
② 1946 年《法院组织法》第 34 条规定:(1) 地方法院及分院之推事及检察官,荐任;首都及院辖市地方法院兼任院长之推事及检察官,得为简任。(2) 高等法院兼任院长之推事及首席检察官,简任;推事及检察官,荐任。但充任庭长之推事得为简任。(3) 高等法院分院推事及检察官,荐任。但兼任院长之推事,得为简任。(4) 高等法院推事及检察署检察官,简任。参照刘钟岳编著:《法院组织法》,正中书局 1947 年版,第 77 页。
③ 1946 年《法院组织法》第 45 条规定:最高法院书记官长,荐任或简任;书记官,委任或荐任。高等法院书记官长,荐任;书记官,委任,但其中一人至三人得为荐任。高等法院分院书记官长,委任或荐任;书记官,委任。地方法院及分院书记官长,书记官,委任。但首都及院辖市地方法院之书记官长,必须为荐任。参照刘钟岳编著:《法院组织法》,正中书局 1947 年版,第 81 页。

从上述《法院组织法》五个版本的修正内容看,有关检察机构的内容并没有多少变化,除了初期延续北洋政府检察机构的设置之外,仍是以1935年《法院组织法》为准,其中第26条规定:"最高法院检察署置检察官若干人,以一人为检察长;其他法院及分院各置检察官若干人,以一人为首席检察官;其检察官员额仅一人时,不置首席检察官。"①从这一规定可以知道,除了南京国民政府初期②,国民政府时期的大部分时段,检察机构的设置如下:第一,最高法院有专门的检察机构检察署,配备检察长一人,检察官若干人;第二,其他法院及分院不设专门检察机构,只置检察官若干人,以一人为首席检察官;其检察官员额仅一人时,不置首席检察官。1935年的《法院组织法》不仅将检察职权的行使分为与审判机关相对应的三级,而且进一步明确检察权的组织形式,力图强化检察机关的地位与职权。实践当中,无论最高法院还是其他各级法院,基本上是按照这一规定操作和安排的。

(二) 最高法院检察署检察官设置

根据《国民政府组织法》及《法院组织法》的要求,1928年的第184号训令命最高法院设检察署,任命邱珍为检察长,他于1928年1月5日上任,同年11月27日被免。"1928年11月13日,国民政府特任林翔为最高法院院长;11月27日,任郑烈为最高法院检察署检察长;12月18日,任李景圻等6人为最高法院庭长;12月26日,任刘钟英等7人为最高法院推事,最高法院正式运转。"③此后郑烈④一直担任检察长一职,直至1948年12月辞职。

之后,著名法学家杨兆龙⑤先生接替最高检察长。根据资料记载:"1948

---

① 蔡鸿源主编:《民国法规集成》(第65册),黄山书社1999年版,第493页。
② 南京国民政府初期,根据相关法律规定,最高法院设置首席检察官一员、检察官五员,其他各级法院配置检察官若干人,处理关于检察之一切事务。
③ 孔庆泰等:《国民党政府政治制度史》,安徽教育出版社1998年版,第217页。
④ 郑烈,福建人,于1907年到日本江宾大学攻读法律,获法学士学位;1916年出任江苏省高等审判厅推事,后充任庭长;1921年11月调任广西高等审判厅长。1923年3月转任福建高等审判厅厅长,后兼任福建私立尚宾法政学校校长。1927年离职赴厦门大学执教并兼任执律师业。1928年11月被委任为最高法院检察署检察长,直至1948年12月。1949年辞职赴台湾从事律师工作。1958年12月于台湾病逝。
⑤ 杨兆龙(1904—1979),江苏金坛人,早年就学于燕京大学哲学系,1927年在上海东吴大学法学院毕业,获法学士学位。毕业后任律师、书记官、法官一年多,1928年任上海公共租界临时法院及上诉法院推事,1935年获哈佛大学法学博士学位,继而去柏林大学作法学博士后研究。1936年回国任国防最高委员会专员,1938年任立法院宪法起草委员会专员,1940年任西北联合大学法商学院院长。1942—1945年任教育部参事和法律教育委员会秘书长,并任中央大学、东吴大学重庆分校、朝阳法学院法学教授。1945年6月完成了《联合国宪章》中文翻译工作。抗战胜利后率中国司法代表团赴欧美考察。1948年他当选为中国刑法学会会长、国际行政法学会理事、日内瓦国际刑法学第五届大会副会长、国际比较法学会理事,被海牙国际比较法学研究所评为比较法学专家。值得一提的是,杨兆龙是一个正直的国民党官员,他为中国共产党和人民立了大功。"1949年3月,杨兆龙以最高检察长名义,下令释放政治犯,南京、上海监狱释放了460人,全国共释放了一万余人。"华友根:《20世纪中国十大法学名家》,上海社会科学院出版社2006年版,第410页。

年底,44 岁的杨兆龙应当局之邀,出任南京国民政府最高法院检察署检察长,不到一年,南京宣告解放,'南京国民政府最后一任检察长'之名由此而来,并载入民国历史和中国检察制度史。"①"他未及将自己对检察制度特别是改革完善的有关思考付诸司法实践,并从此与检察事业无缘。"②

这样一来,在南京国民政府的四任检察长中,第一任的邱珍与第四任的杨兆龙任职均不到 1 年,第二任任职 20 年,第三任向哲浚未到任。在这个意义上,可以说郑烈是南京国民政府时期实质意义上唯一的最高检察长。尽管国民政府法律对检察长的任期没有限制,但是与当时其他职业的频繁换人相比,郑烈的检察长职位形成了强烈反差。长期在同一个官职上,摒除职业的倦怠感不说,对于一个人来说未必是好事。至于检察工作的成效,也有待考证。有研究表明,郑烈任职检察长整整 20 年,却没有给人留下好印象。

> 故宫博物院在北平,而所谓私占古物案也发生在北平,理应由北平地方法院查究,崔振华却向千里之外的江宁地方法院控告。其目的是,张继与郑烈,一个是司法院副院长,一个是最高法院检察长,对眼皮下的下属江宁地方法院利于控制乃至为所欲为。……《大公报》严正声明:郑烈身为最高检察长,又甘为张继、崔天华(夫妇)之机械,法院岂不成了培基之网罗! 罗培基未到法院而昭雪之路已绝,故请将郑烈暂时解职。③

从上面的案例中,可以判断出郑烈是一位以权谋私、徇私枉法的检察长,国民政府设置检察长的目的和宗旨,显然因用人不力而未能实现,甚至带来了极坏的社会影响。当时的权威报纸《大公报》所发布的声明,就将郑烈检察长的不好形象曝光了。但是,随着最高法院 12 月底的正式运行,检察工作也随之展开。

就在最高法院院长任命之后的 1928 年 11 月 17 日,最高法院检察署内部机构及检察官配置工作也随之进行,即"在最高法院内最高法院配置检察署,检察署置检察长 1 人,简任,指挥、监督并分配该管检察事务,设检察官若干人,检察官为简任或荐任职,处理关于检察之一切事务"④。1932 年 10 月 28 日出台的《法院组织法》也未对检察署的人员编制作出明确规定,只有一条模糊的规定,也即第 26 条:"最高法院设检察署,置检察官若干人,以一人为检察长……"⑤最高法院检察署职员主要包括检察长,检察官,书记官长和

---

① 曹东:《南京国民政府最后一任检察长》,载《检察日报》2014 年 3 月 7 日,第 6 版。
② 同上。
③ 茂清:《高层权贵炮制盗宝案》,载《检察风云》2002 年第 13 期。
④ 陈红民等:《南京国民政府五院制度研究》,浙江人民出版社 2016 年版,第 217 页。
⑤ 《法院组织法》,南京国民政府 1932 年 10 月 28 日公布。据中国国家图书馆民国法律资源库,http://read.nlc.cn/OutOpenBook/OpenObjectBook?aid=462&bid=3676.0,2019 年 8 月 14 日访问。

书记官等,员额数量有限,根据1930年—1932年连续三年的司法统计,最高法院检察署的职员总数始终只有31人。而当时的最高法院积案太多,且积案剧增,检察署的职员应接不暇,检察官配备严重不足。

表17 最高法院检察署职员数表(1930—1932)①

职别	检察长	检察官	书记官长	荐任书记官	委任书记官	统计
员数	1	9	1	4	16	31
备考						

实践中,检察署检察官数量不足,且三年没有增加一个人。但是,这种状况也不是一成不变的,1936年的《最高法院检察署职员录》"辑录了该署检察长以下62人"②,证明1936年的检察署职员正好是1930年—1932年的两倍。可见,仅从职员人数而言,不同时期,最高法院检察署的发展尚不稳定且职权行使受到阻碍,正如有学者指出的那样:"检察署检察长、检察官的职位与庭长、推事相同,均为简任官,并附设在最高法院之内,检察权难以独立行使。"③这就说明:国民政府最高法院检察署的实践运行与理论设计之间存在一定差距。

(三) 其他各级法院及分院检察官设置

南京国民政府时期,除了最高法院设检察署,法律规定省级及以下法院及其分院配置检察官或者配置首席检察官与检察官,不设专门的检察机构。实践中,地方法院及分院的检察官设置具有如下特点:

一是仍旧设有专门的检察机构。1927年8月16日,国民政府训令,"自本年10月1日(后改定为11月1日)将各级检察厅一律裁撤,所有原日之检察官暂行配置于各该级法院之内,暂时仍旧行使检察职权,其原设之检察长及监督检察官一并改为各级法院之首席检察官。"④上海依令于11月1日裁撤江苏上海地方检察厅,不久改称江苏上海地方法院检察处,证明省级及以下法院仍设专门的检察机构。浏览20世纪30年代的司法文书,随处可见

---

① 司法行政部统计室:《民国十九年度司法统计》(上册)、《民国二十年度司法统计》《民国二十一年度司法统计》(上册),南京司法行政部1933、1934、1935年铅印本,分别第2、3、3页。
② 最高法院检察署文牍科编:《最高法院检察署职员录》(1936年)。据中国国家图书馆民国图书资源库,http://read.nlc.cn/OutOpenBook/OpenObjectBook?aid=416&bid=67882.0,2019年8月14日访问。
③ 陈红民等:《南京国民政府五院制度研究》,浙江人民出版社2016年版,第217页。
④ 司法院参事处编纂:《国民政府司法例规》(上册),司法院秘书处公报室1930年版,第163页。

"××地方法院检察处"的落款。

1927年12月13日国民政府公布的《各省高等法院检察官办事权限暂行条例》第3条明确规定:"检察官及办理检察事务之书记官等人员应于高等法院内另置办公处。"①相对而言,基层检察机构的设置与规定并不一致。

二是基层法院的检察官类型较多。1932年10月制定、1935年7月修正公布的《法院组织法》第五章"检察署及检察官之配置"对检察官的类型作了明确规定,也即"最高法院设检察署置检察官若干人,以一人为检察长;其他法院及法院各置检察官若干人,以一人为首席检察官;其他检察官员额仅有一人时,不置首席检察官"②。"初任推事或检察官者,试署地方法院或其分院之推事或检察官,如无推事、检察官员缺可署时,暂充候补推事或候补检察官分发地方法院或其分院办理事务。"③从这里可以判定,国民政府《法院组织法》规定的检察官分检察长、首席检察官、检察官及候补检察官四种类型。实践中的检察官类型,根据史料记载,稍稍有些不同,如表18、表19所示,民国早期仍有检察长之职,后期汪伪政权设置的伪检察处,也有检察长之职。此外,检察官的类型较多,除了首席检察官、检察官和候补检察官,还有学习检察官这一类型。

表18　1912年1月—1949年5月上海检察机构检察长、首席检察官表④

机构名称	职务	姓名	任职时间
江苏上海地方检察厅	检察长	张象琨	1912.1—1913.1
	检察长	陈英	1913.1—1913.8
	检察长	蔡光辉	1913.8—1914.2
	检察长	汪駧孙	1914.2—1915.2
	检察长	谭辛震	1921.3—1921.5
	检察长	王义检	1921.5—1921.9
	检察长	郑天锡	1921.9—1921.10
	检察长(代)	黄用中	1921.10—
	检察长	车显承	1923.3—1925.4
	检察长	孙绍康	1925.4—1927.5
	检察长(兼)	郑毓秀	1927.5—1927.10
	检察长(代)	沈秉谦	1927.10—1927.12

---

① 蔡鸿源主编:《民国法规集成》(第65册),黄山书社1999年版,第392页。
② 同上书,第493页。
③ 同上书,第494页。
④ 《附记(二)抗战时期上海日伪检察机构》,载上海市地方志办公室网站,http://www.shtong.gov.cn/Newsite/node2/node2245/node65194/node65199/node65236/node65242/userobject1ai60345.html,2020年8月12日访问。

(续表)

机构名称	职务	姓名	任职时间
江苏上海地方法院检察处	首席检察官	沈秉谦	1927.12—
	首席检察官(代)	刘懋初	1930.4—1931.7
	首席检察官	刘懋初	1931.7—
	首席检察官	楼英	1932.10—
	首席检察官	钟尚斌	1934.12—
	首席检察官	朱焕彪	1936.7—1936.8
	首席检察官(代)	杜葆棋	1937.2—
伪江苏上海地方法院检察处	首席检察官	康焕栋	1939.1—1939.2
	首席检察官(代)	彭剑岑	1939.2—1939.5
	首席检察官	董永昌	1939.5—1940.7
	首席检察官	吴宗兴	1941.12—1942.5
	首席检察官(代)	王浩	1942.5—1942.7
	首席检察官(代)	盛圣休	1942.7—1943.6
	首席检察官(代)	马常	1943.6—
伪上海高等检察署	检察长	胡贻谷	1943.7—1945.8
上海高等法院检察处	首席检察官(兼)	黄亮	1945.9—1945.10
	首席检察官	向哲濬	1945.10—1946.1
	首席检察官(代)	杜葆棋	1946.1—1948
	首席检察官(代)	张毓泉	1948.11—1949.1
	首席检察官	刘少荣	1949.1—1949.5

表19 江苏省各级法院设置一览表(1930)[①]

法院	设置地点	管辖区域	庭数 民事 简易	庭数 民事 合议	庭数 刑事 简易	庭数 刑事 合议	员数 院长	员数 庭长	员数 首席检察官	员数 推事	员数 检察官	员数 候补推事	员数 候补检察官	员数 学习推事	员数 学习检察官
高等法院	苏州道前街	第一、二分院外其余各地		2		3	1	5	1	12	5				
高院第一分院	江阴城内	江阴淮安泗阳涟水阜宁盐城宝应宿迁睢宁东海灌云沭阳赣榆		1		1	1	2	1	2	1	3	1		
高院第二分院	上海北浙江路	上海公共租界		1		1	1	2	1	4	1				

---

① 司法行政部统计室:《民国十九年度司法统计》(上册),南京司法行政部1933年铅印本,第16—17页。

（续表）

法院	设置地点	管辖区域	庭数				员数									⋯
			民事		刑事		院长	庭长	首席检察官	推事	检察官	候补推事	候补检察官	学习推事	学习检察官	
			简易	合议	简易	合议										
上海地方法院	上海北浙江路	上海公共租界	1	1		2	1	3	1	6	1		1		2	
江宁地方法院	江宁城内	江宁句容溧水高淳江浦六合铜山丰县	1	2	1	2	1	4	1	6	6	4	1	1	1	

从表 18、表 19 可以集中地考察民国时期检察官的类型。从表 18 可以发现，随着民国社会的发展，基层法院检察官职级及其称呼也在变化。"检察长"这个称呼从民国成立开始使用，一直到南京国民政府成立的那年年底。从 1927 年 12 月开始，除了后来伪上海高等检察署从 1943 年 7 月到抗战结束前用过"检察长"之外，各个基层法院主管检察的人被称为"首席检察官"。国民政府时期，除了检察官之外，还有候补检察官、学习检察官等类型。

国民政府对于何谓候补检察官及学习检察官没有确切的解释。二者可能是区别于正式检察官所用的特定概念。根据南京国民政府司法官的选拔任用程序，欲成为检察官的人需要通过考试—训练—实习—补缺等一系列程序，合格后，才能成为一名正式检察官。考试合格后，先进入专门的司法训练所接受技能训练，再进入地方法院实习，期满合格后成为候补检察官，等候成为正式检察官。遇有司法官退休或缺位时，就可以晋升为正式检察官，而此前处在训练和实习阶段的检察官应是学习检察官，因为"训练"和"实习"统称为"学习"。从上述统计数据当中，可以发现在司法实践中，基层法院将候补检察官与学习检察官均纳入管理之中，足以表明国民政府时期的基层法院对检察官技能训练的重视程度。

（四）未设立地方法院的各县检察布局

南京国民政府初期秉承了武汉国民政府的做法，在未设立地方法院的各县继续设置司法公署作为司法案件的处理机构，就是由县知事和承审官共同组成，承审官主管审判，县知事则管检察。紧接着，"国民政府也曾筹划全国各地建法院，1929 年司法院专门编制了'训政时期工作分配年表'，其中计划六年筹建各地法院，准备以县法院作为过渡形式，逐步取消兼理司法制度。但是，至六年后的 1935 年，由于人力、物力和财力等诸多原因，新建的地方法院为数很少。"①同年9月,在全国司法会议上,诸多代表认为县长兼理司法的弊端必须改良,由于"全国千八百余县,若遍设法院,人才经费均有不逮"②,法院一时难以建立,所以建议先设置县司法处,作为过渡,待到县司法处普及时,再将县司法处逐步改组为地方法院。"奈二十四年九月全国司法会议,竟畏难苟安,通过先设县司法处之不彻底议案。"③于是,这次全国司法会议最后决定:在所有兼理司法之县改设县司法处,作为将来设置地方法院的基础。④ "为此作出决议:1. 将承审员改为审判官,提高其待遇;2. 严定审判官资格,并慎重其人选;3. 审判权应完全独立;4. 决定将所有兼理司法县改设司法处。"⑤根据这次司法会议精神,南京国民政府于1936年4月9日颁布了《县司法处组织暂行条例》,首条规定"凡未设法院各县之司法事务,暂于县政府设司法处处理之"⑥。检察工作作为国民政府司法制度的一部分,理当按照这个条例执行。同年4月20日,"国民政府司法行政部发布训令,确定7月1日为县司法处开始改设之期,分省分期实行。"⑦以下以当时的安徽省部分县为例说明。

表20 1930年未设立地方法院各县一览表(安徽部分县)⑧

县别	司法机关	职员员数						
		检察官	司法委员	审判官	书记官长	承审员	书记	书记员
巢县	县政府兼理					1		
无为	县政府兼理					1		
和县	县政府兼理					1		
含山	县政府兼理					1		
六安	县政府兼理					1		
英山	县政府兼理					1		

---

① 谢冬慧:《县司法处:近代中国基层审判机构论略》,载《东南学术》2010年第1期。
② 《十年来之司法行政》,载《中央日报》1937年4月25日,第12版。
③ 吴学义:《司法建设与司法人才》,国民图书出版社1941年版,第36—37页。
④ 参照冯美学:《全国司法会议评价》,载《绸缪月刊》1935年第2卷第2期。
⑤ 参照民国时期文献保护中心、中国社会科学院近代史研究所编:《民国文献类编(法律卷)》,国家图书馆出版社2015年版,第93—94页。
⑥ 《县司法处组织暂行条例》,南京国民政府1936年4月9日公布。据中国国家图书馆民国法律资源库,http://read.nlc.cn/OutOpenBook/OpenObjectBook? aid=462&bid=3542.0,2019年8月14日访问。
⑦ 张仁善:《南京国民政府时期县级司法体制改革及其流弊》,载《华东政法学院学报》2002年第6期。
⑧ 司法行政部统计室:《民国十九年度司法统计》(上册),南京司法行政部1933年铅印本,第134页。

(续表)

县别	司法机关	职员员数						
		检察官	司法委员	审判官	书记官长	承审员	书记	书记员
霍山	县政府兼理					1		
繁昌	县政府兼理					1		
当涂	县政府兼理					1		
广德	县政府兼理					1		
郎溪	县政府兼理					1		
歙县	县政府兼理					1		
黟县	县政府兼理					1		
休宁	县政府兼理					1		
婺源	县政府兼理					1		
祁门	县政府兼理					1		
绩溪	县政府兼理					1		
宣城	县政府兼理					1		

表21 1936年未设立地方法院各县司法机关及人员(安徽部分县)①

县别	司法机关	人员											
		共计	主任审判官	审判官	司法委员	承审员	主任书记官	书记官	候补书记官	学习书记官	书记员	执达员	检验员	录事	翻译	法医
太湖	县司法处	8	1				1	1				1	1	3		
望江	县司法处	8	1				1	1				1	1	3		
铜陵	县司法处	8	1				1	1				1	1	3		
青阳	县司法处	8	1				1	1				1	1	3		
无为	县司法处	8	1				1	1				1	1	3		
庐江	县司法处	8	1				1	1				1	1	3		
贵池	县司法处	8	1				1	1				1	1	3		
舒城	县司法处	8	1				1	1				1	1	3		
六安	县司法处	8	1				1	1				1	1	3		
定远	县司法处	8	1				1	1				1	1	3		
灵璧	县司法处	8	1				1	1				1	1	3		

---

① 田奇、汤红霞选编:《民国时期司法统计资料汇编》(第18册),国家图书馆出版社2014年版,第292页。

(续表)

县别	司法机关	人员														
		共计	主任审判官	审判官	司法委员	承审员	主任书记官	书记官	候补书记官	学习书记官	书记员	执达员	检验员	录事	翻译	法医
宿县	县司法处	11	1	1			1	2				1	1	3		
泗县	县司法处	11	1	1			1	2				1	1	3		
广德	县司法处	8	1				1	1				1	1	3		
天长	县司法处	8	1				1	1				1	1	3		
黟县	县司法处	8	1				1	1				1	1	3		

从表20、表21的比较可知，国民政府对未设立地方法院的各县司法机构进行了安排。从1936年始，县司法处作为国民政府基层司法机关，其人员设置比1930年细致得多。1930年的安徽部分县均仅有1名承审员从事县里的司法工作，其他由县长兼理。而在6年后的安徽，很多县都成立了县司法处，配置8—11名不等的司法工作人员，包括主任审判官、审判官、主任书记官、书记官、执达员、检验员、录事等，他们在解决基层民刑案件的过程中发挥了重要作用。关于司法处的优点，居正作过总结：(1)旧制由县长审理案件，承审员助理之。新制于县司法处置审判官，独立行使审判职务。(2)旧制兼有审判检察两种职权，新制县长仅有检察职权。(3)旧制承审员为委任职，其任用资格宽。新制审判官以简任待遇，其任用资格较严，并规定任职期满二年后得以推事检察官任用。(4)旧制承审员由县长遴选、高等法院委任。新制审判官由高等法院遴选，司法行政部核派，直接受高等法院之监督等。① 后来接任居正之职的王用宾也对县司法处予以肯定："此刻之县司法处固非正式法院，然其行政事务审判程序，与法院无异，可谓之小规模法院"②。于是，《县司法处组织暂行条例》在各省高等法院全面施行。

但是，县司法处之"行政事务和检察职务，均由县长兼理"③，仍然摆脱不了"行政兼理司法"的传统羁束，使得审判官独立审判遇到障碍。其根本原因在于，"自清末以来直至整个民国时期，新司法制度的推行主要关注于高等以上的审判组织中，新式法院的设置也始终集中省城及商埠，这在无形中给广

---

① 参照居正：《十年来的中国司法界》，载中国文化建设协会编：《抗战十年前之中国：1927—1936》，文海出版社有限公司1974年版，第74页。
② 王用宾：《两年来努力推进司法之概况》，载《中央日报》1937年7月29日，第4版。
③ 《立法院通过两要案：〈四川善后公债条例〉〈县司法处组织暂行条例〉》，载《大公报》1936年3月28日，第3版。

大县级地方上实行兼理司法制度预留了空间。"①"1936年部分县陆续成立司法处以后,虽然县长名义上只兼检察职务,但从诉讼案件的起诉、受理、侦办、审结到执行,行政长官仍然有绝对权威。"②以致1941年5月居正慨叹:"普设法院,使全国县司法处完全脱离行政而独立"③,"属司法中最艰巨之工作!"④

随着国民政府的发展,地方法院逐步建立,县司法处数量逐渐减少。据统计,"从1938年至1947年,国民政府共增设地方法院436所,改设县司法处446所。到1947年,全国除新疆以外,县长兼理司法已全部废除,地方法院的数量增加到748所。"⑤"随着地方法院的增设,县司法处数量的缩减,地方法院民事庭成为基层民事案件审理的主体机构。"⑥1947年年底,国民政府召开的全国司法行政检讨会上,收到了多份针对基层检察机构不合理设置的"议案",列举如下⑦:

表22　1947年全国司法行政检讨会上基层检察机构设置相关议题

议案号	议题	组别	总号	提案人
第一一案	废除县长兼理司法处检察职务制度确立司法独立精神案	第一组	第二〇五号	甘肃高等法院院长楼观光
第一二案	修改县长兼理司法处检察官办法案	第一组	第二一八号	湖北高等法院院长朱树声
第一三案	拟于县司法处设置检察员以利事机案	第一组	第二二二号	湖北高等法院首席检察官毛家骐
第一四案	健全各县司法机构案	第一组	第二四〇号	贵州高等法院院长李学灯
第一五案	拟添设县司法处办理检察事务人员以树司法基础是否有当敬请公决案	第一组	第二六五号	贵州高等法院首席检察官邓济安
第一六案	县司法处宜专设检察官以祛除积弊案	第一组	第三三四号	江西高等法院院长吴昆吾

---

① 韩秀桃:《司法独立与近代中国》,清华大学出版社2003年版,第237页。
② 吴燕:《南京国民政府初期的基层司法实践问题——对四川南充地区诉讼案例的分析》,载《近代史研究》2006年第3期。
③ 罗福惠、萧怡编:《居正文集》(下册),华中师范大学出版社1980年版,第176页。
④ 谢冬慧:《县司法处:近代中国基层审判机构论略》,载《东南学术》2010年第1期。
⑤ 参见蒋秋明:《国民政府基层司法建设述论》,载《学海》2006年第6期。
⑥ 谢冬慧:《县司法处:近代中国基层审判机构论略》,载《东南学术》2010年第1期。
⑦ 殷梦霞、邓詠秋选编:《民国司法史料汇编》(第14册),国家图书馆出版社2011年版,第152—164页。

(续表)

议案号	议题	组别	总号	提案人
第一七案	设置检察员废除县长兼理检察职务以明法治案	第一组	第三四五号	江西高等法院首席检察官张毓泉
第一八案	废除县长兼理检察官制度,于司法处增设检察官以专责成案	第一组	第三六〇号	云南高等法院首席检察官乔文萃
第二五案	办理县司法处检察职务人员之名称由司法行政部酌定	第二组	第八号	司法行政部参事刘镇中

由于县级地方法院没有"普设",因此作为过渡机构的县司法处一直存在,直至1949年。这种司法机构的现状在检察制度方面凸显诸多问题,由上述的众多"提案"标题可知,县长兼理司法处检察职务制度存在弊端较大,招致"废除"或"修改"的呼声。即使在抗战结束后,国民政府继续进行司法改革,派倪徵𣋎、杨兆龙出国考察,邀请当时哈佛大学法学院的院长庞德来华,担任国民政府司法改革顾问,给中国司法的发展提出建议①,也未彻底改变行政兼理司法的传统。可见,尽管南京国民政府时期,地方的司法机构进行了多次改革,但是对于未设地方法院的各个县,始终没有设置专门的检察官(机构),仍然由县知事兼理检察工作,行政兼理司法的状况在未设法院的地方长久存在。

总之,南京国民政府时期,将检察官配置于各级法院内部,取消了原有检察机关的独立建制。实践中,为了方便检察官的任命问题,行文中仍将各级法院检察官归属于检察处。"而且,实际上从1927年开始,一些地方法院仍设有检察处作为渐复检察机关的机构。"②理论上,检察机关应与法院平行设置于司法院之下,才能起到有效监督法院的作用。但是,除了检察署,各级检察处(法定检察官)作为检察官行使职权的实际处所,均在各级法院之下设置,怎么去监督法院!可以说,南京国民政府的检察体制不利于检察职权的行使。虽然理论上检察官可以独立行使职权,但是这种体制恰恰极大地妨碍了检察官独立行使职权。

---

① 庞德在1948年呈给国民政府的《改进中国法律的初步意见》里指出,"中国法宜依循过去已走的路线前进;第二个建议是:更进一步,要从根本上促进关于中国法的训练。在这方面,中国只有及早开始,才能向着永久成功的道路迈进。"参见王健编:《西法东渐——外国人与中国法的近代变革》,中国政法大学出版社2001年版,第65页。
② 张培田、张华:《近现代中国检察制度的演变》,中国政法大学出版社2004年版,第37页。

二、国民政府检察官工作实践之考量

检察工作的主体力量——检察官,应是我们关注的重心之一。国民政府的《刑事诉讼法》(1935 年 7 月)、《最高法院检察署处务规程》(1935 年 6 月)与《各省高等(地方)法院检察官办事权限暂行条例》(1928 年 2 月)等相关法律法规对检察官的工作职责作了明确规定:第一,检察长指挥监督全国检察事务;第二,首席检察官指挥监督所属检察官或行使检察职权之一切人员;第三,检察官做好职权范围内之检察事务,包括调度司法警察。① 检察长、首席检察官及检察官共同的检察工作包括主导侦查及公诉、管辖上诉及抗告、监督刑事案件、处理法律疑义及监督办案程序等五个方面。

(一) 主导侦查和公诉

前文已述,侦查及公诉是民国时期检察官的主要职责和工作内容。南京国民政府时期,尽管检察机构几经改革和调整,但是检察官主管侦查及公诉的基本职能不变。由于检察机构设置在法院内部,与法院合署办公,因此司法实践的相关史料,单独记载检察工作的并不多,而往往将其统计在法院的相关数据里,表 23 是 1934 年广西地区法院受理案件的统计:

表 23 广西地区法院侦查事件受理件数(1934)②

法院	旧受	新收案件					其他	合计	起诉
		由于告诉	由于告发	由于自首	由于请求	由于他法院检察官移送	由于司法警察官移送			
高等法院			1				1	—	2	2
高院第一分院								2	2	1
邕宁地方法院	44	679	69			4	16	16	1028	539
苍梧地方法院	73	411	34			2	330	7	857	400
桂林地方法院	22	922	214					—	1158	626
柳州地方法院	17	384	13				121	2	537	246
龙州地方法院	8	117	29		3		2	—	159	70
苍梧磐林分院	36	354	8			5	20	36	459	209
桂林平乐分院	21	305				2	31	9	368	112

---

① 参照蔡鸿源主编:《民国法规集成》(第 65 册),黄山书社 1999 年版,第 377、392、400 页。
② 田奇、汤红霞选编:《民国时期司法统计资料汇编》(第 21 册),国家图书馆出版社 2013 年版,第 306—307 页。

(续表)

法院	旧受	新收案件							合计	起诉
		由于告诉	由于告发	由于自首	由于请求	由于他法院检察官移送	由于司法警察官移送	其他		
柳州宜山分院	123	266	9	1	162	2	74	14	651	219
邕宁横县分庭	76	369	12					—	457	231
苍梧怀集分庭	6	223	9	1			15	12	266	107
苍梧容县分庭	46	250	35					1	332	147
苍梧桂平分庭	62	316	10	1			11	9	409	238
苍梧贵县分庭	21	387	16					—	424	199
苍梧博白分庭	54	272	11			1	4	19	371	133
苍梧平南分庭	56	219	11				36	44	366	153
桂林全县分庭	36	307	1						344	169
桂林贺县分庭	8	220	7						235	94
总计	709	6201	489	3	165	26	661	171	8425	3895

从表23可见,法院新收刑事案件中,由"告诉""告发""自首""请求""他法院检察官移送""司法警察官移送"及"其他"等多种途径获得的案件,皆离不开检察官的工作,因为当时的《刑事诉讼法》明文规定:"检察官因告诉、告发、自首或其他情事知有犯罪嫌疑者,应即侦查犯人及证据。……提起公诉应由检察官向管辖法院提出起诉书为之。"①即使是司法警察官移送的案件,也是经过检察官最终把关的。可以说,在法院内部,检察官与法官分工明确,侦查起诉归检察官、审判归法官,彼此独立办案,职责分明。但是,时人对检察官履行法律规定的侦查职责表示怀疑:

> 按刑诉法第232条之规定,检察官知有犯罪嫌疑者,应即侦查犯人及证据。所谓"知有犯罪嫌疑者",包括他人之告发、自己之耳闻目见,前者统称申告犯罪,后者谓之检举犯罪。检察官不独就道路之传闻,新闻之记载,得检举犯罪,即眼见犯罪,亦可举发。盖司法行政部发有指挥证,可以指挥警察对现行犯加以逮捕,或为其他紧急处分……盖吾国警察制度未臻完善,警士知识程度低浅,骤观指挥证之见示,惶不所错,俟检察官一一解释清楚,罪犯已远飏无踪矣。至于法警为数有限,又不携

---

① 本条中所谓"告诉",系指犯罪之被告人或其他有告诉权之人对于侦查机关申告犯罪事实以求诉追之谓;本条中所谓"告发",系指有告诉权者及自首以外之人向侦查机关申告犯罪事实之谓;本条中所谓"自首",系指犯罪发觉前自行向侦查机关申告犯罪事实之谓。本条中所谓"其他情事",例如报纸上之记载及其他街谈巷议均属之。参见夏勤:《刑事诉讼法释疑》,任超、黄敏勘校,中国方正出版社2005年版,第135—136页。

带武器,欲其破案拘提容易,本不可能。故检察官在法律上虽惶惶大文定为检举犯罪,实则未尝检举一次。其办案也,恒待他人之告诉、告发或自首,良非虚语。①

这是摘自一份检察实习报告中的内容,是针对1932年《刑事诉讼法》"检察官知有犯罪嫌疑者,应即侦查犯人及证据"的条款,结合检察实践所作的解读。报告指出检察官根据铁的事实检举犯罪,可以凭指挥证件指挥警察逮捕现行犯,或作其他紧急处分。但是,实习者的司法实践中,检察官检举犯罪的案例未发生一次,其所办的案件主要源自他人的"告诉""告发"或"自首"等。可见,《刑事诉讼法》的条文与司法实践存在差距是不争的史实。

南京国民政府时期处在社会转型过程中,有很多客观条件的限制,局部的司法实践一定程度上存在与司法理论脱节的现象。所以时人的质疑确有一定的实践依据:在当时的司法人才背景之下,检察官与警察之间工作的配合程度、技术水平无疑都是跟不上的,检察官的职责发挥及检察作用自然遭到质疑。当然,也有极少数资料凸显了检察官的工作,包括检举犯罪等。图2是1933年和1934年广西全省检察处一级办理侦查案件的情况:

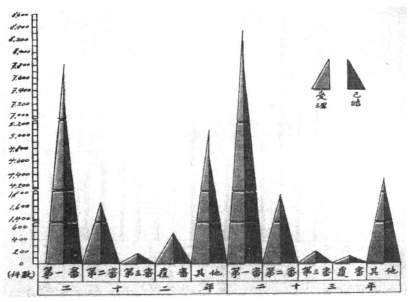

图2　1933—1934广西省检察处侦查案件统计比较②

---

① 张逸龄:《镇江地方法院检察处刑庭民庭实习报告》,载南京图书馆编:《二十世纪三十年代国情调查报告》(47),凤凰出版社2012年版,第74—75页。
② 田奇、汤红霞选编:《民国时期司法统计资料汇编》(第21册),国家图书馆出版社2013年版,第486页。

广西属于相对偏远的地区,而在相对发达的地区,如江苏、浙江、安徽、江西等省,检察官在检举犯罪的过程中作出了更多的贡献。尤其是在1937年抗战爆发及其之后的几年,由于日本的侵略给中国社会环境和人民生活带来巨大的灾难,国民政府加强了刑法打击力度,加重了检察官检举案件的负担。从表24的统计数据①不难发现:1937年至1939年三年发案数波动较大,1937年检察官共检举案件611件,1938年降至141件,1939年又大幅回升至457件。这里值得怀疑的是,因为战争的影响,统计资料可能不全。因为很明显,安徽和河南两个大省1938—1939年连续两年的统计数据是空白的。正如学者所言:"南京国民政府时期,总体而言,侦查案件量波动幅度较大,1930—1931年案件量(年)均为13万余,1932年案件大幅上升达到16万余,1934—1936年的案件量上升至22万至23万之多。1937—1939年因战争因素及资料遗失、部分法院数据未统计等,案件量下降至7万—8万左右。"②但无论是否统计,"检察官就其侦查之案件,提起公诉"③乃检察官最主要的实务工作,他们代表国家主导侦查,提起公诉,在检举犯罪案件、维护社会稳定方面所发挥的作用是毋庸置疑的。

(二) 管辖上诉和抗告

前文已论,检察官的重要职能是法律监督,也就是检察官对民事和刑事等案件审判的监督,发现法官判案不公,则可以提起上诉,提出抗告。因此,管辖上诉及抗告案件就成了检察官必须得做的重要工作,司法实践中的表现值得考证。

首先,最高法院检察长提起非常上诉。依据国民政府《刑事诉讼法》规定,某一案件的判决确定后,发现该案件的审判属违背法令的,最高法院的检察长可以向最高法院提起非常上诉。④ 当时的著名诉讼法学者郭卫解释:非常上诉者,最高法院检察官对于已确定的判决,以审判违背法令为理由,请求最高法院撤销或变更其判决或诉讼程序的救济方法也。⑤ 还有学者认为,非常上诉制度"因以统一法律为目的,其审判专属于最高法院,故惟最高法院检

---

① 田奇、汤红霞选编:《民国时期司法统计资料汇编》(第19册),国家图书馆出版社2013年版,第513页。
② 赵晓耕:《从司法统计看民国法制》,载《武汉大学学报(哲学社会科学版)》2016年第3期。
③ 孙潞:《刑事诉讼实务》,商务印书馆1948年版,第1页。
④ 蔡鸿源主编:《民国法规集成》(第65册),黄山书社1999年版,第298页。
⑤ 参照郭卫修编:《刑事诉讼法论》(战后重刊),上海法学编译社1946年版,第284页。

表 24 检察官检举案件

年度	受理件数			移送件数					未移结件数	起诉后之结果								
	共计	旧受	新收	共计	起诉	不起诉	移送他管	其他		共计	科刑	无罪	起诉	不受理	管辖错误	命令处刑	其他	未评
总计																		
二十六	611	37	584	605	453	96	39	14	6	456	330	54	4	3	—	1	65	—
二十七	141	7	134	141	116	22	2	12	—	116	88	14	—	—	—	—	4	—
二十八	457	4	457	454	398	47	4	5	3	398	259	52	1	3	—	—	45	33
江苏																		
二十六	21	—	21	21	13	7	—	1	—	13	11	2	—	—	—	—	1	—
二十七	3	—	3	3	3	—	—	—	—	3	2	—	—	—	—	—	—	—
二十八	8	—	—	3	3	—	—	—	—	3	3	—	—	—	—	—	—	—
浙江																		
二十六	125	—	125	125	99	23	8	—	—	99	65	6	—	2	—	1	25	—
二十七	81	5	76	81	66	14	1	—	—	66	47	9	—	—	—	—	10	15
二十八	194	4	190	192	174	17	1	—	2	174	107	24	—	1	—	—	27	—
安徽																		
二十六	3	—	3	3	2	1	—	—	—	2	1	—	—	—	—	—	1	—
二十七	—	—	—	—	—	—	—	—	—	—	—	—	—	—	—	—	—	—
二十八	—	—	—	—	—	—	—	—	—	—	—	—	—	—	—	—	—	—
江西																		
二十六	73	1	72	73	60	11	—	2	—	60	48	12	—	—	—	—	—	—
二十七	7	1	6	7	4	2	1	1	—	4	4	—	—	1	—	—	12	—
二十八	57	—	57	57	47	9	—	—	—	47	20	10	—	—	—	—	—	4

第五章　南京国民政府检察制度的实证分析　209

（续表）

	年度	受理件数			移送件数					未移结件数	起诉后之结果							
		共计	旧受	新收	共计	起诉	不起诉	移送他管	其他		共计	科刑	无罪	起诉	不受理	管辖错误	命令处刑	其他	未评
湖北	二十六	174	6	168	174	123	26	21	4	—	125	68	21	—	1	—	—	33	—
	二十七	7	—	7	7	7	—	—	—	—	7	3	3	—	—	—	—	1	—
	二十八	19	—	19	18	8	7	2	1	1	8	1	1	—	—	—	—	2	4
湖南	二十六	66	4	62	66	45	7	9	5	—	45	42	2	1	—	—	—	—	—
	二十七	9	—	9	9	7	1	1	—	—	7	7	—	—	—	—	—	—	—
	二十八	35	—	30	30	30	—	—	—	—	30	30	—	—	—	—	—	—	—
四川	二十六	14	2	12	14	14	—	—	—	—	14	12	2	—	—	—	—	—	—
	二十七	9	—	9	9	8	1	—	—	—	8	6	1	—	—	—	—	1	—
	二十八	71	—	71	71	57	11	—	3	—	57	46	10	1	—	—	—	—	—
海南	二十六	34	2	32	34	29	5	—	—	—	29	23	3	2	—	—	—	1	—
	二十七	—	—	—	—	—	—	—	—	—	—	—	—	—	—	—	—	—	—
	二十八	—	—	—	—	—	—	—	—	—	—	—	—	—	—	—	—	—	—
甘肃	二十六	4	—	4	4	3	1	—	—	—	3	3	—	—	—	—	—	—	—
	二十七	—	—	—	—	—	—	—	—	—	—	—	—	—	—	—	—	—	—
	二十八	—	—	—	—	—	—	—	—	—	—	—	—	—	—	—	—	—	—

（续表）

省	年度	受理件数 共计	旧受	新收	移送件数 共计	起诉	不起诉	移送他管	其他	未移结件数	起诉后之结果 共计	科刑	无罪	起诉	不受理	管辖错误	命令处刑	其他	未评
福建	二十六	1	—	1	1	—	—	—	1	—	—	—	—	—	—	—	—	—	—
	二十七	—	—	—	—	—	—	—	—	—	—	—	—	—	—	—	—	—	—
	二十八	5	—	5	5	3	1	—	1	—	3	3	—	—	—	—	—	—	—
广东	二十六	42	2	40	39	25	11	3	—	3	26	22	2	1	—	—	—	—	—
	二十七	7	—	7	7	3	4	—	—	—	3	3	—	—	—	—	—	—	—
	二十八	6	—	6	6	8	—	—	—	—	6	6	—	—	—	—	—	—	—
广西	二十六	35	7	28	34	31	3	—	—	1	31	24	2	—	—	—	—	5	—
	二十七	18	1	17	18	18	—	—	—	—	18	16	1	—	—	—	—	1	4
	二十八	35	—	35	35	35	—	—	—	—	35	28	1	—	—	—	—	2	—
云南	二十六	2	—	2	1	1	—	—	—	—	1	1	—	—	—	—	—	—	—
	二十七	—	—	—	—	—	—	—	—	—	—	—	—	—	—	—	—	—	—
	二十八	—	—	—	—	—	—	—	—	—	—	—	—	—	—	—	—	—	—
贵州	二十六	16	3	13	15	9	2	3	1	1	9	8	1	—	—	—	—	—	—
	二十七	33	—	33	33	32	1	—	—	—	32	19	6	—	1	—	—	1	5
	二十八	—	—	—	—	—	—	—	—	—	—	—	—	—	—	—	—	—	—
宁夏	二十六	5	—	5	5	5	—	—	—	—	5	5	—	—	—	—	—	—	—
	二十七	—	—	—	—	—	—	—	—	—	—	—	—	—	—	—	—	—	—
	二十八	—	—	—	—	—	—	—	—	—	—	—	—	—	—	—	—	—	—

察署检察长有提起非常上诉之权"①。也就是说,提起非常上诉的权力专属于最高法院,由检察长提起。在某案件判决确定后,不论什么级别的判决,当他们发现该案件的审判违背法令,应当拟写意见书,将该案件的卷宗及证物送交最高法院检察长,申请提起非常上诉。但是,是否提起上诉,仍应由最高法院检察长自由核定。

其次,高等以上法院检察官提起普通上诉。国民政府时期,法院审级以三级三审制为主,刑事上诉包括第二审上诉和第三审上诉。其中,1935年《刑事诉讼法》之后,当事人对地方法院作为初审法院作出的判决不服而提起上诉,检察官对于自诉案件可以独立上诉。高等法院受理二审上诉案件,如对二审审理结果仍不满意,则要到最高法院提起三审上诉。在国民政府《司法院公报》当时的刑事裁判文书里,非常上诉不在少数。

表25 最高法院刑事裁判主文节选(1940年11月份)②

序号	案件名称	主文
1	江苏卢荣林强盗案件检察长提起非常上诉一案	原判决撤销
2	江苏杨伯根强盗案件检察长提起非常上诉一案	原判决撤销
3	江苏吴国平等强盗案件检察长提起非常上诉一案	原判决撤销
4	江苏孙惠生等强盗案件检察长提起非常上诉一案	原判决撤销
5	江苏李成高等强盗案件检察长提起非常上诉一案	原判决撤销
6	江苏龔炳大强盗案件检察长提起非常上诉一案	原判决撤销
7	江苏步文华毒品案件检察长提起非常上诉一案	原判决撤销
8	江苏朱金生强盗案件检察长提起非常上诉一案	原判决撤销
9	江苏袁阿根鸦片案件检察长提起非常上诉一案	原判决撤销
10	江苏路永安等掠人勒赎案件检察官提起三审上诉一案	原判决撤销,发回江苏高等法院更为审判
11	湖北韩树记等妨害家庭案件检察官提起三审上诉一案	原判决关于韩树记、陈李氏罪刑部分撤销
12	湖北胡中学因强盗杀人案件检察官及被告提起三审上诉一案	原判决关于驳回上诉部分撤销,发回湖北高等法院更为审判

① 俞钟骆:《修正刑事诉讼法之商榷》,载《法学丛刊》1933年第2卷第2期。
② 《最高法院刑事裁判主文(二十九年十一月份)》,载《司法院公报》1941年第16期。

显见,从节选的 12 份最高法院刑事裁判主文来看,前 9 份是由最高法院检察长提起的非常上诉,后 3 份是由最高法院检察官提起的三审上诉,表明非常上诉之权由最高法院检察长行使,而普通上诉可以由检察官提起。

最后,国民政府时期的抗告程序是与上诉程序并列的司法救济途径。具体说来,抗告是指不服原审法院未确定的裁定,请求直接上级法院裁定撤销或变更原裁定的救济方法。① 并且,抗告准用上诉的规定,但是上诉可以对任何判决提起,而抗告仅能对部分裁定提出。② 它与今天我国的抗诉概念不同。现行的抗诉制度,是指一审法院的同级检察院,认为一审法院判决裁定确有错误,在法定的期限内,向上一级法院提出抗诉,要求二审人民法院重新审理的诉讼活动。③ 现行制度中有权抗诉的只能是原审法院的同级检察院,而国民政府时期检察官、自诉人及被告均可以提起抗告。与当时的上诉程序所对判决请求不同,抗告针对裁定且向直接上级法院请求。实践中,抗告案件较为复杂,图 2 关于广西全省检察处工作的内容,明确显示了检察处在上诉(抗告)审(二审和三审)工作中的贡献。

(三) 监督刑事案件

检察官通过主管侦查、提起公诉以及管辖上诉和抗告等职责实现对刑事案件的监督。1935 年《刑事诉讼法》规定:"审判期日应由推事检察官及书记官出庭。"④也即审理刑事案件,检察官不能拒绝莅庭。但是,这一规定远远不够。鉴于检察体制,国民政府采取了由上级法院检察部门对下级法院审判进行监督等措施。"人情事理,在中国古代曾是司法实际部门审理案件的重要依据。"⑤在国民政府时期,该观念依然存在,影响了诸多刑案的公正裁判,有待检察官监督和矫正。检察部门通过审阅案卷、受理申诉等方式对刑事案件实施监督,从实质上对刑事审判的错误予以纠正。

---

① 蔡鸿源主编:《民国法规集成》(第 65 册),黄山书社 1999 年版,第 296 页。
② 王锡周编著:《现代刑事诉讼法论》,世界书局 1933 年版,第 175 页。
③ 参照现行《刑事诉讼法》第 228 条:"地方各级人民检察院认为本级人民法院第一审的判决、裁定确有错误的时候,应当向上一级人民法院提出抗诉。"
④ 蔡鸿源主编:《民国法规集成》(第 65 册),黄山书社 1999 年版,第 291 页。
⑤ 何勤华:《〈华洋诉讼判决录〉与中国近代社会》,载《中外法学》1998 年第 1 期。

表 26　原审判法院别第二审案件撤销原判件数及撤销之理由表①

第二审法院	原审判法院	撤销件数	撤销之理由				
			上诉有理由	上诉理由而原判决不当	原审判决谕知不受理系不当	原审判决谕知管辖错误系不当	原审判为管辖错误之判决系不当
江苏高等法院	宝山县政府	4	4	…	…	…	…
	崇明县政府	24	19	5	…	…	…
	海门县政府	11	8	3	…	…	…
	东台县政府	36	17	19	…	…	…
	泰县县政府	19	9	10	…	…	…
	仪征县政府	9	5	4	…	…	…
	高邮县政府	21	15	6	…	…	…
	兴化县政府	36	21	15	…	…	…
	铜山县政府	25	22	3	…	…	…
	丰县县政府	3	3	…	…	…	…
	沛县县政府	7	5	2	…	…	…
	萧县县政府	9	7	2	…	…	…
	砀山县政府	7	6	1	…	…	…
	邳县县政府	51	22	29	…	…	…
	扬中县政府	1	1	…	…	…	…
	启东县政府	8	8	…	…	…	…
	计	1060	681	379	…	…	…
江苏高等法院第一分院	淮阴县政府	27	15	6	2	3	1
	淮安县政府	43	21	13	3	4	2
	泗阳县政府	36	21	8	4	2	1
	涟水县政府	18	11	5	1	1	…
	阜宁县政府	38	23	9	2	3	1
	盐城县政府	35	17	11	2	3	2
	宝应县政府	19	9	7	1	2	…
	宿迁县政府	22	11	5	3	1	2
	睢宁县政府	17	12	4	…	1	…
	东海县政府	21	11	7	2	1	…
	灌云县政府	29	19	5	1	2	2
	沐阳县政府	19	12	4	1	2	…
	赣榆县政府	18	10	6	2	…	…
	计	342	192	90	24	25	11

古今共识:刑案监督意义重大。"具体到刑事案件的审理和判决而言,由

---

① 载田奇、汤红霞选编:《民国时期司法统计资料汇编》(第15册),国家图书馆出版社2013年版,第465页。

于刑法涉及对公民的生杀予夺,这就决定了公正性更是其首要价值。"①表 26 所呈现的是南京司法行政部 1935 年发布的司法统计数据,具体涉及民国二十一年(1932)江苏若干个地方法院上诉至江苏高等法院及其分院的二审刑事案件,呈现了其处理结果及其理由。这里列举的皆为被撤销的案件,其中大多数上诉案件都有理由,16 家地方法院的判决上诉到高等法院,有理由的达到 64%;而 13 家上诉到高等法院分院的案件,有理由的也达到 56%。就高等法院而言,剩下的皆属"上诉无理由而原判决不当"。

从表 26 所示,高等法院给出的一些撤销的理由属于原审判决方面的不当问题,主要在于告知不受理不当、告知管辖错误不当以及管辖错误的判决不当等三个方面。刑事再审案件很多是由检察官提起的,并且整个再审过程,检察官全程参与监督,对不当判决撤销也是在检察官的监督之下完成的。北洋时期也有类似的统计,且统计项目更细致(见表 27):

表 27 山西高等审判厅刑事控诉案件撤销件数及其理由表②

原审衙署	撤销件数	撤销之理由								
		引律错误	程序不合	无罪认为有罪	有罪认为无罪	刑失之过重	刑失之过轻	管辖错误	驳回公诉	其他
平顺	5	4	—	1	—	—	—	—	—	—
晋城	5	3	—	1	—	1	—	—	—	—
高平	3	2	—	—	—	—	—	—	—	—
阳城	1	1	—	—	—	—	—	—	—	—
沁水	4	—	—	—	—	1	3	—	—	—
辽县	5	2	—	1	—	1	1	—	—	—
和顺	1	1	—	—	—	—	—	—	—	—
榆社	2	—	—	1	1	—	—	—	—	—
沁县	5	3	—	2	—	—	—	—	—	—
沁源	11	6	—	2	—	—	—	—	—	—
武乡	3	3	—	—	—	—	—	—	—	—
平定	6	1	—	1	—	—	4	—	—	—
昔阳	1	1	—	—	—	—	—	—	—	—
孟县	4	—	—	2	—	—	2	—	—	—
寿阳	2	2	—	—	—	—	—	—	—	—
临汾	3	3	—	—	—	—	—	—	—	—
洪洞	4	2	—	—	—	2	—	—	—	—
…	…	…	…	…	…	…	…	…	…	…

---

① 陈侃:《审判监督:法律公正性的保障》,载《检察风云》2020 年第 4 期。
② 这是 1923 年山西省第四次政治统计资料所记载的 1921 年司法情况,载田奇、汤红霞选编:《民国时期司法统计资料汇编》(第 21 册),国家图书馆出版社 2013 年版,第 16—17 页。

(四) 发现法律疑义

"国民政府成立后,统一解释法令之权,初属最高法院,继改属司法院。"①也就是说,南京国民政府时期,从先前的最高法院到后面的司法院,均有解释法律及命令之权。对于法律与宪法抵触、发生疑义,以及法律及命令之内容发生疑义的情况,司法院成立之前由最高法院统一解释,自司法院成立之后就由司法院解释宪法和法律、法令。② 而最高法院或者司法院何以发现这种"疑义"的法律和命令呢? 通常是由检察官发现,再传递给最高法院或者司法院。检察官作为法律监督的重要主体,对于法律施行过程中出现的问题,可以向本检察机关请示,由该机关请求检察署,再由检察署提请最高法院或者司法院的法律解释机构作出解释。首先,浏览国民政府早期最高法院的法律解释史料:

解释以前北京临时执政赦令应否有效函(附原呈)③

十七年九月十二日　最高法院复江苏高等法院首席检察官解字第一七零号

要旨:前北京临时执政赦令与国民政府法令抵触,在各省区隶属国民政府领域以后,自不能援用。径启者:本院首席检察官转送贵首席,呈以前北京临时执政赦令应否有效等由,请解释到院。查前北京临时执政赦令与国民政府法令抵触,在各省区隶属国民政府领域以后,自不能援用。惟从前检察厅如已依当时法令处分、免予执行其处分,仍应有效,相应函请查照,此致。

附原呈　呈为呈请解释事案:据上海地方法院首席检察官沈秉谦呈称,窃查十四年一月一日前北京临时执政赦令:奉最高法院第一九号及第五四号解释,因与国民政府法令抵触,在各省区隶属国民政府领域以后,即不能援用等因。惟查十四年一月一日以前已经审判确定,因赦免未予执行之案,现在有人呈请查照原判执行。究应如何办理,今有两说:甲谓最高法院解释,凡在各省区归属国民政府领域以后,不能援用前项赦令,系指尚在侦查或审判程序中而言,如在未归属国民政府领域之先,而于十四年一月一日以前已经判决确定,依照前项赦令,应予免除

---

① 郭卫、周定枚编辑:《司法院法令解释总集》(第一集),上海法学书局1934年版,第1页。
② 参照谢冬慧:《判例、解释及习惯在民事审判中的价值——以南京国民政府时期为背景的考察》,载《黑龙江社会科学》2009年第3期。
③ 张虚白编:《最高法院法律解释例》,中华法学社1929年版,第29—31页。

者,按诸法律不溯及既往之宗旨,自应认赦免为有效。若谓无效,则从前依照赦令免除之案甚多。……职处现在正有案待决,理合备文呈请鉴核。许赐转请解释令遵,实为公便等情,据此,事关法律解释,理合据情转呈,仰祈钧席核转解释令遵,谨呈。

从这份法律解释文本及原呈附文的内容,可以非常清楚地了解到:国民政府成立初期,上海地方法院首席检察官沈秉谦在办案实践中遇到法律适用不明问题,需要法律解释予以明确,于是他请求上级单位江苏高等法院首席检察官予以帮助。而就法律解释问题,江苏高等法院无权为之,于是,江苏高等法院首席检察官向最高法院转请解决,最高法院很快给出了明确的法律解释。可以说,很多法律解释的素材均来源于检察官的办案实践,又根据国民政府的司法院公报,随处可见这种"请示"和"解释"。

司法院训令(院字第六五四号,二十一年一月二十八日)①
令署浙江高等法院首席检察官郑畋

为令知事该法院第二分院首席检察官,呈最高法院检察署,请示:危害民国紧急治罪法施行后奉令前,关于反革命判决各案如何办理疑义一案,业经本院统一解释法令会议议决,危害民国紧急治罪法已于二十年三月一日施行。在施行后,合于该法规之犯罪,而依反革命治罪法判决者,显系违法,应视其已未确定,分别提起通常上诉或非常上诉,以资救济,合令行,仰转饬知,照原件抄发,此令。

这是最高法院给浙江高等法院首席检察官郑畋的回复,就新法施行后原来犯罪但法院未判决的案件如何适用法律的问题,作出了明确答复。当然,高等法院首席检察官不能直接请求司法院法律解释机构作出法律解释,而需要通过最高法院检察署书面请示,以文为证。

最高法院检察署函②

迳启者据浙江高二分院首席检察官童济时代电称:三月三十日奉杭州高等法院三月二十三日训令,饬知危害民国紧急治罪法于三月一日施行,复查三月二日国民政府公报内载该法施行日期,命令亦始于三月三十日接到,则自三月一日以后三十日以前,关于反革命判决各案未确

---

① 载《司法院公报》1932 年第 4 期。
② 同上。

定者,应否认为违法,判决提起上诉已确定者,应否声请提起非常上诉,事关法律应请核示祈遵等情,前来相应函请。

查收核办　此致
最高法院

上述案例是高等法院首席检察官针对法律适用提出的质疑,请求最高法院或者司法院进行法律解释的基本路径。那么,地方法院的检察官在法律监督过程中发现法律适用需要请求解释,同样不能直接请求最高法院,而应逐级上报,最后由最高法院或者司法院法律解释机构予以解决。这里有一份经高等法院递交的地方法院检察官关于法律解释的请示报告即是:

司法院训令(院字第六五三号,二十一年一月二十八日)[①]
令署山东高等法院首席检察官鲁师会
为令知事该省曹县法院检察官张铭铎,呈最高法院请解释刑法第九十条疑义一案,业经本院统一解释法令会议议决,查刑法第九十条二年以下有期徒刑,系指宣告刑而言,合令行,仰转饬,照原呈抄发,此令。

简言之,国民政府时期,作为司法解释的主体,无论是早期的最高法院,还是后来的司法院,其司法解释的对象来源路径不变,那就是法官和检察官的司法实践。特别是检察官原本就负有法律监督的职责,其在办理案件、监督法律适用的实践中,更易于发现法律实践的具体问题,也即发现法律疑义,需要提请司法解释,从而为司法解释机构提供重要的"素材"。可以说,发现法律疑义,是检察官工作实践的重要组成部分。

(五) 监督办案程序

实践中,国民政府强调检察官办案程序,尤其是刑事案件,通过办案实践不断修正调整办案程序规范,加强公诉制度的改造,关注自诉的补充,每月的司法工作报告中均要通令各法院办理刑事案件的情况,不得因程序欠缺直接予以驳斥,这里有一史料:

据山西高等法院呈复王殿龙呈诉检察官积压上诉一案,内称查原告诉人对于正式法院判决,固得请求检察官提起上诉,但必经检察官采

[①] 载《司法院公报》1932 年第 4 期。

纳意见，加具理由书，始生效力，若仅将原状函送，不能认为发生效力，如检察官既不为提起上诉，亦应批示谕知，俾告诉人知晓，乃该检察官杜泓，并未履行此项手续，显属不合，可否予以处分，请鉴核等情到部，查此案该检察官办理固有不合，然既经将该诉状送刑庭，并有依法办理之言，显系同情于上诉人，否则何以并不批驳，而将诉状移送，在刑庭即应视为检察官同意而上诉，如认为未加意见，程序欠缺，亦应函知该检察官补正，乃置之不理，任其确定，此种不顾事实，但顾程序之恶习，实堪痛恨，除将承办人员一并咨付惩戒外，嗣后各法院对于人民诉讼事件，程序如有欠缺，应即设法补正，或予以指示毋得迳予驳斥，或置之不理，如有故违，致诉讼程序受其影响，定即严加惩戒不贷，业已通令遵照。①

这是国民政府司法行政部于1936年10月在施政工作总结中提到的检察官在办案过程中对程序的关注，他们一方面监督法庭依程序办事，另一方面强调自身的程序合法性，否则严厉处罚。在此，列举一案：

江苏高等审判厅刑事判决②
十六年诉字第一一九号　判决
上诉人蔡顺堂年六十四岁南汇县人　住四团十一甲
右上诉人因妨害他人行使权利案，不服南汇县知事公署中华民国十五年十二月十三日第一审判决提起上诉，经本厅判决如下（原文如左）：

主文（本案上诉驳斥）

事实：缘蔡顺堂因连续妨害他人行使权利一案，经南汇县知事公署于民国十五年十二月十三日判决，处以五等有期徒刑，四月未决期内羁押日数准予折抵。关于附带民事部分，判令给付陆耕余、倪士成大洋三十九元在案。蔡顺堂于谕知判决书时，即当庭声明遵服，不过要请求赎罪，复另具切结略称。对于钧判业已折服，情愿抛弃上诉，所有前项易刑金遵于五日内交案不误等语。至本年一月十九日接收判决书后，复于同月二十四日向同级检察厅提起上诉，移送到庭。

理由：查刑事诉讼条例第三百八十条载当事人得舍弃其上诉权，又同条例第三百八十三条载舍弃上诉权或撤回上诉者，丧失其上诉权各等

---

① 《司法行政部二十五年十月份施政工作概况》，载《现代司法》1936年第2卷第3期。
② 江苏省高级人民法院、江苏省档案局（馆）、南京师范大学法学院编：《民国时期江苏高等法院（审判厅）裁判文书实录（刑事卷）》（第3册），法律出版社2013年版，第168—169页。

语,本案上诉人蔡顺堂因犯连续妨害他人行使权利案罪,既于原审谕知判决时,当庭声明遵判,请求赎罪,经载明笔录附卷,复另具切结声称情愿抛弃上诉权,将前项易刑金于五日内交案,而是日即将易金一百二十元及偿还损失三十九元之款如数缴纳,是其上诉权已经明白,表示舍弃,自不得再行提起上诉,乃该上诉人于原审送达判决书后,复向同级检察厅声明上诉显系违背程序上之规定,本庭合依同条例第三百九十八条,予以驳斥,特为判决如主文。

中华民国十六年三月十二日
江苏高等法院审判厅刑事第一庭
审判长推事　林大文
推　事　胡善平
推　事　林克俊

对于本案被告方当庭服判是否阻断自己行使上诉的权利,还得从法理上进行分析。1921年《刑事诉讼条例》第373条规定:"当事人对于下级法院之判决有不服者得上诉于上级法院,检察官及私诉人为被告之利益亦得上诉。"[①]据此,被告方的上诉权也需要保护。正如日本学者所言:"司法制度的巨大威力在于,它能使一项请求变成一条受法律保护的权利。据此,就使请求变成了人们自觉的意识。另外,将请求变成权利也使法院的最终判决罩上了正当性的外壳。更重要的是,将统治权力隐藏在了法院判决的背后。"[②]但是,权利的行使需要符合法律程序,上诉权的行使也不例外。

国民政府刚成立之时沿用北洋政府《刑事诉讼条例》,其中第380条规定,"当事人可以舍弃上诉权"[③],第383条至385条规定:"舍弃上诉权及撤回上诉者,丧失其上诉权。舍弃上诉权应向原审法院为之。舍弃上诉权及撤回上诉,应以书状为之,但于审判时得以言词为之。以言词舍弃上诉权及撤回上诉者应记载于笔录。"[④]根据这些规定,被告蔡顺堂尽管在法定时间内通过同级检察厅提起上诉,但是因他当庭以言词舍弃上诉权,因而丧失了上诉权,法院予以驳斥。关于上诉权的丧失,1928年《刑事诉讼法》、1935年《刑事诉

---

① 《刑事诉讼条例》,北洋政府1921年11月14日公布。据中国国家图书馆民国法律资源库,http://read.nlc.cn/OutOpenBook/OpenObjectBook? aid＝462&bid＝2292.0,2019年8月14日访问。

② 〔日〕小岛武司等:《司法制度的历史与未来》,汪祖兴译,法律出版社2000年版,第28页。

③ 《刑事诉讼条例》,北洋政府1921年11月14日公布。据中国国家图书馆民国法律资源库,http://read.nlc.cn/OutOpenBook/OpenObjectBook? aid＝462&bid＝2292.0,2019年8月14日访问。

④ 同上。

讼法》均继承了《刑事诉讼条例》的规定,法条几乎没有变化。①

　　检察官对办案程序的监督,属于救济式监督,是通过莅临法庭,对整个庭审过程予以监督。通常法院自我要求在先,检察监督在后。法院没有支持被告人的请求,是在执行司法诚信原则。司法诚信原则不仅适用于法院法官、检察官,也适用于当事人。当被告人当庭承诺了不上诉,一定程度上影响了法庭就此案下一步程序上的安排。之后,被告人改变主意,必然打乱已有秩序,消耗公共资源。

(六) 开展实务训练

　　为了提升检察官们的实践能力,国民政府开展了专门的实务训练。在司法官训练所章程第一次公布之后,在全国的很多地方政府公报上都登出招收公告,例如这里有一份河北高等法院第一分院转发的"通告":

招考司法行政部法官训练所学员通告②
河北高等法院第一分院为通告事安奉

　　国民政府司法院司法行政部训令内开:本部筹设法官训练所,呈请司法院提议,经国务会议决议,通过招生在京考试,兹为投考人员便利起见,拟在广州北平两处亦举行招生考试,取录后一律在京入所修业,有北平招考事宜由该分院遵照办理等因合行通告投考人员知悉,凡有中国国民党党员曾在国内外专门以上法政学校三年以上毕业,得有党证及毕业证书者,得来本院报名听候考试,特此通告。

　　计开

　　1. 报名地点:本市绒线胡同东口河北高等法院第一分院。
　　2. 报名日期:十八年二月十四日起至二月二十八日止,每日上午十时至十二时,下午二时至四时。
　　3. 报名手续:呈缴最近四寸半身相片二纸证明资格文件及党证。
　　4. 报名费:二元。

中华民国十八年二月九日

　　从通告内容来看,进入训练所的法官、检察官必须是法政院校毕业生,政治条件是国民党党员,专业及政治条件同时具备方可报名参加入所考试,可

---

　　① 蔡鸿源主编:《民国法规集成》(第65册),黄山书社1999年版,第319—320页、294页。
　　② 这则通告所讲的"法官"实际上是包括检察官在内的司法官,载《河北省政府公报》1929年第80期。

见要求之严格。那么,训练所培训的情况如何呢?这里有一份民国后期第六次全国司法大会上的交流材料,其中就提到"训练司法人员"一事①:

> 对于推事检察官及公务人员之训练,该部(司法行政部)依照司法人员训练办法分期调有相当学识经验人员,送中央政治学校,予以八个月之政治及司法实务训练,期满成绩及格者,以地方法院推察任用。本年十月已结业第三期,仍继续办理并扩充中。书记官之训练亦经委托各大学及学院设立专修班,已有毕业生分发任用;法医之训练,该部与教育部会拟定法医人才五年训练计划,已有行政院核定,即可实施指纹人员之训练。该部曾于二十五年(1936)与内政部合办指纹训练班,一班当于还都后继续办理;执达员及法警之训练,该部于二十六年(1937)曾公布执达员及司法警察训练班章程,通饬各省高院遵照。本年复通令就经费可能范围内拟县执达员及司法警察训练方案呈核施行,因是项人员散在各地为数众多,集中训练势所难行,故唯有责成各省高院根据部定章程负责。训练监狱官之训练亦已委托朝阳学院及中央警官学校附设专修班,藉以训练专才监狱看守所之训练,三十三年度已开办一班,三十五年预定开办五班,训练看守六百名侦探,为法院组织法所无未便拟议通译,拟就各校外语系毕业生中甄用,即由服务机关之推检,予以法律知识之训练。至涉外案件,已令各法学院司法组学生注意国际私法之研究,并增加外国语文之课程,以储备需用之人才。以上就目前环境为一时之措施,如欲使各种司法人员均能按一定计划为普通之训练,拟应根据司法行政部组织法第二十条之规定,设立司法人员训练机构以专责成。

从这份材料当中,我们不难判断,民国后期检察官等司法官职业训练开展得较为频繁和顺利,成绩也较为显著,为社会输送了大批法律人才,不仅有检察官,还包括法官、书记官、法警及通译等。在开展法律职业训练过程中,国民政府不断完善制度建设,1936年还制定了专门的《现任法官训练计划大纲》,其中要求:

> 甲调训办法:……二、各省高等以下法院现任正缺及候补推检由司法行政部分分别调入法官训练所受训;三、每批调训一百至二百人;四、受训期间定为一个月,必要时得延长之但不得超过二个月;五、受训期

---

① 《抄司法行政部原函一件》,中国第二历史档案馆藏,全宗号10,案卷号1889。

满举行考试,授以证书,其训练成绩会送司法行政部并入年终考绩案办理之。……乙受训要旨:一、增进受训人员对于本党主义政纲政策、国民政府立法精神及部院施政方针之认识借树党化司法之基础;二、增进受训人员法律学识借增司法效率;三、增进其对于国际法律政治经济文化之认识,使成为具有现代精神之法官;四、培训其服从革命纪律、积极负责望务之留神,养成其整齐敏捷严肃之习惯……①

法官训练计划表明当时的法官、检察官训练工作走上了正规化的道路,训练的内容相对固化,从政治层面到业务领域,培养法官的综合素质,使其政治过硬,业务精良。1937 年,司法院公布的《司法院法官训练所组织条例》指出:司法院为确立三民主义之法治基础,培养健全司法人才,特设法官训练所,分班训练法官及其他司法人员。② 再次重申培养健全司法人才是法官训练的终极目标。国民政府还采取了一些应急措施,针对偏远地区的实际,开展法律职业人才的业务培训,即使是非法科毕业生,也可以通过这种业务培训走上司法岗位,1944—1947 年的《西康高等法院工作报告》中就提到"司法训练情形":

> 康省僻处西陲,文化落后,习法律者为数甚少,司法官往往借才邻省,然因物价高于内地,旅费动需巨万……法律毕业资历者欠缺,……由本院遴选相当人员,入班训练,成绩及格者,以承审员试用,第一期训练于三十四年十月开始,共计四十五员。③

这里的"康省"是民国时期的西康省,省会设在四川雅安,1955 年被撤销后并入四川省。西康属于偏僻之处,法律专业人才缺乏,社会需要该类人才。由于从邻省借调司法官所需巨费,培训当地人员是当时的最佳方案。但是承审员仍需具备必要的业务经验,因此必须为其提供法律职业技能训练。

三、国民政府检察制度实践所存问题

南京国民政府的检察制度经历了变迁发展,也经历了实践运行,从检察机构的设置及其调整实情,到检察官的具体工作掠影,我们不难发现检察制

---

① 详见《现任法官训练计划大纲》,载《察哈尔省政府公报》1936 年第 1035 期。
② 详见《司法院法官训练所组织条例》,载《司法公报》1937 年第 27 期。
③ 《西康高等法院工作报告》,中国第二历史档案馆藏,全宗号 7,案卷号 195。

度的功过是非。检察官在追惩犯罪、监督审判、维护稳定方面功不可没,但是,由于特定的历史背景,国民政府检察制度在实践运行中也存在一些问题。

(一) 检察人才匮乏

民国时期,由于战乱频繁,政治不稳,经济凋敝,教育受阻,专业人才匮乏。研究史料显示:"民国时期,城市工商业仅在第一次世界大战期间和二三十年代有过短暂的发展,随着广大农村的破产、外国资本的排挤,民族工商业很快萎缩,造成工人大量失业,城市普遍居民水平下降,许多人连最基本的生活保障都没有。"①尤其南京国民政府时期,日本帝国主义侵略的加剧,给检察官等诸多人才的培养与选拔造成了巨大的影响,以致很多法院检察官员额明显不足,这里有一些史料,反映了国民政府初期检察官的现状:

> 学习推检,以及城镇乡董代理或办理检察事务,为历来稀有之事。且侦查为审判基础,往往一纵即逝,非有敏捷之手段,与相当之经验,不足以搜罗一切证据,似非学习人员及地方人士所能代庖。……推事代理检察官,向例亦不多见,且依诉讼法,推事曾行使检察官职务者,对于该案即应回避。②

这则史料表明:国民政府初期办理检察事务的人员大多是非正规的检察官,由推事代理检察官;或者由学习推检,甚至是城镇类似于乡长等有威望的人去充当检察官。这些严格意义上都是不合法的,因为审判与检察是两项职能,必须由不同的专业人员行使。可见,国民政府初期,在地方基层,专业的检察官很稀有,有时只有让法官代理检察官。那么,非基层的检察官人才状况是否有所好转呢?这里有一份陕西省高等法院检察处的工作报告:

> 全省检方书记官大学毕业者仅有六人,而全省检察官年逾花甲者达十一人之多,工作效率,更可想见,甚至地院首席检察官尚有不谙法律,对于杀人案件,尚许其和解而作成和解笔录附卷者……由于天灾,抗战至今,经济枯竭,社会浮动,刑事犯罪,与日俱增,计本处自三十二年五月起,至三十六年八月底止,共收案二四三〇七件,结案二四三〇六件(包括起诉不起诉及其他),未结一件。所属四分检处、二十地检处,三十二年五月至三十六年八月止,共收案八一五四二件,结案八一二八〇件

---

① 朱汉国主编:《中国社会通史·民国卷》,山西教育出版社1996年版,第180—181页。
② 最高人民检察院研究编:《检察制度参考资料》(第2编),内部资料1980年版,第15页。

（包括起诉不起诉等），未结二六二件，合计已结一〇五五八六件，未结二六三件(各县司法处侦查案件，因系县长兼检察职务，表报不全，未列入）,共计一〇五八四九件，其中普通刑案一〇一八三六件、特种刑案四〇一三件……①

从这里可以知道，检察官队伍的整体水平不高。其一，文化层次较低，大学毕业者很少；其二，年龄结构不合理，超过60岁仍在岗者，不在少数；其三，有的专业素质偏低，首席检察官不懂专业，对于杀人案件，却用和解方式解决。显见，国民政府时期检察人才奇缺，导致办案效率低下。类似的例子不胜枚举。当时的检察人才的确十分匮乏，可以说，整个国民政府时期，财力、物力和人力匮乏是常态。当时，虽然国民政府司法管理的高层领导人员多为法律科班出身，但是司法的人力资源匮乏是个不争的史实。不过，当时还有人主张偏远地区应从内地发达地区派驻法律专业人士，且对其进行进一步训练。例如，1947年吉林省高院曾有一提案提到这一主张：

> 况东北久经国际变迁，在昔日俄所施于此者，其政治文化无论与其各该国或我内地相较原非低下，处此内外相扰，加强边防之际，为强化司法权之运用，行使殊有提高东北司法官之素质，以增强司法威信而取消其特殊化，藉以争取人民内向力量，巩固边防之必要，故拟请对东北九省司法官任用不适用边远省份公务员任用资格暂行条例之办法，应大量选派合格而成绩优异之司法人才前往或就当地大学毕业生举行高等考试或特种考试，切实训练严格选拔。其已依上述暂行条例，任用为推检者，亦应设法抽调集中训练。其依上述条例，任用为书记官以下人员者，亦应拟定方案，派员就地予以训练，以增高其素质，是否有当祗请公决。②

一定程度上，司法人力资源的匮乏，直接影响了司法的效果和司法现代化的进程。有学者指出："民国以来的司法建设，在很大程度上一直表现为法院与法官的数量建设。而这种数量建设也是在收回法权压力之下的形式化推进，虽然整个民国时期都一直致力于法院的增设与完善以及司法人才的培养，但法院与司法人才的紧缺一直是困扰民国司法的实际问题。"③尤其是作

---

① 朱观：《中华民国三十六年十月陕西高等法院检察处工作报告》。据中国国家图书馆民国图书资源库，http://read.nlc.cn/OutOpenBook/OpenObjectBook? aid＝416＆bid＝74022.0, 2019年8月14日访问。
② 《吉林高院提案》，中国第二历史档案馆藏，全宗号7，案卷号3124。
③ 尤耀海：《居正司法改革思想研究》，南京师范大学2014年硕士学位论文，第16页。

为第一生产力的人才队伍建设跟不上当时先进法律与社会矛盾的要求。更有学者认为"民国时期大量的刑事案件以和解结案,并非仅仅出于道德或'无讼'的考量,更是由于司法资源的匮乏。检察官人手不足,致使案件审理被拖延,可能造成严重后果。也就是说,人力和财力上的短缺,才是民国检察机关拒收案件的根本原因"①。而"拒收"的结果不堪设想。

(二)检察机构模糊

国民政府初期及之前的北洋政府设有明确的检察机构,办理相关的司法案件。但是,自1927年8月的148号"训令"及1932年《法院组织法》颁布之后,最高法院仍有检察机构,而地方的检察机构被裁撤,只在法院内部保留检察官职位。有的地方为了工作方便,在检察实践的司法文书中仍使用基层检察机构的名称,与法律法规相悖,这就导致了国民政府时期检察机构模糊的现象。司法统计时,检察事项只能放到法院工作里,看不到检察机构的"身影",从北洋政府与国民政府两个阶段的统计数据进行比较,可见一斑。

表28 1915年全国检察机构设置规模统计表(单位:所)②

厅数\地域	京师	直隶	奉天	吉林	山东	河南	山西	江苏
高等检察厅(总、分厅)	1/1	1	1	1	1	1	1	1
地方检察厅	1	2	4	3	1	1	1	1
厅数\地域	安徽	江西	福建	浙江	湖北	湖南	陕西	甘肃
高等检察厅(总、分厅)	1	1	1	1	1	1	1	1
地方检察厅	2	2	1	2	2	2	1	1
厅数\地域	四川	广东	广西	云南	贵州			
高等检察厅(总、分厅)	1/1	1	1	1	1			
地方检察厅	2	2	1	2	1			

北洋政府时期,"从全国检察机构设置的总体情形来看,各行省都设置了

---

① 张健:《民国检察官的刑事和解及当代启示——以浙江龙泉司法档案为例》,载《中南大学学报(社会科学版)》2013年第5期。
② 杜旅军:《中国近代检察权的创设与演变》,西南政法大学2012年博士学位论文,第67页。

高等检察厅和地方检察厅,建立了完善的高、地两级厅制。"① 而 20 世纪 30 年代的统计数据里,几乎找不到检察机构的专门统计,有的只是法院的统计数据。尽管在《高等以下各级法院推检结案计数标准》中,有关于检察官办理刑事案件的统计数目标准:"一、侦查案件按件数计算;二、自诉案件出庭陈诉案件意见者二件作一件;三、被告人提起上诉案件二件作一件;四、自行提起上诉案件按件算;五、复判案件二件算一件;六、声请案件五件作一件;七、相验案件三件作一件;八、协助案件八件作一件。"②

表 29 1936 年全国各省设置高等法院和分院统计表③

院数\地域	江苏	浙江	安徽	江西	湖北	湖南	四川	福建	广东	广西
高等法院	1	4	5	5	7	5	5	6	7	2
高等分院	5	3	4	43	6	4	4	5	6	1

院数\地域	河南	山东	山西	陕西	甘肃	宁夏	青海	察哈尔	绥远
高等法院	4	7	6	4	3	1	0	1	1
高等分院	3	6	5	3	2	0	0	0	1

这里列举了 1936 年全国 19 个省的高等法院及分院的数据,表明各省高等法院及分院的数量不统一,这与各地经济条件、涉及案件以及司法人才的素质等因素有关。只有清晰的统计数据,才能彰显检察制度的价值。关于各个检察院受理的案件,只有从明确检察机构的统计才可以知晓,如河北省高等法院在 1936 年 7 月份受理上诉案件的统计中,共收 349 件,其中新收案 111 件,旧受案 238 件,审结案件 128 件,驳回 35 件,变更或撤销 61 件,撤回 27 件,其他 5 件。④ 与同年 7 月、8 月、9 月河北高等法院检察处受理和移送的案件数比较,7 月受理 109 件,送审 109 件;8 月受理 122 件,送审 121 件;未办结 1 件;9 月新收 170 件,送审 155 件,其他处理方式 15 件。⑤ 如果按照法律规定的高等法院只设首席检察官与检察官,那将不易统计检察案件数量,也无法判断检察的作用,所以有的法院在统计时仍将检察处视为检察机构。

---

① 杜旅军:《中国近代检察权的创设与演变》,西南政法大学 2012 年博士学位论文,第 110 页。
② 《高等以下各级法院推检结案计数标准》,载《法令周报》1935 年第 48 期。
③ 杜旅军:《中国近代检察权的创设与演变》,西南政法大学 2012 年博士学位论文,第 111 页。
④ 河北高等法院:《刑事案件月报》(二),载《河北高等法院季刊》1936 年第 1 期。
⑤ 河北高等法院检察处:《刑事案件月报》(四),载《河北高等法院季刊》1936 年第 1 期。

在这个层面上，或许正是由于国民政府时期检察机构的模糊不清，才引起人们对检察制度的质疑。早在国民政府初期的1928年8月，司法部拟具《暂行法院组织法草案》，就有关检察事务部分说明："近来检察官为人所不满意者，以其不能厉行检察职权，等于审判方面之收转机关，似应明立专条，促其注意。"①这则"说明"虽然文字不多，却证实了检察的作用遭到了质疑。1932年之后的情况更糟，高等以下法院不设检察机构，严重弱化了检察地位，以致在1935年下半年的全国司法工作会议上，收到了多份关于废除检察制度的提案，与会人员期盼进一步修改完善检察制度，甚至有人呼吁废除检察制度。

（三）检察职能受阻

民国时期，检察职权的相关制度可谓相当完备，但是实践当中，由于检察人才及检察机构等诸多因素的影响，侦查、公诉等检察职能无法有效地发挥，以致遭到"废检"的质疑。对此，当时的学者曾做过分析：

> 检察官既负检举之责，而且具有优越的职权，为什么他不去行使他的职务呢？据我们研究起来，则其中的原因颇多，兹特别分述于下：（一）各法院所配置的检察官，因名额过少，而且内部复因侦查，莅庭答辩，上诉执行等案件过多，致无暇对外。（二）法律上虽规定检察官可指挥宪兵、警察以及依法令关于特定事项得行使司法警察职权的长官士兵等，但他们法律的观念太薄弱，不知检察官为何物，难收指挥之效。（三）凡属执法干纪之徒，多属有势力的人，检察官既无坚强的保障，常常人未被检举，而自己已受撤职的处分。（四）社会上犯罪的事实，多属于异常秘密，以一深处法院的检察官，对于这种秘密的事实，当难得悉；而被害人又多畏势不敢告诉，情愿自己吃亏，因此发觉困难。（五）凡属贪污恶劣，即不佣兵自卫，亦属党羽众多，以一赤手空拳的检察官，何能去搜索逮捕，而行使他的职权？（六）我国的社会组织，不若欧美社会组织的健全，犯罪发生的地方，不但乏协助的机关，而且证据随即消减，调查困难。（七）检察官除应得的薪给外，并无活动经费的规定，既无活动的经费，则动作上当感困难。（八）现在犯罪的方法，日新月异，而侦查的技术，亦应与其俱进，关于这种检察的新技术，尚未予以训练一般的检察官。其上种种原因，检察官未行使他的职务，是由于本身的困难、制度

---

① 谢振民编著：《中华民国立法史》（下册），张知本校订，中国政法大学出版社2000年版，第1040页。

的不良,以及环境上种种的不许可,致无法去行使他的职务。①

这里的分析比较到位,国民政府时期的检察官不能有效发挥检察职能的原因至少有四点:一是人少案多,精力不够;二是警察、宪兵等其他人员配合不够;三是外界强权干扰太厉害,社会及案件复杂;四是检察官地位不高、权力有限等。当时的学者认为检察官不能发挥职权的深层次原因在于检察官自身的困难、制度的不良及环境的不许可等三方面,从微观到宏观的这些因素阻碍了检察职能的发挥。

当然,也有人从正面思考正确发挥检察职能的方法,也即民国学者对检察官的精神品质方面提出了要求:第一,一种革命的精神。作为检察官"在精神方面,不但要认识新环境,而且还要一种革命的精神。这种革命的精神,就是做事方面,不是办公主义或事务主义,而是要有一种矢击的精神,这种矢击的精神,就是对于这般蠹国害民的败类,彻底肃清。这种革命的精神,当然需要加以训练,俾资培养"②。第二,四种独特的条件。"我以为做检察官的,至少在具备法官普通知识之外还得要有:(一)不畏强暴的风骨;(二)嫉恶如仇的个性;(三)敏捷灵活的手段;(四)胆识俱优的才干。能够具备以上四项的条件,那么任起职来,纵可当得起。"③而根据当时的实证研究,南京国民政府时期检察官的确存在一些问题,例如有学者这样描述:

> 根据一般舆论,参以本人观察所得,检讨目前检察业务,尚多缺点,析述于下(原文:左),用励来兹:1. 申请以命令处刑案件未遍。世人佥认司法程序为繁复滞缓,其实刑事诉讼法第442—444条,检察官本得就特定案件,申请法院,不经通常审判程序,迳以命令处刑;于程序为简捷,于人力物力财力为节省;主席于民国三十三年元旦,昭示我人从事公务,应求行政效率之增进,窃谓检察官果能厉行申请以命令处刑,庶几近之。(但是)何种案件得申请法院,以命令处刑,可分为两种:一是刑法第61条所列各罪之案件,检察官均得以书状申请法院,以命令处刑;二是凡得宣告免刑之案件。2. 视察监所欠勤,人犯福利,不无受其影响。3. 外勤过少。今检察官外勤时间不多,自动检举之案殊少,自宜经常出外巡视,发展其效能。4. 指挥执行未臻迅速。今各地检察官,多半偏于侦查案件之求速结,疏于刑事裁判执行之应妥理,难免疵议。5. 言词

---

① 彭吉翔:《改进检察制度的管见》,载《安徽政治》1941年第4卷第11期。
② 同上。
③ 理箴:《对于改进检察制度的管见》,载《法令周刊》1936年第311期。

告诉告发应求推行。6. 协助自诉有待努力。7. 会议参加未勤,不利于集思广益。8. 不应与民众脱离。9. 刑事文件送达由执达员兼办未遍……①

根据这位学者的考证,国民政府检察官存在九个问题:一是检察官以命令办案,不依法依程序办案;二是监督监狱和看守所不够勤快,犯人的福利待遇受到很大影响;三是外出巡视、主动发现案件的机会过少;四是指挥执行速度慢,效率不高;五是对于口头申报犯罪的案件办理不力;六是协助自诉的力度不够;七是参加会议不勤,不利于广纳多数人的意见;八是与人民群众联系不够紧密;九是刑事司法文书送达不全。这九大问题凸显了民众对检察职能发挥效果的不满。

当时也有学者提出中国司法存在这样或那样的问题:"怎样可以使讼事速结,使案如山积的法院迅速确定讼案的判决?怎样可以增强司法的效能,使手无寸铁的法院具有镇压犯罪的能力?这是目前中国司法两个最严重的问题。"②实际上,这里所提的司法问题概括起来就是法院办案的效率与司法的权威性,而法院办案速度的提高与司法效能的增强都与检察制度有关联。检察制度的效能是一个极其重要的问题,它是检察制度运行效果的现实反映。民国时期学界部分人主张废除检察制度的主要根源在于检察制度的效能低下。"窃自我国采行检察制度以还,风骨虽露,唯一未能充分发挥其效能,实为世所诟病之主要原因,存废之声,遂而寖炽。"③"尽管检察官的出现本身就意味着民国司法机构的现代化,也尽管此时的检察官大都受过法学科班训练,但通过考察发现,他们仍没有摆脱传统中国司法官'教谕式调停'的司法模式。"④在1947年国民政府召开的全国司法行政检讨会上,时任司法院长的居正指出:

> 讲到司法行政,问题甚多,真是值得检讨……至于改进司法之道,其事甚繁,其法不一,如司法人才的储备和训练,法院监所的普设和改良,院检两方宜消除摩擦,司法经费应逐渐增加等等,相司法行政当局自有周密的计划与实行的运用。姑不具论,惟司法工作最主要的目标即在求如何减轻人民受讼狱拖累的痛苦。现在法院收受的案件日渐增多,欲

---

① 参照蒋应构:《如何发展检察制度之效能问题》,载《新中华》1945年复刊第3卷第1期。
② 吴祥麟:《中国检察制度的改革》,载《现代司法》1936年第2卷第3期。
③ 杨镇荪:《检察制度存废问题之商榷及其改进之刍议》,载《训练月刊》1940年第1卷第6期。
④ 张健:《民国检察官的刑事和解及当代启示——以浙江龙泉司法档案为例》,载《中南大学学报(社会科学版)》2013年第5期。

从速判结,则或失之粗疏;欲力求妥慎,则又难免延宕。两者均足以枉民、病民。可是,妥与速皆为吾人应尽之职责,并要确能尽到这种职责,然后吾人良心始安,而且方不愧为一个现代法治国家的司法官,此点尤须吾人特别努力。①

居正院长的讲话中概括了民国司法在法院、检察、监狱、司法行政等多个领域存在的问题。就检察而言,应该消除与法院的摩擦,增加经费投入和人才储备等。同时他也指出了作为一个现代法治国家的司法官必须尽职尽责,尤其检察职能的发挥不能受限,否则,将离现代法治的目标愈来愈远。

综上,南京国民政府检察制度在实践中的运行尚存诸多不足,与当时的社会环境、政治经济等诸多因素不无关系。正如学者所言:"一项制度自有孕育其生长、发育的社会、文化环境,正是不同的社会、文化环境塑造了一项独特的内在运作机理,并通过外部环境的预设积极支撑着该制度的运行。"②尽管南京国民政府时期的司法理论设计比较周密,立法细致具体③;并且"这一阶段所确立的一些具有现代意义的法律制度,有的也得到一定的贯彻和执行"④。但是,审判实践却常常与法律制度及司法理论相背离,检察制度也不例外。南京国民政府模仿大陆法系、后期吸纳美国理念所建立的检察制度尽管引进了一些现代检察原则与制度,但从总体上说,并不适合中国的国情。⑤显然,理论与实践相差较大。

---

① 殷梦霞、邓詠秋选编:《民国司法史料汇编》(第十四册),国家图书馆出版社2011年版,第39—40页。
② 万毅:《底限正义论》,中国人民公安大学出版社2006年版,第33页。
③ 参照谢冬慧:《南京国民政府时期行政审判的实证分析》,载《行政法学研究》2015年第2期。
④ 何文燕等:《民事诉讼理念变革与制度创新》,中国法制出版社2007年版,第12页。
⑤ 参照叶孝信主编:《中国民法史》,上海人民出版社1993年版,第650页。

第六章　南京国民政府检察制度的历史评价

在今天看来，南京国民政府时期的检察制度早已被载入史册，并且给后人留下了很多的思考。但是，过去一些非学术因素影响了人们对它的态度。在此，我们应该从历史唯物主义出发，客观辩证地认识国民政府时期的检察制度。在中国近代法律制度史的篇章里，南京国民政府时期的检察制度不能不提及。而且，我们应该给它一个公正的评价，从检察制度本身的特色、价值及局限等方面，使人们对南京国民政府检察制度有一个全面系统的认识，也即从特色分析、价值评判、历史局限三个方面进行评价。

一、南京国民政府检察制度的特色

每一种法律制度都有其生长的法律文化背景，也打上了时代的烙印，因而各具特色，检察制度也不例外。"检察制度是由国家制度和政治制度产生出来的一项重要的法律制度，是司法制度的组成部分。"[①]现代意义的检察制度自1905年12月正式引入以来，经过民国20余年的制度设计与实践运行，形成了自己的特色，尽管实践中存在诸多问题，但总体上顺应了时代的需要。

（一）检察体制的内部调整

南京国民政府初期检察体制的基础是武汉国民政府建立的。1926年年底至1927年上半年，武汉国民政府的司法改革对法院体制进行了重大改组，废止了检察厅，酌设检察官，配置于法院内执行职务。到南京国民政府时期，政治体制决定检察体制的逻辑没有变。随着时间的推移以及国家政治权力的改革，检察体制有所调整。

首先，南京国民政府成立后，一定程度上承继了武汉国民政府司法改革的成果，根据1927年8月16日的第148号训令与10月25日的《最高法院组织暂行条例》，大理院改称最高法院，各级审判厅改称法院，取消了各级检察

[①]　王洪俊：《检察学》，重庆出版社1987年版，第13页。

厅的设置,于各级法院内设检察官执行检察事务。① 各级检察厅被裁撤之后,检察体制随之发生变化,由"并列制"走向"配置制"。究其原因,有学者认为:"南京国民政府认为审检并立之制导致审检官阶员额皆同,耗费经费过多,力求变通。于是裁撤各级检察厅,将检察官配置于法院之内,等于法院内之一'特别庭',是为'审检合署'。"②并且"国民党一党专政时期,检察官配置法院的制度一直沿袭未革"③。从"并列制"走向"配置制"意味着民国检察制度的重大调整,即由"审检分立"走向"审检合署",两个机构变成一个,精简了机构,实为当时政府经费紧张所致。与北洋政府相比,第 148 号训令与《最高法院组织暂行条例》的颁布,标志着南京国民政府检察体制的重大变化。

其次,从大的国家权力体制来看,自 1928 年 10 月正式实施五权宪法起,司法院即为最高司法机关,执掌司法审判、司法行政、官吏惩戒及行政审判等四种权力。④ 检察体制是司法院之下司法审判的一部分。自然,五权宪法实施之后,各个领域也相应作了调整,以顺应国家权力体制的转型,检察体制也不例外。前文已述,1932 年《法院组织法》将法院分为地方、高等、最高三级。"最高法院设置检察署,置检察官若干人,以一人为检察长;其他法院及分院各置检察官若干人,以一人为首席检察官,其检察官名额仅有一人时,不置首席检察官。"⑤自此,审检合署体制确立,直至 1949 年覆灭。⑥ 其实,"审检合署"的检察体制从南京国民政府成立时即已确立,只不过在 1932 年 10 月《法院组织法》实施之前,是在各级法院内设置检察官执行检察事务,1932 年 10 月之后是在地方和高等法院里设置检察官(包括首席检察官)执行检察事务,而在高等法院设置检察署机构,用于执行检察事务。虽然总体上属于"审检合署",但是根据法院等级不同,其内部建制有所区别,地方和高等法院实际上没有检察机构,只配有检察官,而最高法院则恢复设置最高检察机构。

无论法院内部检察机构设置与否,都为"审检合署"这种机构合并而职权分立体制下的独立办案打上了特定的"空间"烙印,其职能发挥肯定受到一定的阻碍,其法律效果和社会效果皆值得怀疑。有学者认为:"如果说北洋军阀

---

① 《最高法院组织暂行条例》,南京国民政府 1927 年 10 月 25 日公布。据中国国家图书馆民国法律资源库,http://read.nlc.cn/OutOpenBook/OpenObjectBook?aid=462&bid=5102.0,2019 年 8 月 14 日访问。
② 吴青山:《近代湖南检察制度历史变迁及其运作实践研究》,湘潭大学 2017 年博士学位论文,第 136 页。
③ 张培田、张华:《近现代中国检察制度的演变》,中国政法大学出版社 2004 年版,第 37 页。
④ 参照谢振民编著:《中华民国立法史》(上册),张知本校订,中国政法大学出版社 2000 年版,第 354 页。
⑤ 蔡鸿源主编:《民国法规集成》(第 65 册),黄山书社 1999 年版,第 493 页。
⑥ 参照俞静尧编著:《检察学基础理论》,群众出版社 2008 年版,第 72 页。

统治时期初级检察厅的被裁撤对检察制度来讲是一次重创的话,审检合署制中各级检察厅的被裁撤后设置于各级法院内所导致的自身主体地位的丧失更可以堪称对检察制度的一次剧创。"①国民政府一直强调检察官的独立办案权,但在民国初期,检察机构设立,检察官承担了"超能动主义"司法官员勘验、侦查、逮捕、举证、讯问等职能。② 这种身兼数职的司法官办案传统,不免影响到国民政府。所以,国民政府所说的检察官独立办案是在审检合署体制之下独立行使司法权的体现。

"检察机构的设立,源始于刑诉法史上检察权与审判权的分离。"③鉴于此,有学者指出,"检察机构与审判机构合署办公,检察机构成为法院统一布设的内部机构,这在行使检察权时,不利于对审判权进行监督,有违权力制约精神。"④一旦这个检察机构不复存在,检察官的诸多职能发挥必然要打折扣,以致人们对检察制度产生怀疑,发出废除检察制度的声音。正如前文所述,检察体制的变动是导致 20 世纪 30 年代国民政府检察制度存废之争的主要原因。这种"废检"的争论足以证明这种体制改革的负面效应较多。对此,实践中很多地方继续采用地方法院与地方检察院并行的做法。

简言之,南京国民政府时期,检察体制的内部调整,是政治权力改革的产物,也是政治格局变迁的结果,但审检职能仍处在分离状态,二者互不干涉。至于其功过是非,从"废检"的呼声中可以略知一二。

(二) 检察制度的不断修改

法律的变迁与社会的发展往往是紧密相连的关系。国民政府时期,随着社会的发展变化,检察制度处在动态修改之中。可以说,"在国民党统治的 22 年中,检察制度的发展经过了曲折多变的历程。"⑤无论是检察体制还是检察机构、检察官职权范围等方面的法律制度,都一直处在变化当中,随着《法院组织法》与《刑事诉讼法》的修改而完善。国民政府时期一度掀起废除检察制度的风潮,终因社会需要而没有被采纳,唯有以不断修改、逐步完善的方式去回应这股"废检"潮流,以弥补已有制度的不足。换言之,也只有顺应社会发展的需要,不断完善检察制度,才能有效发挥检察的功能和作用。

---

① 杜旅军:《中国近代检察权的创设与演变》,西南政法大学 2012 年博士学位论文,第 99 页。
② 参照张健:《民国检察官的刑事和解及当代启示——以浙江龙泉司法档案为例》,载《中南大学学报(社会科学版)》2013 年第 5 期。
③ 夏锦文主编:《冲突与转型:近现代中国的法律变革》,中国人民大学出版社 2012 年版,第 561 页。
④ 杜旅军:《中国近代检察权的创设与演变》,西南政法大学 2012 年博士学位论文,第 100 页。
⑤ 夏锦文主编:《冲突与转型:近现代中国的法律变革》,中国人民大学出版社 2012 年版,第 575 页。

首先,检察制度的不断修改旨在提升对当事人利益的维护。南京国民政府时期制定的多部《法院组织法》《检察官办事权限条例》,修改的《刑事诉讼法》都可以体现检察制度的变迁历程:使检察制度既能保障司法公正,又能确保司法效率,维护当事人双方的合法权益,一定程度上彰显了法治的力量。如依据1935年《刑事诉讼法》第471条规定:"受徒刑或拘役之谕知而有下列情形之一者:(1)心神丧失者;(2)怀胎七月以上者;(3)生产未满一月者;(4)现患疾病恐因执行而不能保其生命者,依检察官之指挥,于其痊愈或事故消灭前停止执行。"①这在一定程度上维护了被告人的合法权益。对于受害人而言,检察官对于自诉案件之判决可以独立上诉等规定,实为保护受害人利益。仅就《法院组织法》而言,1935年的版本较1928年的版本突破之处在于确保受害人利益得到保护,即:"刑事诉讼,就现行之检察制度,加以改善,并扩张自诉之范围,凡因犯罪而被害之个人,以许自诉为原则。"②

其次,检察制度的不断修改顺应了国民政府的立法趋势。南京国民政府时期的检察制度,应该说是比较完备的,这种较好的立法状况与当时的检察制度顺应社会变化及时修正和不断调整有着密切的关系,也正应验了"社会变迁带来法律发展"的逻辑。因为法制究其根本是对社会的回应,一个社会的法制发展水平总是与特定的政治制度、经济发展等总体水平相适应的。正如马克思所言:"社会不是以法律为基础的。那是法学家们的幻想。相反地,法律应该以社会为基础。"③法社会学家埃利希也曾指出:无论现在还是在其他任何时候,法律发展的重心不在于立法、法律科学和司法裁判,而在于社会本身。④ 就检察制度而言,国民政府时期遭遇社会上的"废除"之声,所以修改的频次和力度更大,检察官自身也对检察制度提出了修改意见,"如1934年5月衡阳地方法院首席检察官李棠针对撤检察厅,置检察官于各级法院内,检察事务的经常费、临时费等经费的划分问题,提议应编制预算,将审检两方用数划分为会议、庶务人员,由高院两院长会审,才能救弊补编。"⑤还有《法院组织法》的多次修订,其中一个原因也与"废检"有关⑥。由此可见,检

---

① 蔡鸿源主编:《民国法规集成》(第65册),黄山书社1999年版,第300页。
② 吴鹏飞编著:《法院组织法》,商务印书馆1936年版,第2页。
③ 《马克思恩格斯全集》(第6卷),人民出版社1961年版,第291—292页。
④ Eugen Ehrlich, translated by Waltrl Moll, *Fundamental Principles of the Sociology of law*, China Social Sciences Publishing House 1999, Foreword.
⑤ 参照《衡阳地方法院呈请改革法制的建议》(1934年5月),中国第二历史档案馆藏,全宗号7,案卷号955。
⑥ 根据修订"说明":"按检察制度试行以来,因未获得相当利益,有主张绝对废除,而代以人民自诉制度者,但一旦遽废,揆吾国情形,亦恐尚有窒碍,与其多事更张,不如加以改善。查现行刑事诉讼法中,已有自诉之规定。"吴鹏飞编著:《法院组织法》,商务印书馆1936年版,第2—3页。

察制度的修改,自有其意义。

最后,检察制度的不断修改也展示了西学成果。作为法制文明的重要标志之一,民国时期的检察制度以借鉴外国法制为主,兼顾中国传统法制文化为特色。检察制度自清末被引入中国,历届政府结合社会实践作了几次制度上的调整,以致南京国民政府时期,检察制度已有较大发展。历史证明:检察制度的改革必须同时整合外来制度和本土资源,了解本土的社会法律文化基础、公众可接受程度和相关配套制度等。① 这里,在整合外来制度方面尤其要注意其先进性。

南京国民政府吸纳了"检审分立""起诉裁量"等一些比较先进的近代司法原则,虽然对检察体制进行了调整,并将检察官配置于法院内部,但是在职权行使上检察官与法官还是相互独立的。检察官在刑事诉讼中起着重要作用,依据国民政府《刑事诉讼法》,检察官有起诉裁量权,可以决定是否起诉,"检察官就犯罪事实一部起诉者,其效力及于全部。……检察官于第一审辩论终结前,发现有应不起诉或以不起诉为适当之情形者,得撤回起诉。"②但是,检察权的行使是有监督体制的,国民政府几乎与《刑事诉讼法》同时出台了《最高法院检察署处务规程》《各省高等法院检察官办事权限暂行条例》《地方法院检察官办事权限暂行条例》,均有制约检察官职权行使的规定,也即检察官有关刑事案件的办案材料最后必须呈报司法行政部,接受司法行政部的监督,高等法院首席检察官还要将办案情况函告高等法院院长,接受其监督。

可见,一定程度上,检察官的工作促进了司法公正,制约了司法腐败,不能不说是一套比较先进的司法原则。这里,笔者借用近代史研究学者黄宗智的一句话作为小结:国民政府那些密切参与新法律编写的人们,努力吸收他们认为的西方最好的东西来使中国法律"现代化",同时也让其适应中国的现实。③ 检察制度的修改,就是其缩影。

(三) 司法经费的力求解决

司法活动的开展离不开经费的支撑,故"司法经费为司法之血脉,司法制度之生存及发展要素"④。"司法经费乃司法制度之命脉所托,苟无经费,虽欲改善司法,无从实现。"⑤国民政府前期,司法经费由各省支出。当时有人

---

① 参照刘清生:《中国近代检察权的检讨与启示》,载《中国刑事法杂志》2009年第4期。
② 蔡鸿源主编:《民国法规集成》(第65册),黄山书社1999年版,第291页。
③ 〔美〕黄宗智:《法典、习俗与司法实践:清代与民国的比较》,上海书店出版社2003年版,第50页。
④ 吴学义:《司法建设与司法人才》,国民图书出版社1941年版,第3页。
⑤ 芮强:《略论民国时期司法改革中的经费短缺问题》,载《平原大学学报》2007年第6期。

认为这样不妥:"各省司法经费由省库支出,取给于各省地方政府,不只司法独立之精神,受行政之影响;且因经费支绌,边僻各区,维持现状尚感困难,乌足以言建设?"①的确,战争、灾害等诸多因素造成社会经济不够景气,自然带来了司法经费的困难,正如学者所言:"南京国民政府财政困窘,左支右绌,所得无多的款项单军费、外债两项就一直占80%以上。江西、福建等省用'山穷水尽'在报章上哭穷呼救,更有多地司法官集体索薪不得而罢工。"②这一经济现状使得司法改革和检察工作的开展受到一定的限制。1928年,全国经济会议专门决议司法经费统一由中央国库承担的问题,然而,因中央财政拮据,一直未能实现。当时有学者指出:

> 各省财政厅发给之司法经费,因各省财政现状不一,其情形颇为复杂:其富庶之省,拖欠司法经费,仅至数月,或减成发给,无按月照数发给者;其贫瘠之省,或以低落之纸币,略为拨付少许,或指拨各县应解省款项,由法院自行催提以为搪塞,故其实等于不拨,但此尚有指拨之名义存在,犹未可厚非者。乃竟有自民国成立至今,十九年之久,对司法经费,毫不闻问,任法院自行筹款,且对司法收入亦加以攘夺妨害者,此各省筹拨司法经费之情形如此。③

由此可知,国民政府各省财政现状不同,财政厅发给的司法经费,也极不相同,差距较大。直到1930年,国家对司法经费仍不管不问,任由法院自行筹款,甚至出现侵占司法经费的情形。为了解决司法经费困难问题,"民国时期的司法人员进行了长达数十年的不懈努力,在历次全国经济会议、全国财政会议上都不断呼吁要尽快统一全国司法经费。"④1935年的全国司法工作会议达成了《关于司法机关及司法设施经费改由国家负担之过渡办法案》,呈请国民党中央后,该议案被付诸实施。⑤ 在某种意义上,司法经费成为本次全国司法工作会议的头等议题。1939年2月,第一届国民参政会第二次会议召开,会上法律工作者们再次提出司法经费中央统一划拨问题,经过反复磋商,最终确定自1940年起先在非战区的四川、贵州、青海等9省施行。⑥"1941年开始,司法经费统由中央统一拨付,改变了过去由地方支付时,互相

---

① 吴学义:《司法建设与司法人才》,国民图书出版社1941年版,第3页。
② 吴冀原:《民国司法官职业化研究》,西南政法大学2015年博士学位论文,内容摘要第2页。
③ 李浩儒:《司法制度之过去及将来》(续第一期),载《平等杂志》1931年第1卷第3期。
④ 侯欣一:《民国司法经费统一解决的实践》,载《深圳特区报》2014年7月8日,第B11版。
⑤ 《全国司法会议宣言》,载《外部周刊》1935年第81期。
⑥ 参照侯欣一:《民国司法经费统一解决的实践》,载《深圳特区报》2014年7月8日,B11版。

扯皮,导致司法经费大多没有着落的现象,成为训政时期司法改革的一大亮点。"①一定程度上,司法经费的投入也改变了检察官的地位。当年司法行政部决定,从 1941 年起,候补满两年的推检人员一律转任正缺,无论该院有无缺额,以提高司法官的待遇。② 对此,司法界很满意,慨叹:"二十余年来未解决之司法经费问题,竟于抗战后期中完全成功,从此统一、普及全国之司法经费,诚可谓司法行政上最堪庆幸之政绩与盛事。"③可见,国民政府在解决司法经费问题上的努力获得了肯定。

"人类历史及文明的演化规律无不证明:在推动社会变迁的力量中,经济的力量是最为重要的动力。"④国民政府试图解决司法经费问题,不断出台一些举措值得肯定。但是,政策如何落实又是问题。当时由于社会经济基础薄弱,加上日本帝国主义的侵略,战争和天灾不断,工商业呈凋零之势,"农村社会矛盾尖锐,农民与地主之间因土地兼并而阶级矛盾加剧,农民与地方政府因征兵和征粮而冲突不断;城市社会动荡不安,工人罢工、学生罢课、市民骚乱等此起彼伏;后期国民党内部则派系纷争,矛盾激化,社会控制力量明显减弱,无法控制社会动荡。"⑤在这种社会背景下,司法经费一直处于解而未决的状态。

(四) 司法经验的不断总结

司法是依据法律处理各类社会纠纷的活动,是法律运行于实践的工作。主持司法工作的法官、检察官只有具备丰富的司法经验,才能高效准确地办好案件,所以司法经验对于法官检察官等司法人员而言非常重要。基于这一点,1932 年 7 月,国民政府开展了大规模的"总结司法经验"的活动,为此,司法行政部专门发布了《征集各省司法经验录规则》,要求:

> 一、各省各级法院院长、首席检察官以下各司法官及暂设普通司法机关各司法人员任职在一年以上者,应各就其审判检察或司法行政职务上之阅历撰述司法经验录一篇;二、撰述司法经验录应就当地司法实际情形及与司法有密切关系之重要事项,平日留心体察,研究其得失利弊,然后审慎立言;三、司法经验录撰交之后,如有新的经验,应即另撰一篇

---

① 陈红民等:《南京国民政府五院制度研究》,浙江人民出版社 2016 年版,第 228—229 页。
② 参照吴学义:《司法建设与司法人才》,国民图书出版社 1941 年版,第 51—52 页。
③ 同上书,第 5 页。
④ 高其才主编:《变迁中的当代中国习惯法》,中国政法大学出版社 2017 年版,第 269 页。
⑤ 谢冬慧:《南京国民政府时期民事诉讼法制变革原因之探析》,载《江苏社会科学》2008 年第 2 期。

以增补或订正之,但已离任者除外;司法人员撰述司法经验录均应签名盖章,即为预保升调晋级时,司法行政部或高等法院审查该员成绩重要证明文件之一,其经自行增订者,审查时以最后增订本为准……①

这一规则发布之后,各地法院迅速行动起来,开展了广泛的司法工作总结,积极撰写《司法经验录》,有的发表在当时的司法报刊之上,以浙江省为重,例如表30②:

表 30　民国后期浙江省"司法经验"撰述情况

序号	题名	刊名	年卷期
1	《公布征集各省司法经验录规则令》	司法行政公报	1932 年第 13 期
2	《征集各省司法经验录规则》	司法行政公报	1932 年第 13 期
3	《训令各级法院　县政府从速撰送司法经验录以凭汇转由(不另行文)》	四川省政府公报	1932 年第 30 期
4	《通令制定征集各省司法经验录规则令仰各法院遵照并转饬所属法院一体遵照由》	司法行政公报	1932 年第 13 期
5	《征集各省司法经验录规则(附则)》	法令周刊	1932 年第 108 期
6	《司法经验录》(《转载浙江司法半月刊》)	法令周刊	1934 年第 204 期
7	《司法经验录》	法令周刊	1934 年第 203 期
8	《司法经验录》(《转载浙江司法半月刊》)	法令周刊	1934 年第 206 期
9	《司法经验录》(《转载浙江司法半月刊》)	法令周刊	1934 年第 193 期
10	《司法经验录》(《转录浙江司法半月刊》)	法令周刊	1934 年第 213 期
11	《司法经验录》(《转载浙江司法半月刊》)	法令周刊	1934 年第 197 期
12	《司法经验录》(《转载浙江司法半月刊》)	法令周刊	1934 年第 195 期
13	《司法经验录》(《转载浙江司法半月刊》)	法令周刊	1934 年第 205 期
14	《司法经验录》(《转载浙江司法半月刊》)	法令周刊	1934 年第 192 期
15	《司法经验录》	法令周刊	1935 年第 238 期

《司法经验录》将国民政府开展"总结司法经验"工作的实况记载了下来,表明国民政府对司法经验的重视程度之高。通过撰述行文的形式总结司法经验,是最为正规的经验总结,促使法官深刻认识司法工作;还是挖掘"经验"最有效的方式。例如,1934 年《浙江司法半月刊》上一份《司法经验录》即谈到:

---

① 司法行政部以行政命令形式征集司法经验,体现活动的严肃性,详见《征集各省司法经验录规则》,载《司法行政公报》1932 年第 13 期。
② 表 30 是在"大成老旧刊全文数据库"上,以"司法经验录"为篇名进行搜索的结果,详见网站 http://www.dachengdata.com。

> 社会情绪千变万端,而各地情形之不同,亦属当然之理,我国民政府对于整顿司法不遗余力。此次部中有司法经验录之创设,无非欲觇各地司法之现状,为谋整顿司法之一助耳。际青充任永嘉地院民庭庭长供职以来,屈指年余敢师在职言职之训,爰就民事部分足以记述者分陈如次:(甲)关于本院民事办案之实际情形:(一)受理案件方面者……(二)处理事务方面者……(乙)关于民事审判上之得失情形:(一)外县函送卷证之延迟……(二)外县履勘案件之未尽合法……(三)当事人方言之难通……(四)清丈之未实施……(五)登记之未设办……①

该份《司法经验录》主要展现了撰述者——一个地方法院院长对他所领导的法院在民事审判业务中的感悟与体会,也即经验。其中总结了永嘉地方法院管辖区域内不同地域发生民案的类型特点,如:就永嘉一县第一审事件言之以债务涉讼者为多数;就温处台各县第二审事件言之,温属各县以债务、房屋涉讼者为多数;处属各县以山场田坪涉讼者为多数;台属温岭一县以房屋地界涉讼者为多数。② 如此等等,从不同的视角回望之前所办案件的特点,总结值得继续沿用的好经验,以及今后需要改进的地方。这也是推进司法前进所不可或缺的力量和法律人不断成长的源泉。

简言之,国民政府时期的检察体制的内部调整,检察制度的不断修改,司法经费的力求解决以及司法经验的不断总结等特点是特定的历史背景所致,顺应了时代需要。正如学者所言:"中国检察制度诞生于中国法制走向近代化的晚清时期,是司法改革的重要成果之一,是缺乏本土资源,移植西方的、具有对侦查权及审判权监督制约功能的法律制度。……历史充分证明,促使检察制度能历经百年并不断发展与变迁,正是社会、国家和民众的需要。"③ 也即时代的需求才是制度所着力把握的目标。

二、南京国民政府检察制度的价值

价值是衡量某一制度的重要标准,正如学者所言:"价值评价总是在一定的标准下进行的,这就像度量时间需要钟表、度量空间需要尺寸、度量重量需要磅秤一样。"④检察制度的价值是检察制度所要实现的一种目标和结果,是

---

① 陈际青撰述:《司法经验录》,载《法令周刊》1934年第197期。
② 同上。
③ 林贻影:《中国检察制度发展、变迁及挑战——以检察权为视角》,中国检察出版社2012年版,第1页。
④ 严存生:《法律的价值》,陕西人民出版社1991年版,第14页。

检察制度本身所期望达到的应然的理想状态。① 检察制度作为司法制度的主体内容,它的价值更值得关注。检察制度确认了检察权,检察官依法行使检察权,检察机关严把逮捕关和起诉关,加强对刑事诉讼案件和执行裁判等活动的监督,确保不让犯罪分子漏网,逃避侦查和审判,以保证国家的安全、稳定及发展。

(一) 检法通力协作,发挥司法职能

在司法制度的本质意义上,检察官与法官通力协作,共同发挥司法职能。无论是国民政府初期,还是改革之后的相关制度,大多将检察官与法官相提并论,并称"司法官",二者共同承担着当时的司法职能。例如1928年和1935年国民政府公布的《刑事诉讼法》里就曾提及,尤其是羁押与侦查两个方面:

其一,羁押。即在一定期限内限制犯罪嫌疑人的人身自由,需要检察官和法官批准。依据《刑事诉讼法》,束缚身体之处分,由押所长官命令之,并即时陈报该管法院或检察官核准,如在侦查中延长羁押期间,也应由检察官声请所属法院裁定。② 显然,这里需要检察官与法官的密切配合。如果案件在二审上诉期限内或在上诉中,而卷宗及证据物件尚在一审法院,前条处分由一审法院裁定;案件在三审上诉期限内或在上诉中者,由二审法院裁定。法院为前二项裁定,应咨询检察官之意见。③ 羁押的目的是保证证据的获取和诉讼的顺利进行。但是,对于被告的羁押,法院作出裁定之前,应征求检察官的意见。当然,经过被告的申请,法官通过审查确认,可以撤销或变更检察官作出的羁押决定,表明检察官与法官在羁押工作方面的交集,只有检法双方相互配合、相互制约,才能杜绝错误羁押,避免冤案发生。

其二,侦查。根据国民政府《刑事诉讼法》,"地方或高等法院管辖案件,其声请再议除依前条规定外,原法院首席检察官,得于送交上级法院首席检察官以前,指定其他检察官再行侦查。检察官依侦查所得之证据,足以证明被告有犯罪嫌疑者,应向该管法院起诉。牵连案件由二人以上之检察官分别侦查者,得经各该检察官之同意,由其中一检察官并案起诉。"④法院在开庭审案之前,必须依赖检察官侦查取证。与北洋政府时期相比,国民政府时期

---

① 参照谢冬慧:《南京国民政府时期民事审判制度述论》,载张海燕主编:《山东大学法律评论》第6辑,山东大学出版社2009年版。
② 蔡鸿源主编:《民国法规集成》(第65册),黄山书社1999年版,第284页。
③ 1928年7月国民政府公布的《刑事诉讼法》第85条。参见最高人民检察院研究室编:《中国检察制度史料汇编》,人民检察出版社1987年版,第112页。
④ 1928年7月国民政府公布的《刑事诉讼法》第249、253、255条。参见最高人民检察院研究室编:《中国检察制度史料汇编》,人民检察出版社1987年版,第118—119页。

废除预审制度,加强了侦查制度,如规定了一条检察机关启动侦查的任意性规则,表明了绝不放过一个坏人的思想理念。而 1935 年的《刑事诉讼法》进一步扩大且规范了侦查的范围,以充分发挥司法职能。"经检察官侦查之案件而起诉者,不过十分之三四,不起诉者占十分之六七,此等案件,皆径由检察官直接了结,使检察制度实行废止,此类由检察官而终结之案件,必转而移集于法院,益以刑罚之执行,赃物之处分,侦查之实施,证据之搜集等事,概归法院办理,事务骤多,人员不敷分配,势必增加员缺,追加预算,由是以观,则废止检察制度后之用人未减少,经费亦未减少也。"①从侦查的角度看,检察制度的价值不可忽视,勿谈废除。

的确,国民政府时期的检察官在羁押罪犯与侦查案件等方面协助法院做了很多工作,对司法活动发挥了巨大作用,当时的学者也从实证的角度进行了阐述:

> 就审判官之心理言,若犯罪之侦查与犯罪之裁判萃于一身,则审判官既于裁判前为犯罪之予断矣。决不能不以有罪之心证,付诸裁判。岂若侦查犯罪而起诉者为一人,基于起诉而进行裁判者又为一人,免除先入为主之弊,而得罪刑相称之结果也。②

这里,就审判法官的心理而言,如果犯罪的侦查与裁判为一人所为,就意味着裁判前就已经对犯罪人作出裁判了。当然绝不能以有罪心证,付诸裁判。同理,如果犯罪的侦查与起诉为一人所为,基于起诉而进行裁判的又为同一人,那将得出同样的结果。

> 检察官,兼具预审推事之职权,厞特减少法院之劳力,且能防止人民之滥诉,证诸事实,无可讳言,依据二十五年度全国刑事统计,以侦查终结之二二一〇〇案件而论,其中不起诉者达一四〇〇〇〇件,内嫌疑不足者,估七〇〇〇〇件,而提起公诉者,则仅八〇〇〇〇件弱,是其减少法院之劳力与人民之痛苦,彰彰明甚,其利五也。③

上述史料表明了检察制度存在的价值,它在协助法院、减少法院劳力、防止人民滥诉方面起到了重要作用。因此有学者指出:"推事审理案件,有检察

---

① 最高人民检察院研究室:《检察制度参考资料》(第 2 编),内部资料 1980 年版,第 226 页。
② 同上书,第 230 页。
③ 杨镇苏:《检察制度存废问题之商榷及其改进之刍议》,载《训练月刊》1940 年第 1 卷第 6 期。

官参辅其间,犹不易发生错误。若一旦废止检察制度,取消检察官,恐审判官之武断草率、敷衍塞责,视前更甚,斟其审理公平,可得乎?"① 不过,检察制度的价值远不止这些。

整体上,在司法活动中,检察官与法官虽然各自承担不同的职责,但却有着共同的价值追求,促使检法双方协同战斗,充分发挥司法职能。进言之,只有检察官与法官通力合作,协调一致,共同证实犯罪,惩罚罪犯,才能达到遏制和预防犯罪的效果。

(二) 检法相互监督,实现司法目标

南京国民政府时期,"在司法审判机关与司法行政机关之间关系上,推行层层监督制度。司法院长督同最高法院院长监督最高法院,司法行政部长监督最高法院所设检察署及高等法院以及各级法院及分院,上级法院监督下级法院,检察长监督全国检察官,上一级首席检察官监督下一级检察官。"② 也即检察官与法官相互监督,才能确保实现司法目标。尽管国民政府时期,检察官设置于法院内部,与法官协同作战,但也不排除在另一个层面的价值——他们相互监督,且贯穿于司法实践始终,特别是审判、上诉、再审以及执行等环节,确保司法公正的实现。

其一,审判。即审理判决,就是审理案件、并给予判决的司法活动。审判过程需要检察官与法官同时出现在法庭,其目的就是相互监督,实现司法公正。审判长应指定审判日期传唤被告,并通知检察官、辩护人、辅佐人。检察官陈述案件之要旨后,审判长应依第63条讯问被告。自诉经撤回者,除告诉乃论之罪外,法院应于咨询该管辖检察官意见后判决之。③ 也即法庭活动是由法官、检察官主导解决纠纷的工作,一方面法院依据检察官侦查收集到的确凿证据开展诉讼活动,另一方面法院对撤回的自诉案件也必须经过检察官的审核把关。"推事审理案件,有检察官参辅其间,犹不免发生错误,若一旦废止检察制度,取消检察官,恐审判官之武断草率、敷衍塞责,视前更甚,期其中判公平,岂可得乎。"④ 尤其是重要的刑事案件,检察官必须出庭公诉,代表国家追诉犯罪,给犯罪分子以威慑,给广大民众以教育,有如学者所描述的:

犯罪须由代表国家之检察官厉行诉追,庶奸究之徒,有警惧之心,

---

① 耿文田编:《中国之司法》,民智书局1933年版,第189页。
② 张皓:《中国现代政治制度史》,北京师范大学出版社2004年版,第152页。
③ 1928年7月国民政府公布的《刑事诉讼法》第265、278、349条。参见最高人民检察院研究室编:《中国检察制度史料汇编》,人民检察出版社1987年版,第119页。
④ 最高人民检察院研究室编:《检察制度参考资料》(第2编),内部资料1980年版,第226页。

懔于法而不敢再犯。否则诉追犯罪一任个人之自由,匪特侵害公共法益之犯罪无人诉追,即侵害个人法益之犯罪,亦无人过问矣。对于前者,因无直接利害关系,则取旁观态度,如越人视秦人之肥瘠,不加喜戚于其心。对于后者,则畏势而隐忍、或贪利以私和、或被害人死亡,无人论告。若是则犯罪者逍遥法外,刑罚无所施其作用矣。①

显然,在审判过程中,施行公诉的检察官,其职责是对罪犯向法院提起诉讼,证实犯罪,厉行追诉犯罪,强化刑罚的威严,使其产生恐惧心理,不敢再次犯罪。否则,不追究某一犯罪,将出现更多犯罪,必将牺牲广大人民的利益,也使犯罪分子逍遥法外,刑罚的作用也将无法发挥。法官在此也发挥了巨大作用,他要根据检察官的诉讼证据,裁定犯罪分子以罪刑,并予以处罚(刑罚)。二者既相互配合,也互相制约。

其二,上诉。就是对先前判决结果不满意,而向原审法院的上一级法院再次提起诉讼,这个过程同样离不开检察官对法官审判的监督。国民政府1928年《刑事诉讼法》规定,"判决确定后发见其审判系属违法者,最高法院首席检察官得向最高法院提起非常上诉;检察官于判决确定后发见其审判系属违法者,应具意见书,将该案卷宗及证据物件送交最高法院首席检察官声请提起非常上诉。"②也即检察官对法院判决的不公和违法予以监督和救济。这里,检察官更多的作用是对法官不当工作的纠正,强调最高法院首席检察官的职能和价值。

1935年《刑事诉讼法》规定,"检察官为被告之利益得上诉,检察官对于自诉案件之判决得独立上诉。判决确定后发见该案件之审判系属违背法令者,最高法院检察长得向最高法院提起非常上诉;检察官发见有前条情形者,应具意见书,将该案卷宗及证据物件送交最高法院之检察长声请提起非常上诉。"③从国民政府《刑事诉讼法》的规定可以判断,对于普通刑事案件的上诉,检察官可以发挥作用;但是对于非常上诉,必须由最高法院检察机构的负责人出面才行。

简言之,国民政府时期,上诉和非常上诉皆是检察监督的有效方式,检察官与最高检察长官分别投入其中,甄别法官审判过程中的问题,以求维护当事人利益,实现司法公正之目标和宗旨。

其三,再审。依照审判监督程序,对案件重新进行审理,即为再审。"为

---

① 最高人民检察院研究室编:《检察制度参考资料》(第2编),内部资料1980年版,第225—226页。
② 1928年7月国民政府公布的《刑事诉讼法》第433、434条。参见最高人民检察院研究室编:《中国检察制度史料汇编》,人民检察出版社1987年版,第121页。
③ 蔡鸿源主编:《民国法规集成》(第65册),黄山书社1999年版,第294—298页。

受刑人或被告利益起见之再审管辖法院之检察官及自诉人得提起之;提起再审无停止执行刑罚之效力,但管辖法院之检察官于再审之裁定前,得命停止;为死亡之受刑人利益起见,提起再审之案件,毋庸开庭审判,应咨询检察官意见,径行判决。"①也即为受刑人或保护被告人的利益,再审管辖法院的检察官可以提起再审之诉;如果受刑人死亡,提起再审的案件,应咨询检察官意见,不用开庭审判,直接判决。无论是提起再审还是提供意见,其所针对的是法院的裁判,均是为再次监督法官的行为,尤其是保护被告当事人的利益。一般意义上,被告人的地位处于劣势,受到法律、道德和舆论等的谴责较多,但是其也有申请再审权和辩护权。毫无疑问,检察官提起再审之诉,是对法院的审判监督程序。

其四,执行。即执行法院判决和裁定。国民政府《刑事诉讼法》规定:"执行裁判由为裁判之法院之检察官指挥之,但其性质应由法院或审判长受命推事、受托推事指挥或有特别规定者,不在此限;因驳回上诉抗告之裁判或因撤回上诉抗告而应执行下级法院之裁判者,由上级法院之检察官指挥之。"②由此,检察官在裁判执行中是指挥者的角色,其作用不可小视。尤其在执行死刑的过程中,检察官更是责任重大,需要亲自到执行现场见证整个执行过程,并签字画押。《刑事诉讼法》有明确条文:"执行死刑应有检察官莅视并命书记官在场。执行死刑时应由在场之书记官制作笔录,笔录应由检察官、监狱长官署名盖章。"③至于"罚金、罚锾、没收、没入及追征之裁判,应依检察官之命令执行之。没收物件,检察官应处分之。法院接受疑义或异议之声明,应于咨询检察官后裁定之"④。也即检察官在司法执行过程中所发挥的作用。

理论上,检察官是客观公正⑤的代言人,所以对于法院裁判的执行,检察官往往都要参与其中,特别是执行死刑、没收征收等案件,检察官到场的意义不可忽视。司法公正的价值体现在法官、检察官等执法主体的协调作战和相互监督方面。从检察职业的来源看,检察制度是不可或缺的,北洋时期,有学者将检察与审判并立,认为二者如鸟之两翼、人有双肩,其重要性不言而喻:

> 习大陆派之学者无不取国家诉追主义,于是检察与审判并立,若一

---

① 1928年7月国民政府公布的《刑事诉讼法》第447、448、457条。参见最高人民检察院研究室编:《中国检察制度史料汇编》,人民检察出版社1987年版,第122页。
② 蔡鸿源主编:《民国法规集成》(第65册),黄山书社1999年版,第299页。
③ 同上书,第300页。
④ 1928年7月国民政府公布的《刑事诉讼法》第493、505条。参见最高人民检察院研究室编:《中国检察制度史料汇编》,人民检察出版社1987年版,第123—124页。
⑤ 当时的《刑事诉讼法》受德国影响巨大,德国1877年《刑事诉讼法》要求检察官应树立"客观义务"的理念,检察官应站在客观立场上进行诉讼活动。贺恒扬:《公诉论》,中国检察出版社2005年版,第2页。

鸟之两翼,人有双肩,天经地义,绝无怀疑也,殊不知检察制度之由来,乃根据"朕即国家"之观念,当时法官本是代表皇帝,以皇帝为公道之泉源,上谕即是法律对于皇室之尊严、帝王之权力神圣不可侵犯,有害之者罪在不赦。①

这种对检察与审判的定位,以及对检察官和法官的肯定,同样适用于国民政府时期对法检关系的看法,二者缺一不可,既并肩作战,又相互监督,统一于司法实践之中,共同实现司法的目标和任务。

(三) 忠于法律价值,维护公平公正

检察官忠于法律价值,维护法律公平正义。依据国民政府《刑事诉讼法》及上文所述,检察官乃刑事诉讼中唯一的全程参与者,侦查、审判及执行等诸多阶段,检察官都要亲自过问,做侦查程序的主人、法院裁判的把关者、裁判执行的见证者。上诉审亦然,检察官有提起上诉、启动上诉审之权,以救济违法或不当之下级裁判,维护当事人的合法权益。当然,法律在赋予检察官权力的同时,也课以严格的义务,要求检察官成为忠实的"法律守护人",即严格遵守合法性及客观性义务,追求实体真实与程序正义。

> 检察权作为一种权力形态,在法律实施中必然有作用上的表现。对检察权的相关性权力来讲,依据权力关系的不同,可以体现不同的功能和效应。在审检关系中,检察权的权力行使,在法律功能上,体现出强制性、监督性和配合性。就强制性而论,检察起诉权引发推事审判案件,不得推辞。在权力行使过程中,审检两方需密切配合,包括诉讼文书的送达、证据的交付以及诉讼行为的协助等情形,体现出相互依存的配合性。在诉讼过程中,检察权对判决的监督职能,使得检察权在权力行使过程中具有监督性。在警检关系中,由于检察官具有指挥和引导侦查的职能,故检察权在权力行使过程中体现出较强的命令性和指挥性。司法警察的侦查活动,必须在检察官的指挥和命令下进行,不准各行其是,不听从指挥。在检律关系中,因诉讼职能的区分,双方看似对手,实际上是配合、制约与协作的关系。②

也即检察权在法律实施中发挥了重要作用,主要表现在监督法院的司法审判活动,引导和指挥警察的侦查活动。而侦查自然属于执法活动,所以检

---

① 陈则民等:《废检察制度之运动》,出版者不详,1922年版,第1页。
② 杜旅军:《中国近代检察权的创设与演变》,西南政法大学2012年博士学位论文,第89页。

察权的运行始终与法律紧密相连。检察制度的本质在于监督法律的正确实施,忠于法律的价值。

当然,检察的意义也在于追求公平正义。"法律的公正实施是法治建设和司法的最高价值目标,法律监督是促使法律公正实施的重要手段。"①而检察机构的重要功能就是法律监督,因此检察制度是确保司法公正的法律保障。虽然国民政府将检察官安置在法院内部,但是并没有在经费上进行压缩,检察官职权的行使是相对独立的,在人事和行政等方面也都与法院一样,是相互独立管理的,基本符合法制文明发展的历史趋势,与检察制度的精神和理念相一致。

自从检察制度被引入中国,其理念在一定程度上影响了当时中国的司法体制。正如学者所认为的那样,检察制度的引进与确立,是中国司法现代化进程中的一项重要内容,其对于建设法治国家、对于完善现代司法体制的作用,日益成为社会的共识。② 1936 年,《河南高等法院检察处工作摘要报告书》的绪言里就肯定了检察工作的重要性:"检察官代表国家职司检举犯罪,减除人民痛苦,应虚心策动,认真行使职权,以树立司法之尊严而完成法治之基础,用是相机改进,努力整顿,虽不敢云成绩,抚衷尚能无愧于心。"③简短的几句绪言至少概括了检察工作的两大功能:第一,代表国家行使司法职权,检举犯罪行为,帮助人民减除因遭受犯罪而产生的痛苦,抚慰他们受伤的心灵,这是百姓都能切身感受到的功能。第二,检察官通过他们的工作,树立了司法的尊严,从而达到了法治的基础状态,实现了法治的基本要求,彰显了法治的正义精神。这两大功能足以支撑检察制度存在的意义和价值。

此外,检察制度的法律监督职能突出地表现在审判监督与监狱监督方面。就审判监督而言,清末《高等以下各级审判厅试办章程》规定检察机关有"监督审判并纠正其违误"④之权,为北洋政府及南京国民政府检察制度的监督权奠定了基础。尤其南京国民政府通过《法院组织法》《各省高等法院检察官办事权限暂行条例》和《地方法院检察官办事权限暂行条例》等法律⑤进一步强化了检察机关的审判监督权力。就监狱监督方面,国民政府也进行了制度规制,1928 年 10 月,国民政府《监狱规则》第 6 条规定:"检察官得巡视监

---

① 向泽选等:《法律监督与刑事诉讼救济论》,北京大学出版社 2005 年版,第 9 页。
② 吴永明:《理念、制度与实践:中国司法现代化变革研究(1912—1928)》,法律出版社 2005 年版,第 123 页。
③ 张秉铖:《河南高等法院检察处工作摘要报告书》(1936),第 1 页。据中国国家图书馆民国图书资源库,http://read.nlc.cn/OutOpenBook/OpenObjectBook?aid=416&bid=35363.0,2019 年 8 月 14 日访问。
④ 蔡鸿源主编:《民国法规集成》(第 31 册),黄山书社 1999 年版,第 124 页。
⑤ 蔡鸿源主编:《民国法规集成》(第 65 册),黄山书社 1999 年版,第 492、391、400 页。

狱。"①1928年2月,国民政府《地方法院检察官办事权限暂行条例》第7条规定:"首席检察官对于看守所由检察官羁押的被告人等事宜有指挥监督权。"②显见,南京国民政府时期,检察制度的监督职能凸显在审判监督与监狱监督两方面。

总之,检察制度是司法制度的重要组成部分,自然承担了重要的司法职能。"司法是国家消解矛盾、去除纠纷、安托社会的强力部门,是国家制度与民族灵魂的反映。"③显然,检察制度在国民政府司法理论架构及实践运行中发挥了一些作用。

三、南京国民政府检察制度的不足

"事物总是一分为二的"。尽管南京国民政府检察制度具有值得肯定的地方,但是其不足之处也很明显。正如学者所言:"在繁荣的法律制度中也可能存在着由于强制性而使法律无效的实例,我们也必须更多地分析何时行政官员或司法官员们可能且完全置法律于不顾。"④国民政府检察制度从体制到措施存在诸多问题。

(一)"审检合署"体制的弊端

依据《现代汉语常用词辞海》的解释,"体制"一词着重指国家在机制设置、隶属关系和管理权限等方面的体系制度。⑤ 一定意义上,体制是宏观设计,决定着该领域的走向。清末开创、北洋延续的"审检分署的检察体制在国民政府时期得以激变,衍生为审检合署新体制"⑥。审检合署意味着法官与检察官合署办公,实际上检察官被配置在法院内部,但是理论上检察官仍独立行使检察权。前文已述,实践中,这种体制一定程度上打乱了审判检察工作的原有秩序,带来了较为明显的弊端,正如下文所剖析的那样:

> 在现行司法制度下,检察官配置法院,得单独行使之行政职权,范围极狭,一般司法行政均会同院长或由院长单独行之,首席检察官仅于有关公文上述署而已,观可面报告者,仅下列数事:甲,迁长安地检人员入城办公。……丙,调整人事。就原有职员,分别考察其所长,加以调

---

① 《监狱规则》,载《法律评论》1928年第6卷第6期。
② 蔡鸿源主编:《民国法规集成》(第65册),黄山书社1999年版,第400页。
③ 田科编著:《法的价值与悖论》,群众出版社2006年版,第26页。
④ 同上书,第31页。
⑤ 倪文杰、刘家丰主编:《现代汉语常用词辞海》,中国建材工业出版社2001年版,第1044页。
⑥ 杜旅军:《中国近代检察权的创设与演变》,西南政法大学2012年博士学位论文,第99页。

整,调派长安战区检察官,分赴各衙繁地院办事,俾展所长,其有领导才者,即调任首长,以资激励,免其集中长安,难展抱负。并派老成灵练者为之辅。一般颟顸无能之首长,除可以督促振作者仍旧之外,酌调相当职务,另派有领导才者代之。余下则汰弱留强,不稍宽假,务期人尽其才,才尽其用,调整以后,不惟工作效率猛进,舆论亦为之丕变。①

显然,这篇工作报告的作者——当时的陕西高等法院首席检察官对"检察官配置于法院"的体制持否定态度。因为该体制设置后来带来了一系列的连锁变化,形成人事大调整,工作效率严重受损。也就是说,国民政府时期,由于审检合署制的出现,检察一体化原则虽然得以延续,但是将检察官配置于法院内部,确属检察体制的重大调整。除最高法院检察署单独设立之外,地方(包括高等)检察机构统统消失了。理论上,"由法院与检察院构成国民党政府司法制度,是一种标榜法院与检察院彼此独立,相互制约的并行不悖的体制。"②法律也规定各级法院设置检察官,独立行使职权,但是体制的决定性作用不容忽视。实践中,检察机关设置于审判机关内部,独立行使检察职权谈何容易! 对此,有学者指出:

> 最高法院还附设检察署,设检察长1名,其职责是指挥全国检察事务,并监督全国的检察官。检察长之外还设检察官6—8名,他们官阶相当于最高法院的推事,检察官对于法院独立行使职权,不受法院的指挥监督,但是,由于检察长官阶低于最高法院院长,检察署附设在最高法院之内,所谓独立行使检察权,实际上也是一句空话。③

从上段论述可知,除了最高法院,地方法院内设的检察力量非常薄弱,仅设一两名检察官,充其量有的法院配有首席检察官。面对极其繁重的检察任务,这些少得可怜的检察官如何完成任务,令人质疑。在人力严重不足的情况下,保证办案速度及公正性谈何容易,出现冤假错案也在情理之中。有学者认为,国民政府"审检合署"以精简机构、强调专业为核心的改革最后只是流于形式,其原因是多方面的。检察机关特有的公诉与监督等职权很难被其他机关取代,在整个现代司法制度中,检察机关占有一席之地。④ 由此可见,"法检合署"体制,一定程度上妨碍了检察功能的发挥。有学者指出:国民政

---

① 朱观:《中华民国三十六年十月陕西高等法院检察处工作报告》,第4—5页。据中国国家图书馆民国图书资源库,http://read.nlc.cn/OutOpenBook/OpenObjectBook?aid=416&bid=74022.0,2019年8月14日访问。
② 袁继成等主编:《中华民国政治制度史》,湖北人民出版社1991年版,第405页。
③ 林代昭等:《中国近代政治制度史》,重庆出版社1988年版,第395页。
④ 吴青山:《近代湖南检察制度历史变迁及其运作实践研究》,湘潭大学2017年博士学位论文,第137页。

府时期,"由于检察官对外独立,而无独立官署;对内独立,而无独立权力。因此,该制度自施行以来,院长对检察官执行的职务,既无指挥监督的权力,而对于与检察官日常事务有关的会计统计,以及经费出纳又属于院方,不受检察官支配,矛盾重重。"① 这种自相矛盾的司法体制将检察官放在一个尴尬的境地,如何让他发挥充分监督的效果。

此外,"法检合署"体制下,首席检察官与法院院长关系不和谐,并未真正融合起来。由于中国官本位思想的作祟,当时的部分首席检察官时常以处长自居,并常常就检察事务的经费以及人员不足等问题,与法院的领导闹矛盾,有的甚至闹到司法行政部那里,影响不好。长此以往,检察部门在法院内部也就争得了自己的一席之地,法院院长不得不为检察部门划出独立的一块,在财务、人事等方面与检察"处长"井水不犯河水,检察部门成为法院之内的独立王国。② 从这里不难发现,"法检合署"体制改革部分陷于失败的境地。由此,体制不顺,带来工作与人事关系等诸多弊端。

虽然检察制度的确有其深厚的理论基础,南京国民政府检察制度的设计与运行,也顺应了民国国家治理及其现代化的需要。但是,实践证明,南京国民政府时期,检察制度的存废之争与这种不顺的体制不无关联。在国民政府那场轰轰烈烈的"废检"论争中,其中就提到"检察官受行政长官及其上级长官之指挥监督,不如推事独立公平;检察与审判对峙,意见分歧"③。这些问题的根源都在检察体制那里,表明其的确存在弊端。

(二)"任人唯亲"现象的影响

任人唯亲,乃封建社会官场上的顽疾,也是民国乃至今天仍存在的现象。它是领导干部在用人方面的缺陷——只任用跟自己有关系的人,如同乡、同学等,而不考虑才德和能力。检察制度的主体是检察人员,如何合理有效任用检察人员,是确保检察功能发挥的关键因素。但是,国民政府检察系统的领导干部任人唯亲现象严重,影响恶劣。前文已述,国民政府最高法院于《法院组织法》施行后的1936年11月正式成立检察署,共有职员62人,时任检察长郑烈为福建闽侯人,从当时的《最高法院检察署职员录》当中,不难发现:其中很多重要职员皆是福建人,也即重用同乡是郑烈检察长的用人偏好,属典型的"任人唯亲"现象。

---

① 张仁善:《司法腐败与社会失控(1928~1949)》,社会科学文献出版社2005年版,第366页。
② 参照聂鑫:《中国法制史讲义》,北京大学出版社2014年版,第312页。
③ 转引自张晋藩主编:《中国司法制度史》,人民法院出版社2004年版,第532—533页。

表 31　最高法院检察署福建籍职员情况①

职别	姓名	别号	籍贯	本京住址
检察长	郑烈	晓云	福建闽侯	天竺路十七号
代理检察官	林振昌	国英	福建闽清	国府路二百十三号
书记长官	施廙	季辰	福建长乐	湖北路元兴里一一二号
纪录科科长	庄伟	道平	福建晋江	中山北路一九七号
纪录科书记官	林学益	鹤一	福建闽侯	狮子桥二十二号
纪录科书记官	张伯昂	赞动	福建长乐	江苏路陈家巷四号
纪录科书记官	林若京	一非	福建福清	江苏路陈家巷三号
纪录科代理书记官	张秉哲	秉哲	福建闽侯	宁静里三号
纪录科代理书记官	林炳镛	炳镛	福建福清	宁静里三号
文牍科科长	吴兆濂	又溪	福建连江	沈举人巷五号
文牍科书记官	莊莪菁	彬年	福建闽侯	湖南路一百二十八号
录事	陈恕	维忠	福建闽侯	宁静里三号
录事	李漪弥	肖韵	福建闽侯	江苏路陈家巷三号

从表31可以发现，在最高法院检察署当中，福建籍职员共有13人，约占总职数的21%，且身居重要岗位。而在13个福建人当中，与检察长郑烈同乡的有5人，不能不让人觉得检察长在用人方面的倾向性，"任人唯亲"现象极为严重。

"任人唯亲"现象，必将带来极其严重的后果。实践证明，郑烈在检察长职位20年，几乎是南京国民政府时期唯一的最高检察长，但是由于他任人唯亲的做法，没有给人留下好印象，甚至招致诸多质疑。而他的检察事业也平平淡淡，在前文所谈的故宫博物院的案件里，郑烈是一位以权谋私、徇私枉法的检察长，国民政府的"废检"风潮与郑烈有着很大的关联。并且，他与中共势不两立，1947年6月28日，郑烈还以检察长名义下令通缉毛泽东，曾喧嚣一时。最终他逃离大陆，到台湾了却余生。一言以蔽之，国民政府最高检察长的"任人唯亲"现象，对检察制度造成了极大破坏。

---

① 表31资料来源于南京国民政府最高法院检察署文牍科编：《最高法院检察署职员录》（1936年）。据中国国家图书馆民国图书资源库, http://read.nlc.cn/OutOpenBook/OpenObjectBook? aid=416&bid=67882.0,2019年8月14日访问。

(三)检察权滥用现象较严重

民国时期,检察权的行使是有严格的法律规定的。但是,由于内忧外患不断,官僚集团贪婪无比,在社会上形成了一股歪风恶浪,司法领域难逃这股恶浪的袭击。因此,在司法实践中,检察权滥用现象屡见不鲜。对此,早在南京国民政府之前,就有学者对检察官滥用职权现象有过批评:

> 故检察官往往滥用其检察之职权。在刑事则对于搜索,逮捕,拘提,羁押,益肆其暴横之手段。而在民事则对于违反公益之行为,益显其要挟之声势,故法律之意,原欲借检察制度而保护公益者,有时反因检察制度,而破坏公益。法律之意,原欲借检察制度以维护秩序者,有时反因检察制度,而扰乱秩序。[①]

可见,检察权滥用往往表现于刑事案件处理的各个环节,以及民事公益诉讼活动中。南京国民政府时期,少部分检察官素质不高,在职业生涯中滥用检察权的现象较为严重,造成极为不良的社会后果,具体表现如下:

首先,出现了扩大与强化侦查权的现象。依据1928年《刑事诉讼法》条款,检察官的指挥权扩大到司法警察官、司法警察及其他人士。与此同时,检察官的侦查权也出现了扩大与强化侦查权的现象。如部分"检察官、司法警察在侦查过程中以调查证据为名,滥用搜查、扣押、刑讯逼供等权力"[②]。还有"检察官在侦查案件中,本该尽责尽力,有犯罪嫌疑,即予以起诉,无犯罪嫌疑,即不予起诉,以免拖累被告,增加当事人物质、精神负担。但检察官对于侦查案件,往往一拖就是几个月,还不能终结"[③]。给当事人权益造成不利影响,也损害了检察官的形象。

其次,特别刑事法加大了检察权的滥用。国民政府时期刑事立法有一特色,就是频繁颁布刑事特别法,其中大都涉及检察权问题。例如:1928年6月,南京国民政府公布的《特种刑事临时法庭诉讼程序暂行条例》规定:中央特种临时法庭对地方特种临时法庭判决的案件有非常上诉权、发回复审权、

[①] 薛遗生:《论我国检察制度之可废》,载《法律周刊》1924年第32—33期。
[②] 管津君:《南京国民政府时期检察制度研究》,天津商业大学2013年硕士学位论文,第34页。
[③] 张仁善:《司法腐败与社会失控(1928~1949)》,社会科学文献出版社2005年版,第372页。

派员直接监督权。① 而这里的上诉权、复审权及监督权等,皆由临时法庭里所配置的检察官来行使。1936 年 8 月颁布《惩治盗匪暂行办法》规定:"对聚众抢劫而执持枪械或爆炸物者、抢劫公署或军用财务者等二十种严重的盗匪行为,直接判处死刑。"② 并且赋予驻地军事机关对此类案件的管辖权,从而扩大了军事检察权的职权。1944 年 10 月,针对汉奸或危害民国等案件,南京国民政府公布《特种刑事案件诉讼条例》,赋予司法警察直接移送起诉权,并且规定检察官可以不出庭。被告人不享有诉讼权,只能申请"复判"一次。③ 显然,国民政府制定刑事特别法,无形中加大了检察权滥用的可能性。

最后,检察官滥用检察权突出表现在上诉方面。学者研究发现:检察官滥行上诉权存在"以下四个方面的根源:其一,部分检察官固执自己的陈见,对于被法院变更或改变所指控事实,必为提起上诉,以期贯彻自己的本旨。其二,法院之中,推事与检察官不能和衷共济,在职务上,他们虽然互相配合,但也互相制约。其三,司法行政部门需要考核检察官,检察官为求其考核成绩的优异,可能不会顾及对刑事被告人的权益保护。其四,审判与检察权力之间的博弈与职责分化,导致检察官滥行上诉权"④。个人认为,该学者总结得较为全面细致。

此外,检察官滥用权力还表现在对待权贵的态度上。例如,国民党元老张继的独子张琨,风流成性,后在厮混中脱阳而死,但是在张继的压力下,检察官仍将案件起诉,最终法院判处几名无辜的农民死刑、无期徒刑、有期徒刑等,其中一人在关押期间病死狱中,另外几人则被一直关押。⑤ 这是一起检察官滥用权力造成的冤假错案。

(四) 对检察官的监督不到位

检察制度的监督职能大多体现在检察官对法官和法律的监督中。但是,检察官自身被监督的力量不足,理论上法官与检察官相互监督,实践中可行性不足。因在司法体制上,对于检察官行使侦查权不能进行有效的监督。例

---

① 《特种刑事临时法庭诉讼程序暂行条例》,南京国民政府 1928 年 6 月 11 日公布。据中国国家图书馆民国法律资源库,http://read.nlc.cn/OutOpenBook/OpenObjectBook? aid = 462&bid=7586,0,2019 年 8 月 14 日访问。
② 《惩治盗匪暂行办法》,载《司法公报》1936 年第 136 期。
③ 《特种刑事案件诉讼条例》,载《行政院公报》1944 年第 7 卷第 2 期。
④ 杜旅军:《中国近代检察权的创设与演变》,西南政法大学 2012 年博士学位论文,第 123—124 页。
⑤ 参照雷伯修:《回忆张琨案》,载中国人民政治协商会议成都市金牛区委员会文史资料研究委员会编:《金牛文史资料选辑》(一),1984 年版,第 142—152 页。

如,在侦查中,法院有权决定是否批准检察官继续羁押犯人的请求,以形成对检察方的制约。并且,在人身自由限制方面,检察官只有 2 个月的羁押裁量权,是否延长羁押,也必须经过法院裁定,以防止检察权侵害被告的人身自由权利。但是,有时法院对检察官延长羁押期限视而不见,或者随意批准检察官的请求。"在没有监督的情况下,检察官的侦查权往往会偏离正轨的滥用,以着重打击犯罪,而忽略保护无辜为原则,使无辜者的合法权益得不到应有的保护,显然是违背现代法治精神下检察制度的初衷。"①再如,对于检察官履行公诉的印象,时人给予的评论为:

> 我国司法独立,关于刑事案件,于推事外,复设检察一职,法律上以检察官为当事人,代表国家为原告,行使法权,诉追犯罪,立法意旨,原本甚善。惟施行以来各级检察官能持正守官,确尽职者固多,然藉法舞弊,假公济私,致令被害人含冤受屈,告诉无门,国家不惟不能收诉追犯罪之效果,反生助长增加犯罪,毁损国家法益之害者,亦属不少。②

当时实行司法独立,对于刑事案件,采用法官与检察官共同办理的原则。其中,检察官代表国家行使原告的法权,追诉犯罪,这种制度设置的本意非常好。制度施行以后,大部分检察官能够坚守正义,尽职尽责。但是,由于缺乏监督,检察问题也不少:营私舞弊,假公济私,使受害人蒙受冤屈,助长犯罪,损害国家利益等等。

可见,对检察官监督的不力,也影响了检察制度自身的效率和声誉。更有甚者,少数检察官因此走向犯罪。史料记载:"在陕战区检察官身集长安,嚣张跋扈,不听前任约束,致有战区检察官刘克俭枪杀战区检察官辛敏中案,司法信誉蒙受影响。"③对此,国民政府时期有学者指出:"按检察官当然以公益为前提,不以私益为目标,倘判决不服,自有权上诉。但在事实上,因检察官不提起上诉,而使被害人含冤抱屈者,亦往往而有。"④也即检察官以公益为职业追求,但是,也存在因为检察官的工作失职而没有达到"公益"目的的情况。

---

① 管津君:《南京国民政府时期检察制度研究》,天津商业大学 2013 年硕士学位论文,第 34—35 页。
② 廖介操:《请转请中央采择扩大自诉范围废止检察制度案》,载《广东省参议会月刊》1935 年第 2 期。
③ 朱观:《中华民国三十六年十月陕西高等法院检察处工作报告》,第 1 页。据中国国家图书馆民国图书资源库,http://read.nlc.cn/OutOpenBook/OpenObjectBook?aid=416&bid=74022.0,2019 年 8 月 14 日访问。
④ 最高人民检察院研究室编:《检察制度参考资料》(第 2 编),内部资料 1980 年版,第 225 页。

（五）与法官之间关系不协调

根据资料记载，"检察官与审判官相持对立、纵无共同作弊情事、而因双方意见不同、观察不同，发生纠执在所不免。于此场合，被告人等反因碍于两方之冲突，而不能得法律持平之保障，其且因而摧残之，此其应及止者。"①这一史料表明，国民政府时期，在法院内部，检察官与法官之间在工作上存在不协调的问题。对此，1947年11月召开的全国司法行政检讨会议上，司法院居正院长致辞指出：

> 至于改进司法之道，其事甚繁，其法不一，如司法人才的储备和训练，法院监所的普设与改良，院检两方宜消除摩擦，司法经费应逐渐增加等等，相司法行政当局自有周密的计划与实行的运用，姑不具论。……可是，妥与速皆为吾人应尽之职责，并要确能尽到这种职责，然后吾人良心始安，而且方不愧为一个现代法治国家的司法官……②

显然，在居正看来，消除法官与检察官之间的摩擦，是改进司法的目标之一。由此可以推断：法官与检察官之间因体制不顺而产生的工作摩擦已经相当严重。"中国旧时无行政司法的分划，也没有审判与检察的差别……自清末变法，乃仿欧陆立法采用检察制度。"③但传统观念影响根深蒂固，接受欧陆的制度需要一段时间。即使在法国，"检察官与法官负有同样的责任，穿同样的制服，领同样的薪金，又享有同样的某些特权和保障。"④但是，检察官不能以自己的名义行事，职务活动要受行政权力的支配。所以，民国时期，检察官与法官之间的不协调问题，也不足为怪。前文已述，1927年10月20日前司法部呈准裁撤检察机关的一份指令切实反映了检察机构与法院的不协调问题：

> 吾国自改良司法以来各级审判检察机关无不两相对峙，就经过事实而论，其不便之处有如下数点：一靡费过多；二手续过繁，三同级两长易生意见。凡兹所举，无可讳言，识者怀疑，每思改革，复查各国司法制

---

① 最高人民检察院研究室编：《检察制度参考资料》（第2编），内部资料1980年版，第225页。
② 殷梦霞、邓咏秋选编：《民国司法史料汇编》（第14册），国家图书馆出版社2011年版，第40页。
③ 吴祥麟：《中国检察制度的改革》，载罗金寿主编：《司法（第7辑）近代司法》，厦门大学出版社2012年版，第375页。
④ 刘颢：《主诉检察官制度研究》，吉林大学2007年硕士学位论文，第6页。

度,对于检察一项并不另设与审判对峙之机关……①

1935年7月施行的《法院组织法》第29—31条对检察一体化原则作了明确规定。其中该法第29条规定:"检察官对于法院独立行使其职权"②,表明法院与检察只是机构合并,但职权分立,也就意味着检察权独立行使,不受法院的影响。该法第30条规定:"检察官于其所配制之法院管辖区域内执行职务,但遇有紧急情形时不在限制。"③这条规定表明检察官履行职权时,通常情形下遵循地域管辖原则,但事情紧急时,可以跨越区域执法,实际上可以通过设置条件对检察一体化原则进行限制。该法第31条规定:"检察官服从监督长官之命令。"④集中体现检察一体化原则,确保检察权的统一行使。但是,其负面效应也是明显的,法官与检察官的地位关系带来了工作上的不和谐。

在不同时期,国民政府最高法院不同层级的检察官的职级不同,且有明文规定,如表32所列⑤:

表32　国民政府不同时期检察官职级

时间	法律法规	检察长官	职级
1928年	司法官官俸暂行条例	首席检察官	简任
		检察官	简任或荐任
1935年	法院组织法	检察署检察长	简任
		检察官	简任
1942年	法院组织法	检察署检察长	特任
		高等法院首席检察官	简任
1946年	法院组织法	高等法院首席检察官	简任
		高等分院及首都法院首席检察官	简任

表32是国民政府时期不同阶段有关检察官职级的法律规定,依据1928年的《司法官官俸暂行条例》,"最高法院院长为特任官,推事为简任或荐任。高等法院院长为简任,高等法院以下司法官均为荐任。"⑥这里检察官与法官

---

① 司法院参事处编纂:《国民政府司法例规》(上册),司法院秘书处公报室1930年版,第163—164页。
② 蔡鸿源主编:《民国法规集成》(第65册),黄山书社1999年版,第493页。
③ 同上。
④ 同上。
⑤ 表32资料来源于国家图书馆民国电子资源库中不同时间段出台的《法院组织法》。
⑥ 《司法官官俸暂行条例》,载《司法公报》1928年第10期。

职级上无所谓区别对待。1935 年的《法院组织法》规定:"地方法院及其分院之推事及检察官荐任;高等法院推事一人简任,余荐任,高等法院检察官荐任,高等法院分院推事及检察官荐任;最高法院推事简任,检察署检察官简任。"①此时的检察官与法官在高等法院稍稍有所区别,就是法官可以有一人是简任,检察官则皆是荐任。而简任比荐任高一级。到 1942 年的《法院组织法》则将最高法院检察署检察长改为特任,高等法院首席检察官仍为简任。1946 年的《法院组织法》再次规定高等法院首席检察官为简任。法院检察长、首席检察官及检察官职级的变迁,从侧面表明了国民政府检察官地位的变化轨迹。

虽然,从理论上看,法官与检察官职责不同而地位平等,但是从职级待遇看,检察官地位低于同级的法官,这也是造成检察官与法官工作不协调的一个重要因素。检察官和法官一样为国家和人民处理案件,只是分工不同,且相互制约,二者的地位和待遇理应同等,没有理由差别对待。

(六) 检警工作配合不够顺畅

这里的"警",即"司法警察",它是"行政警察的对称,就是对于已经发生或将发生的人为危害的犯罪对象,执行搜查逮捕等种种手续,以备公诉的提起及实行,而为司法上辅助的作用"②的警察,并且司法警察的工作与检察官密不可分,其要则是:"关于犯罪的侦查,和裁判的执行等,都应该听检察官的调度。"③"司法警察对于重大犯罪案件之发生,应立即报告检察官共同处理。"④为了规范检警关系,国民政府先后出台了多部法规,如《调度司法警察条例》(1935)、《调度司法警察章程》(1936)、《检察官指挥司法警察暂行细则》(1945)等。

民国时期的检警关系呈现动态发展,有学者指出:"南京国民政府时期的检警关系呈现出不同以往的态势,即随着警察种类的增多,司法警察人员来源的扩大,多个领域的警察参与到检察事务当中;规定检察官指挥司法警察的优先权,又进一步确定了检察官主导的检警联合的侦查体制,向近代大陆

---

① 蔡鸿源主编:《民国法规集成》(第 65 册),黄山书社 1999 年版,第 493 页。
② 《司法警察》,首都警察厅警员训练所讲义 1946 年版,第 1 页。据中国国家图书馆民国图书资源库,http://read.nlc.cn/OutOpenBook/OpenObjectBook? aid=416&bid=75287.0,2019 年 8 月 14 日访问。
③ 同上书,第 5 页。
④ 《辽宁高等法院检察处工作报告及建议案》(1947),第 13 页。据中国国家图书馆民国图书资源库,http://read.nlc.cn/OutOpenBook/OpenObjectBook? aid=416&bid=84436.0,2019 年 8 月 14 日访问。

法系所要求的检警一体化要求又前进了一步。"①但是,这种所谓进步的检警关系在实践中也存在一些问题。

总体上,国民政府时期,检察官职数不多,司法警察协助检察官工作,发挥了一定作用,但是也出现了检察官与司法警察关系不和谐、不顺畅的现象。有如学者所概括的那样:"事实上,检察官不易得到司法警察的通力协作。如检察官接受的案件,多数为侦查尚未完备,头绪尚未清晰,就被移送给检察官搪塞了事,检察官势必再加侦讯,遇到还须参考或侦缉的情况,则'往返嘱托,大费周折',结果要么是证据湮灭,或迁延时日。"②显见,国民政府的司法警察不听检察官的调度,办事敷衍,检警工作关系极不顺畅,令人惊诧。

的确,国民政府时期的检警关系不够正常化,在案件侦查过程中,检察官指挥不了司法警察,这是不合检警关系正常化的典型表现。国民政府也试图从制度上解决检警关系,于是 1945 年 4 月公布《调度司法警察条例》,其中第 1—3 条即规定:"检察官因侦查犯罪,有指挥司法警察官、命令司法警察之权,推事于办理自诉案件时亦同。……司法检察官有协助检察官推事执行职务之责,应听检察官推事之指挥,执行职务。"③法条的意思非常明确,要求司法警察必须服从检察官指挥,履行好司法警察的职责。但实践中,检警关系一直困扰着司法工作的正常进行。

鉴于这种不顺畅的检警关系,以及检察官与司法警察之间不可分割的工作联系,1948 年 7 月国民政府专门制定了《检察官与司法警察机关执行职务联系办法》,要求各级法院检察官与司法警察机关办理该管区刑事案件时随时交换意见,并指定联络人员切实联系,必要时得召开会议或举行司法会报。④ 目的是使检警两家关系顺畅起来,提高司法效率,树立良好的司法形象。

(七) 检察工作效率不高

在司法与诉讼活动中,其价值取向不仅仅是公正,而且包括效率。前文所探讨的国民政府"废检"理由中,有学者就指出检察工作的效率问题:"检察

---

① 黄俊华:《南京国民政府检察制度研究(1927—1937)》,人民出版社 2019 年版,第 276 页。
② 张仁善:《司法腐败与社会失控(1928~1949)》,社会科学文献出版社 2005 年版,第 37 页。
③ 《调度司法警察条例》,南京国民政府 1945 年 4 月 10 日公布。据中国国家图书馆民国法律资源库,http://read.nlc.cn/OutOpenBook/OpenObjectBook? aid＝462&bid＝7832.0,2019 年 8 月 14 日访问。
④ 《检察官与司法警察机关执行职务联系办法》,南京国民政府 1948 年 7 月 16 日公布。据中国国家图书馆民国法律资源库,http://read.nlc.cn/OutOpenBook/OpenObjectBook? aid＝462&bid＝2274.0,2019 年 8 月 14 日访问。

官侦查与起诉之职务,性质上实为审判之一阶段,检察官起诉或不起诉之处分,与审判官所为之有罪无罪之判决,二者性质亦复相似,检察官提起公诉之后,法院又为判决,实等于二重之判决,程序过于繁重。"①也即认为,检察工作程序繁重,效率低下。

检察官对案件的监督主要体现在案件的审查过程中,对司法效率也产生一定影响。从 1937 年 10 月开始,国民政府检察官在复判实践中,对于一审判死刑或无期徒刑之外的刑事案件,一律只进行法律审查而不进行事实审查。这样做或许客观上促进了案件的快速结案,但又带来另一个弊端,就是由于案件过多,法官、检察官数量有限,案件积压现象严重。截至 1938 年 1 月,南京国民政府最高法院民刑未结案件共 12100 余件。法院召回一部分被分流下岗的司法人员,并规定每个推事每月必须结案 40 件以上。高强度的工作收到成效,到了 1938 年 12 月,民刑未结案件有 8643 件;到 1940 年 2 月月底,民刑未结案件减至 5414 件;同年年底,又减少至 4649 件。② 如表 33:

表 33 1938 年 1 月至 1940 年 12 月民刑未结案件数

序号	时间	民刑未结案件数
1	1938 年 1 月	12100 余件
2	1938 年 12 月	8643 件
3	1940 年 2 月	5414 件
4	1940 年 12 月	4649 件

从表 33 的数字可以发现,从 1938 年 1 月至 1940 年 12 月,该法院的积案虽在逐年下降,但是积压案件的情况仍十分严重。在当时司法人才紧缺、司法环境不好的背景下,检察工作效率不高是事实。

司法公正是司法"制度建设中永恒的理想,但在现实社会,效率问题却是谁也无法回避的"③。司法"是一种高成本的救济保障体系,而任何社会对司法的支持和投入是有限度的,为了合理、有效地利用司法资源,凡法治国家,都不能任凭'滥讼'现象的存在。显然在司法活动中,其价值取向不仅仅是公正,而且包括效率"④。司法效率是检验法官、检察官工作成就的标准之一。从上述国民政府时期民刑未结案件数量来看,无论是法官还是检察官的司法效率是存在一些问题的。

---

① 李朋:《检察制度存废论战》,载《法律知识》1948 年第 2 卷第 1—2 期。
② 参照吴冀原:《民国司法官职业化研究》,西南政法大学 2015 年博士学位论文,第 56 页。
③ 谢冬慧:《南京国民政府时期民事审判制度述论》,载张海燕主编:《山东大学法律评论》第 6 辑,山东大学出版社 2009 年版。
④ 谢冬慧:《南京国民政府时期行政审判的实证分析》,载《行政法学研究》2015 年第 2 期。

此外，司法经费短缺是制约国民政府检察制度发展不可忽视的因素。正如学者所言："经费问题既是国民政府司法改革的瓶颈和司法独立的障碍，也是司法腐败的渊薮之一。因为司法经费的短缺，严重阻碍中央及地方法院的建制。"[1]可以认为，经费短缺是民国社会发展的主要国情，在这一国情背景下，检察制度的发展也受到了很大的限制。

总之，我们从历史唯物主义角度出发，站在历史的高度，客观地看待南京国民政府时期的检察制度，发现它既有独特的体制制度色彩，也有普适的公平正义价值，当然更有诸多令人诟病的不足，注定它不能发挥应有的作用。

---

[1] 张仁善：《略论南京国民政府时期司法经费的筹划管理对司法改革的影响》，载《法学评论》2003年第5期。

第七章　南京国民政府检察制度的当下思考

任何历史都是当代史,南京国民政府时期检察制度对当下中国检察制度的改革有一定的启示作用。自清末变法以来,检察改革是近代社会司法发展的表征之一。国民政府更是大刀阔斧地进行了法制建设与司法改革工作,从广州、武汉到南京,国民政府在不同时空背景下,均在着力推进司法改革①,进行了司法体制设计与制度创新。中华人民共和国成立后,南京国民政府时期的检察制度在我国台湾地区得以延续,后经修改完善,一直沿用至今。这从侧面证明了南京国民政府时期检察制度存在的价值,我们有必要关注,以期为当下中国检察制度的改革获得某些启迪。

一、慎重把握检察体制改革

通常,"体制"是指国家机构组织形式的制度,体制存在问题或者与现有社会政治经济形势不合,才有"体制改革"之说。当下的检察改革与监察制度如何无缝对接,是值得关注的大事,必然涉及"体制改革",必须慎重把握。有如学者所言:"国家监察体制改革无疑属于重大政治体制改革,属于对我国政权组织形式的重大变革。"②由于现有监察机构吸纳了原检察系统从事职务犯罪处理工作的检察官,带来检察机关的职能变化,所以检察体制改革在所难免。同时,当下的检察体制也需要慎重把握我国的客观条件,坚持以科学的理论为指导。

回顾民国时期,中国社会发生了重大转型,司法改革是其重要标志。③从1928年10月实行五权宪法开始,在国民政府的政治体制当中,监察与检察两种制度并行,只不过检察体制隶属于司法院。从此,监察主管国家官吏的违法行为,检察主管一般人的违法行为。当下我国组建了监察委,整合了原先检察院职务犯罪的管辖权,使监察委成为处理公职人员职务违法和职务犯罪的前置机构,而改组后的检察院成为公诉犯罪和法律监督的机关。历史

---

① 参照谢冬慧:《民国时期的司法改革及其当下启示》,载《中国法律评论》2016年第3期。
② 伊士国:《国家监察体制改革的宪法学思考》,载《甘肃社会科学》2020年第6期。
③ 参照谢冬慧:《民国时期的司法改革及其当下启示》,载《中国法律评论》2016年第3期。

有惊人的相似之处。

　　作为司法的重要组成部分,中国近现代意义上的检察制度是西学的产物,它摒弃了检控与审判合一的封建旧制度,使司法公正从体制上得到一定的保障。民国初期的检察体制参照《法院编制法》,保留了四级检察体制,即对应大理院、高等审判厅、地方审判厅、初级审判厅而相应设置的总检察厅、高等检察厅、地方检察厅、初级检察厅。但是,到 1915 年,随着《法院编制法》的修正,设在各县和地方的初级检察厅一律被裁撤,各法院辖区内同样设置一个检察厅,同时改"总检察厅丞"为"检察长",并在陆军中设军事检察机关,军中设立检察官。此外,在未设法院的县级地方,由县知事行使检察职权。

　　然而,到了国民政府时期,检察体制有了新的变化。自 1927 年南京国民政府建立以后,国民政府公布的《最高法院组织暂行条例》,将大理院改为最高法院,将各级审判厅一律改称法院,取消了各级检察厅的设置,规定在最高法院设置首席检察官 1 名,检察官 5 名,处理关于检察的一切事务;各级法院也设置检察官执行检察事务。① 各级检察厅裁撤后,检察体制发生了很大变化。前文已述,由此结束了清末以来的"审检分立"制,改为"审检合署"制。1932 年国民政府又恢复了 1927 年的规定,依据 1932 年的《法院组织法》,在"最高法院设检察署,置检察长 1 人,检察官若干人,但其他各级法院仍只配置检察官,不设检察厅"②。同时,加强了军事检察的力量,陆军审判及海陆空审判当中,均有军事检察官参与。无疑,检察体制改革推进了中国检察现代化进程,对于当下中国的检察改革,具有一定的参考价值。

(一) 检察改革与社会变革的紧密联系

　　检察改革是一项复杂的系统工程,它表面上涉及检察机构的变迁、检察制度的修订等要素,但其与司法改革以及整个社会的发展状况是密不可分的。司法改革不仅仅是法院或检察机构的改革,它还包括社会调整以及国家治理模式的改变,社会意识的改变,甚至是人们思维方式的转变。可以说,检察改革背后的社会因素相当复杂,它与一个时代的改革理念与政治环境总是紧密联系在一起的。

---

① 《最高法院组织暂行条例》,南京国民政府 1927 年 10 月 25 日公布。据中国国家图书馆民国法律资源库,http://read.nlc.cn/OutOpenBook/OpenObjectBook? aid=462&bid=5102.0,2019 年 8 月 14 日访问。
② 《法院组织法》,南京国民政府 1932 年 10 月 28 日公布。据中国国家图书馆民国法律资源库,http://read.nlc.cn/OutOpenBook/OpenObjectBook? aid=462&bid=3676.0,2019 年 8 月 14 日访问。

首先,检察改革的理念支撑着检察改革的实践。鸦片战争后,中国面临内忧外患、社会秩序严重失范的境况,不得不引进西方的民主政治和法治思想,而中西法律文化的巨大差异与碰撞带来了中国社会的转型与变革。"这种变革从清末开始,一直延续到了整个民国时期。伴随着社会变革,司法变革也随之启动。清末司法机关的改组,《大理院审判编制法》司法独立原则的确立。"①"辛亥革命缔造了民国,民主法制精神得以弘扬。随着西方思潮的涌入,国人思想的开放,司法改革的理念不断深入民心。特别是'治外法权'丧失后,更激起了中国痛下决心,决意变革司法的勇气。"②"从临时政府到北洋政府,从广州武汉国民政府到南京国民政府,司法改革成了民国时期各个政府永恒的思想理念。"③尤其是"抗战胜利,快将到临,改革司法的声浪,渐渐震入耳鼓"④。赶走日本帝国主义之后,中国人民期盼通过司法改革,唤醒社会公平正义的良知。这里的司法改革,理应包括检察改革。民国时期的司法官是推事(法官)与检察官的统称,这一点恰恰验证了民国时期的"司法"内含"审判"与"检察"。因此,司法改革的理念也必然包括检察改革的理念在内。

"司法理念的基本功能是指引和说明司法实践。"⑤同理,只有检察理念的现代化才能促进中国社会的法治化转型。因此,在检察理念之下,每届政府都开展了检察改革工作。由于理念作为一种理想、永恒的思想认识,对事物的发展起到关键性的作用,因此检察理念也必将直接影响检察改革的成败。因为"司法改革的核心内容是司法观的革新和司法体制的改革。任何改革都须以思想、观念、理论先行。旧的观念和习惯势力是改革的最大阻力。没有先进的思想、理论指导,也不会有先进的制度革新"⑥。检察改革理念为民国时期的检察改革奠定了思想基础,"民国各个阶段的检察改革举措大多是按照这一时期比较深入人心的检察改革理念来进行的。"⑦理念的作用不可小视。

当下的中国检察改革也离不开先进检察理念的引导,需要深入挖掘,广泛借鉴一切优秀的检察改革理念。首先,"检察权作为审前助力证据裁判、制

---

① 谢冬慧:《民国时期的司法改革及其当下启示》,载《中国法律评论》2016年第3期。
② 同上。
③ 同上。
④ 陈霆锐:《改良司法刍议——论司法阶段下之人民身体自由》,载《震旦法律经济杂志》1945年第2卷第1期。
⑤ 张志铭:《社会主义法治理念与司法改革》,载《法学家》2006年第5期。
⑥ 郭道晖:《司法改革与司法理念的革新》(上),载《江海学刊》2001年第4期。
⑦ 彭瑞花:《民国初期的司法改革》,山东大学2006年硕士学位论文,第12页。

约侦查权的司法介入力量,发挥其实质作用,也成为当前最佳选项"①。这一做法与国民政府时期相类似。当时,案件进入审判之前的侦查是在检察官的主导下进行的,也即检察官在审判前介入案件,开展侦查,收集证据,决定是否起诉,且为审判阶段的公诉做准备。不过,国民政府时期,检察机构的体制及职权相对复杂,不仅要主持公诉,还要管理自诉。今天的检察机构职权相对单一,随着监察法的颁布,检察机构已经仅仅作为公诉机关而存在,原先侦查官员犯罪的职权被划给了监察机构,无形之中也弱化了检察职权。但是,在涉及国家机关人员犯罪的处理过程中,仍离不开检察机构的支持。这里,如何更好地发挥检察机构的监督作用,值得思考。尤其要考虑在当今社会变革的背景下,如何做好检察制度的调适工作,使得检察改革与社会变革有效衔接,从而更好地发挥检察机构的监督作用。"三大诉讼法的每次修改都和检察制度相关,其法律监督职能也逐渐成熟。"②期待未来的检察改革,进一步完善法律监督职能。

其次,检察司法改革与政治环境息息相关。"政治"代表着一个历史时期的国家及社会的发展走向,与政权的更迭紧紧相随。"从各国司法历史实践来看,法律与政治无法截然分开,司法的运行需要必要的良性政治力支撑。"③民国时期,政治环境纷繁复杂,为检察改革带来了机遇与挑战。"民国时期的司法改良的环境是非常恶劣的,政治腐败,战事频仍,社会纷乱,军阀专断使司法独立屡被践踏。"④腐败的政治环境所带来的司法困境,急需监督力量予以解决。而对于加强监督而言,检察的重要作用必不可少。尤其统一以后的"南京国民政府面临复杂的国际国内形势,必须厉行改革,以满足社会各阶层的需求"⑤。检察领域也不例外。简言之,民国的政治形势推动了检察改革。也正由于检察与政治的关联性,所以在某些时候,检察官是能借鉴政治家的智慧去解决检察问题的。

当代中国社会正处于一个全面变革的时代,在这一形势下,检察改革势在必行。但是,对于"司法改革发生在当代中国社会转型时期这一特定时空背景下的事实,在很大程度上可以说重视不够,这意味着对当代中国司法改

---

① 杨佶欣:《司改背景下审前司法介入的中国路径——审前检察介入的理念变革》,载《乐山师范学院学报》2019年第3期。
② 胡敏:《新时代检察机关法律监督权发展研究——以法理学视角分析》,江西师范大学2020年硕士学位论文,第13页。
③ 李在全:《法治与党治:国民党政权的司法党化(1923—1948)》,社会科学文献出版社2012年版,第15页。
④ 郭志祥:《清末和民国时期的司法独立研究》(下),载《环球法律评论》2002年第2期。
⑤ 谢冬慧:《民国民法典编纂及其当下镜鉴——基于社会变迁及政法精英的考察》,载《中国法律评论》2017年第6期。

革特有的政治语境的疏忽"①。在现代社会当中,社会转型不可避免地引起各种矛盾,需要寻求司法的解决。由于检察院和法院等司法领域被认为是"社会公正的最后一道屏障,所以在社会公众的心目中,司法的效率和公正程度,成为评价社会发展程度的直接标准"②。具体体现到检察和审判领域,检察的监督职能决定其更为重要的角色。

因此,这种社会形势带来人们对检察的大众印象,将社会矛盾归咎于司法,包括检察。这种情况随着社会变迁和法治的深化不断加重。每一次社会变迁必然带来新的社会问题,对检察的需求也将产生变化,并且随着法治化程度的提升而加剧,此时只有改革才能顺应发展需求。③ 最好是检察体制的根本变革,因为"体制的环环相扣,从人员、组织、程序到管理,必然在某些指导理念下串联运作,使得改革几乎都是在体制内作小幅度调整"④。只有对检察体制进行根本变革,才能真正直面当下的社会问题,求得妥善的解决,发挥检察的司法职能。

当然,当下的检察改革理念也要朝着新时代检察理论方向发展。正如有学者指出的那样:新时代检察理念的内涵应包括检察机关的政治前提定位、"以人民为中心"的检察工作价值观、以办案为中心的法律监督理念以及趁势而为的创新改革思维。⑤ 的确,新时代我国的检察理念应当在借鉴人类优秀检察理论成果的基础上,适应社会主要矛盾的转化,顺应社会变革和政治环境,始终践行"检察为民"的理念,推进检察制度的改革创新和健康发展。

(二) 检察改革以公正效率为价值取向

公正与效率是法的价值所在,理应是检察制度的价值追求。这里的公正是人们对司法应有伦理品质最主要的界定,是人类对司法应有功能的最基本的预期。⑥ 效率是指案件的迅速解决,快速恢复社会秩序。简单讲,公正是司法的灵魂,效率是司法的追求。民国时期各个阶段的检察变革,除了司法改革和社会变革的大背景之外,更有内在价值取向的推动,那就是对公正和

---

① 赵明:《当代中国转型期的司法改革与政治发展》,载《学海》2007年第4期。
② 谢冬慧:《民国时期的司法改革及其当下启示》,载《中国法律评论》2016年第3期。
③ 参照同上。
④ 苏永钦:《飘移在两种司法理念间的司法改革——台湾司法改革的社经背景与法制基础》,载《环球法律评论》2002年第1期。
⑤ 参照张垚:《新时代检察理念的内涵思考》,载《辽宁公安司法管理干部学院学报》2019年第2期。
⑥ 参照郑成良:《法律之内的正义:一个关于司法公正的法律实证主义解读》,法律出版社2002年版,第2页。

效率的追求。① 正如学者所言:"重大的制度创设和改革是使司法得以与社会的公正期待保持基本同步的重要举措。"②而"司法公正的推进,一方面具有极强的操作性要求,需要具体的制度架构来实现;另一方面,它也具有相当强的价值色彩,反映特定社会群体的理念要求,深蕴着特定的制度模式和价值目标。既有制度的种种改革和新制度的创设,往往都以此为出发点"③。整个民国时期,社会动荡,民心不定,民众极其渴望有一些能够带来公正和效率的社会平衡机制,来稳定社会,安定民心,而国民政府的司法改革正好承载了这种"愿望",通过司法改革重新塑造公正和效率的司法运行机制。"民初至北京政府时期,司法制度有所变革,但仍以沿用清末以来的法律及司法模式为主。到南京国民政府时期,司法体制发生新的变化。"④甚至国民政府坚持强调党义的地位和作用,赋予公正效率以特定的政治内涵,从而为解决社会矛盾提供了强大政治力量的支持。

其实,在临时政府的改革设想中,司法机构的重新配置旨在增加监督防线,保障判决的相对公正性;北洋政府在架构审判机构的同时,设置了检察机构,分别由专门司法官员按照法定程序审理案件,审判与检察彼此监督,在不受外界干扰的情况下,肯定比非专业人员用行政的模式处理纠纷的结果要公正。⑤ 国民政府时期,审级制度由四级三审变成三级三审,甚至简易案件适用二审终审,在效率上肯定占了上风。相应地,检察机构或者检察官介入也与其相适应,体现了效率性。"民国各个阶段对法律人才的重视,实质上也是法律公正与效率的体现。显而易见,一个高素质的专业司法官对于社会纠纷的处理,最终结果的公正与效率方面理应是值得信赖的。"⑥这也就是"中国自改革司法以来,各县普设法院,为始终一贯之方针"⑦的根源所在。

时至今日,中国的检察改革等司法改革仍在继续。进言之,检察改革离不开司法改革的大背景。司法的公正与效率也是当下司法改革所要达到的目标,如何实现?不妨从民国时期的检察改革中获取一些有益的启示。⑧ 首先,国家应重视司法审判的体制设计和监督机制的配置,既要防止受到外界的不良干扰,也应有必要的内部监督,防止司法权失控,侵犯人民的权益。其

---

① 参照谢冬慧:《民国时期的司法改革及其当下启示》,载《中国法律评论》2016年第3期。
② 章武生等:《司法公正的路径选择:从体制到程序》,中国法制出版社2010年版,第21页。
③ 同上书,第1页。
④ 张仁善:《国民政府时期司法独立的理论创意、制度构建与实践障碍》,载《法律史学研究》2004年卷,第234页。
⑤ 参照谢冬慧:《民国时期的司法改革及其当下启示》,载《中国法律评论》2016年第3期。
⑥ 同上。
⑦ 汪楫宝:《民国司法志》,正中书局1954年版,第8页。
⑧ 参照谢冬慧:《民国时期的司法改革及其当下启示》,载《中国法律评论》2016年第3期。

次,司法公正是实体公正与程序公正的统一,应从根本上改变过去"重实体轻程序"的理念。司法过程不仅应遵循其内在的规律,更应有看得见的法定程序和内容,彰显程序和实体的双重公正。最后,"注重司法专业人才的培养选拔任用及考察。由于司法活动的操纵者是人,其专业素质及品格至关重要。"①这里的监督机制主要指检察制度,而法定程序的履行不能没有检察官的参与,司法专业人才自然包括检察人员。因此,在司法改革背景下的检察改革,应当围绕这样的目标展开,即建立公正高效的监督机制,遵循法定程序,选用专业人才。只有这样,才能实现公正效率的司法价值。

当然,检察活动是一项复杂精细的工作,检察机构对案件的处理要做到及时审理、尽快审理、准确裁判、迅速执行,所依赖的因素非常多。"制度上的缺陷既可以解释为对客观现实的无奈举措,亦可以理解为司法设计上的主观忽略。"②因此,需要通过不断改革制度来从根本上弥补缺陷。目前司法改革的空间非常之大,因为"司法改革就是要回应社会对公正司法的期待和关切"③。同时,提高司法效率,降低司法成本也成为社会公众的期盼。例如,当下的检察体制随着国家监察制度的设立而有所变化,实际上是提升了检察的效率。因为原先从事职务犯罪侦查工作的检察官被并入监察系统,专门处理职务犯罪案件,而余下的检察系统检察官专门办理公诉案件及进行法律监督。理论上,这样的安排比较理想,各自对案件的处理更迅速,更专一,公正性和效率方面定能有所改进。

可以说,在公正与效率面前,当下的检察改革仍然任重道远,需要长期不懈地开展下去,而且要与司法改革相配合。因为司法公正是法院与检察院、法官与检察官共同完成的,而"检察院与法院之间、法官之间、检察官之间产生的差异,会使对量刑公正的判断更加复杂"④。仅就检察而言,改革的任务在于使检察机关及其职员,特别是检察官应树立公平对待双方当事人的理念,充分合理地利用司法资源,尽可能快速妥善地处理各类案件。

此外,各级政府应该调动一切力量推进检察改革的进程,紧紧围绕公正效率的价值目标,提高全社会成员对检察改革工作的认识和重视,实现法治国家的理想。在很多国家的司法体制中,检察机构都是隶属于行政系统的。我国的检察机构虽独立于行政系统,但仍与行政系统存在方方面面的联系。实践证明,我国的重要改革既有中央高层的顶层设计,也有地方政府的极力

---

① 谢冬慧:《民国时期的司法改革及其当下启示》,载《中国法律评论》2016年第3期。
② 龙伟:《民国司法检验的制度转型及其司法实践》,载《社会科学研究》2013年第4期。
③ 陈菲等:《从两高报告透视司法改革与司法公正之路》,载《新华每日电讯》2013年3月11日,第3版。
④ 左卫民:《量刑建议的实践机制:实证研究与理论反思》,载《当代法学》2020年第4期。

推动。检察改革也不例外,需要借助各级政府的行政推动力量。

(三) 检察改革应重视专业人才的培养

检察业务是一项专业性很强的工作,涉及很多专业知识和技能,必须重视专业人才的选拔和培养,改革不合理、不科学的人才选拔和培养模式。对此,"早在清末民初的中国就出现了梁启超、沈家本、孙中山等一批大力倡导培养西方法治思想的法律人才。他们一方面积极学习和引进西方先进的检察理念,另一方面又大力倡导在中国进行司法改革,建设法治国家。"①这里的司法改革自然包括检察改革在内,他们将大量西方的检察制度及法学著作翻译成中文,从而使一些先进的检察改革理念在中国广泛传播并深入民心。与此同时,晚清政府派遣出国的法政留学生大量归来,他们深受西方检察理念的影响,思想活跃,法理精通,因此成为民国检察改革的主导②,推动了国民政府检察改革的进程。

一定意义上,检察人员的专业素质决定着司法公正和司法效率。由于办案人员的业务能力关乎检察监督的办案质量,检察人才培养应着重把握法律监督权的性质、特征,以及监督权与审判权的关系,促使其建立办案思维,增强法律方面的知识储备。③ "民国政府及其司法管理者深切地认识到这一点,因此,非常重视法学教育及法学人才的选拔,并将其作为司法改革的应有内容。"④例如,临时政府时期,孙中山先生极力主张开办法政学校,培养法学人才。在他看来,只有合格的司法官员,才能保障司法审判的专业性和权威性,才有利于保障司法审判的公正性。他的法学人才观对后世产生了巨大的示范效应。自北洋时代开始,法政学堂红红火火,政府明显加强了法律学历教育,并且将其作为司法官选拔必备的资格之一。⑤ 到南京国民政府时期,法官属公务员的一部分,国民政府规定所有司法官在任职前都必须通过高等文官考试。⑥ 此外,"一批人才留学海外著名的法学教育机构,回国后在政府重要的司法管理岗位工作,他们以自己先进的司法理念、专业的法律知识影响了国人,唤醒了民众,"⑦推进了当时的司法改革及其中的检察改革,促进了法制发展。

---

① 谢冬慧:《民国时期的司法改革及其当下启示》,载《中国法律评论》2016 年第 3 期。
② 参照同上。
③ 参照蔡虹:《民事检察监督须多元化精准化专业化》,载《人民检察》2019 年第 24 期。
④ 谢冬慧:《民国时期的司法改革及其当下启示》,载《中国法律评论》2016 年第 3 期。
⑤ 参照同上。
⑥ 参照同上。
⑦ 同上。

现代检察更是一种高度专业化的职业,要求检察人员必须受过专门的法学专业知识训练,至少取得法学本科学历,且取得法律职业资格,具备一定的检察或其他司法实践经验。与此同时,还必须具备较强的法律思维能力,能够按照法律的逻辑观察、分析和解决复杂的社会问题。"令人遗憾的是,当下中国的法学教育机构之多、法学学科学子之多、法学学历层次之多前所未有,但是培养出来的法学精英人才实在屈指可数,又有多少能够超过民国时期的伍廷芳、王宠惠、居正等人,去引领国家未来司法发展方向?这不能不引起法学教育主管者深思。"① "按照通常的道理,法学乃治国之学,法学人才水平直接影响国家的治理水平。因此,笔者拙见:当下中国的检察改革,理当将法学人才培养改革纳入其中。"②尽管教育部已经出台了"卓越法律人才计划",但是,实施好该计划并非易事,且该计划覆盖面不大,效果难以突显。

近年来,我国推行司法官员额制,"经过几年的改革探索和逐步试点,全国四级检察机关相继完成了员额检察官选任工作,初步实现检察官、检察辅助人员、司法行政人员'各归其位、各尽其职'的改革目标。"③在检察实践当中,员额检察官成为办理案件的主力军。可以说,司法官员额制是法律职业化和专业化的重要标志。但是,"隐蔽的科层制反而可能会造成更大的弊害。"④检察人才还是比较短缺的,现在的很多地方检察官断层问题严重,给办案质量带来了不利影响。

目前,我国法学教育体系中,没有设置检察学专业,唯一带有"检察"名字的国家检察官学院还是一所培训学院。检察官的专业化教育现状,必须引起高度关注。期待今后的检察改革,将专业人才培养作为改革的一项重要内容予以谋划,将检察学专业纳入国民教育体系,强化检察专业的专门化和职业化。

(四)检察改革应开展扎实的考察调研

实践出真知,一国的司法改革与该国的基本国情与社会背景是不可分离的。正如学者所言:"一个国家的司法国情条件,在很大程度上决定着这个国家的司法改革进程与取向。"⑤并且,"人类法治文明发展的历史和现实情况

---

① 谢冬慧:《民国时期的司法改革及其当下启示》,载《中国法律评论》2016 年第 3 期。
② 同上。
③ 何敏等:《检察官员额退出机制的理性构建》,载《成都理工大学学报(社会科学版)》2020 年第 1 期。
④ 刘忠:《员额制之后:法院人员分类构成评析》,载《华东政法大学学报》2020 年第 6 期。
⑤ 公丕祥:《当代中国的自主型司法改革道路——基于中国司法国情的初步分析》,载《法律科学》2010 年第 3 期。

表明,世界上并不存在唯一的、普适的和抽象的司法制度模式。衡量和评价一种司法制度的好坏优劣,关键要看它是否适应本国需要,符合本国国情……"①同样道理,民国时期的检察改革,一定程度上是在对社会状况进行考察调研之后进行的。

史实上,随着屈辱的《南京条约》及其附约的签订,中国丧失了司法主权,备受列强欺辱。到了民国时期,为收回司法主权,民国政府被迫开始了包括检察制度改革在内的司法改革历程。"为了达到西方列强的所谓条件,民国政府在动荡复杂的社会条件下开展司法改革,并且不时派员下基层检查改革状况。在设置法院及司法制度制定之前,民国政府预先派人到国外进行相关司法制度的考察和研究,并且组织人员到国内主要城市及基层进行国情调研工作,为司法改革做好准备。"②实是因为唯有调研,才有发言权。

很多人不了解民国时期的实情,想当然地认为,"民国时期所进行的司法改革基本上是照搬西方的模式,缺乏对中国的现实国情的分析,导致很多的制度设计华而不实,与实际生活中相脱节。"③史实上,民国时期在开展立法之前,往往要进行广泛的调研活动,除了民事立法领域著名的民商事习惯调查之外,围绕检察制度的存废问题,也开展了广泛的调研工作。当时关于检察改革的调研报告频见于报刊。今天的社会条件明显提升,检察制度改革更应该开展扎实的调研工作,使改革有的放矢,收到实效。

其实,理论与实践总是有差距的,只不过是差距多少而已。"而恰恰是制度变革与制度实践之间的巨大落差,才证明了法治进程的复杂性与漫长性。"④南京国民政府初期,既要把司法权控制在自己手里,又要尽可能地构建起符合现代法治精神的现代司法制度的暧昧态度反映到具体司法实践中,不可避免地出现了一些矛盾。⑤ 这种书面制度与实际运作之间的反差也是今天司法改革所面临的障碍之一。

如今中国的国情依然复杂多变,给司法改革带来了困难。当下的改革者必须进行更为细致的考察和调研,才能设计出合理的改革方案,制定科学的司法制度,推进国家司法治理现代化。其实,调研发现,今天的检察制度并非完美无缺。如何在调研的基础上,进一步完善检察制度,则是检察改革需要

---

① 李林:《司法改革价值转向:从独立到公正》,载《中国社会科学报》2009 年 7 月 1 日,第 B8 版。
② 谢冬慧:《民国时期的司法改革及其当下启示》,载《中国法律评论》2016 年第 3 期。
③ 刘清洋:《民国前期司法体制的沿革》,载《法制与社会》2008 年第 36 期。
④ 谢冬慧:《民国时期的司法改革及其当下启示》,载《中国法律评论》2016 年第 3 期。
⑤ 侯欣一:《党治下的司法——南京国民政府训政时期执政党与国家司法关系之构建》,载《华东政法大学学报》2009 年第 3 期。

面对的课题。因此,检察改革应该开展扎实的调研。具体到检察领域,随着体制的转型、机构的调整等诸多变化因素的出现,检察制度必然要随之改革。而要提升检察改革的效率,就需要开展广泛的调研,在此基础上,构建完善的、适应社会最新发展需求的检察制度。

"公平、公正与效率是人类社会的永恒追求和法治社会的良好样态,同时也是检察改革的终极目标。由于社会的不断发展与变迁,带来新的社会矛盾和问题,不得不诉求于新的机制与路径。"[①]因此,任何时代社会的政治经济转型,必然带来法律的修订与司法的革新。民国时期的每一次检察改革,基本契合了当时的政治需要与社会诉求,既有宏观检察体制的深刻反思,又有微观检察制度的精巧设计,更是将检察人才的培养、选拔与考核等纳入了司法改革的系统工程之中。但是,这种"契合"的背后是以充分的调研为基础的。通过调研掌握社会情境的发展动向,对于检察改革极为重要。当下的检察改革任重道远,或许可以从民国的检察改革中"受到某些启发,引发必要思考,为法治中国建设释放更多的正能量"[②]。

(五) 检察改革应通盘考虑和一体设计

民国后期,尽管成立了司法院,使检察与法院合署办公,但是应注意到检察官与法官所承担的角色不仅仅是分工的不同,更重要的还是从权力制约的政治层面去考虑。国民政府的检察制度还有体制上的统一性问题,即国民政府仅在国家层面设有专门的检察机构——最高法院检察署,而地方上则未设相应检察机构,仅配备检察官,造成地方检察官仍只能归属于法院,没有归属感,未能发挥应有的作用。

不过,今天的检察制度设计已经避免了这一尴尬局面。在当下中国的司法活动中,尤其是刑事司法实践中,法院与检察院分别设立,各自有独立建制,分别扮演不同角色,承担不同职责,形成了有效的监督机制。当然,二者具有共同的价值追求,这一共同的目标追求促使法院与检察院在工作中相互协调,彼此监督,共同公正高效地打击违法行为,制裁犯罪,维护国家和人民的合法权益。

诚然,随着时代的变迁以及国家机构职能的转变,今天的检察机构也处在改革之中,特别是"随着监察体制改革的进行,检察院的职权面临着重大调整"[③]。"根据《宪法》和《监察法》的规定,国家监察机关履行职务犯罪的调查

---

① 谢冬慧:《民国时期的司法改革及其当下启示》,载《中国法律评论》2016 年第 3 期。
② 同上。
③ 刘贤:《监察委员会改革背景下对检察权的再审视》,载《人民法治》2018 年第 11 期。

职能。"①也就意味着检察机关原先的职务犯罪调查职能被转给了监察委员会。监察委员会是一个权力整合的新机构,它实际上综合了原来的纪委、监察,以及检察院的职务犯罪侦查等诸多部门的职权。然而,这一转变涉及方方面面的问题,如法律法规的调整,相关机构人员的变动,等等,必须通盘考虑,一体设计,方能发挥改革后的机制的最大效益。

首先,不同部门合一后的检察地位发生了变化。有学者认为:"监察与司法(检察)不仅在主体、职能和法律依据等方面有所不同,还在领导体制上存在显著的差异。"关键是"检察机关无权对监察调查活动实施法律监督"②。这与宪法赋予检察机关的法律监督职权相违背,需要改革调整。其次,在国家监察体制改革前后,对职务犯罪进行侦查和起诉的机构及法律适用均发生了变化。改革之前,侦查和起诉均发生在检察机关内部,适用《刑事诉讼法》。而在改革之后,监察机关行使职务犯罪调查权,且监察调查和审查起诉分别适用《监察法》和《刑事诉讼法》。"牵一发而动全身",国家监察体制的变化,带来检察制度的变化,也必然带来相关法律的变迁,这些都需要通盘考虑,一体设计。最后,对于原来的检察机关,在失去职务犯罪侦查权之后,检察院的业务减少了,其职能相对弱化了,地位实际上是下降了。简言之,监察体制改革对检察院职权调整产生了很大的挑战。

总之,2018年开启的监察体制改革对检察机关的影响是巨大的,反过来,监察工作的运行也离不开检察的协助。诚如学者所言:"我们要清楚地认识到,国家监察部门开展的反腐活动只是切除腐败病灶的第一步,兹后还需其他公权机关的进一步耕作,这样才能体现出制度性反腐的征象与功效。"③这里所提的"其他公权机关"主要指公安机关、检察院、法院等。涉及多机关处置的案件,必须事先设计好监察委、公安机关、检察院及法院等在处置案件中各自的分工和职责,保证办案的公正,提高办案的效率。

二、认真对待检察权的行使

检察权作为国家公权力的重要组成部分,检察机关必须认真对待,谨慎行使。由于"现如今公权力在具体的施行中,常常会发生偏差乃至异化。公共权力的行使者为达到越权的目的,形成与公权力设立初衷相违背的情况,

---

① 江国华:《国家监察与刑事司法的衔接机制研究》,载《当代法学》2019年第2期。
② 封利强:《检察机关提前介入监察调查之检讨——兼论完善监检衔接机制的另一种思路》,载《浙江社会科学》2020年第9期。
③ 梁鸿飞:《检察公益诉讼:逻辑、意义、缺漏及改良》,载《安徽师范大学学报(人文社会科学版)》2019年第3期。

造成权力滥用,从而给社会和国家造成重大损失,带来巨大的危害"①。因此,国家必须完善有关检察监督机制,加大社会公众检察监督力度。国民政府时期,由于没有认真对待检察权,滥用检察权现象严重,从而导致司法腐败现象,带来层出不穷的社会问题,引发学界废除检察制度的呼吁等,这些教训值得汲取。

(一) 完善检察权内部监督机制

权力的行使离不开监督或控制的力量,否则容易走向腐败,这是一条公理。法国法学家孟德斯鸠指出:"一切有权力的人都容易滥用权力,这是万古不易的一条经验。有权力的人们使用权力一直到遇有界限的地方才停止。"②个人认为:这是对权力监督原理的最好诠释。"'以权力制约权力'是权力制约的重要模式,其目的在于维护权力运行的良性机制,保障人民权益不受侵害。"③因此,"现代法治的核心目标之一是构建合理的权力控制机制,防止权力滥用。"④而"检察权内部监督机制是检察机关内部用于监督检察权运行的机制的总称"⑤。检察权作为国家权力,它是国家赋予检察机关的特定权力,让其代表国家行使刑事公诉及监督法律的权力,保证国家及人民利益不受侵害。那么,检察机关欲正确、高效地行使其权力,必须首先完善检察机关内部监督机制。

"实践中检察权不正当行使甚至违法行使的案例时有发生,建立并完善内部监督机制是检察权自我净化的重要举措。"⑥南京国民政府时期,检察机关滥用检察权情况严重,首要原因是内部监督不力,对于贪赃枉法、暴力取证、刑讯逼供、徇私舞弊等严重违法行为的监管缺乏力度,从而引发了严重的社会问题。⑦ 因此,完善检察权内部监督机制,是确保检察权正确运行的关键所在。今天,检察机关滥用检察权,导致司法实践中反复申诉现象对社会稳定提出了挑战。因此,检察权内部监督意义重大,必须尽快完善相关机制。

首先,建立检察系统的上下级监督机制。理论上,"我国各类国家机关纵向的上下级之间的制约关系有两种体制,一种是领导体制,一种是监督体制。依照我国宪法、国务院组织法、两院组织法和地方组织法的规定,权力机关和

---

① 张望:《浅析公权力的滥用与制约模式》,载《现代交际》2020年第8期。
② 〔法〕孟德斯鸠:《论法的精神》(上册),张雁深译,商务印书馆1961年版,第154页。
③ 黄祖帅:《公安机关执法办案管理中心派驻检察监督之原则》,载《检察日报》2020年4月7日,第3版。
④ 余钊飞:《"四大检察"与执法司法制约监督体系之构建》,载《法律科学》2021年第1期。
⑤ 杨春福:《检察权内部监督机制研究》,载《国家检察官学院学报》2016年第5期。
⑥ 同上。
⑦ 阴晗:《对检察权的制约机制研究》,郑州大学2018年硕士学位论文,第5页。

审判机关实行的是监督体制。"①但是实践当中,检察系统的上下级为领导与被领导的关系,人民法院的上下级才是监督与被监督的关系。② 也就是说,检察系统内部原本没有监督与被监督的关系,只有领导与被领导的关系。检察系统的领导体制不利于检察机关正确、高效地行使其职权。因此,检察机关的上下级之间还应建立必要的监督机制,形成检察权行使的双向制约格局。例如,上级检察机关可以对下级检察机关执行法律情况及其所经办的案件,进行不定期抽查,尤其对当事人及社会争议比较大的案件启动抗告程序。反之,下级检察机关如认为上级检察机关在用人、办案等方面存在不妥当的地方,可以通过一定的路径进行反映,或者提请监察机关启动监督程序。

前文已述,南京国民政府时期,上下级检察官之间是一体的,是领导与被领导、指挥与服从的关系,根本谈不上什么监督。史实证明,南京国民政府时期的上下级检察机构缺乏有效监督,是导致检察制度失灵的重要根源。这一教训必须汲取,只有建立检察系统上下级相互监督、彼此制约的机制,才能有效地阻止检察权的滥用,促进检察作用的发挥。如今的上下级检察机关之间诉讼监督条块分割、各自为战,监督力量分散,没有形成监督合力,尤其是内部监督不力,应引起重视。检察机关职能尽管发生了一些变化,但仍以代表国家提起公诉与法律监督为主,行使的是国家公权力,该权力必须得到有效监督,才符合人民的意愿。所以,有必要建立检察系统的上下级监督机制。

其次,实行检察机关内设机构相互监督。一般情况下,检察机关内设机构包括若干办案机构、人事机构、行政服务机构、研究机构等。不过,南京国民政府时期,检察机构除了行政服务部门之外,其他机构有所不同。"检察官对外独立,而无独立官署;对内独立,而无独立权力。因此,该制度自施行以来,院长对检察官执行的职务,既无指挥监督的权力,而与检察官日常事务有关的会计统计,以及经费出纳又属于院方,不受检察官支配,矛盾重重。"③当时没有明确检察机构内部的监督问题,这是导致检察工作出现种种弊端的原因之一。因此,检察机构内部不可缺乏监督机制。"内设机构是检察职能的分解形态和检察官行使职权过程中的行政组合。"④俗话说,堡垒往往从内部攻破。检察机构各个内设部门彼此了解内情,更便于监督和制约。

如今,"检察权的内部配置包括检察权在检察系统纵向的检察机关之间、检察机关横向的内设机构之间以及纵向的检察长与检察官之间的分配三个

---

① 宁乃如:《检察机关的领导体制及其改革新探》,载《学术交流》1988年第4期。
② 参照同上。
③ 张仁善:《司法腐败与社会失控(1928~1949)》,社会科学文献出版社2005年版,第366页。
④ 徐鹤喃、张步洪:《检察机关内设机构改革的理论前提》,载《检察日报》2006年12月25日,第3版。

方面。"①党的十八大之后,在法治中国的背景下,检察机关内设机构更需要相互监督,以彰显法治的力量。虽然"2017 年,检察机关侦防'转隶',内设机构的改革面临着新的时代要求"②。但是,无论检察机关内设机构如何改革,都不能缺少相互监督的机制。可以说,检察机关内设机构具体承担了检察机关的大部分工作职责,各个内设机构相互监督,是检察机关内部监督机制的应有内涵之一。只有各个内设机构的相互监督,才能避免局部错误的发生,为检察机关整体错误的发生筑起一道"防护网"。

最后,加强检察业务流程公开化与程序化。检察业务流程公开化是指"检察机关依法向社会和诉讼参与人公开与检察职权相关的不涉及国家秘密、商业秘密、个人隐私的检察事务信息"③。它是司法公开原则的具体体现。而程序化是公开化的有效体现,因为"程序"即是办事的过程及先后顺序。所谓"程序化",就是这种办事的过程及先后顺序成为一种规律和常态。理论上,公开化与程序化是避免暗箱操作和矛盾发生的最好方式。"南京国民政府时期中后期,从中央到地方,纲纪不正,风气败坏,早已尽人皆知。违背孙中山三民主义,在国民党内部已不是个人行为,而是群体行为。"④这就表明当时的检察机关及检察官早已将法律规定的程序抛到九霄云外,1941年的《特别刑事诉讼补充条例》第 3 条⑤更是将行政权凌驾于司法权之上,办案往往秘密进行,使检察权遭到极大破坏,也使被害人的合法权益受到了损害。

显然,加强检察业务流程公开化与程序化,是完善检察机关内部监督机制的应有内涵,也是提升司法公信力的关键之举,"自觉接受人民监督是检察机关固本强基之源,永葆活力之本。"⑥检察权行使不能不重视检察业务流程的公开化和程序化问题。最高人民检察院于 1998 年 10 月 25 日和 2015 年 2 月 28 日先后两次发文,即《关于在全国检察机关实行"检务公开"的决定》和《关于全面推进检务公开工作的意见》,要求全国检察机关全面实行检务公开,着力于办案过程的公开,有效接受人民群众监督,探索实行公开审查,确

---

① 张智辉主编:《中国检察(第 10 卷)刑事诉讼法修改问题研究》,北京大学出版社 2006 年版,第 77 页。
② 卢颖:《检察机关内设机构改革变迁》,载江苏检察网,http://www.jsjc.gov.cn/qingfengyuan/201805/t20180503_390185.shtml,2019 年 6 月 3 日访问。
③ 葛琳:《类型化视野下的检务信息公开原则》,载《法学杂志》2015 年第 10 期。
④ 张仁善:《司法腐败与社会失控(1928~1949)》,社会科学文献出版社 2005 年版,第 83 页。
⑤ 《特别刑事诉讼补充条例》第 3 条内容为:辩论终结后,不能即日宣告判决者,得延长之,但不得逾三日,其宣告死刑或无期徒刑案件,应呈报司法行政事务处核办,不能即日办理者亦同。据中国国家图书馆民国法律资源库,http://read.nlc.cn/OutOpenBook/OpenObjectBook?aid=462&bid=4797.0,2019 年 8 月 14 日访问。
⑥ 《自觉接受人民监督 让检察权在阳光下运行》,载《检察日报》2016 年 4 月 3 日,第 1 版。

保检察权在阳光下运行。但是效果不明显,对此,有学者经过考证,认为:"遗憾的是,尽管检务公开持续、有效推进,但作为法律研究者和社会公众,总是缺乏直观、立体的感受,其中原因即是过往数据公开的有限性。"①实践证明,很多案件之所以久拖不决,问题就出在检察过程及信息的不公开,程序不透明等方面。这种现状,也使检察业务失去接受监督的机会,从而带来诸多麻烦,值得深刻反思。

法理上,公正是法治的精髓和法律的价值所在,要通过"看得见的正义"来实现实体正义,要"努力让人民群众在每一个司法案件中都感受到公平正义"②。也就是说,"正义不仅要实现,还要以人们看得见的方式实现。看得见,才容易监督。"③这也是广大人民的热切期盼。那么,司法的公正在检察领域何以体现? 毫无疑问,检察业务流程公开化与程序化应是最好的选择。如今的世界已经进入了数据信息化的时代,为信息公开化和程序化提供了极大的便利。"检察业务统计数据公开的常态化,是检察机关自觉接受社会监督、展现检察业务水平所迈出的坚实一步。"④所以,当下的检察制度改革,应该着力从检察业务流程的公开性与检察过程的程序性两方面入手,进行深入构想。只有这样做,才能有效增加检察工作的公正性和客观性,确保检察权的认真行使,提高检察的司法公信力。

(二) 加强检察权外部监督力量

顾名思义,检察权的外部监督,就是来自检察系统以外的监督力量,包括国家机关、人民群众、媒体力量等诸多方面。通常意义上,检察机关是一种法律监督机关,它的工作是"对执法司法权的检察监督,是对法律实施工作和法律运行过程的监督,更是对具有高度专业化特点的执法、司法权力的监督"⑤。反过来,检察机关也要接受监督,才能杜绝检察权运行过程的权力滥用现象。并且,某种程度上,由于没有直接的利害关系,检察权外部的监督力量更强,效果更佳。南京国民政府时期的检察工作既没有严格的内部监督,也不存在有力的外部监督,从而导致检察腐败高发,值得当下的我们去深思。

---

① 卞建林:《全方位提升检务公开程度和水平》,载《检察日报》2019年11月8日,第2版。
② 2012年12月4日,习近平总书记参加"首都各界纪念现行宪法公布施行30周年大会"第一次提到。详见胡云腾:《论理解与践行"努力让人民群众在每一个司法案件中感受到公平正义"的几个问题》,载《中国青年社会科学》2020年第1期。
③ 《自觉接受人民监督 让检察权在阳光下运行》,载《检察日报》2016年4月3日,第1版。
④ 卞建林:《全方位提升检务公开程度和水平》,载《检察日报》2019年11月8日,第2版。
⑤ 余钊飞:《"四大检察"与执法司法制约监督体系之构建》,载《法律科学》2021年第1期。

1. 接受国家机关的监督

国家机关是指从事国家管理和行使国家权力的机关,主要是监察机关、公安机关、司法行政机关、人大、法院等与检察机关打交道比较多的国家机关,是监督检察机关的重要力量。

其一,监察机关对检察机关的监督。监察机关的职责主要是对于各级国家机关、国家公职人员进行监督、检查和纠举。① 据此,监察机关是检察机关的法定监督机构,检察机关及检察官必须接受监察机关的监督。国民政府时期,监察权作为国家五权之一,发挥了重要作用。依据1928年的《监察院组织法》,监察院的职能是依法行使对所有政府官员和公务人员的检察权,如果检察官枉法办案,将受到监察院的弹劾。1931年2月2日,随着于右任宣誓就职,国民政府监察院正式运行。但由于国民政府后期官场腐败太重,监察院的监督作用没有得到有效发挥。

随着监察委员会的成立,检察院反贪腐的职能已经转到监察委员会,也即检察机关的职务犯罪侦查权转隶监察机关。而从检察机关的宪法定位而言,检察机关有对监察委员会实行检察监督的职权。② 实际上,检察机关与监察机关是互相监督的关系。如今的"监察监督重在对所有行使公权力的公职人员履行职责、行使权力等情况进行监督"③。据此,检察官作为行使检察权这一国家公权力的公职人员,自然要接受监察监督。此外,依据现行的《监察法》和《刑事诉讼法》,监察机关对检察机关的"退回补充调查"以及"不起诉决定"两项具体业务有监督制约的权力④。那么,面对新的机构与形势,监察委员会如何高效监督检察院及检察官,需要认真思考。

其二,公安机关对检察机关的监督。因为检察机关是法律监督机构,所以通常情况下,检察机关对公安机关的侦查活动实行监督。反过来,在理论上,公安机关也可对检察机关及其检察官进行监督。⑤ 根据我国现行《刑事诉讼法》第7条规定:"人民法院、人民检察院和公安机关进行刑事诉讼,应当分工负责,互相配合,互相制约,以保证准确有效地执行法律。"这里的"互相制约"也就意味着可以相互监督。在刑事案件处理的过程中,公安机关与检察机关通常需要打交道,相互配合,相互了解所办案件,自然可以形成相互监

---

① 参照陈瑞华:《论国家监察权的性质》,载《比较法研究》2019年第1期。
② 参照袁博:《监察制度改革背景下检察机关的未来面向》,载《法学》2017年第8期;姚建龙:《监察委员会的设置与检察制度改革》,载《求索》2018年第4期。
③ 《如何正确理解四项监督逻辑关系》,载《中国纪检监察报》2021年1月14日,第6版。
④ 参照龙浩:《论监察机关对检察机关的制约及其必要限度》,载《新疆社会科学》2020年第5期。
⑤ 参照黄一超、李浩:《强化刑事立案监督的若干问题探讨》,载《政治与法律》2001年第3期。

督的机制。也就是说,公安机关是监督检察权运行的力量之一。但是,实践中,总是检察机关对公安侦查活动的监督比较多,反之则较少。

国民政府时期的司法警察机构相当于今天的公安机关,当时"司法警察官,系承检察官间接之委任,而为辅助作用。……司法警察之搜捕犯罪,系代表国家行使权力"①。从国民政府相关文件中可知,大多是检察官对司法警察提出要求。前文已述:司法警察必须服从检察官的命令和指挥,协助检察官进行侦查,而没提到司法警察对检察官的外部监督问题。检察官理应与司法警察相互监督,相互制约,形成良好的外部监督氛围。而这种单向的仅由检察官对司法警察进行指挥和命令的制度安排,不利于司法警察对检察官的监督,也是国民政府司法警察与检察官之间矛盾较多的主要原因。

"在中国特色社会主义法律体系下,检察机关和公安机关在法定范围内行使职权,各司其职,各负其责,相互配合和制约,营造出浓厚的法治氛围。"②这种良善的愿望是好的,现行法律也明确了检察机关对公安侦查的监督,但是理论和实务界关于公安机关对检察机关的监督几乎没有真正涉及,这就违背了"相互配合和制约"的理念。为了更好地保障检察权的运行,应更加重视公安机关对检察机关的监督。

其三,司法行政机关对检察机关的监督。南京国民政府时期,"在司法审判机关与司法行政机关之间的关系上,推行层层监督制度。司法院长督同最高法院院长监督最高法院,司法行政部长监督最高法院所设检察署及高等法院以下各级法院及分院,上级法院监督下级法院,检察长监督全国检察官,上一级首席检察官监督下一级检察官。"③除了司法行政长的监督之外,国民政府司法行政部对刑事审判、民事审判履行审核监督的职能。这种审核监督工作的开展,在很大程度上预防和抑制了审理案件过程中检察官腐败情况的发生,达到了监督其中检察工作的效果。

如今的司法行政部门(司法部、局等)除了为检察机关选拔检察官之外,理论上与检察机关没有什么关系。这是由于司法行政机关和检察院皆为独立的国家机关,二者之间仅有"业务往来",却没有任何隶属关系。但是,作为具有"司法"管理职能的司法行政机构,基于专业的同属性,对检察机关实行内行式监督是便利的,其监督的力度也一定不小,为何不将司法行政机关列为监督检察机关的力量呢? 建议今后的司法改革予以关注。

其四,人大对检察机关的监督。国民政府时期,立法院对法院、检察机构

---

① 河北省会公安局警察教练所编纂:《司法警察讲义》,内部资料1933年版,第4页。
② 侯登华、赵莹雪:《侦查活动监督与检警关系》,载《人民检察》2019年第17期。
③ 张皓:《中国现代政治制度史》,北京师范大学出版社2004年版,第153页。

都有监督职责。我国现行《宪法》第 3 条规定:"国家行政机关、审判机关、检察机关都由人民代表大会产生,对它负责,受它监督"。显然,《宪法》是人大对检察实行监督的理论依据。因此,有学者指出:"人大监督指的是各级人大及其常委会为了维护人民的根本利益,以及出于全面保证宪法、法律有效实施的考量,代表人民的意志,依照法定的程序和形式来运用国家权力对其他国家机关的工作以及宪法、法律的实施情况进行的监督。"①也即人大是《宪法》规定的法律监督机关,自然是监督检察机关及其检察官的重要力量。虽然一定意义上,人大和检察机关都是法律监督机关,但是,人大的监督是宏观的,检察机关的则是微观的。"人大监督是全方位的外部监督"②,其作用是相当巨大的。人大委托人大常委会对检察机构法律监督的情况进行定期监督,检察机关则通过年度工作报告的形式接受本级人大常委会的监督。

其五,法院对检察机关的监督。与今天的法院、检察机关并行设置模式不同,南京国民政府时期,除了最高法院,仅在省级及以下各级法院内部配备检察官。虽然理论上法院内部成员尤其法官、检察官独立行使职权,但是法院实然地成为检察官行使检察职权的监督者。这里的法院只是"监督者",而不是"干涉者"。当前,"就我国检察机关的法制监督体制而言,监督人民检察院的机关主要是上级检察机关和本级人民代表大会及本级人民代表大会常务委员。"③其实,法院与检察院之间是相互协作、相互制约的关系。现行《刑事诉讼法》第 7 条规定:"人民法院、人民检察院和公安机关进行刑事诉讼,应当分工负责,互相配合,互相制约,以保证准确有效地执行法律。"据此,法院完全可以监督检察机关的工作。如有学者认为:"法院认为检察监督行为违反法律规定的,可以向检察机关提出书面建议。"④这实际上就是法院对检察院进行业务监督的有效形式。今后,法院应进一步加大监督检察院的力度,以体现"相互制约"的法理。

2. 接受人民群众的监督

除了接受国家机关的监督,检察机关还应接受最广大人民群众的监督。国民政府时期,法官、检察官相当于"公众人物",受到民众的关注,尤其是学者们以发表文章的形式对当时的司法进行监督。我国现行《宪法》第 2 条规定,"中华人民共和国的一切权力属于人民。"这就赋予了人民群众通过各种

---

① 廖万超、戚勇:《检察监督与人大监督的协调配合机制研究》,载《山西省政法管理干部学院学报》2020 年第 2 期。
② 周维民、王磊:《论人大司法监督与检察监督的衔接》,载《法制博览》2017 年第 30 期。
③ 潘云华:《论人民法院对审前刑事检察权的监督》,载《前沿》2017 年第 1 期。
④ 郑新俭:《最高人民法院、最高人民检察院〈关于民事执行活动法律监督若干问题的规定〉的理解与适用》,载《人民检察》2017 年第 2 期。

途径和形式,依法管理国家事务和社会事务的权力。① 也就是说,人民群众有权按照法定程序对检察机关进行监督。实践证明,人民群众是监督司法活动的一股不可忽视的力量。国民政府时期,民众检举检察腐败现象,是当时检察监督通常的方式。并且,民众检举在一定程度上遏制了检察权滥用的现象。为了收到应有的司法效果和社会效果,今天的检察领域不妨以程序公开、办案透明的形式,自觉接受人民群众的监督。

3. 接受媒体力量的监督

"以新闻形式刊登司法消息,是司法机关向社会公开法务及社会监督司法行政的重要方式之一。"②但是,南京国民政府时期,由于媒体不发达,其监督的力量是有限的,而且"媒体毕竟只是舆论工具,不具备行政管辖权和法律强制权,有些案子因牵涉到多方势力,即使被新闻揭露,当事人也不会受到公开惩治"③。而如今,在自媒体时代,媒体监督在某种意义上是最具影响力的。实践证明,媒体监督是一种对社会负面影响具有天然抗争性的力量。司法腐败问题是当今各国共同关注的问题之一,自然也是媒体关注的热点。"媒体监督对于预防和揭露司法腐败、促进司法公信力提升有积极作用。"④可以说,在媒体的聚光灯下,再好的单位或个人声誉也经受不起考验,足见媒体监督力量之强大。因此,媒体力量的监督不失为检察权外部监督的较好方式。

简言之,源自检察系统以外的国家机关、人民群众以及媒体的力量是监督检察权运行、防止检察权滥用及腐败的重要力量。检察机关应该摆正心态,主动接受这些外部力量的监督,自觉提高检察工作的水平,公正地行使国家检察权。这也是检察机关认真对待检察权行使的应有态度。

(三)提升检察权行使主体素质

检察权运行的通常主体是检察机关及其检察官,其他任何机构和个人无权行使检察权。为确保检察权的公正高效运行,必须提升检察权行使主体的素质。上文所提的检察系统上下级以及检察机关内设机构形成相互监督的机制,一定程度上取决于检察权行使主体素质的提升。但是,南京国民政府时期,检察权行使主体复杂,连县知事和县长都是检察权行使主体,并且检察

---

① 参照吴显海:《没有民主就没有社会主义》,载《中南财经大学学报》1988年第6期。
② 张仁善:《司法腐败与社会失控(1928~1949)》,社会科学文献出版社2005年版,第359页。
③ 同上书,第363页。
④ 栗阳:《媒体监督与司法公信力提升研究》,载《新闻研究导刊》2019年第17期。

机关"任人唯亲"现象严重,检察官腐败案件时有发生①,导致"废检"呼声高涨,催化了社会失控。这个教训不能不吸取。

其一,提高政治站位。南京国民政府时期,法官、检察官必须精通孙中山所倡导的国民党"党义"②。从法官、检察官的考试选拔、培训学习到办理案件,都将党义作为其中重要的内容。正是有一批精通党义的优秀法律人才,才确保了国民政府时期包括检察在内的司法工作一度高效运行。到后期,也正是国民党高层及司法系统背离了孙中山的政治理论,才导致国民政府的衰败。教训很深刻,足以引起后人的警觉。

中国特色社会主义新时代的时代背景对检察工作提出了新要求,当下的检察机关必须切实忠诚于中国共产党,忠诚于人民,才能提高政治站位,才能真正践行"司法为民"的理念。"忠诚作为检察官的职业精神和素质修养,不仅是一种坚定信念,也是一种社会责任,更是实实在在的行动。"③在此基础上,检察官才能真正为百姓办事,维护群众利益。对于检察机关而言,这个政治站位更为重要,诚如甘肃省人民检察院朱玉检察长所言:"检察机关作为国家政权机关,首先是政治机关,没有纯粹的、脱离政治的检察业务工作,必须把旗帜鲜明讲政治作为根本要求。"④只有政治站位高的检察机关,才有思想纯正的检察官。只有认真打造政治思想过硬、作风优良、敢于担当的检察队伍,才能提高司法效率,节约司法资源,让人民群众在每一个司法案件中都感受到公平正义。

其二,增强防腐意识。思想意识是实践行动的先导,增强检察人员的防腐意识是提升检察权行使主体素质的应有内涵,因为没有人生来就对腐败具有免疫力。作为检察机关,不仅在反腐工作中肩负着特殊使命,而且自身的防腐意识需要不断增强,形成牢不可破的"防护墙",这将直接关系到检察队伍的素质提升,更关系着检察机关法律监督作用的有效发挥。南京国民政府

---

① 当时的"大多数检察官除非是一些重大案件发生,引起媒体关注并被披露,民意旧观不断要求追查,引起群众公愤、甚至发生社会骚动等,检察官迫于舆论压力,才不得不施行检举"。参见张仁善:《司法腐败与社会失控(1928～1949)》,社会科学文献出版社2005年版,第38—39页。
② "党治"即"以党治国",是由孙中山先生提出的管理国家的理论模式。1923年,孙中山明确提出了"以党治国"的口号。在这一总方针之下,国民政府的司法改革自然围绕着"党治"精神展开。
③ 唐守东:《提升检察官素质的三个维度》,载《人民检察》2016年第10期。
④ 朱玉:《提高政治站位聚焦主责主业,推动新时期甘肃检察工作创新发展》,载《人民检察》2018年第14期。

后期,检察腐败案件频发,典型案件是 1947 年的王一规绑架交警案①,造成了恶劣的社会影响。自改革开放以来,"有少数检察人员无视法律和纪律规定,执法犯法,以案谋私,以案谋钱,严重损害检察机关形象和执法公信力,影响恶劣,教训深刻。"②所以,增强防腐意识是检察机关和检察官的"必修课",使其时时刻刻提醒自己,将防腐铭记在心,绝不放松警惕。

"打铁还需自身硬",在法治中国建设的新时代,欲杜绝检察腐败现象,必须首先加强检察队伍自身建设,从教育和惩罚两个方面,提升检察官防腐意识,指导他们正确行使检察权。教育作为正面引导机制,旨在从每个检察官的思想灵魂深处开展教育,织牢防护网,净化检察环境。而惩罚则从反面开展警示,加大腐败犯罪的成本及其处罚的力度,切实增强他们的防腐意识,使检察官们养成不敢腐、不能腐、不想腐的自觉,不碰腐败红线,确实纯洁检察官队伍。与此同时,"检察机关必须始终坚持把强化自身监督放在与强化法律监督同等重要的位置来抓,始终保持对自身腐败问题的零容忍。"③检察机关的"零容忍"态度对检察官具有震慑作用,可以促进检察官防腐意识的增强。

其三,提升业务素质。"检察工作是业务性很强的政治工作,也是政治性很强的业务工作。……专业能力决定法律监督质效。"④可以说,过硬的业务素质是检察权得以顺利行使的关键,因此提升业务素质是保证检察权行使主体素质良好的重要途径。并且,"加强和改进检察业务管理对于促进检察机关正确履行职能、规范司法行为具有十分重要的现实意义。"⑤前文已述,民国时期,检察制度可谓相当完备,但是实践当中检察人才缺乏,提升业务素质非常艰难,导致检察职能发挥不够。今天的检察工作,无论人才还是技术条件都已经得到彻底的改善,更有学者提出:"深化法官、检察官职业化改革,完善法律职业准入制度,探索从符合条件的律师、法学专家中招录立法工作者、法官、检察官制度。"⑥这种检察官选拔任用机制值得采用。但是,面对越来越复杂的社会形势,检察机关只有不断提升检察人员的业务素质,使其办案规范化、程序化,才能准确公正地处理检察案件,取得良好的法律效果与社会

---

① 1947 年夏天一个燥热的晚上,南京当地的活财神、傲慢骄横的王一规在众人眼前绑架了一名交警,后来由首都地方检察院提起公诉,由于检察官徇私,王一规最后被"交保释放",引起社会公愤。参见孔繁杰、王书芹:《民国司法腐败案》,天津人民出版社 2016 年版,第 286—287 页。
② 《对自身腐败问题必须零容忍》,载《检察日报》2014 年 9 月 25 日,第 1 版。
③ 同上。
④ 敬大力:《以专业体系建设为抓手提升检察队伍专业能力》,载《检察日报》2020 年 4 月 20 日,第 3 版。
⑤ 鲁宽:《从三个方面强化检察业务管理》,载《人民检察》2018 年第 8 期。
⑥ 《反腐倡廉工作实施方案》,载《深圳特区报》2014 年 11 月 18 日,第 A6 版。

效果。

概言之，检察体制改革应通过完善检察权内部监督机制、加强检察权外部监督力量、提升检察权行使主体素质等途径，认真对待检察权的行使，确保检察工作的实效，提升因检察而产生的司法公信力，实现司法公平正义。

三、高度重视检察官的经验

检察改革是一个复杂的系统工程，检察体制为检察制度提供宏观框架，检察权的行使为检察制度构建协调机制。但是，只有检察官才是检察制度的核心主体，而且检察工作的实践性特点决定了当下的检察制度改革，除了慎重把握检察体制改革、认真对待检察权行使之外，还应该高度重视检察官的经验，具体关注以下几个方面：

（一）任用前对经验素质的考量

经验是从多次实践中得到的知识或技能，一切综合性的知识都以经验为基础，诉讼案件争议事实认定离不开检察官和法官[①]的经验。这里的"经验"包括专业知识、工作经历与社会阅历等。也就是说，国民政府在对法官（包括检察官）任用之前的选拔阶段，非常重视"经验"因素。

首先，从更深的层次上看，民国后期之所以重视司法官的"经验"素质，主要是受西方法律思想及司法制度的影响。一方面，受柏拉图思想的影响。早在几千年前，古希腊法学家柏拉图就曾主张将社会阅历及实践经验作为法官的任用条件："如果要做法官的人的心灵确实美好公正，判决正确，那么他们的心灵年轻时起就应该对于坏人坏事毫不沾边，毫无往来。不过这样一来，好人在年轻时就显得比较天真，容易受骗，因为他们心里没有坏人心里的那种原型。正因为这样，所以一个好的法官一定不是年轻人，而是年纪大的人。他们是多年后年龄大了学习了才知道不正义是怎么回事的。"[②]这里的法官是广义的概念，理应包括检察官。在柏拉图看来：年轻人不适宜担任法官和检察官。一个年轻善良的人，往往表现得过于简单和老实，容易被坏人欺骗。因此，即使是品德优良的青年，也需要经过长期的社会实践，才能积累丰富的社会阅历，最后才能成为德高望重的人，只有符合这种条件的人，才能去当法官和检察官。柏拉图的这一看法深刻地影响着世界各国的司法官制度的设

---

① 需要说明的是，民国时期的法官或司法官包括检察官，从事审判工作的法官叫"推事"，从事检察工作的法官叫"检察官"。
② 〔古希腊〕柏拉图：《理想国》，郭斌和、张明竹译，商务印书馆1986年版，第119页。

置,民国时期的中国也不例外。我们知道,民国时期的中国西学思想兴盛,作为西方泰斗级思想家,柏拉图的思想自然深入到民国社会,他的"法官年纪大小"的观点无疑也影响到了民国后期司法官制度的设定,检察制度自然概莫能外。

另一方面,这种"经验"素质论是效仿德国法官制度的结果。民国后期的法律建构是对大陆法系尤其是德国制度的深度移植,司法官选拔考量指标所指的专业知识、工作经历与社会阅历等经验素质要求,也是对德国法官制度的直接借鉴。在德国,凡通过德国大学和联邦司法部组织的两次法律考试者,都有被任命为法官的资格,第一次考试的考生在大学学习至少三年半后参加,第二次考试在不同的法院、行政机构、法律机构和律师事务所等处实习两年半后参加。① 显然,在德国取得法官资格是以丰富的专业知识、长期的法务实习经历以及优异的业绩为必要条件的。而民国政府是西方特别是德国法律思想及其制度的追随者,他们在法律职业规划中对司法官等职业进行设计时,自然也极为重视经验法则。

其次,录用司法官对"经验"的要求也是清末民初司法改革的成果之一。国民政府时期司法官任用的专业背景是法律与法政,法政专业出身的必须同时具备法律工作经验。不仅普通法院司法官有这一要求,行政法院司法官也一样需要有丰富的经验。1932年年底,国民政府公布的《行政法院组织法》第6条规定:"评事须具备下列各项资格:(1)对于中国国民党党义有深切之研究;(2)曾在国民政府统治下任简任职公务员2年以上;(3)年满30岁评事之保障规定与最高法院推事之保障规定相同。"②这里的"任职公务员2年以上"及"年满30岁评事"蕴含着对行政法官在社会阅历或者工作经历方面的要求,也正如学者所认为的那样:"司法官作为国家审判权的行使者,作为社会正义的最后一道防线,其选任非常严格,只有那些经过多次考试、层层筛选的人才能担任。这些为数不多的法官,与普通官员相比,道德相对高尚,学识比较渊博。"③只有这些阅历丰富的人,才能办事可靠,才能够接受当事人的重托,圆满完成解决复杂矛盾的任务。

到了1938年,国民政府司法院公布的《司法官任用暂行办法》对司法官的工作经历作了进一步严格的规定,如:"在国立或经最高教育行政机关立案

---

① 参照〔印〕M. P. 赛夫:《德国行政法:普通法的分析》,周伟译,山东人民出版社2006年版,第194页。
② 《行政法院组织法》,南京国民政府1932年11月17日公布。据中国国家图书馆民国法律资源库, http://read.nlc.cn/OutOpenBook/OpenObjectBook?aid=462&bid=6596.0, 2019年8月14日访问。
③ 参照毕连芳:《北洋政府时期法官群体的物质待遇分析》,载《宁夏社会科学》2009年第1期。

或认可之国内外大学独立学院、专门学校修习法律学科三年以上得有毕业证书,曾任各司法机关审判官或承审员二年以上者,或曾任高等以下法院书记官办理记录事务五年以上,或曾任委任司法行政官办理民刑案件五年以上,或现在政府管辖下之各省临时司法机关充司法官六个月以上,具备上述之一,著有成绩,经审查合格者,方可以从事司法官工作。"①

在国民政府后期形成了一种趋势:司法官的层级越高,对经历和经验的要求越高。例如1948年的《司法院组织法》第4条第1款规定:"大法官应具有左列资格之一:一、曾任最高法院推事十年以上者。二、曾任立法委员九年以上者。三、曾任大学法律学主要科目教授十年以上者。四、曾任国际法庭法官,或有公法学或比较法学之权威著作者。五、研究法学、富有政治经验、声誉卓著者。"②

与此同时,国民政府对法院其他工作人员的任用,也有"经验"的要求。例如,对书记员的任用,1938年的《法院书记官任用暂行办法》规定暂代书记官需具有如下资格:经普通考试合格,或任县司法处书记官成绩优良,或曾任委任以上文官,或曾在专门以上学校毕业有证书并在司法或行政机关服务,或曾充或现充法院雇员办理民事刑事文牍会计统计监狱各科事务继续三年以上成绩优良等经审查合格者。③ 后来的法规也都对书记官的任用经历作了规定,如荐任书记官长、书记官应从"曾任委任书记官长、书记官二年以上者"或者"具有荐任公务员的资格者"中遴任之。④ 对应地,简任书记官长、书记官应从"曾任荐任书记官长、书记官二年以上者"或者"具有简任公务员的资格者"中遴任之。由此可见,国民政府对法院书记员类工作人员的专业知识、从业经历等"经验"是有明确要求的。即使是准司法机关的工作人员也应符合上述"经验"条件,如1936年制定的《县司法处组织条例》对县司法处审案工作人员遴选的"经验"要求是:

  五、修习法律学科三年以上,领有毕业证书,并办理法院纪录事务,或司法行政事务三年以上,曾经报部有案,成绩优良者。六、修习法律学科三年以上,领有毕业证书,曾任承审员或帮审员、审判官、审理员、司

---

① 《司法官任用暂行办法》,南京国民政府1938年12月23日公布。据中国国家图书馆民国法律资源库,http://read.nlc.cn/OutOpenBook/OpenObjectBook? aid=462&bid=1736.0,2019年8月14日访问。
② 详见《司法院组织法》,载《司法公报》1948年第809至821号合刊。
③ 《法院书记官任用暂行办法》,南京国民政府1938年12月23日公布。据中国国家图书馆民国法律资源库,http://read.nlc.cn/OutOpenBook/OpenObjectBook? aid=462&bid=1737.0,2019年8月14日访问。
④ 《司法行政部训令》[训总(三)字第四三九四号],载《司法公报》1942年第503—506期。

法委员二年以上,或连同办理法院纪录事务、司法行政事务,合计在三年以上,成绩优良者。①

由此可见,20世纪30年代的国民政府对身处基层社会的县司法处工作人员的"经验"有严格的要求,对书记官以及帮审员、审判员、审理员、司法委员等均有这一要求。直到1948年仍然如此,当年的《县司法处组织条例》对书记官也有"经验"上的要求:

> 在主管教育机关认可之高级中学、旧制中学或其他同等学校毕业,任何司法机关书记官或书记员六个月以上者;或者在主管教育机关认可之初级中学或其他同等学校毕业,任何司法机关书记官或书记员二年以上者;或者任法院候补书记官或学习书记官一年以上者;或者任县司法处书记官一年以上报部有案者;或者任兼理司法县政府书记员二年以上曾任高等法院委派有案者;或者任法院、县司法处或司法行政机关录事三年以上,成绩优良者,取得该服务机关证明文件者。②

这里的书记员工作经验从六个月到一年、二年,甚至三年不等。毫无疑问,国民政府时期,在任用以法官、检察官为主体的法院工作人员的过程中,非常重视专业知识与工作经历等经验条件。此外,对监狱官的任用也有类似的要求,1938年出台的《监狱官任用暂行办法》规定监狱官必须具有以下资格之一:"一、经高等考试监狱官考试及格并练习期满或照章免予练习者;二、现任或曾任甲种监狱典狱长著有成绩经审查合格者;三、现任或曾任乙种监狱典狱长、甲种监狱之分监长、主科看守所及地方法院以上看守所所长合计八年以上。"③如此等等,可见民国后期任用监狱官时,也将专业知识、实习训练及工作经历等经验素质作为法定的条件,体现了"经验"对监狱官作为法律人的特殊意义。

简言之,在国民政府注重司法工作"经验"的社会背景下,检察官的"经验"素质要求必然被提上议事日程。因此,任用前对经验素质的考量,也是必

---

① 详见1936年《县司法处组织暂行条例》第5条,载《国民政府公报》1936年第2018号。
② 详见1948年《修正县司法处组织条例》第6条,中国第二历史档案馆藏,全宗号7,案卷号6540。
③ 国家图书馆民国图书电子资源:《监狱官任用暂行办法》,南京国民政府1938年12月23日公布。据中国国家图书馆民国法律资源库,http://read.nlc.cn/OutOpenBook/OpenObjectBook?aid=462&bid=1761.0,2019年8月14日访问。

然选择,具有理论及现实意义。当下我国要实现检察官的专业化和职业化,也必须在任用前对其进行经验素质的考量。

(二) 任用中对职业技能的强化

民国后期的国民政府在招录已具备一定工作经验及社会阅历的司法官以后,还要对这些司法官进行职业技能训练,让他们积累更多的业务经验,进一步强化法官的经验素质。美国法学家汉密尔顿曾言:"法律如果没有法院来详细说明和解释其真正意义和作用,就是一纸空文。"① 而说明和解释法律的工作最终落在了法官和检察官的身上,法官、检察官的经验素质决定着法律解释的水准。有如霍姆斯所认为的那样:"一个人进入到法律的领域,就应该成为法律的主人。成为法律的主人是说能够摆脱繁杂的各种偶然事件而辨明法律预测的真实基础。因为这个缘故,就要弄清诸如法律、权利、责任、恶意、目的、疏忽、所有权、占有等概念的精确含义。"② 与美国保持密切关系的国民政府,深知美国法学的精神,广泛吸纳美国法的理念,因而非常重视法官任用过程中的专业技能训练工作,以提升和强化法官的专业知识和技能。为此,司法行政部专门设立了法官训练机构,且制定了相应的法律规范,以求训练一支高素质的法律职业队伍。当然,这种培训因地区差异,方式有所不同。当时的法律培训主要集中在以下两个方面:

第一,经济相对发达地区法律专业人员的职业训练。前文已述,司法官必须拥有丰富的实务知识和技能,才能适应司法工作需要。而这些实务知识和技能多半是靠训练得来的,于是国民政府开始实施司法官职业培训计划,并且制定了法规予以保障。依据1930年国民政府司法院公布的《法官训练所章程》,司法行政部设法官训练所,对法官初试及格人员进行司法实务训练,其中必修科目有:党纲党义、民事审判实务、刑事审判实务、检察实务、民法实用、民事特别法实用、刑法实用、刑事特别法实用、民事诉讼法实用、刑事诉讼法实用、国际私法、证据法、外国语、公牍等。训练所的选修课有:比较民法、比较刑法。训练所的学习期限为一年半,每六个月为一个学期。每学期期末就该期所修科目举行学期试验,训练期满就所有科目举行毕业试验。试验平均成绩在70分以上者为合格,学期试验二次不及格者除名。③

从训练所开设的课程看,专业性与技能性非常强,接受过法学专门教育

---

① 〔美〕汉密尔顿等:《联邦党人文集》,程逢如等译,商务印书馆1980年版,第111—112页。
② 徐爱国等:《霍姆斯〈法律的道路〉诠释》,载《中外法学》1997年第4期。
③ 参照南京国民政府:《法官训练所章程》,载《司法公报》1930年第100期。

且有一定工作经历的法官接受训练后,专业技能无疑更加精湛,为科学公正办案提供了前提。正是在训练过程中,法官们不断成长,积累丰富的业务经验,养成良好的品行。正如学者所言:"一国法治的建设过程首先应从法官(包括检察官)的职业素质建设开始,因为法官的职业素质连接着法官的职业生命力,而法官的职业生命力又关联着一个法治社会的品格和品位。"[①]民国后期的检察官、法官训练措施,可以证明当时的政府已经将法治建设与法官、检察官的职业素质提升联系起来,一体考虑了。

当然,检察官训练除了积累业务技能之外,还有检察官责任心的培养。甚至与业务技能相比,检察官责任心素质训练更为重要。民国司法储才馆馆长梁启超在一次讲演中说道:"我们平日写字,写错了不要紧,当书记官的写错了一个字,足以影响当事人的身家性命,关系可就大了。我们想到司法界举动影响的重大,所以我们就应该时时提示警醒看着我们的责任。""对自己责任看得不真切,精神萎靡,漫不经意地轻易疏忽,这的确是法界人的罪恶。"[②]梁启超还主张,作为一名法官应该终身参与训练:"于未做法官以前,要事先预备修养;须知并非专靠学校能办得到,凡遇一事到手,都把它看作修养工具,多得一番经验,同时增加一分知识,随时训练自己,靡有穷期,终身做事,终身还在当学生。"[③]民国后期不仅开办了检察官、法官训练班,还开办了书记官训练班。1934年5月,司法行政院公布了《法院书记官训练班章程》,其中规定:法院书记官训练班附设于法官训练所,其学员须为现在各法院任职的书记官考试及格者或依公务员任用法任命的候补学习书记官。书记官训练班所学科目与法官训练班有类似的地方,共设民事诉讼法实务、刑事诉讼法实务、强制执行法规要义及实务、登记法规及实务、公证法规及实务以及公牍等六门课程。如果法官训练所所长认为必要时还可增加其他选修科目。书记官训练班的学习期限为六个月,期满就所学所有科目进行毕业考试,成绩优良者遇缺可以优先升用。[④]

显见,法律职业训练在民国后期受到高度重视。司法工作中,书记官的地位也是极为重要的,因此国民政府开展了书记官的专业技能训练,以帮助他们积累专业经验。毫无疑问,这与国民政府选拔法官及书记官时所强调的经验素质标准是一致的。

除了书记官训练所以外还有监狱官训练所,该训练机构早在北洋政府时

---

① 齐延平:《法律解释:法律生命化与法官职业化的过程》,载《山东社会科学》2003年第1期。
② 梁启超:《法官之修养》,载《法律评论》1927年第204期。转引自何勤华、李秀清主编:《民国法学论文精萃(第五卷)诉讼法律篇》,法律出版社2004年版,第271页。
③ 同上书,第272页。
④ 《法院书记官训练班章程》,载《法令周刊》1934年第205期。

期即已建立。当时的监狱机构颁布了《练习员规则令》及《修正练习员规则令》,由京师第一监狱承担监狱官的训练任务,学员必须为经考试合格者或曾任新监所委任职员或各县管狱员者,并须交验证明资格凭证且取得同乡荐任以上京官 2 人担保;每班 40 人,训练期限也为 6 个月,但成绩不良者须延长期限。训练期满由典狱长将该学员成绩加具考语呈司法行政部核定后,由京师第一监狱发给练习证书。① 可见,监狱官也在职业培训之列。当然,书记官、监狱官的培训与检察官、法官的培训一样,意义重大,也是提升与检察相关工作效力的重要途径。

第二,经济相对落后的偏远地区缺乏法律专业人才,普通成员接受法律知识培训后从事法律工作。国民政府对于"司法院长的人选,注重专业化或者是对国民党有过贡献的人"②。此时司法管理的高层领导人员多为法律科班出身,且有海外留洋的经历。例如,担任南京国民政府首任司法院院长的王宠惠,具有美国耶鲁大学法学博士学位;后来的伍朝枢,毕业于英国伦敦大学法律学科;第三任司法院长居正是清末留日、专攻法学的。③ 但是,地区发展不平衡在国民政府时期同样存在,而同时在落后偏远地区,审判的人力资源缺乏更是不争的史实。

绥远高等法院在一份提案中指出:边远省份司法人才更加缺乏,因而影响司法建设,今后应充实司法人才,司法行政部应多予调训边远省份现职司法人员。④ 陕西长安地方法院院长也曾提到:"长安为西北重要之区,人口已逾 60 万以上,诉讼之繁亦为全省之冠。以(长安地方法院)现有民事 2 庭、刑事 1 庭,庭长 2 人、推事 8 人承办月约民事 400 起,刑事 300 余起,执行百余起之案件,各员甚感忙碌,个人精力有限,将来诚恐积压,拖累诉民,若不增加员额,势将难于应付,拟自三十二年(1943)起,增加推事……"⑤ 审判的人力资源不充足,带来了巨大的审判及社会压力。为此,国民政府也努力为边远地区开展法律人才的培训工作。

按照现代司法理念,检察官和法官作为司法制度的具体操作者,必须是经过专门培训的,至少应是通晓法律知识的专业人才,而这种专业化从法官、

---

① 这些内容在《修正练习员规则令》中,载《司法公报》1921 年第 138 期。
② 赵金康:《南京国民政府法制理论设计及其运作》,人民出版社 2006 年版,第 178 页。
③ 参照谢冬慧:《南京国民政府时期民事审判制度述论》,载张海燕主编:《山东大学法律评论》第 6 辑,山东大学出版社 2009 年版。
④ 《绥远高等法院提案》,中国第二历史档案馆藏,全宗号 7,案卷号 3126。
⑤ 《陕西长安地院院长呈为拟增添庭调整人事等事项》,载《司法行政部卷》1942 年第 3 号,中国第二历史档案馆藏,全宗号 7,案卷号 3194,第 13 页。

检察官的配备及律师的参与情况可以反映出来。①"根据1933年的统计数字,113个地方法院(每院6名高等司法人员)及147个分院和县法院(每院3名高等司法人员),在当时的地方法院中总共有1100名经过职业训练的法官和检察官,而全国律师协会总共有7651名注册会员,可能是当时律师数量较客观的指标。"②但是,由于当时财力等因素的限制,司法人才的选拔及其培养受到一定的影响,司法人才资源匮乏的矛盾始终未得到解决。

综上,无论发达的上海地区,还是落后的边远省份,国民政府因地制宜地采取措施,开展法官、检察官的职业训练,强化技能经验的积累,以求尽可能公正地解决社会矛盾的主观意图是值得肯定的。民国后期是中国历史上法制变革的重要阶段,尽管处在战争频繁、政局动荡的社会环境之下,但是国民政府及其统治阶层对法治理论的坚定态度是不容忽视的。法官、检察官训练工作是民国政府践行法治理论的举措之一,为"法律的生命不在于逻辑,而在于经验"③做了最好的注解,对当下的法官、检察官培养颇有启发意义。

(三) 任用后对司法经验的撰述

"司法经验"可从广狭两层意义上去理解,"广义的司法经验,泛指司法实践活动中逐渐形成和积累的关于法、法律和案件纠纷处理方面的知识和技能,是整个司法实践活动中形成的司法职业共识。狭义的司法经验仅指法官个人在司法实践活动中的心得和体会,以及逐渐积累的知识和技能。"④通常情况下,"法律的规则是确定的,但是规则的适用令人怀疑,因为你必须通过调查纪录和互不融贯的证人证言等去综合考量案发时的特定场景,以期取得对案件事实的'全景'式认识,因为不同的情景会影响不同规则的适用,并进而影响判决的结果。"⑤但如果没有规则,他需要综合考量历史逻辑、社会习惯、生活观念以及社会普遍正义观等因素来对案件作出裁判。⑥ 这是非常不

---

① 参照谢冬慧:《南京国民政府时期民事审判制度述论》,载张海燕主编:《山东大学法律评论》第6辑,山东大学出版社2009年版。
② 〔美〕黄宗智:《法典、习俗与司法实践:清代与民国的比较》,上海书店出版社2003年版,第41—43页。
③ 〔美〕小奥利弗·温德尔·霍姆斯:《普通法》,冉昊、姚中秋译,中国政法大学出版社2006年版,第1页。
④ 参照彭世忠、李秋成:《认真对待司法经验——兼论〈关于民事诉讼证据的若干规定〉第64条)》,载《政法论坛》2006年第1期。
⑤ 刘辉:《何妨吟啸且徐行——卡多佐的司法经验主义进路及其内在张力》,载高鸿钧主编:《清华法治论衡 第6辑 法治与法学何处去》(下),清华大学出版社2005年版,第225页。
⑥ 参照刘辉:《何妨吟啸且徐行——卡大佐的司法经验主义进路及其内在张力》,载高鸿钧主编:《清华法治论衡 第6辑 法治与法学何处去》(下),清华大学出版社2005年版。

容易的事情,需要通过长久的办案实践积累司法经验才可以办到。对于一个办案经验丰富的法官来说,他会从调查记录、证人证言及案发场景等因素很快作出比较精准的判断,其秘诀就是"经验感"的支配。

研究表明,这种"经验感""在法律领域的影响是巨大的,立法者可以依据其理性制定完备无缺法典的神话被打破了,取而代之的判例法成为法律的主要渊源之一,归纳法在法律中得到了广泛的运用。既然人们的知识只能来自经验,而司法又是法律运作过程中与实践联系最为紧密的部分,那么,司法必然离不开司法经验"①。司法经验对司法工作意义重大,民国后期的司法管理者们认识到了这一点,于是发出了撰写"司法经验"之命令。检察官、法官等司法职业者们在自己的岗位上除了完成本职工作之外,还有一项非常重要的任务,就是不断总结"司法经验"。

翻阅当时的《司法经验录》可以发现:经验录内容极为丰富,大多是法官、检察官们的业务心得,也有一些法官、检察官从更深或者更为广泛的社会背景方面去分析总结"司法经验"。例如:1934年的浙江温岭县法院首席检察官徐杏书撰述的《司法经验录》分九大部分,即"(一)关于民风俗尚之观察;(二)关于当地生活之概况;(三)关于治盗之观察;(四)关于律师之观察;(五)关于诉讼上之观察;(六)关于监狱之考察;(七)关于社会情形之观感;(八)关于民德民生所发生之实际效果;(九)关于用人处务之所得。"②该经验录从案件发生的社会背景(如社会情形、当地生活状况、民风俗尚、民德民生产生的实际效用等)到案件发生后的处理情况,对各个阶段的法律人员的处事态度以及责任意识等方面进行经验总结,这样的经验实际上构建了一套案件预防及治理的完整体系,非常有理论意义与现实价值。读后令人慨叹当时的法官、检察官对司法职业经验的追求之深。

的确,人的精力是否充足,精神状态是否良好,直接影响工作效率。法官精力充足的时候,办案效率会提升,错案的概率也能降低。此外,人的正气可以驱散邪恶,让邪恶之人闻风丧胆。或者说,在一身正气的法官和检察官面前,嫌疑人会"甘拜下风"。因此,将精力和精神状态作为"经验"之谈也是有意义的。可见,民国后期国民政府所积累的"司法经验"是相当丰富的,从影响案件发生的宏观社会背景到法官自身的业务知识和技能,甚至是微观的法官身体和精神状态,都可能关联到案件的裁决问题。让我们真正体会到:法律人的生命在于经验,而不仅仅在于法条本身。因此,仔细总结,认真研究这

---

① 彭世忠、李秋成:《认真对待司法经验——兼论〈关于民事诉讼证据的若干规定〉第64条》,载《政法论坛》2006年第1期。
② 详见徐杏书撰述:《司法经验录》,载《法令周刊》1934年第195期。

些经验因素的做法是值得肯定的。

(四) 对接今天:经验观之评判

民国后期是中国历史上一个比较重要的阶段,这个时期无论在法制建设,还是司法改革方面均有建树。可以说,真正现代意义上的司法审判制度诞生于这一时期。① 而现代意义上的检察官等法律人也是在这个阶段开始大批成长起来的,这与当时国民政府重视检察官、法官等司法官的"经验"素养是分不开的。民国后期,对检察官等法律人在任用之前进行选拔,注重专业知识和工作经历等"经验"的考量;在任用过程中进行管理,强化实务技能的训练,使之成为职业技能"经验"丰富的法律人;在任用之后,又采取激励措施,在报刊开辟"司法经验录"专栏,让具有一定职业经验的法律人去总结"经验",发表出来,让更多的法律人去分享。一定程度上,这种做法既确保了检察官等法律人素质的改进,又提升了当时司法队伍的形象,更为重要的是提高了司法审判的质量。当然,也产生了一些负面效应。

首先,正面影响。法律制度本身就是经验性的积累,它是应社会生活的需要而诞生的。因此,检察官等法律人用法律去处理社会纠纷的时候,拥有"经验"多少自然直接影响处理结果。鉴于此,国民政府在检察官、法官任用前开展的对经历的考量、在任用中开展的训练,以及在任用后开展的司法经验撰写等工作都是值得肯定的。因为它们的共同愿望和宗旨是选拔和培养优秀检察官和法官,确保司法审判的公正性。"司法权具有被动性、中立性、程序性、终极性、权威性和技术性等特征,其中,与法官司法所需经验联系较为紧密的是技术性。对一个法官来说,能否公正行使司法权,与其自身是否具有司法的专业技能分不开。"②对于检察官来说也一样,这种"专业技能"是法律人"经验"的重要组成部分,绝大多数需要经过长时间的学习和实践才能获得。

鉴于此,两大法系都比较重视法律职业者的经验素质问题。在英美法系国家,长期的司法经验和社会阅历是担任法官的基本条件,包括法官、检察官在内的司法官绝大多数上都是从律师中产生的,职业律师的经验是成为一名法官最基础的资格要求。丹宁勋爵的经历就是一个非常生动的例子,他从22岁开始做见习律师,而后是出庭律师,在律师事务所一直工作了22年,直到44岁时才第一次当上了法官,在法院又工作了近40年,最后在英国的上诉法院退休。在漫长的司法生涯中,丹宁法官审理了大量的案件,积累了极

---

① 参照谢冬慧:《民事审判制度现代化研究——以南京国民政府为背景的考察》,法律出版社2011年版,第420页。
② 黄琰等:《司法经验资源闲置的样本分析》,载《人民司法》2010年第15期。

其丰富的办案经验。他在 80 岁以后通过著书立说①,继续思考英国的法律事业,阐发自己对法律职业的追求及感悟,丹宁的著作实为他个人的司法经验专集。可以说,丹宁对法律的理解和认识,已经上升到理性化的境界。英美法系国家的法官之所以有那么高的威信,与这些国家重视"经验"的制度设计及司法理念是分不开的。在这种制度及理念支配下,政府选拔和培养了大批拥有丰富的社会阅历及司法实务经验的司法官,这样的法官和检察官保障了司法的公信度。

"在大陆法系国家,虽对初级法院法官的选任没有特殊的经验要求,但从其法官遴选程序,仍可看出对经验的重视和培养。"②这一特点在民国司法官的任用过程中得到了最好的体现。前文已述,规定了民国遴选司法官程序的《法院组织法》《司法官任用暂行办法》等官方文件,要求参与遴选者必须"曾任推事或检察官 1 年以上""执行律师职务三年以上"等,实际上就是对被选者"经验"的考量。当被选者获得检察官、法官资格之后,还要强化专业技能方面的训练,专业技能训练也是积累办案实务知识的重要途径。而检察官、法官在经历办案实践之后,必然积累了一定的办案经验值得借鉴,让其撰述"司法经验"并与其他法官、检察分享,影响是深远的。

一方面,司法过程中司法官所要做的全部工作,都只不过是去"发现"那些掩藏在先例和制定法等背后的既有规则,然后将其适用于手边的案件而已。③ 无论大陆法系还是英美法系,司法官在办案的过程中均有自由裁量的权力,而"法官的自由裁量离不开司法经验"④。可以说,司法经验的丰富程度决定了法官检察官自由裁量水准的高低。因此,民国后期重视司法官"经验"的制度设计具有一定的价值和意义。正如学者所认为的那样,"司法经验渗透到日常生活和行为之中,不动声色地对司法过程起到影响甚至决定作用,人们不能用有限的命题对其进行准确的诠释,但是又能够实实在在地感

---

① 从 1979 年到 1984 年连续出版六部重要的著作,即:《法律的训诫》(*The Discipline of Law*, Butterworth-Heinemann, 1979)、《法律的正当程序》(*The Due Process of Law*, Qxford University Press, 1980)、《家庭故事》(*The Family Story*, Lexis Law Pubhshing, 1981)、《法律的未来》(*What Next in the Law*, Oxford University Press, 1982)、《最后的篇章》(*The Closing Chapter*, Oxford University Press, 1983)及《法律的界碑》(*Landmarks in the Law*, Lexis Law Publishin, 1984)。
② 黄琰等:《司法经验资源闲置的样本分析》,载《人民司法》2010 年第 15 期。
③ 参照刘辉:《何妨吟啸且徐行——卡多佐的司法经验主义进路及其内在张力》,载高鸿钧主编:《清华法治论衡 第 6 辑 法治与法学何处去》(下),清华大学出版社 2005 年版,第 223 页。
④ 彭世忠、李秋成:《认真对待司法经验——兼论〈关于民事诉讼法证据的若干规定〉第 64 条》,载《政法论坛》2006 年第 1 期。

知它的存在和效用。整个司法过程都是司法经验发生作用的'场'。"①司法过程也是司法官司法经验运用于新的实践的场域。

另一方面,司法官的经验也是推进法律发展的一个重要因素。司法官的司法经验与法官职业密不可分,是通过长期的司法职业实践积累起来的,而司法经验可以推进法律的进步。民国学人指出:"法官既与一国法律之发展有莫大之关系,则其人选之重要不言而喻。""法官之职责非仅利用伦理学之三段论法以适用法规决讼折狱,谓可称职。盖又有其发展法律之重大使命在,这里的法官包括检察官在内。霍姆斯有言曰:'法律之生命非论理而为经验',我亦曰法官之责非论理而在于法律所予之范围内适应环境,发展法律以实现当时社会之衡平观念也。"②的确,法律是"公众经验的产物,而公众法律经验的形成离不开个体法律经验的,它是在个体法律经验的不断累积、不断归纳的基础上形成的。法律经验一旦由个体性法律经验上升为公众性法律经验,就形成了一种带有普遍或一般意义的规范"③。也只有建立在公众经验基础上的法律,才易于被遵守。

可以说,包括检察官在内的司法官的工作经验及社会阅历是司法队伍素质中不可或缺的部分,因为审理案件遇到的事实问题基本上都是生活中的问题。"司法的职业理性需要,决定了在规律上司法经验资源是个长时间的配置过程,即司法经验资源来源于资源载体——法官的长期实践积累、年龄年长成熟和长久任职保障。"④由此,国内个别学者批判"转业军人进法院"⑤之观点有失偏颇,因为转业军人丰富的社会阅历是一般法科学校刚毕业的大学生所无法拥有的。现在一些地方的法院或检察院仍有部分检察官甚至检察长是从部队转业而来的。他们之所以能在司法机关立足,一个重要原因就是他们接受过严格的军事训练,有较为丰富的执法经验和严格守法的人生阅历。

在当今纷繁复杂的社会环境之下,司法工作实践面临诸多挑战,更离不开"经验"的力量,需要以丰富的专业技能和经验阅历武装起来的检察官、法官及其他法律人投入其中。由此,我国当下的检察官、法官等法律人的教育与培养、任用及管理,都应当注重"经验"因素。法学教育阶段应该加强法律实务知识的传授,法律实务机构应该重视实践技能的训练。1995 年,我国制

---

① 彭世忠、李秋成:《认真对待司法经验——兼论〈关于民事诉讼证据的若干规定〉第 64 条》,载《政法论坛》2006 年第 1 期。
② 钱清廉:《法官与法律发展之关系》,载《法学季刊》1930 年第 5—6 期。
③ 何柏生:《论法律与经验》,载《法律科学》1999 年第 4 期。
④ 黄琰等:《司法经验资源闲置的样本分析》,载《人民司法》2010 年第 15 期。
⑤ 贺卫方:《复转军人进法院》,载《南方周末》1998 年 1 月 2 日。

定《中华人民共和国检察官法》(以下简称《检察官法》)。受当时法学教育条件等现实因素的影响,对于选任检察官的经验条件,仅提出了极低的要求,即"高等院校法律专业毕业或者高等院校非法律专业毕业具有法律专业知识,工作满二年的;或者获得法律专业学士学位,工作满一年的;获得法律专业硕士学位、法律专业博士学位的,可以不受上述工作年限的限制"。2019年修订《检察官法》时,考虑到法学教育的发展与多年积累,以及员额制的客观需要,对检察官选任经验条件提出了更高的要求。该法第12条第1款第6项规定:担任检察官需"从事法律工作满五年。其中获得法律硕士、法学硕士学位,或者获得法学博士学位的,从事法律工作的年限可以分别放宽至四年、三年"。从条文的变化中不难发现,检察工作取得了长足的发展,而经验因素在检察官素质中所占的地位也达到了新的高度。

其次,负面效应。民国后期的国民政府理论与实践反差明显。国民政府虽然规定了严格的司法官任职资格和考试选用程序,但是由于地方司法人才缺乏,在地方法院任职的推事、检察官、书记官,往往是不具备法律专业知识的人员。① 虽然1935年《法院组织法》对推事等司法人员有严格的专业要求,但当时仍有相当多的司法官不是法律科班出身,而是仅接受过短期培训就匆忙上岗。更有甚者,在"司法党化"的形势下,有些原无法官、检察官资格的人,因系国民党党员,有国民党要人援引,一跃而成为高等法院院长。② 这样的司法官任用环境给专业知识要求严格的刑事民事审判带来了巨大的障碍。

毫无疑问,提高审判效率,确保司法公正,"必须拥有足够的训练有素的检察官、法官和警察。民国政府的司法队伍状况使审判效率的提高永远成为理想。③ 因为法官、检察官等司法人员数量有限,且刑事案件大多比较复杂,要经过严格的侦查取证、逻辑推理等过程,不能保证所有的刑事案件都有司法人员过问;而即使有司法人员过问,但囿于专业知识的限制,仍不能保证其经手的刑事案件得到迅速准确的处理。作为审判官和检察官,必须要熟练地运用专业知识,具有丰富的办案经验方能胜任,否则容易办出错案或冤案。

据记载,"1946年南京国民政府监察院于右任院长曾收到一封控告皋兰县地方法院推事、书记官的检举信,经复查,所控告的案件确属推事错判。且该案件的错判不是因为推事、书记官徇私受贿,而是因为对法律知识的缺乏。

---

① 张晋藩主编:《中国司法制度史》,人民法院出版社2004年版,第562页。
② 林明、马建红主编:《中国历史上的法律制度变迁与社会进步》,山东大学出版社2004年版,第406页。
③ 谢冬慧:《南京国民政府刑事审判制度述论》,载陈兴良主编:《刑事法评论》(第26卷),北京大学出版社2010年版,第454页。

经查证,整个皋兰县地方法院竟然没有一部《六法全书》文本,对任何案件的裁判都出自推事个人对法律的理解。"① "司法官是专业人才,并且应依法执行司法职务",为国民政府《法院组织法》所明文规定,但是在地方司法机关的实际运作过程中,司法人员缺乏、业务素质低下,加上经费紧张、设施简陋,致使立法院颁行的法律、司法院发布的司法解释难以被遵照执行。② 司法人员一味地凭所谓的"司法经验"办案,加上检察官的监督作用没能有效发挥,当时造成的错案,可能远远不止一桩。

检察官和警察的力量,令人叹为观止。除了没有独立的管理机构以外,民国后期政府的检察官和警察人员也非常少,力量自然薄弱。根据史料记载,"检察官办案弛缓,绩效不彰,则因负额有限,经费不充,案件繁多,检警虽有联系,而因隶属不同,指挥不如理想,故检察效能,未能发挥尽致,故不能即谓检察官公诉制度之不合理也。"③其中主要原因是检警人手不够,也即司法资源有限,更别谈什么经验了,此时有无经验已经不太重要。尽管制度合理,但是没有人去执行,其效果令人质疑。

尽管民国后期的检察官任用及训练制度遇到了不良环境的限制,但它的历史地位是不可忽视的。检察官等法律职业群体是社会稳定的维护者及社会和谐的守卫者,民国后期在任用检察官、法官、律师及其管理人员等法律人的时候,非常重视"经验"的因素。任用检察官要经历几道关,即任用前的经历审查关,任用后的技能训练关,以及从业后的司法经验撰述关,这些措施紧紧围绕检察官的经验素养的中心,为严格选拔和培养优秀法官、确保司法审判的公正性奠定了基础。民国后期检察官任用及其管理强调"经验"的做法较好地诠释了"法律人的职业生命在于经验"之命题。

当下,中国的新一轮司法改革正在进行之中,但无论怎么改革,检察官素质,尤其是"经验"都将是改革需要重点关注的地方。由此,当下的法律人在重视法律理论学习的同时,更要重视法律经验的获取。法律教育机构应该加强法律实务知识的传授,法律实务机构应该重视实践技能的训练,司法行政部门应将"经验"作为衡量法律人合格与否的重要指标。只有全社会形成重视法律经验的良好氛围,才能真正培养、选拔和锻造出一批又一批优秀称职的法律人,担负起实现司法公正与效率兼顾的时代重任,迎来"法治中国"的春天。具体应做到以下三点:

---

① 谢冬慧:《南京国民政府刑事审判制度述论》,载陈兴良主编:《刑事法评论》(第26卷),北京大学出版社2010年版,第454页。
② 参照张晋藩主编:《中国司法制度史》,人民法院出版社2004年版,第562—563页。
③ 何勤华、姚建龙编:《赵琛法学论著选》,中国政法大学出版社2006年版,第64页。

其一,把好入口关。今天的检察官、法官大都是正规的法学科班出身,缺少社会阅历。对此,法学教育应加大实践教学时长,建议至少利用半年时间开展法律实务实习,增加获取"经验"的阅历。现行的法学教育中,法律实务实习仅有8周,也就是2个月左右,且管理松散,学生只要提供一个实习单位的信息即可,学校通常不去过问他们是不是真正落实实习事务。这样的法律实务实习,时间太短,部分学生不认真,实际上起不到锻炼的效果,学生毕业后何以担当未来检察官、法官的职责和重任?

其二,重视培训课。社会的发展与法律的变迁是必然的历史趋势,这就要求,检察官、法官等法律人不断学习,跟上法律变迁的步伐,不断学习吸纳新知识。同时,随着新法的频繁出台,司法机关应重视开展相应的法律培训,尤其要重视实务方面的教学和训练。

其三,增加考核分。检察院、法院等国家法律职业机关应进一步细化考核体系,对于检察官、法官将办案过程中所获得的好经验、好做法系统归纳总结并推广的,增加分值,以提升法律人对实务经验的关注程度。

此外,法律涉及社会的方方面面,法律实务更是一个很大的课堂,检察官个人应该做一个有心人,自身要有不断获取实践"经验"的意识。

总之,在全面依法治国的当下,社会变化速度之快、力度之大难以想象。检察官等法律人只有在掌握扎实的理论基础之上,不断参与法律实践,并且长期坚持不懈,储备丰富的"经验"知识,才能应变日益复杂的社会形势,快速公正地解决法律难题。

结　语

　　制度的成长大都需要经历一个复杂漫长的历史过程,且与特定的历史时代相适应。检察制度作为一项重要的司法机制,与一个国家的历史发展相伴相随。随着近代中国的社会转型,检察制度也经历着变革。清末,西法东渐的思潮促使中国引入大陆法系的检察制度。在临时政府原有检察机构及制度的基础上,北洋政府开始关注检察制度建设。而南京国民政府时期,检察制度的进一步更新和演变,是建立在深度移植大陆法系制度、吸纳英美法系理念的基础上的,尤其是检察制度的废存论战直接推动了当时检察制度的改革和完备。

　　任何制度的存在,必须建立在一定的理论基础之上,才能稳固地发挥作用,促进社会经济的长远发展。检察制度旨在纠举贪腐、监督法律和维护公正,它是法治精神的外化和体现,它的诞生与西方法治思想的引导、分权理念的影响以及本国的社会背景有密切关系。当然,现代国家内部治理更需要具有上述功能的检察制度的支持和保护。南京国民政府时期检察制度的基本内容、构成形式、运行模式,无不受到国家政治制度、分权理念及法治思想等基本理论的制约和影响。

　　在检察理论的思想指导和理念支撑之下,南京国民政府进行了检察机构及人事组织制度建设。随着国民政府审级制度的改革,与之配套的检察机关的制度和设置也发生了一些变化,从检察机关的设置体制到性质职能等方面均有所体现,如法检一体、合署办公、独立办案。可以说,当时的检察体制、组织机构、权力职责都与审判机构有密切的关系。

　　南京国民政府注重检察制度的创设及其规范运用,从刑事公诉程序、法律监督规范到民事公益诉讼等方面均有相应的立法措施,共同构成了当时检察制度的主体规范内容,为揭示国民政府检察制度的特色及规律提供了条件。尤其是当时的检察机关已经承担了部分公益诉讼的职能,作为国家维护公共利益的代表,在国家利益和社会公共利益受到损害而无人过问时提起公益诉讼。

　　制度规范只是理论设计,它的好坏要经受实践的检验。史实证明,虽然南京国民政府效仿西方制度建立了较为完备的检察制度,但是这一制度并不适合当时国情,加上检察人才匮乏、检察机构模糊、检察职能受阻等原因,检察制度的实践效果不佳,无论是对司法行政统计数据的印证,还是对当时典型案例的分析,都可以发现,国民政府的检察制度并没有真正维护公正的社会秩序。

在今天看来,南京国民政府时期的检察制度已经成为历史,被载入中国近代法律制度史的史册,它留给后人很多思索。客观地说,国民政府时期的检察制度有其自身的特色和价值,当然也有诸多的历史局限。留给我们的启示是深刻的:应该慎重把握检察体制改革,认真对待检察权的行使,高度重视检察官的职业经验,使检察制度真正发挥公正司法与兼顾效率的时代之用。

参考文献

一、文献资料类

1. 《国民党中央执行委员会历次全体会议刑事司工作报告》，中国第二历史档案馆藏，全宗号7，案卷号9787。
2. 《广东高等法院检察处工作报告》，中国第二历史档案馆藏，全宗号7(5)，案卷号196。
3. 《司法院第二次工作报告》，中国第二历史档案馆藏，全宗号7(2)，案卷号172。
4. 《衡阳地方法院呈请改革法制的建议》(1934年5月)，司法行政部档案，中国第二历史档案馆藏，全宗号7，案卷号955。
5. 《西康高等法院工作报告》，中国第二历史档案馆藏，全宗号7，案卷号195。
6. 《绥远高等法院提案》，中国第二历史档案馆藏，全宗号7，案卷号3126。
7. 《陕西长安地院院长呈为拟增添庭调整人事等事项》，载《司法行政部卷》1942年第3号，中国第二历史档案馆藏，全宗号7，案卷号3194。
8. 《吉林高院提案》，中国第二历史档案馆藏，全宗号7，案卷号3124。
9. 《司法院训令》，中国第二历史档案馆藏，全宗号7，案卷号6388。

二、著作类

1. 〔日〕松室致：《日本刑事诉讼法论》，陈时夏译述，商务印书馆1910年版。
2. 〔日〕法务省刑事局编：《日本检察讲义》，杨磊译，赵耀校，中国检察出版社1990年版。
3. 〔日〕冈田朝太郎口述：《检察制度详考》，张智远笔述，徐谦校定，检察制度研究会1912年版。
4. 刘世长：《中华新法治国论》，中华书局1918年版。
5. 高一涵：《中国御史制度的沿革》，商务印书馆1930年版。
6. 耿文田编：《中国之司法》，民智书局1933年版。
7. 杨幼炯：《五权宪法之思想与制度》，商务印书馆1940年版。
8. 郭卫修编：《刑事诉讼法论》(战后重刊)，上海法学编译社1946年版。
9. 刘钟岳编著：《法院组织法》，正中书局1947年版。
10. 胡汉民：《胡汉民先生文集——革命理论与革命工作》，民智书局1932年版。
11. 胡汉民：《胡汉民先生演讲集》(第5集)，民智书局1929年版。
12. 王均安编辑：《陆海空军审判法释义》，朱鸿达校阅，世界书局1931年版。

13. 丁元普：《中国法制史》（修正四版），上海法学编译社1932年版。
14. 王锡周编著：《现代刑事诉讼法论》，世界书局1933年版。
15. 郑保华：《法院组织法释义》，上海法学编译社1936年版。
16. 朱观：《刑事诉讼法要义》，大东书局1944年版。
17. 陈纲编著：《刑事审检实务》，正中书局1947年版。
18. 杨幼炯：《近代中国立法史》，商务印书馆1936年版。
19. 周宏基：《法治丛谭》，全国图书馆文献缩微复制中心2008年版。
20. 吴学义：《司法建设与司法人才》，国民图书出版社1941年版。
21. 汪楫宝：《民国司法志》，正中书局1954年版。
22. 梁仁杰编著：《法院组织法》，商务印书馆1936年版。
23. 中共中央法律委员会编：《列宁论检察制度与监察工作》，新华书店1949年版。
24. 司法院参事处编纂：《国民政府司法例规》（上册），司法院秘书处公报室1930年版。
25. 中央人民政府司法部司法干部轮训班编印：《检察制度》，内部资料1950年版。
26. 最高人民检察院研究室编：《检察制度参考资料》（第2编），内部资料1980年版。
27. 最高人民检察院研究室编：《中国检察制度史料汇编》，人民检察出版社1987年版。
28. 蔡鸿源主编：《民国法规集成》（第65册），黄山书社1999年版。
29. 管欧：《法院组织法论》，三民书局股份有限公司1988年版。
30. 南京图书馆编：《二十世纪三十年代国情调查报告》（47），凤凰出版社2012年版。
31. 中国第二历史档案馆编：《国民政府立法院会议录》，广西师范大学出版社2004年版。
32. 中国第二历史档案馆编：《国民党政府政治制度档案史料选编》（上、下），安徽教育出版社1994年版。
33. 中国第二历史档案馆编：《中华民国史档案资料汇编　第五辑　第一编　政治》，江苏古籍出版社1994年版。
34. 谢振民编著：《中华民国立法史》，张知本校订，中国政法大学出版社2000年版。
35. 田奇、汤红霞选编：《民国时期司法统计资料汇编》（第1册），国家图书馆出版社2013年版。
36. 殷梦霞、郑咏秋选编：《民国司法史料汇编》（第14册），国家图书馆出版社2011年版。
37. 刘彦主编：《清末民国检察文献总目——法政期刊卷》，中国检察出版社2016年版。
38. 《孙中山全集》（第4集），中华书局1985年版。
39. 《孙中山全集》（第9卷），中华书局1986年版。
40. 《列宁全集》（第33卷），人民出版社1957年版。
41. 《马克思恩格斯全集》（第6卷），人民出版社1961年版。
42. 刘澄清：《中国刑事诉讼法精义》（上册），刘澄清律师事务所1948年版。

43. 闵钐编:《中国检察史资料选编》,中国检察出版社 2008 年版。
44. 孙华璞:《刑事审判学》,中国检察出版社 1992 年版。
45. 陈光中主编:《中国刑事诉讼程序研究》,法律出版社 1993 年版。
46. 陈光中主编:《外国刑事诉讼程序比较研究》,法律出版社 1988 年版。
47. 陈瑞华:《刑事审判原理论》,北京大学出版社 1997 年版。
48. 孙谦主编:《中国检察制度论纲》,人民出版社 2004 年版。
49. 宋世杰:《中国刑事诉讼发展与现代化》,湖南人民出版社 2002 年版。
50. 樊崇义、吕萍主编:《刑事诉讼法》,中国人民公安大学出版社 2002 年版。
51. 李光灿:《中国刑法通史》(第 8 分册),辽宁大学出版社 1987 年版。
52. 程荣斌:《检察制度的理论与实践》,中国人民大学出版社 1990 年版。
53. 孙谦主编:《检察理论研究综述(1979—1989)》,中国检察出版社 2000 年版。
54. 向泽选等:《法律监督与刑事诉讼救济论》,北京大学出版社 2005 年版。
55. 龙宗智:《检察制度教程》,中国检察出版社 2006 年版。
56. 关文发、于波主编:《中国监察制度研究》,中国社会科学出版社 1998 年版。
57. 叶青、黄一超主编:《中国检察制度研究》,上海社会科学院出版社 2003 年版。
58. 邱涛:《中华民国反贪史——其制度变迁与运行的衍异》,兰州大学出版社 2004 年版。
59. 李春雷:《中国近代刑事诉讼制度变革研究(1895—1928)》,北京大学出版社 2004 年版。
60. 方立新:《传统与超越——中国司法变革源流》,法律出版社 2006 年版。
61. 方立新:《西方五国司法通论》,人民法院出版社 2000 年版。
62. 陈继达主编:《监察御史徐定超》,学林出版社 1997 年版。
63. 张晋藩主编:《中国民法通史》,福建人民出版社 2003 年版。
64. 张晋藩主编:《中国司法制度史》,人民法院出版社 2004 年版。
65. 张晋藩:《中国法律的传统与近代转型》(第 2 版),法律出版社 2005 年版。
66. 公丕祥主编:《中国法制现代化进程(上卷)激荡的法治变革浪潮(1840—1949)》,中国人民公安大学出版社 1991 年版。
67. 张仁善:《司法腐败与社会失控(1928—1949)》,社会科学文献出版社 2005 年版。
68. 王宠惠:《王宠惠法学文集》,张仁善编,法律出版社 2008 年版。
69. 王桂五:《王桂五论检察》,中国检察出版社 2008 年版。
70. 王桂五主编:《中华人民共和国检察制度研究》(第 2 版),中国检察出版社 2008 年版。
71. 张穹、谭世贵:《检察制度比较研究》,中国检察出版社 1990 年版。
72. 张培田:《中国检察制度考论》,中国检察出版社 1997 年版。
73. 张培田、张华:《近现代中国审判检察制度的演变》,中国政法大学出版社 2004 年版。
74. 孔庆泰等:《国民党政府政治制度史》,安徽教育出版社 1998 年版。
75. 高平叔编:《蔡元培教育论著选》,人民教育出版社 1991 年版。

76. 叶秋华:《外国法制史论》,中国法制出版社 2000 年版。
77. 赵晓耕主编:《中国近代法制史专题研究》,中国人民大学出版社 2009 年版。
78. 汪建成、黄伟明:《欧盟成员国刑事诉讼概论》,中国人民大学 2000 年版。
79. 刘清生:《中国近代检察权制度研究》,湘潭大学出版社 2010 年版。
80. 王云霞:《东方法律改革比较研究》,中国人民大学出版社 2002 年版。
81. 韩秀桃:《司法独立与近代中国》,清华大学出版社 2003 年版。
82. 〔美〕黄宗智:《法典、习俗与司法实践:清代与民国的比较》,上海书店出版社 2003 年版。
83. 米也天:《澳门法制与大陆法系》,中国政法大学出版社 1996 年版。
84. 樊崇义等主编:《域外检察制度研究》,中国人民公安大学 2008 年版。
85. 石少侠:《检察权要论》,中国检察出版社 2006 年版。
86. 李剑农:《中国近百年政治史》,商务印书馆 2011 年版。
87. 陈业宏、唐鸣:《中外司法制度比较》,商务印书馆 2000 年版。
88. 李光灿、张国华总主编:《中国法律思想通史》,山西人民出版社 2001 年版。
89. 华友根:《20 世纪中国十大法学名家》,上海社会科学院出版社 2006 年版。
90. 蒋伟亮、张先昌主编:《国家权力结构中的检察监督——多维视野下的法学分析》,中国检察出版社 2007 年版。
91. 魏武:《法德检察制度》,中国检察出版社 2008 年版。
92. 贺恒扬:《公诉论》,中国检察出版社 2005 年版。
93. 邱远猷、张希坡:《中华民国开国法制史——辛亥革命法律制度研究》,首都师范大学出版社 1997 年版。
94. 林钰雄:《检察官论》,法律出版社 2008 年版。
95. 陈红民等:《南京国民政府五院制度研究》,浙江人民出版社 2016 年版。
96. 王德玲:《民事检察监督制度研究》,中国法制出版社 2006 年版。
97. 程荣斌主编:《检察制度的理论与实践》,中国人民大学出版社 1990 年版。
98. 卞修全:《近代中国宪法文本的历史解读》,知识产权出版社 2006 年版。
99. 黄东熊:《中外检察制度之比较》,台湾文物供应社 1986 年版。
100. 林贻影:《中国检察制度发展、变迁及挑战》,中国检察出版社 2012 年版。
101. 李征:《中国检察权研究——以宪政为视角的分析》,中国检察出版社 2007 年版。
102. 熊先觉:《中国司法制度简史》,山西人民出版社 1986 年版。
103. 曾宪义主编:《检察制度史略》(第 2 版),中国检察出版社 2008 年版。
104. 张希坡:《中国近代法律文献与史实考》,社会科学文献出版社 2009 年版。
105. 张智辉:《检察权研究》,中国检察出版社 2007 年版。
106. 段明学:《比较检察制度研究》,中国检察出版社 2017 年版。
107. 何勤华主编:《检察制度史》,中国检察出版社 2009 年版。
108. 何勤华主编:《德国法律发达史》,法律出版社 2000 年版。
109. 何勤华、李秀清主编:《民国法学论文精萃(第五卷)诉讼法律篇》,法律出版社

2004年版。

110. 何勤华、姚建龙编:《赵琛法学论著选》,中国政法大学出版社2006年版。

111. 乔克裕主编:《法理学教程》,法律出版社1997年版。

112. 伦朝平等:《刑事诉讼监督论》,法律出版社2007年版。

113. 张静如、卞杏英:《国民政府统治时期中国社会之变迁》,中国人民大学出版社1993年版。

114. 〔美〕费正清、费维恺编:《剑桥中华民国史(1912—1949)》(下卷),刘敬坤等译,中国社会科学出版社1994年版。

115. 朱汉国、杨群主编:《中华民国史》,四川人民出版社2006年版。

116. 郑大华:《民国思想史论》,社会科学文献出版社2006年版。

117. 余明侠主编:《中华民国法制史》,中国矿业大学出版社1994年版。

118. 周枬:《罗马法原论》,商务印书馆1994年版。

119. 公丕祥主编:《近代中国的司法发展》,法律出版社2014年版。

120. 韩秀桃:《司法独立与近代中国》,清华大学出版社2003年版。

121. 夏勤:《刑事诉讼法释疑》(第6版),任超、黄敏勘校,中国方正出版社2005年版。

122. 朱汉国主编:《中国社会通史·民国卷》,山西教育出版社1996年版。

123. 何文燕等:《民事诉讼理念变革与制度创新》,中国法制出版社2007年版。

124. 万毅:《底限正义论》,中国人民公安大学出版社2006年版。

125. 甄贞等:《法律监督原论》,法律出版社2007年版。

126. 王立民:《法律思想与法律制度》,中国政法大学出版社2001年版。

127. 向泽选等:《法律监督与刑事诉讼救济论》,北京大学出版社2005年版。

128. 吴永明:《理念、制度与实践:中国司法现代化变革研究(1912—1928)》,法律出版社2005年版。

129. 袁继成等主编:《中华民国政治制度史》,湖北人民出版社1991年版。

130. 林代昭:《中国近代政治制度史》,重庆出版社1988年版。

131. 郑成良:《法律之内的正义——一个关于司法公正的法律实证主义》,法律出版社2002年版。

132. 章武生等:《司法公正的路径选择:从体制到程序》,中国法制出版社2010年版。

133. 徐世京编译:《司法心理学》,上海人民出版社1986年版。

134. 徐爱国等:《西方法律思想史》,北京大学出版社2002年版。

135. 赵金康:《南京国民政府法制理论设计及其运作》,人民出版社2006年版。

136. 李相森:《民国法律制度解释研究》,北京大学出版社2019年版。

137. 林明、马建红主编:《中国历史上的法律制度变迁与社会进步》,山东大学出版社2004年版。

138. 孙谦:《检察:理念、制度与改革》,法律出版社2004年版

139. 田科等编著:《法的价值与悖论》,群众出版社2006年版。

140. 江照信:《中国法律"看不见中国"——居正司法时期(1932—1948)研究》,清华

大学出版社 2010 年版。

141. 夏锦文主编:《冲突与转型:近现代中国的法律变革》,中国人民大学出版社 2012 年版。

142 高其才主编:《变迁中的当代中国习惯法》,中国政法大学出版社 2017 年版。

143.〔古希腊〕柏拉图:《理想国》,郭斌和、张明竹译,商务印书馆 1986 年版。

144.〔古希腊〕亚里士多德:《政治学》,吴寿彭译,商务印书馆 1965 年版。

145.〔法〕孟德斯鸠:《论法的精神》(上册),张雁深译,商务印书馆 1963 年版。

146.〔美〕D. 布迪、C. 莫里斯:《中华帝国的法律》,朱勇译,江苏人民出版社 1993 年版。

147.〔美〕约翰·亨利·梅利曼:《大陆法系》(第 2 版),顾培东、禄正平译,李浩校,法律出版社 2004 年版。

148.〔美〕小奥利弗·温德尔·霍姆斯:《普通法》,冉昊、姚中秋译,中国政法大学出版社 2006 年版。

149.〔美〕汉密尔顿等:《联邦党人文集》,程逢如等译,商务印书馆 1980 年版。

150.〔美〕罗纳德·德沃金:《认真对待权利》,信春鹰、吴玉章译,中国大百科全书出版社 1998 年版。

151.〔日〕冈田朝太郎等口授:《检察制度》,郑言笔述,蒋士宜编纂,陈颐点校,中国政法大学出版社 2003 年版。

152.〔印〕M. P. 赛夫:《德国行政法——普通法的分析》,周伟译,山东人民出版社 2006 年版。

153. Eugen Ehrlich, translated by Waltrl Moll, *Fundamental Principles of the Sociology of Law*, China Social Sciences Publishing House, 1999, Foreword.

154. F. Gilbert Chan, *China at the Crossroads: Nationalist and Communist*, 1927—1949, Westview Press, 1980.

三、论文类

1. 朱鸿达:《检察制度论》,载《法学季刊》1925 年第 2 卷第 3 期。

2. 王宠惠:《今后司法改良之方针》(一),载《法律评论》1929 年第 6 卷第 21 期。

3. 刘世芳:《对于检察制度之检讨》,载《法学杂志》1937 年第 9 卷第 5 期。

4. 孙晓楼:《我国检察制度之评价》,载《法学杂志》1937 年第 9 卷第 5 期。

5. 林寄华:《日本检察制度的回顾》,载《中国法学杂志月刊》1938 年第 1 卷第 12 期。

6. 张知本:《检察制度与五权宪法》,载《三民主义半月刊》1947 年第 10 卷第 3 期。

7. 李朋:《中国检察制度史的研究》,载《新法学》1949 年第 2 卷第 1 期。

8. 杨兆龙:《由检察制度在各国之发展史论及我国检察制度之存废问题》,载《法学杂志》1937 年第 9 卷第 5 期。

9. 郭卫:《检察制度之存废与扩充自诉问题之商榷》,载《法学杂志》1937 年第 9 卷第 5 期。

10. 赵敏:《检察制度存废问题》,载《广播周报》1936 年第 108 期。

11. 赵韵逸:《我亦来谈谈检察制度》,载《法学杂志》1937年第9卷第6期。
12. 尊仁:《检察制度的检察》,载《中华评论》1939年第1卷第12期。
13. 曾纪桥:《论改进现行检察制度》,载《天行杂志》1945年第1期。
14. 林琛:《我之检察制度观》,载《法律评论》1930年第7卷第32期。
15. 杨镇荪:《检察制度存废问题之商榷及其改进之刍议》,载《训练月刊》1940年第1卷第6期。
16. 吴祥麟:《中国检察制度的改革》,载《现代司法》1936年第2卷第3期。
17. 刘世芳:《立法之道》,载《法学杂志》1937年第9卷第6期。
18. 丁元普:《法学思潮之展望》,载《法轨》1934年第2期。
19. 章渊若:《法治精神与中国宪政》,载《大学杂志》1933年第1卷第2期。
20. 雷震:《法治国家的真谛》,载《时代公论》1932年第1卷第17期。
21. 王光亚:《怎样走上法治的途径》,载《中华评论》1939年第1卷第12期。
22. 韩德培:《我们所需要的法治》,载《观察》1946年第1卷第10期。
23. 陈际青:《司法经验录》,载《法令周刊》1934年第197期。
24. 徐杏书:《司法经验录》,载《法令周刊》1934年第195期。
25. 钱清廉:《法官与法律发展之关系》,载《法学季刊》1930年第5—6期。
26. 郭继泰:《改良县政府兼理司法之刍议》,载《法轨》1935年第2卷第2期。
27. 彭吉翔:《改进检察制度的管见》,载《安徽政治》1941年第4卷第11期。
28. 谢濂:《修改刑事诉讼法发挥检察官效能之管见》,载《法令周刊》1937年第366期。
29. 冯泽昌:《刑法上旧法适用论》,载《法学杂志》1937年第9卷第6期。
30. 郑烈:《检察在国家组织中所占之地位》,载《组织旬刊》1943年第1卷第13期。
31. 李浩儒:《司法制度之过去及将来》,载《平等杂志》1931年第1卷第1、3、5/6、7期。
32. 洪钧培:《法国检察制度》,载《现代司法》1936年第1卷第11期。
33. 理篯:《对于改进检察制度的管见》,载《法令周刊》1936年第311期。
34. 俞钟骆:《修正刑事诉讼法之商榷》,载《法学丛刊》1933年第2卷第2期。
35. 蒋应枃:《如何发展检察制度之效能问题》,载《新中华》1945年复刊第3卷第1期。
36. 刘陆民:《苏俄现行检察制度之特点及其指导原理》,载《法学杂志》1937年第9卷第5期。
37. 赵韵逸:《非常时期检察权之运用》,载《时事类编特刊》1941年第68期。
38. 武树臣:《移植与枯萎——个人本位法律观在中国的命运》,载《学习与探索》1989年第2期。
39. 何勤华:《鸦片战争后外国法对中国的影响》,载《河南省政法管理干部学院学报》2002年第4期。
40. 周理松:《法国、德国检察制度的主要特点及其借鉴》,载《人民检察》2003年第4期。

41. 钱娥芬:《1928—1938 年的德中关系》,载《武汉大学学报(哲学社会科学版)》1999 年第 4 期。

42. 琚贻明:《南京国民政府建立初期对外政策评析》,载《民国档案》1997 年第 1 期。

43. 衡静、成安:《诉讼法律制度移植冲突论》,载《西南民族大学学报(人文社科版)》2007 年第 3 期。

44. 王晨光:《不同国家法律间的相互借鉴与吸收——比较法研究中的一项重要课题》,载《中国法学》1992 年第 4 期。

45. 李政:《中国近代民事诉讼法探源》,载《法律科学》2000 年第 6 期。

46. 公丕祥:《国际化与本土化:法制现代化的时代挑战》,载《法学研究》1997 年第 1 期。

47. 周少元:《二十世纪中国法制变革与法律移植》,载《中外法学》1999 年第 2 期。

48. 张智辉:《检察制度的起源与发展》,载《检察日报》2004 年 2 月 10 日。

49. 陈玮:《百名中国司法官在法国》,载《公诉人》2012 年第 1 期。

50. 何增科:《理解国家治理及其现代化》,载《马克思主义与现实》2014 年第 1 期。

51. 徐湘林:《"国家治理"的理论内涵》,载《人民论坛》2014 年第 10 期。

52. 桂万先:《近代中国审检关系探析》,载《学术研究》2007 年第 6 期。

53. 唐仕春:《一九一四年审判厅大裁并之源流》,载《历史研究》2012 年第 3 期。

54. 张熙怀:《台湾地区法院与检察署的关系沿革与发展》,载《人民检察》2015 年第 8 期。

55. 石茂生:《检察权与审判权关系再检视——基于检察权审判权运行的实证研究》,载《法学杂志》2015 年第 2 期。

56. 张健:《民国检察官的刑事和解及当代启示——以浙江龙泉司法档案为例》,载《中南大学学报(社会科学版)》2013 年第 5 期。

57. 曹东:《南京国民政府最后一任检察长》,载《检察日报》2014 年 3 月 7 日,第 6 版。

58. 王用宾:《两年来努力推进司法之概况》(王用宾在中央报告词),载《中央日报》1937 年 7 月 29 日,第 4 版。

59. 吴燕:《南京国民政府初期的基层司法实践问题——对四川南充地区诉讼案例的分析》,载《近代史研究》2006 年第 3 期。

60. 蒋秋明:《国民政府基层司法建设述论》,载《学海》2006 年第 6 期。

61. 赵晓耕:《从司法统计看民国法制》,载《武汉大学学报(哲学社会科学版)》2016 年第 3 期。

62. 董皞:《司法功能与司法公正、司法权威》,载《政法论坛》2002 年第 2 期。

63. 杨树林:《论南京国民政府时期检察制度存废之争》,载《求索》2013 年第 3 期。

64. 侯欣一:《民国司法经费统一解决的实践》,载《深圳特区报》2014 年 7 月 8 日,第 B11 版。

65. 公丕祥:《当代中国的自主型司法改革道路——基于中国司法国情的初步分析》,载《法律科学》2010 年第 3 期。

66. 张志铭：《社会主义法治理念与司法改革》，载《法学家》2006 年第 5 期。

67. 郭道晖：《司法改革与司法理念的革新》(上)，载《江海学刊》2001 年第 4 期。

68. 郭志祥：《清末和民国时期的司法独立研究》(下)，载《环球法律评论》2002 年第 1 期。

69. 赵明：《当代中国转型期的司法改革与政治发展》，载《学海》2007 年第 4 期。

70. 毕连芳：《北洋政府时期法官群体的物质待遇分析》，载《宁夏社会科学》2009 年第 1 期。

71. 齐延平：《法律解释：法律生命化与法官职业化的过程》，载《山东社会科学》2003 年第 1 期。

72. 彭世忠、李秋成：《认真对待司法经验》，载《政法论坛》2006 年第 1 期。

73. 黄琰等：《司法经验资源闲置的样本分析》，载《人民司法》2010 年第 15 期。

74. 何柏生：《论法律与经验》，载《法律科学》1999 年第 4 期。

75. 魏腊云：《检察制度产生存续的基本原理》，载《老区建设》2011 年第 2、4 期合刊。

76. 〔德〕K. W. 诺尔：《法律移植与 1930 年前中国对德国法的接受》，李立强等译，载《比较法研究》1988 年第 2 期。

77. 鲁宽：《从三个方面强化检察业务管理》，载《人民检察》2018 年第 8 期。

78. 侯登华、赵莹雪：《侦查活动监督与检警关系》，载《人民检察》2019 年第 17 期。

79. 伊士国：《国家监察体制改革的宪法学思考》，载《甘肃社会科学》2020 年第 6 期。

80. 余钊飞：《"四大检察"与执法司法制约监督体系之构建》，载《法律科学》2021 年第 1 期。

81. 杜旅军：《中国近代检察权的创设与演变》，西南政法大学 2012 年博士学位论文。

82. 吴青山：《近代湖南检察制度历史变迁及其运作实践研究》，湘潭大学 2017 年博士学位论文。

83. 吴冀原：《民国司法官职业化研究》，中国政法大学 2016 年博士学位论文。

84. 李征：《民事公诉之立法研究》，重庆大学 2014 年博士学位论文。

85. Albert W. Alschuler, "The Prosecutor's Role in Plea Bargaining", 36 *University of Chicago Law Review*, 1968.

后　　记

　　本书是我自2016年完成国家社科基金项目成果《民国时期行政权力制约机制研究——以南京国民政府行政审判制度为例》之后的又一部成果。由于行政管理、教学科研等多头事务,加上自己的懈怠,本书我前后写了4年时间,可以说"久写未成",成了"难产"之作。然而,初稿的完成仅是"万里长征走完了一小半",此时此刻,我的心情依然没有轻松多少,因为"学无止境,文无改尽",书稿的修改永远在路上。我拿着经过修改的书稿申报了2019年国家社科后期资助项目,有幸获得立项。

　　本书是我的学术规划——民国时期司法制度研究"后三部"的重要成果之一。"前三部"即民国后期三大审判制度研究:博士学位论文——《南京国民政府时期民事审判制度研究》(《民事审判制度现代化研究——以南京国民政府为背景的考察》),国家社科成果——《南京国民政府时期刑事审判制度研究》(《中国刑事审判制度的近代嬗变——基于南京国民政府时期的考察》),国家社科成果——《民国时期行政权力制约机制研究——以南京国民政府行政审判制度为例》,这三部专著皆已出版发行。"后三部"之一的《纠纷解决与机制选择——民国时期民事纠纷解决机制研究》也获得国家社科基金的支持,该著作于2013年10月出版发行;刚刚完成的书稿《民国检察的理论与实践:南京国民政府检察制度研究》成为"后三部"之二;最后一部也预想一下:《司法公正的捍卫者——南京国民政府律师制度研究》。学术规划容易,实施起来不易。其中查找资料的艰辛,思考问题的痛苦,书稿草成的快乐……真可谓酸甜皆有,苦乐并存。

　　本书集中对于民国时期检察制度理论设计及其运作实践的研究,力求从历史渊源、理论体系、制度创新、社会效果等方面解读民国时期检察法制的理论建构及实用价值,揭示作为司法制度重要组成部分的检察制度与审判制度之间如何有机协调、共同维护国家利益的规律及特点,找到值得现今司法体制改革所借鉴和参考的地方。当然,本书的草就与多方面的支持是分不开的。师友的鼓励,领导的关心,同事的支持,家人的理解和呵护是我完成本书的巨大动力。虽然平时行政管理工作占用了我很多时间和精力,但是,在大家的关怀和支持下,书稿的草成还算顺利。

首先，本研究得感谢多次鼓励和点拨我的博士生导师公丕祥教授。十五年前，恩师将我领进民国司法研究的学术之门，告诉我近代民国司法研究的意义，指导我查找民国司法研究资料，开展该领域学术探讨。平时恩师公务繁忙，但只要弟子求教，他从不推辞，不厌其烦地帮弟子修改，使我逐渐喜欢上了民国司法研究领域，继而思考了本领域的系列研究计划。博士毕业后，恩师允许我继续参加南师大的法治现代化研究团队，使我的民国司法研究得以进一步深入。本书的成形也离不开公老师的指导和帮助。在此，我要向公老师表达最诚挚的感激之情。多年来，恩师的指导、关心和帮助，使我在学术的道路上顺利向前，努力挑战新问题。

其次，我要特别感谢南京审计大学晏维龙书记、刘旺洪校长、裴育副校长、张金城副校长、法学院的领导和老师们所给予我的极大的鼓励、关心和帮助；还有博物馆（审计文化与教育研究院）的同事们也给了我很大的支持，使我有充足的时间来思考本书的问题，最终顺利地完成了本书的撰稿及修改工作，在此一并致谢。

复次，我要特别感谢我的家人所给予的大力支持。远在老家的父亲在我母亲离世之后，为了不影响我和姐姐工作，他独自学会了做饭和洗衣，坚强地一个人劳作和生活着。虽然父亲家穷，没有读过书，但是他思想纯正，通情达理，我每次打电话给他，他总要嘱咐我好好工作，不要担心他，他在家一切都好。老父亲的坚强无形中给了我莫大的力量，让我没有后顾之忧，放心写作，努力工作。但是，令我悲伤的是，在我第二次核校本书的时候，家父已离世半年之久，成了我心底永久的痛，想以此书出版纪念（献给）天堂里的父亲。

还有，我的爱人胡继桃先生和儿子胡正天同学也无条件地支持着我的研究。胡继桃先生从事法律实务工作，对我的学术研究，他总是鼎力支持，一方面为我做好后勤保障，另一方面给我留足时间，确保我的课题顺利完成。胡正天同学法律硕士已经毕业，正式加盟法律人的行列。但是，他依然是我的教学科研好帮手，经常帮我制作课件，查找资料，整理资料，翻译摘要以及编辑目录等。只要我将任务给他，他总是非常给力，当天夜里不睡觉也要将我的任务完成。每每我第二天起床后打开邮箱，一定会收到他完成任务的回复，真是令我感动。家人的支持和关心，给了我最大的动力。

再次，我得感谢国家社科基金的极大支持。国家社科基金是学术支持的最大力量，这么多年来，本人从事比较"冷"的领域研究，如果不是国家社科基金所给予的经济支撑和精神鼓励，个人可能坚持不到现在，也取得不了今天的一点成就，所以，我要非常感谢国家社科基金所给予的鼓励。

最后，感谢北京大学出版社的邹记东主任、张宁编辑、孙嘉阳编辑等资深的编辑界精英,他们非常敬业,也非常专业,为本书的编辑出版付出了辛勤的汗水。当然,我还要感谢学界所有支持和关心我的同仁,你们的支持,是我莫大的幸福和宽慰;你们的关心,是我坚定前行的动力和力量源泉。

还是那句老话:书山漫道,学海无涯。我将继续努力,力争以更加优质的研究成果,回报我的恩人们。本书尚有诸多不足的地方,真诚期待各位尊敬的学界同仁予以批评斧正!唯有不断求索,以丰硕的成果感恩所有关心和支持我的人!

谢冬慧

2022 年 6 月于南京浦口北江锦城